Maeve Haran

Schwanger macht lustig

Maeve Haran

Schwanger macht lustig

Roman

Aus dem Englischen von
Ariane Böckler

Weltbild

Die Originalausgabe erschien unter demTitel *All that She wants*
bei Little, Brown and Company, London.

Genehmigte Lizenzausgabe
für Weltbild Verlag GmbH, Augsburg

Übersetzung: Ariane Böckler
Umschlaggestaltung: feedback grafikdesign, München
Umschlagmotiv: ZEFA, Düsseldorf
Gesamtherstellung: Clausen & Bosse, Leck
Printed in Germany
ISBN 3-8289-0452-1

2004 2003 2002 2001

Die letzte Jahreszahl gibt die aktuelle Lizenzausgabe an.

Für Stephanie Leigh, eine warmherzige und großzügige Freundin, die mir den ersten Geistesblitz für diese Geschichte lieferte, und für ihre Tochter Becky, Urheberin des herrlich treffenden Ausspruchs von der »Oldtimer-Krankheit«.

1. Kapitel

»Himmeldonnerwetter!« fluchte Francesca, während sie wütend das Foto ihres ehemaligen Verlobten und seiner dümmlich grinsenden Braut betrachtete, das die halbe Titelseite des *Woodbury Express* einnahm, dem Konkurrenzblatt zu ihrer eigenen Zeitung. Darunter war eine widerlich genaue Beschreibung jedes einzelnen Kleidungsstücks der Braut zu lesen, bis hin zu den Strapsen aus blauem Satin, die sie den Gästen nach sechs Gläsern Asti Spumante bereitwillig gezeigt hatte.

Was die Journalistin in Fran aufbrachte, war die Tatsache, daß das Bild überhaupt auf der Titelseite erschien. Auch wenn Hochzeiten das Alltagsgeschäft der Lokalpresse waren, schafften sie es meist nur dann auf die erste Seite, wenn ein Tiger als Brautjungfer fungierte oder das Brautpaar per Helikopter eingetroffen war. Francesca vermutete schwer, daß es ein Schachzug von Jack Allen war, seines Zeichens Chefredakteur des *Express* und Frans ewige Plage. Jack hatte in der Zeitung ihres Vaters gelernt und ihr nie ganz verziehen, daß sie die Tochter des Chefs war und sein Reich geerbt hatte. Vetternwirtschaft war für Jack ein Schimpfwort, und er ließ nicht zu, daß sie es je vergaß.

Fran musterte das Foto erneut und war ehrlich genug, sich einzugestehen, daß ihre Gefühle nichts als himmelschreiende Eifersucht waren. Nicht einmal die Tatsache, daß die mit Bändern, Schleifen und gerüschtem Tüll ausstaffierte Braut eine unglaubliche Ähnlichkeit mit der neben ihr stehenden Hochzeitstorte hatte, konnte Fran aufheitern.

Sie riß die empörende Seite heraus, knüllte sie zu einer Kugel zusammen und warf sie mit gewohnter Zielsicherheit in den Papierkorb. Nicht, daß sie ihn selbst gern geheiratet hätte, denn auch wenn er ein aufstrebender junger Geschäftsmann war, hatte er sich doch auch als aufstrebender junger Drecksack entpuppt. Was Fran an die Nieren ging, war, daß sie es nicht schaffte, ihre Beziehungen *dauerhaft* zu gestalten. Im Gegensatz zu der errötenden Braut, die allen Ernstes zu glauben schien, daß Männer gottähnliche höhere Wesen waren, fand Fran immer allzuschnell heraus, wo ihre kleinen – und großen – Schwächen lagen.

Infolgedessen war Francesca mit ihren vierunddreißig Jahren, obwohl sie groß (zu groß, wie sie selbst fand) und schlank war, ihr Haar die Farbe eines nagelneuen Pennys hatte (also *fast* rot war) und sie faszinierende grüne Augen besaß, nie über die magische Sechsmonatsmarke hinausgekommen und unumstößlich Single geblieben. Ihre Mutter behauptete, es läge daran, daß sie zu frech sei und außerdem Männer kluge Frauen nicht leiden könnten. An dieser Stelle suchte Fran regelmäßig den Blick ihres Vaters, der schweigend den Kopf schüttelte. Als Fran, nachdem ihr Vater in den Ruhestand gegangen war, seine Position als Chefredakteurin der von ihm gegründeten Zeitung übernommen hatte, hatte ihre Mutter gesagt, daß damit nun wohl alles besiegelt sei. Welcher Mann wurde schon eine Frau wollen, der der Redaktionsschluß mehr am Herzen lag als ein Reihenhaus?

All das kümmerte Fran nur wenig. Sie liebte ihren Beruf als Chefredakteurin des *Woodbury Citizen*, hatte eine eigene Wohnung, einen Kater, an dem sie mit ganzem Herzen hing, weil er nicht ins Pub ging, keine langweiligen Geschichten erzählte, in denen er selbst die Hauptrolle spielte, und sich weder für Fußball noch für Golf oder Kricket interessierte.

Doch in letzter Zeit hatte sich etwas Unerhörtes in Frans Gefühlswelt eingeschlichen. Hatten ihre Träume einst um Exklusivberichte und Übernahmeangebote gekreist, so handelten die Gedanken, die jetzt in ihre arbeitsamen Nächte drangen, von duftenden Küchen, heimeligen Herden und – wie sie zutiefst beschämt zugeben mußte – von einer rüschengeschmückten Wiege unter einem Baldachin, der mit fröhlichen Märchenfiguren bestickt war.

Diese tödliche Information hatte sie vor jedem geheimgehalten, selbst vor Stevie, ihrer Stellvertreterin. Stevie Grey, die achtundfünfzigjährige Nachrichtenredakteurin der Zeitung, interessierte sich ungefähr so sehr für Babys wie ein Alkoholiker für ein Glas Milch.

Wie auf ein Stichwort erschien Stevies Kopf mit der kompromißlosen eisgrauen Haartracht an Frans Tür. »Psssst!« zischte Stevie laut genug, um noch in drei Meilen Entfernung Aufmerksamkeit zu erregen. »Feind im Anmarsch!«

Fran bahnte sich den Weg aus dem imposanten Büro, das einst ihrem Vater gehört hatte. Am anderen Ende der Redaktion, lässig auf den Tisch ihrer jüngsten und hübschesten Volontärin geschwungen, saß Jack Allen. Zweifellos gab er ihr gönnerhafte Ratschläge, wie sie im Journalismus Karriere machen könnte. Und das dumme Mädchen, das nicht erkannte, daß dies nicht mehr weit von sexueller Belästigung entfernt war, saugte alles begierig auf.

Wenigstens besaß er genug Anstand, um aufzustehen, als er Fran wütend auf sich zukommen sah; allerdings ohne den geringsten Anflug des Bedauerns in seinen lachenden blauen Augen.

»Was machst *du* denn hier?« fragte Fran unfreundlich. »Mußt du nicht die nächste Ausgabe fertigstellen, oder delegierst du jetzt alles an deine Lakaien?« Daß Jack einen Hang zum Delegieren hatte, war allgemein bekannt. Deshalb klopften ständig junge Reporter an seine Tür, die auf ihre große Chance hofften. Fran jedoch vermutete dahinter – zumindest zum Teil – Faulheit.

»Passende Worte für eine geborene Cheftochter. Du mußtest dir selbstverständlich deine Sporen durch harte Arbeit verdienen, nicht wahr?«

»Aber, aber, Kinder«, schalt Stevie. »Gesunde Rivalität ist ja in Ordnung, doch man soll es nicht übertreiben.«

»Entschuldigung, Frau Lehrerin«, sagte Jack mit einem Zwinkern. Stevie gehörte zu den Menschen, die er am liebsten mochte, und er hätte ihr das doppelte Gehalt gezahlt, wenn er sie damit von Fran hätte weglocken können. Aber er wußte, daß Stevie nicht im Traum daran dachte, den *Citizen* zu verlassen.

»Also, Jack Allen.« Fran reckte sich, bis sie fast auf gleicher Höhe mit ihm war. »Was führt dich denn hierher, außer daß du versuchst, unsere Volontärinnen anzumachen?«

»Ich bin jedenfalls nicht gekommen, um mich an Woodburys Hochzeit des Jahres zu weiden«, spöttelte er, da er wußte, wie sie das ärgerte. »Obwohl du eine wesentlich hübschere Braut abgegeben hättest. Elfenbein, würde ich sagen, kein jungfräuliches Weiß, und ein paar Volants weniger. Du bist zu grobknochig für den Scarlett-O'Hara-Look.«

Hinter ihnen prustete Stevie in ihren Kaffee und mußte sich ein Stück Küchenkrepp holen.

»Ich weiß genau, daß du diese Hochzeit mit Absicht als Titelgeschichte gebracht hast«, warf Fran ihm vor und vergaß völlig, daß sie sich ja ruhig und herablassend hatte geben wollen.

»Quatsch.« Jacks Augen wurden vor gespieltem Entsetzen ganz weit. »Adrian Blakes Hochzeit war von großem lokalem Interesse. Sein Vater beschäftigt hier am Ort eine Menge Leute.« Fran hatte den ärgerlichen Eindruck, daß er sich über sie lustig machte. »Offen gestanden bin ich gekommen, um dir zu gratulieren.«

Jacks Lächeln war so charmant, daß sie auf der Stelle Verdacht schöpfte. »Wozu?« Fran merkte selbst, daß ihr Tonfall nicht besonders freundlich war, aber schließlich versuchte der *Express* ständig, ihnen ihre hart erkämpften Exklusivgeschichten abzujagen.

»Zu deiner Reportage über dieses miese Busunternehmen natürlich. Das war erstklassige Arbeit.«

»Dir verdanke ich das Resultat jedenfalls nicht«, erklärte Fran. »Dein Reporter war dermaßen scharf auf die Story, daß er sie um ein Haar uns allen beiden vermasselt hätte.«

Jack grinste. »Diese jungen Hitzköpfe sind schwer im Zaum zu halten. Für eine Story tun sie alles. Genau wie du früher einmal, wenn ich mich recht erinnere.« Vielsagend zog er eine Augenbraue hoch. »Erinnerst du dich noch an diesen Lederrock, den du anhattest, als du mit den Polizisten einen heben gegangen bist? Der hat dir doch zu einigen deiner besten Artikel verholfen, oder nicht?«

Fran lief rot an. Zu Beginn ihrer Laufbahn hatte es eine kurze Phase gegeben, in der sie unbedingt beweisen wollte, daß sie nicht nur Daddys Liebling war. Sie hatte ihre Reize mitsamt fünfzehn Zentimeter schwarzen Leders eingesetzt, um von der Ortspolizei ein paar Hinweise zu bekommen.

Dadurch gelang es ihr, die anderen Reporter beim *Citizen* davon zu überzeugen, daß sie bereit war, sogar zu noch mieseren Tricks zu greifen als sie, und so wurde sie als eine von ihnen akzeptiert. Außer natürlich von Jack. Trotzdem würde sie vor Scham sterben, wenn sie diesen Rock heute trüge. Er war so sittsam gewesen wie zwei breite Gummibänder. Klar, daß sich Jack Allen daran erinnern mußte.

»Bringst du morgen noch mehr darüber?« Er sah nach hinten, wo die Zeitung des nächsten Tages zusammengestellt wurde.

»Nein«, antwortete Fran vorsichtig. Jack führte eindeutig etwas im Schilde. Er würde nicht nur seine Großmutter, sondern seine gesamte Familie für einen Exklusivbericht verkaufen. »Im Moment ist alles abgeschlossen. Warum interessierst du dich auf einmal so dafür?«

Bevor er antworten konnte, wurden sie von einem durchdringenden, jammervollen Wimmern unterbrochen. Fran wandte sich um und sah Eileen, eine ihrer früheren Telefonistinnen, am anderen Ende des Büros stehen, ein kleines, lärmendes Bündel in einem roten Jäckchen im Arm, dessen winziges Köpfchen von einer Strickmütze bedeckt war, die kaum größer war als die einer Puppe. Eileen reichte das Baby Stevie, die so begeistert darauf herabsah wie eine Klosterschwester auf ein Kondom. »He, Fran, versuch du's mal«, rief sie und schob das Baby, das bei genauerem Hinsehen einen unschönen roten Ausschlag aufwies, der verblüfften Fran in die Arme.

Fran schob sachte das Strickmützchen beiseite, ignorierte den weißlichen Milchschorf und bettete den kleinen Kopf unter ihr Kinn. Das Gefühl körperlicher Nähe war so stark, daß sie die Augen schloß und das Baby sanft wiegte. Allerdings teilte es Frans heitere Gelassenheit keineswegs, sondern brüllte nur noch lauter als zuvor.

»Komm, laß mich mal. Ich sehe doch, daß das nicht gerade deine Stärke ist.«

Fran war zu verblüfft, um sich zu wehren, als Jack ihr das Baby wegnahm und es dicht an seine Schulter legte, wo sein Gesichtchen so tief im kratzigen Stoff seines Sakkos vergraben wurde, daß Fran fürchtete, es werde ersticken.

Sie konnte sich Jack Allen vorstellen, wie er sich an einem Bartresen aufstützte, nachdem er den ganzen Abend einer schwer greifbaren Geschichte hinterhergelaufen war oder unwirschen Beamten Informationen entlockt hatte, oder wie er alte Damen dazu überredete, ihre Geschichte lieber dem *Express* als dem *Citizen* anzuvertrauen, während er zu diesem Zweck seinen strahlenden Charme versprühte. Was sie sich aber nie ausgemalt hätte, war, wie Jack Allen seinen kleinen Finger ausstreckte, damit er fester als in einem Schraubstock umklammert würde, wie seine tweedumhüllte Schulter vollgesabbert wurde oder wie er Schlaflieder in ein neugeborenes Ohr säuselte. Aber entweder war das Baby ein Rasierwasser-Junkie, oder Jack hatte echtes Talent, denn nach nur einer halben Minute hatte es zu schreien aufgehört, sich begeistert wie ein Klammeraffe an ihn gedrückt und starrte nun mit seinen unergründlichen dunkelblauen Augen in Jacks von Falten umgebene blaßblaue. Mit einem Anflug nicht ganz gerechtfertigten Ärgers vermutete Fran, daß es wahrscheinlich gelächelt hätte, wenn es schon gewußt hätte, wie.

Jack gab Fran das Baby zurück. »So eines würde dir auch gut stehen, wenn du den Dreh erst einmal rausgekriegt hast«, bemerkte er provokant. Bevor Fran etwas erwidern konnte, wies er mit der Hand zu der Ansammlung von

Schreibmaschinen hinüber, die von relativ modernen elektrischen Exemplaren bis hin zu Vorkriegsmodellen von Remington, bei denen das »e« fehlte, alles umfaßten. »Ihr benutzt also immer noch die alte Technik?« Im Gegensatz zu Frans Zeitung gehörte der *Express* einer finanzkräftigen Gruppe an und verfügte über nagelneue Computerterminals auf jedem Schreibtisch der Redaktion.

»Wir sind vielleicht nicht auf dem neuesten Stand der Technik«, entgegnete Fran stolz, ohne zuzugeben, wie hart sie in letzter Zeit darum gekämpft hatte, den *Citizen* ins Internet zu bringen, »aber wenigstens sind wir unabhängig.«

»Nett von ihm, daß er vorbeigeschaut hat.« Stevie sah Jacks davonstrebendem Rücken voller Zuneigung nach. Ein Jammer, daß er beim *Citizen* aufgehört hatte, aber Jack Allen war nicht der Typ, der jemand anderem den Platz warmhielt, erst recht nicht der Tochter des Chefs. »Ich habe mir schon oft überlegt, ob du und er nicht vielleicht irgendwann ...« Stevie ließ die empörende Vermutung unausgesprochen.

»Du spinnst wohl!« protestierte Fran und gab das Baby zurück, bevor es sie bloßstellte und erneut zu brüllen begann. »Ich möchte ihm nicht auf zehn Meter nahekommen. Jack Allens Testosteronspiegel ist vermutlich gesundheitsschädlich.«

»Ich dachte nur immer«, fuhr Stevie mit einem Seitenblick fort, »was für ein guter Vater er sein muß.«

Fran musterte das Gesicht der Älteren. Ahnte Stevie etwa die Wahrheit, nämlich daß ihre Sehnsucht nach einem Kind immer übermächtiger wurde und sie kurz davor war, sich aus einem Kinderwagen ein fremdes Baby zu schnappen?

»Wenn er ein so guter Vater ist«, wollte Fran wissen,

»warum ist dann seine Frau nach Australien abgezogen und hat das Baby mitgenommen? Er muß etwas ziemlich Schreckliches gemacht haben, um das zu verdienen.«

Stevies von Falten gezeichnetes Gesicht verlor seine gewohnte Munterkeit und wurde etwas verträumter. »Aber sein Sohn hat sich dafür entschieden, bei ihm zu bleiben, stimmt's? Und wenn du mich fragst, steckt mehr hinter der Geschichte, als man auf den ersten Blick sieht. Carrie Allen konnte Woodbury nie leiden. Sie hat Jack ständig bedrängt, nach London zu ziehen, aber ihm hat es hier gefallen.«

»Du klingst ja, als wärst du selbst halb in ihn verliebt, Stevie.«

Stevie warf Fran einen verschwörerischen Blick zu. Sie kannten beide die Wahrheit. Stevie war unverheiratet geblieben, weil sie in jemand ganz anderen verliebt war: in Frans Vater. Diese Tatsache brachte Frans Mutter seit dreißig Jahren ständig zur Weißglut.

»Dein Vater hat übrigens angerufen.« Stevies Stimme wurde weicher, wie immer, wenn sie von Ralph sprach. »Er sagt, in Chepstow sei um halb drei ein interessantes Rennen, von dem er dir gern erzählen würde. Ach, und ob du ihm eine Flasche Malzwhisky mitbringen könntest? Macallan wäre ihm recht, aber sag deiner Mutter nichts davon.«

Fran lachte. Der geheime Pakt zwischen ihrem Vater und ihr reichte bis in ihre Kindheit zurück. Seit sie sechs Jahre alt war, hatte Ralph sie hin und wieder in die Redaktion oder zum Pferderennen mitgenommen. Beide Orte, so schien es Fran rückblickend, waren herrlich aufregend gewesen. Ein weiterer Vorzug dieser Ausflüge war, daß sie dadurch von ihrer Mutter und deren erstickender Fürsorglichkeit wegkam – einer Fürsorglichkeit, deren Ursache, wie Fran vermutete, nicht Mutterliebe war, sondern Angst vor weiteren Unannehmlichkeiten. Nachdem sie ihrer Tochter die unermeßliche Ehre erwiesen hatte, sie zur Welt zu bringen, hatte ihre Mutter von Fran erwartet, daß sie ihr nie wieder Umstände machen würde. Es war Frans Vater gewesen, der für Zauber und Vergnügen gesorgt und ihr das Gefühl gegeben hatte, klug und hübsch genug zu sein (zwar eine subjektive Sichtweise, aber irgendwie war es ihm gelungen, Fran davon zu überzeugen), um im Leben alles erreichen zu können, was sie wollte. Daraus hatte sich eine Bindung zwischen Vater und Tochter entwickelt, die stärker war als bei allen anderen Vätern und Töchtern, die Fran kannte. Und das störte ihre Mutter ganz gewaltig.

»Dein Problem«, erläuterte Stevie, »ist, daß du nie einen Mann wie deinen Vater finden wirst.«

»Ich weiß«, griente Fran. »Aber du auch nicht.«

Ein kurzes Lächeln besiegelte ihre Einigkeit.

Stevie drehte sich um. »Also, ihr zwei«, wandte sie sich an die beiden ihnen am nächsten sitzenden Reporter, die offensichtlich mitgehört hatten, »habt ihr denn nichts Besseres zu tun, als anderer Leute Gespräche zu belauschen?«

»Aber, Stevie«, beschwerte sich Mike Wooley, der jüngere, vorlautere der beiden, »ich dachte, genau das ist die Aufgabe eines Journalisten.«

»Ich mache mir Sorgen um Franny«, erklärte Frans älteste Freundin Henrietta ihrer halbwüchsigen Tochter Sophie. Es war sieben Uhr abend, und der Himmel vor dem Fenster war von einem tiefen Samtblau, dem gleichen Blau wie das angewärmte Badetuch, das Henrietta für ihre sechsjährige Tochter Lottie bereithielt, die fröhlich im Badezimmer ihres georgianischen Pfarrhauses herumplanschte. Lottie war zugleich ein Nachkömmling und eine willkommene Versicherung dafür, daß Henrietta ihr verhätscheltes Leben weiterführen konnte, ohne Angst davor, vor Ablauf von mindestens weiteren zehn Jahren arbeiten gehen zu müssen.

»Was hat sie denn jetzt schon wieder gemacht?« wollte Sophie wissen.

»Sie schreckt Männer ab.«

»Du meinst, sie schreckt die Sorte Männer ab, die sie deiner Meinung nach toll finden soll«, entgegnete Sophie mit der ganzen Weisheit ihrer sechzehn Jahre. »Sie ist eben lange nicht so konventionell wie du, Mum. Nicht daß das besonders schwer wäre. Vielleicht ist sie einfach gern unabhängig und glaubt nicht an legalisierte Prostitution wie du.«

Henrietta wollte gerade Einwände gegen diese Beschreibung des heiligen Standes der Ehe erheben, als es an der Tür klingelte und Fran höchstpersönlich eintraf. Sie rannte die Treppe hinauf und kam zu ihnen ins Badezimmer.

»Tante Fran!« krähte die kleine Lottie, sprang entzückt auf und übergoß dabei ihre Mutter mit einem Wasserschwall. »Gehst du mit mir zu Old McDonald's?« Mit ihren sechs Jahren hatte Lottie die kulturelle Konvergenz von Hamburgern und Kinderliedern noch nicht ganz erfaßt.

»Na klar!« stimmte Fran zu. »Aber lieber ein andermal, wenn du etwas anhast, oder?«

»Komm jetzt endlich raus, Lots«, forderte Henrietta und griff nach dem Handtuch, das zum Wärmen auf der Heizung lag.

»Darf ich sie abtrocknen?« fragte Fran, umarmte den kichernden, sich windenden kleinen Körper und hüllte ihn in den warmen Frotteestoff. Lotties Kopf kuschelte sich heimelig unter ihr Kinn, als wäre er dafür gemacht. »Glaubst du, daß ich irgendwann jemanden finde, mit dem ich so etwas produzieren kann?«

»Du meine Güte, Fran«, schimpfte Henrietta, die auf der allgemein gültigen Skala aller Dinge Männer für wichtiger hielt als Kinder. Kinder waren gut und schön, wo sie hingehörten. Aber die Rechnungen von Harrods konnten sie nicht bezahlen. Jedenfalls nicht, bis sie erwachsen wurden und eine gute Partie machten. »Such dir zuerst einen Ehemann. Du hast lächerlich romantische Gefühle Kindern gegenüber. Bleib nur da, bis es ans Haarefönen geht, dann erlebst du die Wirklichkeit.« Sie ging drohend auf Lottie zu, die angesichts der Haarbürste zu kreischen begann, als wäre es ein mittelalterliches Folterwerkzeug.

Fran nahm sie fester in die Arme und hatte plötzlich einen revolutionären Einfall. »Glaubst du, daß ich *unbedingt* einen Mann brauche? Ich meine, heutzutage –«

»Aber natürlich brauchst du einen Mann«, unterbrach sie Henrietta, die sie absichtlich mißverstand. »Sie haben dieses *Ding* da, weißt du, das sie dir irgendwie reinstecken und ...«

»Sie meint Sex«, erläuterte Lottie mitleidig, hocherfreut über die Ablenkung und die Möglichkeit, ihr überlegenes Wissen anzubringen. »Du mußt Sex mit einem Mann machen, wenn du ein Baby kriegen willst, Tante Fran. Das weiß doch jeder.«

Fran kicherte. »Ich meine einen Mann auf Dauer. Einen, der bei mir wohnt.«

Henrietta, der selten die Worte fehlten, war empört. »Du meinst doch nicht im Ernst ...« Doch auf der Stelle erkannte sie, daß Fran genau das meinte. »Das kannst du nicht machen. Es wäre nicht fair dem Baby gegenüber. Babys brauchen Väter.«

»Ist doch Scheiße«, kommentierte die sechzehnjährige Sophie mit der gepflegten Aussprache, die an ihrer Privatschule gelehrt wurde. »Unmengen von Leuten kriegen heute alleine Babys.«

»Aber nicht in Woodbury«, schnaubte Henrietta. »Und komm mir nicht mit solchen Wörtern. Da werfe ich jedes Jahr zweitausend Pfund für deine teure Privatschule raus, und du verwendest solche Ausdrücke. Wo hast du denn das her?«

»Aus meiner teuren Privatschule natürlich. Komm schon, Mum.« Manchmal hatte Sophie das Gefühl, daß ihre Eltern, die in einem Haus mit sechs Schlafzimmern in einem noblen Ortsteil von Woodbury wohnten und sowohl einen Gärtner als auch eine Putzfrau beschäftigten, auf einem anderen Planeten lebten. »Du bist ja so was von out.«

»Nein, deine Mum hat schon recht«, räumte Fran ein. »Ein Baby zu bekommen, nur weil man sich eines wünscht, wäre unglaublich verantwortungslos.«

Später, nachdem Fran gegangen war, lag Henrietta, die Herausforderungen liebte und sich langsam dabei langweilte, Spenden für die üblichen guten Zwecke aufzutreiben, im Bett und dachte über Frans Worte nach. Leute zu verkuppeln war eine ihrer Lieblingsbeschäftigungen, aber eine solche Mission hatte sie noch nie auf sich genommen. Den idealen Vater für Frans Baby zu finden könnte wirklich eine interessante Aufgabe zu sein.

»Aber du versuchst doch schon seit Jahren, einen Mann für sie zu finden«, murmelte ihr Ehemann Simon, während er sich nach Kräften bemühte, Henriettas Lust auf Sex zu wecken. »Sie umschwärmen sie alle wie Motten das Licht, dann sagt Fran ihnen, sie sollen sich davonscheren, und sie wechseln nie wieder ein Wort mit dir.«

Henrietta spürte, wie sich das Glied ihres Mannes an

ihren Schenkel drückte, sein gewohnt subtiles Vorspiel zu einer Verführung.

»Das ist etwas anderes. Da ging es um einen geeigneten Ehemann. Jetzt aber um einen geeigneten Vater.« Sie sah ihm in die Augen. »Du möchtest dich nicht vielleicht freiwillig melden?« Damit wäre seine Erektion garantiert erledigt. Doch unerwarteterweise wurde Simons Organ doppelt so beharrlich.

»Simon«, keuchte Henrietta schockiert. »Du geiler alter Sack. Ich wußte nicht, daß du auf meine beste Freundin stehst!«

Fran sah auf die Uhr im Auto und beschloß, auf dem Nachhauseweg bei ihren Eltern vorbeizuschauen. Sie war nachmittags zu beschäftigt gewesen, ihren Vater zurückzurufen, da im Polizeifunk eine große Geschichte über einen Einbruch gemeldet worden war. Ihr wurde ganz mulmig, wenn sie daran dachte, wie ihre Mutter sie wegen der Vorteile ins Gebet nehmen würde, auf die sie verzichtet hatte, weil sie nicht Mrs. Adrian Blake geworden war. Aber das mußte sie über sich ergehen lassen.

Die Türklingel tönte mit sattem Schnarren durch das weitläufige Haus. Fran fiel auf, daß es langsam anfing, etwas heruntergekommen zu wirken. Doch es war ja auch wesentlich schwerer, nur von der Rente ihres Vaters zu leben. Zu ihrer großen Freude war er es, der ihr die Tür öffnete.

»Franny! Das ist aber schön.« Die Zuneigung in seinem Gesicht wärmte Fran wie die Sonne an einem Wintertag. Ihn zu sehen heiterte sie stets sofort auf. Ihr Vater strahlte eine Energie und einen Enthusiasmus aus, wie sie es noch nie an jemand anderem erlebt hatte. Selbst wenn sein Haar weiß war, wirkte er mit seinen Fünfundsechzig noch schlank und jungenhaft, als würde er jeden Moment zu einem der großen Abenteuer des Lebens aufbrechen. Von Natur aus ruhig, aber entschlossen und beständig wie ein Fels, hatte Ralph ihr eine solch solide Basis von Liebe und Sicherheit gegeben, daß sie mit allen erdenklichen Widrigkeiten fertigwerden konnte. Sie wußten das beide, sprachen es aber nur selten aus. Zwischen ihnen zählte das am meisten, was ungesagt blieb.

»Wo ist Ma?« fragte sie.

Das Wohnzimmer war ausnahmsweise unaufgeräumt und besaß eine gemütliche, maskuline Note. Eine halb aufgegessene Schweinefleisch-Pastete – die sie als eine der berühmten hausgemachten von Metzger Singer erkannte und die ihre Mutter auf der Stelle als zu cholesterinhaltig ablehnen würde – lag mit zwei Tomaten und einer sauren Gurke auf einem Teller. Außerdem war es Ralph gelungen, auf irgendeinem obskuren Kabelkanal ein Pferderennen zu finden. Die neueste Ausgabe von *Sporting Life* lag ordentlich zusammengefaltet neben seinem Sessel. »Mittwoch. Bridge-Abend.«

Fran musterte sein einsames Abendessen und empfand leisen Ärger auf ihre Mutter. Phyllis hatte Ralphs Ausscheiden aus der Zeitung mit kaum verhohlenem Märtyrergehabe aufgenommen, als hätte er seine Entscheidung nur mit der Absicht getroffen, sie zu ärgern. Es schien ihr nie in den Sinn zu kommen, wie es für *ihn* sein mochte. Zum Glück war Ralph, der schon immer beliebt gewesen war, als Ratgeber und Galionsfigur für verschiedene gute Zwecke nach wie vor sehr gefragt. Fran wußte allerdings, daß ihm die Zeitung schrecklich fehlte. Aber Ralph würde lieber tot umfallen, als das zuzugeben.

»Du hättest mich anrufen sollen«, sagte sie und wies auf sein Abendessen. »Wir hätten zum Inder gehen können.«

»Mein Schatz. Die Mittwochabende sind mir die liebsten.« Er setzte sein ansteckendes Schmunzeln auf, mit dem er sicher auch vor vielen Jahr das Herz ihrer Mutter erobert hatte. Anhand der alten Familienfotos konnte man sehen, daß Phyllis früher tatsächlich jung und hübsch gewesen war und die Frische eines Mädchens vom Lande ausgestrahlt hatte. Fette Sahne anstelle des sauren alten Joghurts, dem sie heute ähnelte. »Pferderennen im Fernsehen, und ich habe drei eingelegte Zwiebeln verdrückt, nicht nur die eine, die der Feldwebel erlaubt. Herzlichen Glückwunsch übrigens. Klasse Geschichte über diese Mistkerle von der Busgesellschaft.«

Das rasche Lächeln, das sie wechselten, bezeugte, wieviel sie ihm verdankte. Er hatte sie gut ausgebildet. Immer, wenn sie an einer heiklen Geschichte arbeitete und jemand von offizieller Seite sie anlog, fragte sie sich, was ihr Vater wohl getan hätte. Noch heute forderte der Aufkleber an der Heckscheibe seines alten Volvo nicht dazu auf, dem Rotary Club beizutreten, Jesus zu finden oder die Tories zu wählen. Sein Aufkleber verlangte schlicht und einfach in auffälligen roten Lettern: MISSTRAU DER OBRIGKEIT. Ihrer Mutter war der Aufkleber zuwider, deshalb parkte sie bei Sainsbury's immer so dicht wie möglich an der Wand.

Fran fand es beeindruckend, daß ihre Eltern mehr als fünfunddreißig Jahre zusammengeblieben waren. Manchmal allerdings, wenn sie daran dachte, wieviel glücklicher beide mit einem anderen Partner geworden wären, erschrak sie. Sie mußten, so folgerte sie, es getan haben, weil sie sich einmal geliebt hatten.

»Danke, Dad. Stell dir vor, Jack Allen ist auch vorbeigekommen, um mir zu gratulieren.« Sie hielt inne, da sie wieder an ihr Mißtrauen gegenüber Jacks Motiven denken mußte.

»Wie geht's Jack? Der beste Journalist, den ich je ausgebildet habe.« Einen Augenblick lang verdüsterte sich die Miene ihres Vaters. »Ach, da fällt mir ein – ich wollte mit dir über ihn sprechen.«

O nein, dachte Fran. Du nicht auch noch. »Ich hoffe, du willst mich nicht mit ihm verkuppeln.«

»Nein, ich würde dir nicht empfehlen, Jack nachzustellen. Er ist nicht dein Typ. Zu maskulin. Handelt, bevor er denkt. Du brauchst jemand Zurückhaltenderen. Aber trotzdem solltest du ihn im Auge behalten. Ich habe gerüchteweise gehört, daß der *Express* ein Gratisblatt gründen will, und sie haben Jack gefragt, ob er die Redaktionsleitung übernimmt.«

Eine Schockwelle der Angst überrollte Fran. Wie sie so sarkastisch zu Jack gesagt hatte, verfügte der *Citizen* über Unabhängigkeit und eine loyale Leserschaft. Aber würden diese loyalen Leser in solch harten Zeiten der Anziehungskraft einer völlig kostenlosen Zeitung widerstehen können? Noch dazu einer, die einen Chefredakteur von Jacks Format besaß?

»Ich kann mir nicht vorstellen, daß Jack dazu bereit ist.« Fran klang zuversichtlicher, als ihr zumute war. »Ich habe ihn schon oft sagen hören, daß Gratisblätter nichts als bessere Werbung seien und kein Journalismus.«

Ralph tätschelte ihr beruhigend die Hand. »Da hast du wahrscheinlich recht. Hoffen wir es mal.« Fran wollte gerade gehen, als ihr die Flasche Whisky wieder einfiel, die noch in ihrer Handtasche steckte. Macallan natürlich, die Lieblingsmarke ihres Vaters.

Sie reichte ihm die Flasche mit verschwörerischem Zwinkern. »Aber jetzt nur ein Tröpfchen, sonst läßt Ma die Hunde los.«

Ralph machte sich begeistert über den Whisky her. »Herrlich. Deine Mutter hat sämtliche Spirituosen versteckt. Man könnte meinen, ich sei ein hemmungsloser Säufer, so wie sie sich aufführt.«

»Ach, komm schon, Dad, du hattest immerhin einen Herzinfarkt. Sie hat ganz recht, wenn sie dich auf halbe Ration setzt.«

»Schon, aber es muß ihr doch nicht zusätzlich so viel Spaß machen, oder?«

Keiner von beiden mußte zu dieser treffenden Bemerkung noch einen Kommentar abgeben.

Ralph erhob sein Glas. »Auf die beste Zeitung von Woodbury. Du weißt, daß ich richtig stolz auf dich bin, weil du sie so gut führst.«

Fran stieß mit ihm an und sonnte sich in den warmen Lobesworten des Menschen, vor dem sie am meisten Respekt hatte.

Auf dem Kies in der Einfahrt knirschten Reifen. Sie lachten beide auf und versteckten ihre leeren Gläser unter dem Sofa.

2. *Kapitel*

Als Henrietta endlich den idealen Mann für ihre Freundin Fran entdeckte, befand sie sich in einer ausgesprochen ungünstigen Lage. Jede andere Frau wäre kleinlaut gewesen und hätte versucht, an etwas anderes zu denken, während sie flach auf dem Rücken lag, die Füße in den vorgesehenen Halterungen hatte und sich von einer Horde Medizinstudenten in die Scheide starren ließ. Doch Henrietta war aus härterem Holz geschnitzt. Sie konzentrierte sich statt dessen auf den Arzt im weißen Kittel, den sie gerade im Vorraum gesehen hatte. Er war ihrer Schätzung nach Mitte Dreißig, also in einem schönen, soliden Alter. Während die meisten Klinikärzte eine Blässe zur Schau trugen, die an Schweinekoteletts auf dem Ladentisch eines Metzgers erinnerten, glänzte dieses Exemplar mit gesunder Après-Ski-Bräune. Sein Haar war maisfarben, und auf seiner Nase prangte eine goldgeränderte Halbbrille, die ihm eine vertrauenerweckende und seriöse Ausstrahlung verlieh. Außerdem war Henrietta nicht entgangen, daß sogar seine älteren Kollegen respektvoll, ja geradezu ehrfürchtig lauschten, wenn er sprach.

So aufgeregt war Henrietta über ihre Entdeckung, daß sie den stählernen Kuß des Spekulums gar nicht spürte, als das Instrument wieder entfernt wurde. Hinterher reichte ihr die Schwester ein Papierhandtuch und sagte ihr, daß sie sich nun anziehen könne.

Kaum war Henrietta wieder in ihr seidenes Höschen geschlüpft, stürzte sie sich schon auf die verblüffte Schwester.

»Dieser Arzt, der da draußen am Empfang war – recht jung, blond –, wie heißt er?«

»Es waren mindestens zehn Ärzte am Empfang«, erwiderte die Schwester unwirsch.

»Sie wissen schon, welchen.« Henrietta hätte gewettet, daß jede Schwester in der Klinik wußte, welchen Arzt sie meinte. »Den, der aussieht wie Robert Redford, als er noch wie Robert Redford aussah.«

»Tja ...« Die Stimme der Krankenschwester nahm eine an Heiligenverehrung grenzende Färbung an, so als spräche sie von Mutter Teresa oder dem Papst. »Sie meinen vielleicht Dr. Westcott. Er leitet das Zentrum für Fruchtbarkeitsstörungen hier im Haus.«

Henrietta seufzte zufrieden auf und genoß die Vorstellung, daß dieser Mann dazu berufen war, kinderlosen Frauen Freude und Erfüllung zu bringen. Warum sollte er nicht noch eine kinderlose Frau froh machen? Frans spezielle Situation erforderte vielleicht ein bißchen mehr Engagement, als für einen Arzt allgemein üblich war, doch das war in Henriettas Augen nebensächlich.

Plötzlich ging ihr der einzige Pferdefuß an diesem Tagtraum auf.

»Dieser Dr. Westcott. Ist er verheiratet?«

Die Schwester seufzte. »Dr. Westcott hat sich mit Leib und Seele der Klinik verschrieben.«

Henrietta lächelte selig, während sie ihr cremefarbenes Leinenkostüm zuknöpfte. In diesem Fall standen sämtliche Möglichkeiten offen. Wenn er eine Klinik leitete, lag es in der Natur der Sache, daß dort Geldmangel herrschte. Und Gelder aufzubringen war etwas, was Henrietta außerordentlich gut beherrschte. Die Beziehung war – zumindest in Henriettas Vorstellungswelt – bereits besiegelt. Nun mußte sie die beiden nur noch zusammenbringen.

Sie ging auf die Tür zu, und ihre Schuhe klickten auf dem neuen pseudomarmornen Fußboden der staatlichen Klinik. An der Tür blieb sie stehen, da ihr einfiel, daß sie eine wichtige Einzelheit vergessen hatte. »Wie heißt er mit Vornamen?« fragte sie.

Die Schwester zog ein Gesicht, als handelte es sich um eine streng geheime Information. »Laurence«, antwortete sie schließlich.

»Laurence«, flüsterte Henrietta und kostete jede Silbe aus. »Laurence.« Selbst wenn Fran mit dem Gedanken spielte, alleine ein Kind aufzuziehen, würde sie doch bald zur Vernunft kommen, wenn sie jemand Passenden kennenlernte. Es war der natürliche Lauf der Welt. »Laurence«, sagte sie noch einmal vor sich hin. »Dr. Laurence Westcott und *Mrs.* Laurence Westcott.«

Die Schwester beobachtete Henrietta stirnrunzelnd, wie sie gebetsmühlenartig Dr. Westcotts Namen wiederholte. Vielleicht war die Frau verrückt. Die Sozialfürsorge ließ ja einiges zu wünschen übrig. Nur weil sie ein Leinenkostüm trug, hieß das nicht, daß sie keine gefährliche Schizophrene war, die sich sämtliche Kleider vom Leib riß und auf Dr. Westcott losstürzte, wenn er heute abend Dienstschluß hatte. Vielleicht hätte sie seinen Namen nicht verraten dürfen.

Ohne etwas von den Befürchtungen der Schwester zu ahnen, ging Henrietta lächelnd auf den Parkplatz zu. Sie spürte, daß eine Liebesgeschichte in der Luft lag.

An der Ampel am Ortsrand von Woodbury, direkt gegenüber den Blocks mit den Sozialwohnungen, lauerten ihr zwei kleine Scheibenputz-Banditen, bereits alte Feinde von ihr, mit ihren schmutzigen Schwämmen auf. Da es zu spät für ihre gewohnte Taktik war, nämlich einfach die Scheibenwischer einzuschalten, sobald sie die beiden sah, mußte sich Henrietta die Windschutzscheibe verschmieren lassen. Mit enormer Genugtuung stellte sie fest, daß sie kein Kleingeld hatte, und einen Fünf-Pfund-Schein würde sie den beiden garantiert nicht geben. »Da«, sagte sie, nahm die Papiertüte vom Beifahrersitz und reichte sie mit großer Geste hinaus. Sie konnte es sich erlauben, mit der Welt und all ihren Bewohnern im Einklang zu leben, jetzt, nachdem sie Dr. Westcott ausfindig gemacht hatte. »Die könnt ihr haben. Es sind Croissants.«

Der Junge äugte verblüfft in die Tüte, während Henrietta davonpreschte. »He, Shane!« rief er dem anderen Bengel zu. »Was sind Krossangs?«

»Spreche ich mit Miss Francesca Tyler? Oder soll ich lieber *Mrs.* Francesca Tyler sagen?«

Der Sarkasmus in der Stimme veranlaßte Francesca, aufzuhorchen und nicht an ihrem Text weiterzutippen. Vermutlich war es ein wütender Bürger, der anrief, um sich über Wanderer zu beschweren, die unerlaubt sein Land durchquerten, oder über Hundebesitzer, die nicht ordentlich mit Schaufel und Tüte ans Werk gingen. Die Zeitung bekam viele solcher Anrufe, obwohl die meisten davon glücklicherweise nicht bis zu Fran durchdrangen. »Ganz richtig.«

»Die Chefredakteurin des *Citizen*?«

»Genau.«

»Dann habe ich eine sagenhafte Geschichte für Sie. Ein Familienbetrieb, der vor achtzig Jahren gegründet wurde, muß morgen dreißig Leute entlassen. Vielleicht würden Sie gern Fotos machen.«

»Sind Sie in Woodbury?« Frans Instinkt ließ sie gleich nach einem Block greifen.

»Einer unserer Angestellten ist fünfzig Jahre bei uns gewesen.« Im Tonfall des Anrufers lag etwas Unangenehmes, das Fran wachsam machte. »Aber er bekommt keine goldene Uhr, nicht einmal eine billige.«

»Wie heißt die Firma?«

»Ich kann es mir nicht leisten, den Leuten auch nur einen Penny zu bezahlen, wissen Sie.«

»Sie haben mir den Namen Ihrer Firma noch nicht genannt«, drängte Fran.

»Wir sind unten an der Umgehungsstraße. ›Wadey's Busse‹. Sagt Ihnen der Name etwas?«

Fran stockte der Atem. Das war der Chef dieses miesen Busunternehmens!

»Dreißig Menschen stehen auf der Straße. Wegen Ihnen. Abschaum sind Sie, Abschaum.«

Fran hätte am liebsten den Hörer aufgelegt, doch er schien an ihrem Ohr zu kleben.

»Scheinheiliger Abschaum.« Die Stimme des Mannes wurde nun schrill und spuckte Gift und Galle. »Sie halten sich für superschlau, dabei sind Sie nur eine blöde Fotze. Passen Sie gut auf sich auf, *Mizzz* Francesca Tyler, sonst passiert Ihnen demnächst ein schlimmer Unfall. Ein Zusammenstoß mit einem Bus oder so.«

Der Haß in der Stimme des Mannes quoll aus dem Telefonhörer, und Fran hätte ihn am liebsten fallen lassen. Doch sie mußte an sich halten. Was hatte ihr Vater ihr stets gepredigt? Bleib Rüpeln gegenüber standhaft, dann geben sie klein bei. In Wirklichkeit sind sie nämlich Feiglinge.

»Möchten Sie mir drohen, Mr. Wadey?« Fran gab sich alle Mühe, ihre Stimme stahlhart klingen zu lassen. »Ich zeichne nämlich alle meine Gespräche auf.« Das war eine Lüge, da es viel zu kostspielig gewesen wäre. Aber das brauchte der ja nicht zu wissen.

»Dann lecken Sie mich am Arsch, und ich hoffe, Ihre Scheißzeitung geht pleite, dann wissen Sie auch, wie das ist.« Er knallte den Hörer auf.

Fran schloß die Augen. Sie wußte, daß es richtig gewesen war, den Artikel zu drucken. Es war eine gute Geschichte gewesen, und »Wadey's Busse« hatten ein Risiko für die Allgemeinheit dargestellt. Trotzdem war es ein scheußliches Gefühl, angebrüllt zu werden, und ein noch scheußlicheres, Menschen um ihren Arbeitsplatz zu bringen. In ihren Augen brannten Tränen. Gott sei Dank war keiner der Reporter in der Nähe.

Fran spürte eine Hand auf ihrer Schulter und zuckte zusammen.

»Du hast dich wacker geschlagen. Dafür sind wir doch da, Fran. Vergiß das nicht. Es hätte jemanden das Leben kosten können.« Fran war so in ihren Gefühlen gefangen gewesen, daß sie ihren Vater gar nicht hatte kommen hören. »Na komm, momentan ist kein Redaktionsschluß. Wie wäre es da mit dem Essen beim Inder, das du mir versprochen hast?«

Fran griff dankbar über die Ablenkung nach ihrer Jacke. Sie mußte hinaus in die Wintersonne und Woodburys saubere, kühle Luft spüren, die inzwischen noch erfrischender war, nachdem der *Citizen* erfolgreich für eine Umgehungsstraße gekämpft hatte. Das war auch ihre Leistung gewesen, und es hatte die Lebensqualität hier merklich verbessert, obwohl sie vermutete, daß darunter das eine oder andere Geschäft gelitten und sie verflucht hatte. Herrgott noch mal, sie würde tatsächlich noch unter einen Bus kommen, wie es der unangenehme Mr. Wadey angedroht hatte – aber nur, wenn sie sich nicht zusammenriß.

Immer wieder wurde Ralph gegrüßt, als sie die High Street entlanggingen, deren Fachwerkfassaden zwar Läden von »Boots« und »The Body Shop« beherbergten, die aber immer noch schön und erstaunlich unverdorben war.

Der Kellner bei »Bengal Bertie's« war ein alter Freund von Ralph. Er brachte ihnen gar nicht erst die Speisekarte. Fran aß immer Hühnchen Dopiaza und Ralph das schärfste Currygericht, das es gab. Einmal war das Lamm Vindaloo so extrem gewürzt gewesen, daß der Koch mitsamt dem Küchenpersonal herausgekommen war und Ralph zugejubelt hatte, als er es wortlos verputzte. Der Kellner ließ es sich nicht nehmen, ihm hinterher ein Pint indisches Bier der Marke Kingfisher auszugeben.

»Ihr Vater«, erklärte der Kellner in einem Ausbruch politischer Unkorrektheit, »hätte Empire regieren sollen. Dann müßten wir nicht britische Dreckskerle rausschmeißen.«

»Dad«, begann Fran, die gewartet hatte, bis das Kolfi kam, bevor sie ein anderes Thema anschnitt, das ihr Kopfzerbrechen bereitete, »wenn der *Express* eine Gratiszeitung herausbringt, kommen schwere Zeiten auf uns zu. Wir haben jetzt schon zu kampfen.«

»Ich weiß«, beruhigte Ralph sie, »aber wir schaffen es schon. Du bist eine großartige Chefredakteurin mit einem hervorragenden Instinkt dafür, was die Menschen bewegt. Guter Journalismus zählt immer.«

Fran lachte. Er schaffte es regelmäßig, sie aufzurichten. Wenn es nur noch einen Mann wie ihn gäbe. Nur leider wußte sie aus bitterer Erfahrung, daß dem nicht so war.

»Komm jetzt«, forderte Ralph sie auf. »Wenn ich dich noch länger aufhalte, frißt Stevie mich zum Frühstück.«

Und tatsächlich erwartete Stevie sie bei ihrer Rückkehr schon ungeduldig, während sie auf ihrem Schreibtisch lehnte und die zahlreichen Rufe um ihre Aufmerksamkeit um sie herum ignorierte. Für Stevie waren lärmende Redaktionen entspannender als Aromatherapie-Massagen.

»Wie geht's, Stevie?« Ralph gab ihr einen Kuß auf die Wange und hielt ihre Hand einen winzigen Moment länger als üblich. Die strenge Stevie, die am liebsten identische Röcke und Blusen aus unattraktiven Synthetikfasern trug, die allesamt aussahen, als wären sie in einem lichtlosen Raum angezogen worden, und dazu vernünftige Treter mit dicken Strümpfen, errötete wie ein junges Mädchen auf ihrer ersten Party.

»Gut. Zumindest bis ich das hier gesehen habe.« Sie hielt ein Exemplar des *Express* in die Höhe.

Unfaßbar und empörend für Fran, brachte ihr Konkurrenzblatt einen groß aufgemachten Artikel über Wadeys Busunternehmen, *ihre* Geschichte! Fran hatte soeben erst wegen dieser Reportage Beleidigungen und Beschimpfungen über sich ergehen lassen, und nun hatte der *Express* sie gestohlen.

»Diese frechen Mistkerle«, sagte Stevie, die, obwohl sie ebenso wütend war wie Fran, gelungenen Journalismus in jedem Fall zu schätzen wußte. »Sie haben einen dieser Todesfallen-Busse gemietet und ihn zur offiziellen Sicherheitsüberprüfung gebracht. Er ist in jedem einzelnen Punkt durchgefallen. Wadey wird verklagt werden, daß ihm

Hören und Sehen vergeht. Warum sind *wir* nicht auf diese Idee gekommen?«

»Weil wir nicht so hinterhältig sind wie Jack Allen«, fauchte Francesca. »Wie kann er es wagen, unsere Geschichte zu klauen? Wahrscheinlich ist er deshalb gestern hiergewesen. Um mir zu gratulieren, so ein Märchen!«

»Aber du mußt zugeben«, meinte Stevie und hielt die Zeitung mit der Schlagzeile DIESER BUS KANN TÖTEN in die Höhe, »daß es ein verdammt cleverer Schachzug ist.«

»Stevie«, begann Fran, nahm ihr das Blatt aus der Hand und warf es in den Papierkorb, »auf welcher Seite stehst du eigentlich? Du weißt genau, daß wir nicht Hunderte von Pfund hinauswerfen können, um einen dieser verdammten Busse zu mieten.«

Das würde sie Jack Allen nie verzeihen. Ja, sie würde ihn sogar auf der Stelle zur Schnecke machen, solange ihr Zorn noch loderte.

Stevie sah ihr hinterher, während Ralph die Zeitung aus dem Papierkorb nahm und ausbreitete. »Ein schlauer Kopf, der gute Jack, was? Da möchte ich gern die Fliege an der Wand sein, wenn Franny in sein Büro gerauscht kommt. Jemand, der es fertigbrächte, die beiden zur Arbeit in ein und derselben Zeitung zusammenzuspannen, hätte ein phänomenales Blatt.«

»Mhm«, stimmte Stevie zu, »außer daß die Funken zwischen ihnen wahrscheinlich das ganze Gebäude niederbrennen würden.«

Der jeweilige Sitz des *Citizen* und des *Express*, so schien es Fran, als sie vom einen Ende des lebhaften Städtchens zum anderen fuhr, brachte die Unterschiede zwischen den beiden Blättern auf den Punkt. Der *Citizen* hatte sein Domizil in der High Street, einer Top-Lage. Aber die Miete war in die Höhe geschossen, die Räumlichkeiten waren beengt, und Parkplätze gab es praktisch keine. Ein Vorzug war allerdings, daß man durch die Sprossenfenster das Dach der Kathedrale sehen konnte. Im Lauf der Jahre waren die Wasserspeier und Strebebogen für Fran alte Vertraute geworden. Ihr Lieblingswasserspeier hatte ein langes, kummervolles Gesicht und sah aus, als hätte er einen Dauerkater. Regenwasser rann unaufhörlich aus seinem Mund, ein vielsagender Kommentar zur Verrücktheit der modernen Menschen Dutzende von Metern unter ihm, die vor McDonald's oder dem Multiplex-Kino Schlange standen. Fran nahm die beengten Bedingungen allerdings gern in Kauf, da die Redaktion im Zentrum der Geschehnisse lag.

Der *Express* dagegen residierte in einem schicken Bürogebäude in einem Industriegebiet, zwischen »21st Century Computers« und einem Elektronik-Großmarkt. Fran fand es gesichtslos und fade, auch wenn sie einen Fuhrpark hatten, in dem jeder Wagen mit dem Aufdruck DER EXPRESS – STETS ZUERST ZUR STELLE versehen war, was in Frans Augen sowieso nicht stimmte, dazu kühle Zierbrunnen auf jeder Etage sowie für jeden Mitarbeiter, der ein Auto hatte, einen eigenen Parkplatz.

Zu Frans großem Ärger war der Platz, der durch ein großes Schild mit der Aufschrift »Chefredakteur« gekennzeichnet war, gähnend leer. Falls Jack nicht zur Arbeit gejoggt oder geradelt war, war er nicht da. Die unerwartete Enttäuschung nahm ihr den Wind aus den Segeln, was – so sagte sie sich selbst – daher rührte, daß sie ganz auf eine Auseinandersetzung programmiert war. Sie versuchte, ihre Frustration zu verdrängen, indem sie sich im Außenspiegel die Lippen nachzog. Plötzlich ertönte hinter ihr ein durchdringendes Hupen, das sie vor Schreck veranlaßte, von der Nase zum Ohr einen Strich zu ziehen, der an Picassos braune Periode – das war die nach der blauen – erinnerte.

»Du blockierst meinen Parkplatz«, brüllte Jack Allen fröhlich, als sie rückwärts herausfuhr. »Hübsche Kriegsbemalung. Ist das jetzt nach Body Piercing der letzte Schrei in Sachen Körperkunst?«

Fran fluchte. Irgendwie schaffte Jack Allen es regelmäßig, sie in ein schlechtes Licht zu rücken. Es war geradezu eine Kunst – falls man ein boshafter Mensch war. Sie griff nach einem Kleenex und stieg so aus dem Wagen, daß es – wie sie hoffte – anmutig und selbstsicher zugleich wirkte.

»Du Mistkerl«, begrüßte Fran ihn freundlich wie eine Klapperschlange. »Das war unsere Geschichte, und das wußtest du genau. Kein Wunder, daß du neulich so verlegen dreingesehen hast. Herumschleichen, um rauszukriegen, ob wir euch voraus sind. Also, ich glaube jedenfalls nicht an diese krampfhafte Fixierung auf den großen Knüller.«

Jack machte die Tür seines alten Saab-Cabrios auf, eines Wagens, den er schon fuhr, seit Fran ihn kannte. »Ach, nicht? Dann hast du wohl jeglichen Biß verloren. Früher hättest du für eine Story einen Mord begangen. Oder zumindest einen halben Meter Oberschenkel zur Schau gestellt.«

Fran ignorierte ihn. »Zufällig bin ich der Ansicht, daß wir alle an einem Strang ziehen sollten, um das Leben in dieser Stadt angenehmer zu machen, und nicht miteinander darum konkurrieren, miese Geschäftemacher an den Pranger zu stellen.«

»Ach.« Er grinste provokant, so daß es Fran juckte, ihm

eine Ohrfeige zu verpassen. »Dann bist du ja sicher damit einverstanden.« Er reichte ihr einen Brief. »Der *Express* und der *Citizen* sind beide unter den Kandidaten für die Wahl zur besten regionalen Wochenzeitung.«

»Dann hoffe ich nur, daß das bessere Blatt gewinnt«, sagte Fran zweideutig, als sich die Beifahrertür öffnete. Sie hatte gar nicht gesehen, daß er jemanden dabei hatte.

Noch dazu so jemanden ...

Ein paar sehr lange Beine in einem sehr kurzen Rock, nicht wesentlich anders als jener, den Fran selbst einmal getragen hatte, schwang sich aus dem Wagen, gefolgt von einem überaus zierlichen Körper und einem atemberaubend hübschen Gesicht. Leicht schräg stehende dunkle Augen unter einem fransigen, jungenhaften Pony betrachteten Fran und machten ihr den verschmierten Lippenstift peinlich bewußt.

»Ich glaube, du hast Miriam Wolsey noch nicht kennengelernt«, sagte Jack, der galant wie immer keinen Finger gerührt hatte, um der jungen Dame die Tür aufzumachen. Allerdings erweckte Miriam ganz den Eindruck, als hielte sie Türaufmachen für eine ebenso krasse Beleidigung wie Hinterherpfeifen oder den Spruch »ein Hintern wie ein Brauereipferd«. Also war auch durchaus denkbar, daß Jack ganz ungewohnte Sensibilität an den Tag legte. »Miriam ist frisch von der Journalistenschule zu uns gestoßen.«

Damit war sie, so schätzte Fran, gerade mal zwanzig. Höchstens einundzwanzig. Zu jung für Jack. Aber sicher war Jack reif genug, um das einzusehen.

Miriam und Jack gingen auf das Gebäude zu, in dem der *Express* residierte. »Der *Express* gewinnt auf jeden Fall«, vernahm Fran Miriams Stimme über die asphaltierte Fläche. »Der *Citizen* ist doch nicht viel mehr als ein Gemeindeblatt, oder? Ich meine, du liebe Zeit, angeblich benutzen sie dort noch Schreibmaschinen.«

»Wenn du ihr jetzt zustimmst, bringe ich dich um, Jack Allen«, murmelte Fran unhörbar.

»Miriam, lassen Sie sich eines gesagt sein«, begann Jack, und ausnahmsweise verzieh ihm Fran diesmal den herablassenden Tonfall, »im Journalismus geht es nicht um Technik; es geht um Instinkt, darum, ein Gefühl dafür zu haben, was die Leser bewegt. Und das machen sie verdammt gut beim *Citizen*, wenn man bedenkt, daß ihre Redaktion nur aus einem Mann und einem Hund besteht.«

Fran knallte die Tür zu. Typisch für Jack, daß er ein Kompliment in eine Beleidigung verwandelte.

Wenn ich ein Hund bin, so schwor sich Fran, als sie aus dem Parkplatz herausfuhr und beschleunigte, dann komme ich vielleicht eines Tages und zerfleische dich.

Jack, der Miriam gepackt und sicherheitshalber auf den Gehsteig gezerrt hatte, als Fran den Motor aufheulen ließ, ließ sie wieder los. Wegen der Begegnung mit Fran würde er nun ein paar Minuten zu spät zu seiner Verabredung mit dem Vorstandsvorsitzenden, Murray Nelson, kommen, einem Mann, für den Pünktlichkeit Religion war. Verdammt! Manchmal beneidete er Francesca Tyler mehr, als sie ahnte. Wenigstens besaß sie die Freiheit, die Fehler zu machen, an die sie glaubte.

Murray Nelson saß bereits in dem kahlen, funktionellen Besprechungsraum, als Jack eintraf, eine Minute und dreiundvierzig Sekunden zu spät. Jack vermutete, daß Nelson jede einzelne Sekunde davon gezählt hatte.

Jack setzte sich. Er hatte sich angewöhnt, sich bei Murray Nelson nie zu entschuldigen und nie zu rechtfertigen.

Dadurch wurde Jack dem Mann zwar nicht sympathischer, aber zumindest wahrte er seine Würde. Im Lauf von fünfzehn Jahren war Nelson vom Verkäufer von Sendezeit im Werbefernsehen zum Vorstandsvorsitzenden der gesamten *Express*-Gruppe aufgestiegen, die zwanzig Regionalzeitungen und ein Dutzend lokale Radiosender umfaßte. Und das hatte er nicht geschafft, indem er immer lieb und nett war. Jack wurde allgemein als Nelsons einziger ernstzunehmender Rivale betrachtet, doch das war es nicht, was den älteren Mann ihm gegenüber so unduldsam machte. Was Nelson an Jack am meisten störte, war, daß jeder, angefangen vom Motorradboten übers Reinigungspersonal bis hin zum Drachen am Empfang, Jack mochte. Das fand Nelson unverzeihlich.

»Also«, begann Nelson und sah auf die Uhr, als würde er der Angelegenheit, die sie besprechen wollten, maximal fünfzehn Minuten einräumen. »Wegen der neuen Zeitung. Kann ich davon ausgehen, daß Sie bereit sind, die Leitung der Redaktion zu übernehmen?«

Jack hatte seit Tagen darüber nachgedacht. Er wußte so gut wie jeder andere, daß Woodbury zu klein war, um drei Zeitungen zu tragen. Eine von ihnen würde untergehen. Und weil er ohnehin unter Geldmangel litt und nicht von einer finanzkräftigen Gruppe gestützt wurde, würde das wahrscheinlich der *Citizen* sein. Andererseits war es aber in der gnadenlosen Welt des Konkurrenzkampfes Aufgabe eines Chefredakteurs, Mittel und Wege zu finden, sich dem Lauf der Zeit anzupassen und zu überleben. Ein Teil dessen, was Zeitungen so anziehend machte, war ja das Element des Risikos, sonst hätte man gleich Bankangestellter werden können. Wenn Francesca Tyler das nicht begriff, dann hatte sie es verdient, daß ihre Zeitung einging.

»Sicher.« Jack konnte ebenso direkt sein wie Nelson. »Unter zwei Bedingungen.«

»Ja? Und die wären?«

»Daß ich weiterhin Chefredakteur des *Express* bleibe.«

Nelson nickte. Das wäre eine Kostenersparnis. »Und?«

»Daß Sie mir ein Marketing-Budget zur Verfügung stellen, damit ich mit dem neuen Blatt Aufsehen erregen kann – ein paar Aktionen organisieren, die für Interesse sorgen. Wenn ich es schon mache, will ich es nicht mit halber Kraft angehen.«

Nelson grinste ihn vielsagend an. »Daß Sie irgend etwas mit halber Kraft angehen würden, sagt man Ihnen auch nicht unbedingt nach, Jack, soweit ich gehört habe.«

Jack ignorierte die Anspielung. »Ich bräuchte fünftausend.«

»Der arme alte *Citizen*. Er wird gar nicht wissen, wie ihm geschieht. Sie haben doch früher mal dort gearbeitet, oder, Jack? Sie wollen nicht zufällig eine alte Rechnung begleichen?«

»Natürlich nicht. Ich möchte nur der neuen Zeitung eine reelle Chance geben, Eindruck zu machen, weiter nichts.«

»Verstehen Sie mich nicht falsch, Jack. Ich bin durchaus für Konkurrenz, je unfairer, desto besser. Ich stehe hundertprozentig hinter Ihnen. Mir ist es egal, wenn der *Citizen* untergeht. Vielleicht könnte ich sogar den Titel aufkaufen. Aber was ist mit Francesca Tyler? Es heißt, sie sei sehr attraktiv.«

»Wenn Francesca die Konkurrenz nicht verkraftet, darf sie keine Zeitungsredaktion leiten.«

»Ist sie eine von dieser seltenen Spezies, eine Frau, die Sie abgewiesen hat, Jack?«

»Es ist rein beruflich. Ich gehe eben gern Risiken ein.«

Jack sah Nelson an, als wäre er eine besonders ekelhafte Art von Bazillus.

»Zum Glück machen Sie Ihre Arbeit verdammt gut, Allen.« Murray Nelson sprach leise und beinahe zärtlich. »Sie gehen gern an die Grenzen, sagt man, und dafür werden Sie bewundert. Aber wagen Sie sich nicht zu weit vor, das rate ich Ihnen.«

Jack war schon auf halbem Weg zur Tür, als Nelson wieder zu sprechen begann. »Wir kennen die Geschichte alle, wissen Sie. Wie man Ihnen den Spitzenjob in der Fleet Street angeboten hat, dann der Skandal über Sie ans Licht kam und das Angebot zurückgezogen wurde. Werden Sie also nicht zu übermütig, ja, Jack? Sonst enden Sie noch bei einem Schundblatt.«

Jack würdigte ihn keiner Antwort. Nelson würde die Wahrheit sowieso nicht begreifen. Es war wesentlich komplizierter gewesen. Und viel unangenehmer. In Wirklichkeit war er es gewesen, der die Stelle abgelehnt hatte, nicht umgekehrt. Aber er würde den Teufel tun und sich gegenüber Murray Nelson rechtfertigen.

Seine Frau Carrie hatte ihn kurz zuvor verlassen und ihre Tochter Louise mitgenommen, aber Ben, sein wundervoller Sohn Ben, hatte sich dafür entschieden, bei seinem Vater zu bleiben. Wie hätte Jack ihn der großen Karriere in London und eines Jobs wegen sitzenlassen können, bei dem er seinen sieben Jahre alten Sohn nie zu Gesicht bekommen hätte? Also hatte er abgelehnt. Und mit Ben zusammenzuleben, ihn heranwachsen zu sehen und eine Beziehung zu ihm aufzubauen, wie sie nur wenige Väter je zu ihren Söhnen hatten, entschädigte ihn reichlich. Außerdem mochte er Woodbury und wollte dem Ort die bestmögliche Zeitung liefern.

»Danke.« Jacks Tonfall und Lächeln waren tödlich. »Ich werde mir Ihren Rat zu Herzen nehmen.«

Nach einer Besprechung in der Vorstandsetage die Redaktion zu betreten war für Jack wie Einkaufen auf einem überfüllten Straßenmarkt nach der kalten Anonymität eines Großmarkts am Ortsrand. Jeder schrie ihm etwas entgegen und wollte eine Stellungnahme hören, eine Entscheidung über eine Schlagzeile oder ein Okay zu einer Fotostrecke. Hier herrschten Lärm, Trubel und Hektik, vor allem, wenn der Redaktionsschluß nahte. Für Jack war es sein Zuhause.

Es war schon sechs Uhr vorbei, als die Leute anfingen, ihre Sachen zusammenzupacken. Jack wollte gerade seinen Computer abschalten, als ihm einfiel, daß er noch nach E-Mails sehen mußte. Und tatsächlich fand sich, umrandet von einer poppigen Graphik, eine Nachricht von seinem Sohn. »NICHT VERGESSEN«, besagte die elektronische Gedächtnisstütze, »HEUTE ABEND IST VIDEO-ABEND.«

Seit er denken konnte, zelebrierten Jack und Ben an den Dienstagabenden ein eingespieltes Ritual, bei dem sie gemeinsam einen Videofilm anschauten und Pizza aßen. Zu Beginn war es *Postmann Pat* gewesen, jetzt eher *Wenn der Postmann zweimal klingelt*, doch der Ablauf blieb unverändert. Jack fühlte sich insgeheim geschmeichelt, daß sein cooler, fast erwachsener Sohn freiwillig mit ihm zu Hause blieb, wo er doch scheinbar unablässig angerufen wurde. Ja, sogar derart unablässig, daß Jack bereits erwogen hatte, ihm einen eigenen Anschluß legen zu lassen.

Das einzige Problem, so überlegte Jack, als er eine halbe Stunde später im Videoverleih die Regale durchstöberte, war, Filme zu finden, die sie alle beide sehen wollten. Ben stand auf die neuesten Horror-Schocker, während Jacks Geschmack eher zu französischen Schwarzweiß-Filmen über Liebe und Verlust tendierte. Schließlich wählte er *Nosferatu* – den Original-Vampirfilm in zittrigem Schwarzweiß. Die bedrohliche Atmosphäre, die von ihm ausging, beinhaltete für Jack alles, was ein Horrorfilm brauchte.

Da ein schwarzweißer Stummfilm mit Zwischentexten vielleicht ein bißchen zu egoistisch war, wollte er als Ergänzung noch etwas Moderneres heraussuchen.

»Was leihen sich denn Teenager zur Zeit gern aus?« fragte er das dicke Mädchen mit den Schweinsäuglein, das umringt von Liebesromanen hinter dem Tresen hockte. Sie besaß, so hatte Jack im Lauf der Zeit festgestellt, einen hervorragenden Geschmack und kannte sich bestens mit Filmen aus.

»Wie alt?«

»Vierzehn.«

»Je schauriger, desto besser.« Sie reichte ihm eine schwarze Hülle herüber, auf der neongrüner Schleim aus einem Schädel troff. »Keine Sorge. Es ist alles nur gestellt. Aber bitten Sie Ihren Sohn, daß er Sie ins Bett bringen soll, falls Sie hinterher Alpträume kriegen.«

Jack lachte. »Danke. Klingt toll. Aber Sie wissen ja immer das Richtige. Sie sollten Kritikerin werden.«

Das Mädchen strahlte, und die Augen in ihrem sonst unattraktiven Gesicht leuchteten. Sie freute sich auf die Dienstage, wenn Jack kam.

Als Jack mit den Pizzas mit extra viel Pilzen (wie Ben sie am liebsten mochte) nach Hause kam, waren diese schon abgekühlt. Doch Ben und er waren Meister an der Mikrowelle, und in Null Komma nichts, saßen sie vor dem Fernseher, wo der Vorspann zu *Nosferatu* begann.

Zu Jacks Enttäuschung mampfte Ben während der gesamten gruseligen und traurigen Geschichte über den ersten Kinovampir nahezu ohne jegliche Reaktion vor sich hin. Das Problem mit Jugendlichen war, so dachte Jack im stillen, daß sie sich nur für plakative Gewalt im Stil von Quentin Tarantino interessierten. Von Filmgeschichte hatten sie keine Ahnung. »Na, was meinst du?« traute er sich schließlich zu fragen. »Besser als irgendein konfektionierter Quatsch aus Hollywood?«

»Nicht schlecht«, räumte Ben ein und kniff die blaßblauen Augen zusammen wie sein Vater, »ein geradezu klassisches Beispiel für den deutschen Expressionismus. Aber wo ist das andere Video, das ich in deiner Aktentasche gesehen habe?«

Jack gab nach und fragte sich, wann genau sein Sohn eigentlich gelernt hatte, ihn so komplett zu manipulieren.

»Und jetzt«, sagte Ben, während er das Video per Fernbedienung seine blutrünstige Handlung beginnen ließ und sich gemütlich zurücklehnte, »sagst du mir, was du von einem *echt* klassischen Horror-Thriller hältst.«

Nachdem der letzte Schädel von Invasoren aus dem Weltall dezimiert worden war, die aus einem für Jack nicht ganz nachvollziehbaren Grund wie mittelalterliche Mönche aus dem vierzehnten Jahrhundert gekleidet waren, verkündete er, daß er nun schlafen ginge. In letzter Zeit ging er relativ oft vor Ben zu Bett, und er fragte sich, ob das auch in konventionellen Familien mit zwei Elternteilen vorkam. Aber heute abend konnte er nicht mit der gewohnten Leichtigkeit einschlafen. Der Anblick der wütenden Francesca Tyler auf dem Parkplatz kam ihm wieder in den Sinn. War es unfair von ihm gewesen, eine Story weiterzuverfolgen, die der *Citizen* so unmißverständlich als sein Eigentum betrachtete? Ein bißchen schuldbewußt war er schon, aber in der Welt der Zeitungen war doch wohl alles erlaubt? Er grübelte weiter nach, bis ihm klar wurde, daß das Problem weniger mit unfairer Rivalität zwischen den zwei Blättern zu tun hatte, als vielmehr damit, daß der Chefredakteur des *Express* sich immer stärker zu seinem Gegenstück beim *Citizen* hingezogen fühlte. Ein Bild von Francesca, ihr glänzendes Haar von den gewohnten Spangen befreit, entstand vor seinen Augen. Unterbrochen wurde es von einem merkwürdig scharrenden Geräusch, gefolgt von einem leisen »Psst«. Er setzte sich auf. Was war da los? Er packte seinen Bademantel und schlich sich nach unten, während er auf einmal Angst um Ben bekam. Mit einem Ruck schaltete er das Licht in der Küche ein.

Ben kniete auf dem Fußboden, die Arme um einen Hund geschlungen, der eine unglückliche Mischung aus einem bärtigen Collie und einem Hühnerhund zu sein schien. Um seinen schmuddeligen Hals war ein großes, rot-weiß getupftes Kutschertuch gebunden. Der Hund war auf jeden Fall extrem heruntergekommen.

»Ben«, begann sein Vater vorwurfsvoll, während vor seinem geistigen Auge Jahre voller Tierarztrechnungen, zerbissener Polstermöbel und Hundevaterschaftsklagen vorüberzogen, »wo kommt dieses Tier her?«

»Bitte laß mich ihn behalten«, flehte Ben. »Einer von diesen Pennern hat ihn angebunden am Marktplatz sitzenlassen, und er wäre sonst weggebracht und eingesperrt worden.«

Anstelle des hochgewachsenen Teenagers mit Discman und Rollerblades sah Jack lediglich einen traurigen Siebenjährigen vor sich, der, nachdem ihn seine Mutter verlassen hatte, zehnmal am Tag um ein Hündchen bettelte. Jack, der es bereits anstrengend genug fand, mit einem Beruf, einem Kind und einer Reihe finnischer Au-Pair-Mädchen fertigzuwerden, hatte sich außerstande gesehen, auch nur ein Gramm mehr Verantwortung auf sich zu nehmen, und abgelehnt. Doch er hatte nicht mit den Schuldgefühlen gerechnet, die auf ihn lauerten und brutaler waren als jeder Kampfhund.

»Ist anzunehmen«, stöhnte Jack und kniete sich neben Ben. Auf der Stelle überschüttete ihn das Tier mit schlabbrigen, ekligen Küssen. »Namen hat er wohl keinen?«

»Doch. Er steht auf dem Anhänger an seinem Hals. Er heißt Wild Rover.«

»Wild Rover«, wiederholte Jack matt, »wie auch sonst?« Er schob den Hund beiseite und in Bens freudig ausgebreitete Arme. »Bei dem Namen bin ich nur froh, daß du derjenige bist, der dann im Park nach ihm rufen darf.«

Francesca ließ sich genüßlich in die Badewanne zurücksinken und überlegte, was sie heute abend anziehen sollte. Sie war erstaunt gewesen, als Henrietta sie zu einem »kleinen Wohltätigkeitsessen zugunsten des Zentrums für Fruchtbarkeitsstörungen der Klinik« einlud. Fruchtbarkeitsstörungen standen normalerweise nicht auf Henriettas Liste der guten Zwecke, vor allem, wenn es nicht um unfruchtbare Prominente ging. Henriettas Spendenaufrufe ergingen normalerweise zugunsten notleidender Lloyd's-Syndikalisten oder der »Gertrude-Jekyll-Gesellschaft« für arthritische Gärtnerinnen. Als sie ein Erdbeerkuchenessen für den Restaurationsfonds der Kirche veranstaltete, mußte Fran ihr erklären, daß es nichts damit zu tun hatte, wieder das alte Gebetbuch anstelle der gräßlichen modernen Liturgie einzusetzen, sondern lediglich darum ging, das Dach neu zu decken.

Als Henrietta beiläufig erwähnte, daß der Stargast des Abends ein gewisser Dr. Laurence Westcott sein würde, war Fran angenehm überrascht gewesen. Sie hatte bereits von ihm und seiner bahnbrechenden Arbeit an der Klinik gehört und sogar schon einmal überlegt, ob sie ihn um ein Interview bitten sollte. Aufgrund seines Rufes vermutete sie in ihm einen Mann Ende Fünfzig, charismatisch und voller Pioniergeist, der die Abendgesellschaft im Handumdrehen für sich eingenommen hätte, so daß alle mit dem Scheckheft winken würden, bevor man das Wort Spermaprobe aussprechen konnte. Vielleicht würde sie ihn gleich heute abend wegen eines Artikels angraben.

Es war noch genug Zeit zum Haarewaschen. Fran übergoß sich mit Jojoba und stimmte »Gonna Wash That Man Right Out Of My Hair« an. Die ziemlich rührende Erinnerung daran, wie Jack Allen das Baby gehalten hatte, kam ihr wieder in den Sinn, wurde aber auf der Stelle davon verdrängt, daß er ihr ihre Geschichte gestohlen hatte und obendrein schamlos dranging, sie mit seiner Gratis-Zeitung zu ruinieren. Sie wusch ihr Haar aus, bis es sauber quietschte, verabreichte ihm dann die letzte masochistische Spülung mit eiskaltem Wasser und wickelte es in einen Turban. Im Spiegel erblickte sie ihr nacktes, ungeschminktes Gesicht. So ganz ohne Make-up war die Ähnlichkeit mit ihrem Vater verblüffend. Beide hatten ein ovales Gesicht mit hohen, fast slawischen Backenknochen – hatte einst ein gutaussehender Tartar ihre weiblichen Vorfahren vergewaltigt und ausgeplündert? Unwahrscheinlich, denn soweit sie wußte, stammten sie aus Surrey, einer Region, wo sogar Tartaren Jaguars fuhren. Ihre Nase war eine Spur zu lang und ihre Augen etwas schmal. Es war ein auffälliges Gesicht, das wußte sie. Nicht hübsch, aber einprägsam. Mit den vollen Lippen, die sie von ihrer Mutter geerbt hatte und dem Haar von der Farbe eines neuen Pennys konnte sie an guten Tagen ziemlich attraktiv wirken – wenn man davon absah, daß sie stets drei oder vier Zentimeter größer war als sämtliche Männer in ihrer Umgebung. Um ihr in die Augen zu blicken, bräuchten die meisten Männer eine Trittleiter. Schon in Ordnung, hatte ihr Vater zu ihr gesagt, als sie auf ihre erste Party ging, und das mit soviel unterdrücktem Stolz, daß sie ihm an guten Tagen sogar Glauben schenken konnte.

Sie fragte sich, wie aufgedonnert Henrietta für den guten Zweck der künstlichen Befruchtung wohl sein würde. Bei Henrietta war alles möglich, vom Glitzergewand im Shirley-Bassey-Stil bis hin zu nonnenhaftem Understatement, und so war es manchmal schwer, selbst eine Entscheidung zu treffen. Kurz und schwarz, beschloß Fran. Das paßte zu jeder Gelegenheit. Dieses spezielle Modell sah mit einem Wonderbra am besten aus, doch Fran fürchtete, daß zuviel Dekolleté vom Ernst des Anlasses ablenken könnte. Der Mann kam schließlich, um Spenden für kinderlose Paare einzutreiben, nicht um ihren Busen im Wonderbra zu begaffen.

Fran zog den Reißverschluß des enganliegenden Kleides mit Hilfe eines Kleiderbugels hoch, ein Tip, den ihre Mutter – neben »1001 Tricks gegen Laufmaschen« – in der Jimmy-Young-Show aufgeschnappt und an sie weitergegeben hatte. Fran war richtig peinlich, wie herablassend sie damals darauf reagiert hatte, und jetzt nutzte sie den Ratschlag doch. Sie hoffte inständig, daß ihre Mutter nie davon erfuhr.

Ein Spritzer Parfüm, und sie war fertig. Würde Laurence Westcott dem Ruf entsprechen, der ihm vorauseilte, fragte sie sich, als sie sich ein letztes Mal im Flurspiegel betrachtete, oder wäre er wie die meisten Männer letztlich doch mehr an sich selbst interessiert als an irgend etwas anderem? Trotz der jahrelangen Erfahrung, die Fran hätte lehren sollen, daß sie es besser wissen müßte, empfand sie doch leise, aber unverkennbare Vorfreude.

3. *Kapitel*

»Müssen wir das wirklich alles über uns ergehen lassen, nur um deine Freundin mit einem Retorten-Vater zu verkuppeln?« beschwerte sich Simon bei Henrietta. Es war ihm zuwider, an einem Samstagabend einen Anzug tragen zu müssen. Normalerweise lungerte er dann nämlich in seinem geliebten Guernsey-Pulli und den uralten Jeans herum, von denen er irrigerweise annahm, daß sie ihn jung wirken ließen. Nichts war ihm lieber, als einen gemütlichen Abend vor dem Fernseher zu verbringen.

»Er selbst ist doch kein Retorten-Vater«, verbesserte Henrietta, die zwischen anständigem Schwarz und schreiendem Scharlachrot schwankte. »Du bist mal wieder ganz auf dem falschen Dampfer. Er leitet lediglich ein Zentrum für Fruchtbarkeitsstörungen.«

Simon legte ihre Hand auf sein allzeit bereites Organ. »Warum kommst du nicht mal bei mir an Bord?«

Genervt riß Henrietta ihre Hand weg. »Weil in zwanzig Minuten unsere Gäste eintreffen und ich nicht möchte, daß sie in der Tür stehen und dich keuchen hören wie einen sexsüchtigen Wal.«

»Hast du eigentlich gewußt«, fragte Simon träumerisch, »daß Pottwale Orgasmen haben, die zwanzig Minuten dauern?«

»Mein Gott«, entsetzte sich Henrietta, »da bin ich aber froh, daß ich keine Pottwalin bin.«

Henrietta eilte nach unten und kontrollierte den Eßtisch. Alles in Ordnung, stelle sie fest. Stunden hatte sie damit zugebracht, sämtliche Servietten zu Seerosen zu falten, genau wie man es ihr im Gastgeberinnenkurs beigebracht hatte. Als kleinen Hinweis darauf, warum sie alle heute abend hier waren, hatte sie in jeder einen kleinen goldenen Kugelschreiber versteckt.

Die Sitzordnung zu machen war ein Alptraum gewesen. Sie mußte Fran Gelegenheit geben, zu glänzen, ohne daß es so aussah, als würde sie Laurence Westcott an den Hals geworfen. Außerdem mußte sie das Arztehepaar, das sie dazu eingeladen hatte, trennen und in sicherem Abstand zueinander plazieren, damit sich nicht den ganzen Abend das Gespräch um das faszinierende Thema »Rentenfonds für praktische Ärzte« drehte. Dann war da noch das Problem mit Simon und wie man den Schaden begrenzte. Wo konnte sie ihren Mann hinsetzen, damit er nur ein paar der Gäste beleidigte und nicht alle? Letzteres hatte sie schließlich als Ding der Unmöglichkeit aufgegeben.

Die Türklingel ging exakt um acht Uhr. Wer war denn so unhöflich, daß er absolut pünktlich erschien? Zum Glück hatte Henrietta in ihrem Gastgeberinnenkurs gelernt, für jeden Fall immer eine Viertelstunde früher fertig zu sein.

»Wir machen auf«, ertönten zwei Stimmen. Verdammt. Sie hatte vergessen, nachzusehen, was Sophie und Lottie anhatten. Soweit sie Lottie kannte, konnte das zwischen überhaupt nichts und einem der nicht ganz jugendfreien Nachtgewänder ihrer Mutter sein.

Als Lottie Jim und Judy Williams, das Arztehepaar, ins Wohnzimmer führte, seufzte Henrietta erleichtert auf. Die sechsjährige Lottie sah mit ihrem paillettenverzierten Tüllpetticoat mitsamt Stirnreif und Zauberstab entzückend aus. Hinter ihr kam Sophie, und Henrietta schnappte nach Luft – aber nicht wegen Sophies Kleidung, die ausnahmsweise geschmackvoll und zurückhaltend war, sondern wegen des brillantbesetzten Nasensteckers, der in ihrem linken Nasenflügel glitzerte. Sie mußte es an diesem Nachmittag haben machen lassen und hatte sich die Enthüllung für heute abend aufgespart, wenn Henrietta machtlos wäre, das kleine Miststück.

»Wir sprechen uns später«, zischte Henrietta, als gerade Simons Geschäftspartner und seine maßlos reiche Frau erschienen, gefolgt von Fran, die sich in Henriettas Augen von ihrer besten Seite zeigte. Frans kupferrotes Haar fiel ihr schräg ins Gesicht, was erstaunlich schüchtern wirkte, von ihr aber so gewollt war, wenn sie Unbekannten begegnete. Sobald ihr Selbstvertrauen zunahm, strich sie die Strähne zurück. Sie war eine seltsame Mischung aus Stärke und Verletzlichkeit, dachte Henrietta bei sich, wie eine blasse, zarte Rose, die aussieht, als würde sie bald welken – und dann all ihre robuster wirkenden Rivalen mühelos überlebt.

Auf einmal bemerkte Henrietta, daß keiner ihrer Gäste einen Drink hatte. Wo zum Teufel war Simon? Gerade als sie nach ihm rufen wollte, erschien er freundlich und charmant mit einem Tablett Kir Royals an ihrer Seite. Sie mußte zugeben, daß er durchaus seine praktischen Seiten hatte. Während alle ihre Freundinnen darum rangen, die innersten Gedanken ihrer Männer zu ergründen und gelegentlich sogar behaupteten, sich in deren Gesellschaft wohl zu fühlen, hatte Henrietta keine derartigen Illusionen. Ihre Beziehung mit Simon funktionierte deshalb, weil keiner von beiden über sie nachdachte.

»Du siehst heute abend zum Anbeißen aus«, flüsterte

Simon Fran so leise zu, daß seine Frau es nicht hören konnte.

»Danke, Simon.« Fran wußte, daß Simon, auch wenn er ihr oft Komplimente machte, seine Frau innig liebte und – soweit sie wußte – nie vom Pfad der Tugend abgewichen war. »Was bekommen wir eigentlich zu essen?« fragte sie, um ihn von ihr abzulenken.

»Menü B. Sie hat in diesem Kurs nur drei gelernt und verändert nicht einmal ein Salatblatt. A ist zu protzig, Hummer und Gänseleber. Das gibt's nur, wenn das Königshaus zu Besuch kommt. B ist Salat von Meeresfrüchten und Lammrücken.«

»Und was ist C?« Fran war neugierig geworden.

»Hackfleischauflauf. Für zwanglose Abendessen. Aber natürlich nur mit Eins-A-Hackfleisch.«

Fran spürte, wie jemand an ihrem Rock zog, und entdeckte Lottie, deren Stirnreif ins Rutschen gekommen war und die voller Konzentration die Zunge herausstreckte, während sie ihr ein Canapé anbot, dicht gefolgt von der nasengepiercten Sophie mit der Weinflasche.

»Tante Fran«, flüsterte Sophie, »könntest du später Mum bequatschen? Sie ist stocksauer, weil ich mir diesen winzigen Stecker habe setzen lassen. Das zahmste Teil, das es gibt. Sie sollte mal Rachel sehen. Rach hat alles gepierct. Ohren, Nase, Lippen und sogar den Bauchnabel.«

»Mein Gott«, Simon schüttelte niedergeschlagen den Kopf, »da spart man sich ihre Ausbildung vom Mund ab, und was kommt dabei heraus? Ein Einser-Abschluß? Nein. Mehr Löcher als ein bescheuertes Teesieb.«

»Wo ist eigentlich euer Ehrengast?« Fran war verwundert, daß Laurence Westcott noch nicht eingetroffen war.

Simon sah auf die Uhr. Es war Viertel vor neun, lange

nach der akzeptablen Zeitspanne für Verspätungen. »Henrietta kriegt einen Tobsuchtsanfall, wenn er es vergessen hat. Ich muß gestehen, ich fände es auch ein bißchen unhöflich, nachdem wir uns so viel Mühe gemacht haben.«

Zehn Minuten später klingelte es an der Tür, und Sophie und ihre Mutter eilten gleichzeitig zum Öffnen. »Du schenkst weiter Getränke aus«, befahl ihre Mutter und schickte Sophie wieder ins Wohnzimmer. »Der arme Mann bringt sein Leben damit zu, Kinder zu erzeugen, da muß er nicht unbedingt sehen, was später aus ihnen wird, sonst überlegt er es sich vielleicht noch anders.«

Henrietta nahm ihrem Gast den Mantel ab und bugsierte ihn voller Bewunderung ins Wohnzimmer. »So, hört mal alle her, ich möchte euch den Mann des Abends vorstellen, Dr. Laurence Westcott.«

Fran erschauerte an seiner Statt angesichts der peinlichen Vorstellung, doch er schien erstaunlich unerschüttert. Sie musterte ihn im Schutz von Simons massigem Körper, fasziniert, wie sehr er von ihren Erwartungen abwich. Das auffälligste an Laurence Westcott war, wie gut er aussah. Das zweitauffälligste war, wie er versuchte, diese Tatsache zu kaschieren, als wäre Attraktivität irgendwie zu frivol für einen Mann in seiner Position. Sein maisfarbenes Haar reichte ein wenig über den Kragen seines blaßgrünen Leinenanzugs hinaus, der für einen Arzt recht unkonventionell war. Er war schlank und durchtrainiert und hatte leicht gebräunte Haut von einem Goldton, den man nicht dadurch bekommt, daß man um Swimmingpools herumsitzt, sondern durch Windsurfen oder Segeln oder eine andere gediegene Sportart. Er hatte eine kleine goldene Brille auf, und Fran ertappte sich dabei, daß sie sich fragte, ob sie wohl echt war oder ob er sie nur trug, um die Seriosität zu erzielen, die seiner Erscheinung sonst fehlte. Und schließlich, so bemerkte Fran mit einem kleinen Aufwallen von Freude, war er größer als sie.

»Mrs. Norton«, sagte er und nahm das Glas, das Henrietta ihm hinhielt, »es tut mir entsetzlich leid.« Als hätte er erraten, was Fran dachte, nahm er die Brille ab und rieb sich kurz die Augen. Da sah Fran, wie müde sie waren, und hätte sich am liebsten selbst für ihre dummen Spekulationen geohrfeigt. Egal, was er sonst sein mochte, Laurence Westcott war echt – und, wie Fran unumwunden zugeben mußte, echt attraktiv. »Ich wäre ja rechtzeitig gekommen, aber wir hatten einen Notfall, bei dem ein Ei entnommen werden mußte.«

»Ooh«, staunte Lottie und kroch unter seinen Arm, da sie sich offenbar vorstellte, wie der Neuankömmling ein Körbchen in der Hand hielt und bei dem Notfall vermutlich eine Feuerwehruniform getragen hatte. »Warum war es ein Notfall? Wären die Eier sonst geschlüpft?«

Laurence lachte und fuhr ihr durchs Haar. »Eines Tages schon, und dann werden daraus kleine Mädchen wie du.«

Lottie begriff überhaupt nichts mehr.

»Dr. Westcott ist ein ganz besonderer Arzt«, erklärte ihre Mutter. »Er hilft Frauen, die ein Baby wollen, aber keines kriegen.«

»Du meinst, so wie Tante Fran? Sie sagt doch auch immer, daß sie mich am liebsten mit nach Hause nehmen würde, weil sie selbst keines hat.«

Simon unterdrückte ein Prusten, und Fran versetzte ihm einen Tritt, während sie wünschte, der Boden möge sich unter ihr auftun.

»Ich glaube«, meldete sich Henrietta mit einem vernichtenden Blick auf ihren Mann zu Wort, »wir sollten jetzt zu Tisch gehen.«

»Unbedingt«, stimmte Simon zu, nahm Laurence das Glas aus der Hand und stellte es auf dem Tablett ab. »Dr. Westcott«, begann er, bevor Henrietta ihn daran hindern konnte, »warum gehen Sie nicht voraus?« Herausfordernd sah er seine Frau an. »Wir möchten schließlich nicht, daß Sie den Eindruck bekommen, Sie stünden selbst auf der Speisekarte, oder?«

Simon, der wußte, daß er mit seinem Leben spielte, wenn er die Sitzordnung abänderte, plazierte Laurence am einen Ende der Tafel und sich selbst am anderen. Henrietta sollte auf der einen Seite von Laurence sitzen, Fran auf der anderen und die vier restlichen Gäste rechts und links. Sophie wurde zu ihrer großen Enttäuschung – jetzt, wo sie Laurence gesehen hatte – dazu abkommandiert, Lottie ins Bett zu bringen. »Heißer Typ, was?« murmelte sie Fran ins Ohr, die in die Küche gegangen war, um beim Servieren des ersten Gangs zu helfen. »Ich hätte nichts dagegen, wenn er mir mal sein Spekulum –«

»Vielen Dank, Sophie«, unterbrach ihre Mutter sie roh und gestikulierte zum Wohnzimmer hin, »und geh bitte nicht mit diesem Stecker in der Nase zu Bett. Der ruiniert den Bettbezug.«

Endlich saßen alle auf ihren Plätzen und hatten einen gefüllten Teller vor sich stehen. »Also, Laurence«, forderte Henrietta ihn munter auf, »vielleicht könnten Sie uns jetzt ein wenig darüber erzählen, was in Ihrer Abteilung gemacht wird?«

Geduldig legte Laurence die Gabel beiseite und warf nur einen kurzen Blick auf die köstlichen Meeresfrüchte auf seinem Teller. Er war es eindeutig gewohnt, daß er für sein Essen etwas tun mußte. »Wir behandeln jede Form der Unfruchtbarkeit bei Frauen, sowohl mit Hormonbehandlungen als auch mit chirurgischen Eingriffen an den Eileitern, aber ich glaube, unsere größten Errungenschaften haben wir bei der künstlichen Befruchtung erzielt – IVF und GIFT.«

»Mein Gott«, seufzte Simon und schenkte sich ein großes Glas von dem teuren Wein ein, »wo ist bloß das gute alte Bumsen hingekommen?«

Laurence lächelte milde. »Im Grunde ist das eine ziemlich ineffektive Methode der Befruchtung. Außerdem sollten wir nicht vergessen«, fuhr er fort und sah Simon dabei an, »daß heutzutage viel mehr Männer unfruchtbar sind als früher.«

Simon sah verblüfft drein. »Warum?«

»Alkohol«, warf Judy, die praktische Ärztin zu seiner Linken, ein und musterte ihn mit leuchtenden Augen, »und enge Hosen. Ich hoffe, Sie tragen Boxershorts.«

Fran unterdrückte ein Lachen und fing Laurences Blick auf. Er amüsierte sich eindeutig. Er hatte nichts von der Aufgeblasenheit des großen Mannes an sich, wie sie befürchtet hatte. Trotz aller Erfahrungen fühlte sich Fran zu ihm hingezogen; es war wie bei zwei Drähten, bei deren Zusammenführung ihre zwei Enden Funken sprühten. Und sie merkte, daß auch er es spürte. Dann sprach ihn jemand anderer an, und er wandte den Blick von ihr ab.

»Aber ist denn Unfruchtbarkeit nicht im Grunde das Problem all dieser unglücklichen Karrierefrauen, die alles auf einmal haben wollen?« Es war die reiche Gattin von Simons Partner, die vermutlich noch nie gearbeitet hatte und es wohl nie erwägen würde. »Ich meine, warum sollten wir anderen das mitfinanzieren?«

Fran wartete auf seine Antwort, da sie wußte, daß sie ihr sehr wichtig wäre.

»Sie haben recht damit, daß Fruchtbarkeitsprobleme immer häufiger auftreten, je später man es zu versuchen beginnt. Der Wunsch nach beruflichem Erfolg verzögert das bei vielen Frauen.« Frans Hoffnung sank. Er würde der gräßlichen Person zustimmen. »Aber ich persönlich finde, daß jede Frau das Recht auf ein eigenes Baby hat, egal wie spät sie schwanger zu werden versucht. Es ist doch einer der ursprünglichsten Instinkte, die wir haben.«

Fran hätte ihn küssen können.

Das Lamm wurde serviert, rosa und saftig, und Henrietta leitete das Gespräch in ruhigeres Fahrwasser. Sie wollte nicht, daß ihr minutiös geplanter Abend unschön endete.

Fran beobachtete Laurence insgeheim weiter. Er nahm all die unterschwellige Kritik dieser dummen, reichen Leute mit Gelassenheit und Humor auf. Er strahlte eine Ruhe aus, die fast mönchisch schien. Fran faszinierte das, da sie an hektische Journalisten gewöhnt war. Sie ertappte sich dabei, wie sie unwillkürlich Laurences bedächtige Gelassenheit mit Jack Allens Charme und Großtuerei verglich. Bei Jack war alles Oberfläche. Laurence Westcott kennenzulernen, vermutete sie, würde eine gewisse Zeit in Anspruch nehmen. Doch das wäre es wert.

Sie spürte, wie ihr jemand auf die Schulter klopfte. »Würdest du mir bitte abtragen helfen?« fragte Henrietta.

Nachdem sich die Küchentür hinter ihnen geschlossen hatte, legte sie los. »Na, was meinst du? Er ist doch umwerfend, oder nicht?«

»Er macht einen sehr netten Eindruck«, stimme Fran vorsichtig zu. »Wo hast du ihn eigentlich kennengelernt?«

Henrietta grinste. »Offen gestanden auf dem Folterstuhl.«

Fran sah verständnislos drein. »Du meinst im Fitneßstudio?«

»Ich meine eine andere Art von Folter.«

Dann dämmerte Fran das volle Ausmaß der Andeutung ihrer Freundin. »Das ist nicht dein Ernst, Henry!«

»O doch. Ich habe ihn über meinen geplagten Muttermund hinweg entdeckt. Ich habe mir gerade eine Spirale einsetzen lassen und ihn im Vorraum gesehen. Er war einfach zu gut, um ihn ziehen zu lassen. Stell dir nur vor, was für einen guten Vater er abgeben würde. Er würde deine Eier wie eine Glucke hüten. Außerdem wäre er ideal, falls du irgendwelche Fruchtbarkeitsprobleme haben solltest. Und alle eure Kinder wären gut in Naturwissenschaften.«

Ein entsetzlicher Verdacht begann in Francesca aufzukeimen. »Henry ... heute abend ... dieses ganze Essen, du hast doch wohl nicht ...« Sie konnte sich nicht dazu überwinden, sich ihre Frage selbst zu beantworten.

Henrietta strahlte vor Selbstzufriedenheit. »Aber natürlich. Warum hätte ich ihn sonst einladen sollen? Ich kenne den Mann ja kaum. Bis jetzt.«

Bevor Fran einen Kommentar abgeben konnte, schob ihre Freundin sie mit einer Kaffeekanne und einem Milchkännchen aus der Küche. Laurence Westcott sah zu ihr auf, als hätte er genau registriert, in welchem Moment sie den Raum verlassen und in welchem Moment sie ihn wieder betreten hatte. Seine grünen Augen fixierten sie den Bruchteil einer Sekunde lang, und Fran spürte, wie sie dahinschmolz. Sie klammerte sich an die Kaffeekanne, als wäre sie ein Rettungsring, und steuerte die entgegengesetzte Seite des Zimmers an.

Später am selben Abend, nachdem der Abwasch erledigt und die Essenseinladung durchgehechelt war, sprang Henrietta ihren Mann an, als er sich gerade auszog, und rang ihn aufs Bett nieder. Er war so baff, daß er sich nur noch ergeben konnte.

»Also«, wollte Henrietta wissen, als sie gnadenlos rasch und geschickt sein Hemd aufknöpfte, »wie fandest du Laurence Westcott?«

»Kam mir ein bißchen wie ein Softie vor«, erwiderte Simon und schob ihr die Hand unter den Rock.

»Gut«, sagte Henrietta und ließ sich auf die allzeit bereite Erektion ihres Mannes gleiten, »das heißt, daß Fran garantiert auf ihn fliegt. Sie schwärmt nicht so für rauhe Kerle, wie du einer bist.«

»Dieses ganze Geschwätz über enge Hosen und Unfruchtbarkeit«, höhnte Simon und wurde schneller. »Ich habe immer enge Hosen getragen, und das hat meine Zeugungsfähigkeit noch nie beeinträchtigt.«

»Ja, Liebling«, sagte Henrietta und schob sich in ihre Lieblingsstellung, um einen befriedigenden Höhepunkt zu erreichen. »Ich wette, dein Sperma könnte den Atlantik überqueren. Aber eigentlich sieht dir weder Sophie noch Lottie besonders ähnlich, oder?«

Seine Rache für diesen bösen Spott war, sie umzudrehen und noch einmal von neuem anzufangen.

Fran saß in ihrem Büro mit Blick auf das lärmende Chaos der Redaktion und dachte an Laurence Westcott. In Kürze würde ihre Redaktionssitzung beginnen, und sie hatte eigentlich alle Hände voll zu tun, konnte sich aber zu nichts durchringen. Er hatte sie nicht nach ihrer Telefonnummer gefragt. Vielleicht war ihm das zu auffällig gewesen. Er war vermutlich kein Mensch, der seine Handlungen gern beäugen ließ. Er hatte etwas sehr Privates an sich. Dann fragte sie sich einen schrecklichen Moment lang, ob er Henriettas Motive dafür, ihn einzuladen, auch nur ansatzweise ahnte. Ein Anflug von Verlegenheit überkam sie und rief ihr eines ihrer peinlichsten Erlebnisse in Erinnerung. Mit siebzehn war sie auf einem Maitanz in Cambridge gewesen, eingeladen von dem Jungen, für den sie seit Monaten schwärmte und den sie unendlich süß fand. Es war ein herrlicher Abend gewesen, der schönste ihres jungen Lebens. Sie hatte ein nagelneues schwarzsamtenes Abendkleid von Laura Ashley getragen, dazu Schuhe mit Straßapplikationen auf den Schnallen, die sie an Aschenputtel erinnerten. Sie hatten buchstäblich die ganze Nacht getanzt und waren, als der Morgen graute, die silberglänzende Cam entlanggerudert. Den ganzen Nachhauseweg im Zug nach Woodbury war sie voller Begeisterung über den Verlauf des Balls gewesen. Und dann mußte sie entdecken, daß er sie nur eingeladen hatte, weil ihre Mutter die Karten bezahlt hatte. Vierzig Pfund für jeden. Sie hatte stundenlang geweint und ihre straßbesetzten Schuhe in den Mülleimer geworfen.

»War der Fruchtbarkeitsdoc so attraktiv?« Stevies Worte unterbrachen ihren Tagtraum mit der Brutalität eines Skalpells. »Ich habe mir sagen lassen, er sieht aus wie einer dieser Fernsehärzte.«

»Herrgott noch mal, Stevie«, fauchte Fran schuldbewußt. »Ich habe mir nur überlegt, ob wir vielleicht eine Reportage über seine Klinik bringen sollen, weiter gar nichts.«

»Und die strahlendschöne Chefredakteurin des *Woodbury Citizen* möchte sie vielleicht lieber selbst schreiben, anstatt einen unsensiblen jungen Reporter zu schicken? A propos junge Reporter«, Stevies Tonfall wurde plötzlich ernst. »Ich glaube, es ist höchste Zeit, mal die ganze Mannschaft zusammenzutrommeln. Halt ihnen eine Rede wie Napoleon vor der entscheidenden Schlacht. Sie haben alle dieses Gerücht über Jack Allen und die Gratis-Zeitung gehört, und nach dieser Sache mit dem Artikel über das Busunternehmen fragen sie sich langsam, ob sie überhaupt noch zur Arbeit kommen sollen.«

Fran war über sich selbst schockiert. Normalerweise wäre sie die erste gewesen, die irgendwelche Anzeichen für Beunruhigung unter den Reportern festgestellt hätte. Das erste, was Ralph ihr beigebracht hatte, war, stets die Tür offenzulassen und unbedingt mindestens ebenso viel Zeit außerhalb ihres Büros mit den Mitarbeitern zu verbringen, wie sich als Chefredakteurin drinnen zu vergraben.

»Danke, daß du es mir gesagt hast. Ich werde es auf der Konferenz ansprechen.« Sie ging hinaus und stellte sich mitten in die Redaktion. »Hört mal bitte alle zu. Die Konferenz fängt an.«

Jede Woche wurde eine Konferenz abgehalten, bei der über Ideen für die nächste Ausgabe diskutiert wurde, und eine zweite darüber, auf welcher Seite jeder Artikel erscheinen und wo die Bilder plaziert werden sollten.

Mike Wooley, ihr jüngster und frechster Reporter, tat so, als wäre er in ein lebenswichtiges Telefonat vertieft. Keith Wilson, der Sportreporter, packte seine Thermoskanne mit Tee und nahm sie mit. Er war ein erbitterter Gegner des Bohnenkaffees, den Fran im Büro eingeführt hatte, und ließ es sich nicht nehmen, seine Meinung immer wieder kundzutun. Er folgte Stevie, dem Feuilletonredakteur und dessen Stellvertreter in den überfüllten Besprechungsraum, wo auf jeder freien Fläche jemand hockte. Keith Wilson holte seine Garibaldi-Kekse heraus und reichte Stevie eines davon.

Mike Wooley, der endlich seinen Telefonhörer aufgelegt hatte, versuchte sich selbst zu bedienen. »Nix da, Herzchen.« Keith schüttelte den Kopf. »Da mußt du schon Mitglied im Garibaldi-Club werden. Zehn Pence die Woche.«

Mike rollte fassungslos die Augen. In diesem Moment erschien Sean McGee, einer ihrer Volontäre, immer noch mit der Atemmaske vor dem Mund, die er trug, um die Auspuffgase abzuwehren, wenn er mit seinem Fahrrad durch Woodbury fuhr, und mit der er aussah wie ein leicht verängstigter Außerirdischer. »So«, begann er, »wer hat meinen Fahrradstellplatz blockiert?«

Fran stutzte einen Moment. Sie arbeiteten alle hart, und ein oder zwei von ihnen waren hochbegabt, aber sie wurde das Gefühl nicht los, daß die Redaktionskonferenz drüben beim *Express*, ihrem Rivalen, eine Spur energischer ablief.

»Okay, was haben wir für diese Woche?«

Sie gingen die Mischung aus lokalen Skandalen, Entscheidungen des Stadtrats, Alkohol am Steuer, Autounfällen, Hochzeiten, Beerdigungen und Aufführungen von *Annie Get Your Gun* durch, die das gewohnte Material einer kleinen Regionalzeitung darstellen.

»Ich bin da eventuell einer Geschichte von einem Busunternehmen auf der Spur, wo sie Fahrer einsparen und die übrigen gefährliche Schichten ableisten müssen«, meldete sich Mike Wooley zu Wort. »Jetzt, wo der *Express* **unseren** Busskandal übernommen hat.«

Fran sah ihr Stichwort gekommen. »Hört mal alle zu. Ich weiß, daß ihr wegen der Busgeschichte sauer seid, und das ist auch euer gutes Recht. Das war Piraterie. Wir haben die ganze Kleinarbeit gemacht, und der *Express* hat Kapital daraus geschlagen. Aber vergeßt eines nicht: Der *Express* ist eben ein Schund- und Schmutzblatt. Die sind doch bloß hinter spektakulären Geschichten her und haben kein Interesse an echter journalistischer Arbeit. Denen ist nichts lieber, als eine leidtragende Mutter mit der Nachricht vom Tod ihres einzigen Sohnes zu überfallen und ihr ein Zitat über ihre Gefühle zu entlocken. Und wenn Jack Allen eine neue Zeitung gründet, kommt doch nur das gleiche in Grün dabei heraus.«

»Manche Leute lesen eben gern Schmutz und Schund«, meinte Mike Wooley.

»Dann sollen sie beim *Express* bleiben. Oder für ihn arbeiten.« Frans Augen funkelten nun vor Zorn. »Als mein Vater den *Citizen* gegründet hat, tat er das mit der Absicht, korrekt über wahre lokale Angelegenheiten zu berichten. Angelegenheiten, die die Menschen betrafen, nicht nur blutige Verkehrsunfälle und Kriminelle. Die haben natürlich auch ihren Platz, aber dem *Citizen* ist daran gelegen, etwas zu verbessern, den Menschen mehr Einflußmöglichkeiten zu schaffen. Nachrichten, mit denen sie etwas anfangen können. Mein Vater sagt immer, wir sind die Bibel fürs Lokale. Deshalb ist es unerläßlich, daß wir in Verbindung mit den Menschen bleiben, die hier leben, daß wir begreifen, was ihnen am Herzen liegt, und sie nicht mit irgendwelchem knüllerfixierten Mist aus der Fleet Street beliefern. Deshalb ist es ja so wichtig, daß wir die Namen der Leute und ihre Adressen richtig schreiben.« Sie nahm ein Exemplar des *Express* der vergangenen Woche zur Hand, in dem eine der bekanntesten Straßen von Woodbury falsch geschrieben war. »Bei einer Zeitung wie der unseren heißt akkurat sein glaubwürdig sein.«

Sean McGee sah auf, nachdem er sich fieberhaft Notizen über Frans Rede gemacht hatte. »Es gibt eine gute Geschichte über die Fielding-Siedlung, wissen Sie, dort, wo die Polizei schon vor der Kriminalität gewarnt hat. Eine Gruppe von Müttern hat sich zusammengetan und patrouilliert jetzt, um für Spritztouren begangene Autodiebstähle zu verhindern. Das beste daran ist, daß eine dieser Mütter einen Sohn hat, der bereits im Gefängnis sitzt, weil er selbst so viele Autos geknackt hat.«

»Großartig. Das ist die ideale Geschichte für den *Citizen*. Ihr seid ein tolles Team, und der *Citizen* ist eine großartige Zeitung. Wir haben immer noch eine höhere Auflage als der *Express*, vergeßt das nicht.«

»Aber wie lange noch, wenn sie erst einmal mit ihrem Gratisblatt rauskommen?«

Natürlich war das wieder Mike gewesen. Sie mußte einmal mit ihm reden und herausfinden, was ihn störte.

»Zum Schluß gibt es noch eine gute Nachricht. Wir sind in die engere Auswahl für den regionalen Pressepreis gekommen.«

Ein erfreutes Murmeln erklang im Raum, und Fran wollte ihren Mitarbeitern nicht durch die Mitteilung einen Dämpfer versetzen, daß der andere Kandidat der *Woodbury Express* war.

»Okay, dann mal raus hier. Und ich brauche noch ein paar gute Füller ... die Anekdote über den Mann, der seinen Schlüssel verloren hat, dann in sein Haus eingebrochen ist und verhaftet wurde, war sagenhaft. Herzlichen Glückwunsch, Mike.«

Stevie folgte Fran in ihr Büro. »Wie war ich?« fragte Fran die Ältere.

»Toll. Aber ich fand, du bist ein bißchen zu hart mit Jack Allen ins Gericht gegangen. Der *Express* steht auch auf der Kandidatenliste, wie du weißt.«

»Auf wessen Seite stehst du eigentlich?«

Sie wurden durch brüllendes Gelächter aus der Redaktion unterbrochen. Sean McGee hatte einen Zettel an seine Pinnwand gehängt, auf dem stand »AGGURAT SEIN HEISST GLAUBWÜRDIG SEIN«, und Mike Wooley hatte ihn darauf hingewiesen, daß er erst mal Rechtschreiben lernen sollte, wenn er der Chefin schöntun wollte.

»Weißt du«, sagte Stevie und schmunzelte über das Gelächter, »manchmal wünsche ich mir die gute alte Zeit zurück, bevor alles so ernsthaft wurde. Morgens die journalistische Arbeit, dann ein langes Mittagessen und ein geruhsamer Nachmittag. Früher sind wir immer in diese kleine Bar mit den Stripperinnen gegangen ...«

»Stevie!« Fran war baff.

»Es waren absolut gelungene alte Hasen. Ein frecheres Mundwerk als Roseanne. Haben über jeden im Publikum einen Kommentar abgegeben, während sie sich das Höschen auszogen. Natürlich«, fuhr Stevie fort und kam wieder in die Gegenwart zurück, »haben wir die Arbeit abends nachgeholt.«

»Als nächstes kommst du mir noch mit der ollen Kamelle über den Chefredakteur, der den Whisky im Aktenschrank stehen hatte.«

»Dein Vater hatte welchen.«

»Und ich habe eine Flasche Mineralwasser.«

»Heute ist das anders geworden. Sie wollen alle nach Hause anstatt ins Pub.«

»Arme Stevie. Ich komme heute abend mit und beweise dir, daß Chefredakteure immer noch schlucken können wie in der guten alten Zeit. Übrigens«, flocht Fran ein, »du weißt doch, daß ich eventuell einen Artikel über die Abteilung für Fruchtbarkeitsstörungen der hiesigen Klinik schreiben möchte. Was hältst du von der Idee?«

»Guter Einfall. Obwohl man ja nie weiß«, meinte sie und zwinkerte Fran anzüglich zu. »Vielleicht ruft Dr. Kildare ja auch unabhängig von der Macht der Presse an.«

Fran wollte schon protestieren und sie hinausschieben, als die Empfangsdame den Kopf hereinsteckte. »Telefon für Sie, Fran. Ein Dr. Laurence Westcott. Er hat gesagt, es sei persönlich.«

»Siehst du jetzt, was ich meine?« strahlte Stevie und ging auf die Tür zu.

Fran versuchte, ganz gelassen zu bleiben, als sie den Hörer abnahm.

»Hallo. Ich weiß nicht, ob Sie sich noch an mich erinnern? Laurence Westcott von neulich abends.« Seine Schüchternheit war ihr sympathisch. Jack Allen hätte sich von vornherein für unvergeßlich gehalten. »Offen gestanden ...«, er hielt kurz inne, während Frans Puls ins Rasen kam, »wollte ich Sie fragen, ob Sie an einer Führung durch unser Zentrum interessiert wären.«

»Ich wäre restlos fasziniert«, antwortete Fran und versuchte, sich die Begeisterung nicht anhören zu lassen.

»So, so«, bemerkte Stevie feixend, als sie die Tür schloß. »Das ist sicher um Klassen besser, als wenn er eine Kupferstichsammlung hätte.«

Fran ignorierte den Kommentar und summte vor sich hin, als fünf Minuten später Keith Wilson mit einem Vorschlag zu ihr kam. »Es geht um die Sonntagsfußballer. Sie wollen, daß wir sie sponsern. Es ist ein bißchen teuer, aber sie haben versprochen, uns einen Exklusivvertrag zu geben, wenn wir einwilligen. Dann reden sie gar nicht erst mit dem *Express*.«

Fran überlegte. Ihr Vater wäre damit nie einverstanden gewesen. Er hätte gesagt, daß es schon genug Konkurrenz im Fernsehsport gab und man nicht auch noch auf lokaler Ebene damit anfangen sollte. Natürlich hatte er damit recht, vor allem, wenn man bedachte, was Fran soeben ihrer Mannschaft verkündet hatte. Doch Fran war nicht unfehlbar, und Jack hatte ihr die Busgeschichte gestohlen.

»Einverstanden«, sagte sie. »Glaubst du, daß sie sich dann ›*Citizen*-Sonntagsfußballer‹ nennen würden?« Das würde Jack garantiert auf die Palme bringen.

»Ich werd' mich erkundigen«, sagte Keith grinsend. »Für zweihundert Pfund mehr würden sie sich vermutlich auch ›Die Spinnen vom Mars‹ nennen.«

»Hört mal, Leute, die nächste Runde geht auf Fran, also bestellt euch alle einen Doppelten«, brüllte Stevie über den Lärm im Pub hinweg. Das »Cathedral Arms« lag genau gegenüber der Redaktion, in einer kleinen Sackgasse dicht bei der Kathedrale, und war mit sämtlichen Accessoires ausgestattet, die sich Marketingstrategen für altenglische Tradition nur ausmalen konnten: geschwärzte Balken, ein richtiger Kamin, Pferdegeschirre, Eichenbänke und ein unebener Steinfußboden. Der einzige Unterschied zwischen dem »Cathedral Arms« und den meisten Pubs war der, daß hier alles authentisch war und das Gasthaus schon seit dem Mittelalter Steinmetze, Fuhrleute und Getreidehändler verköstigte. Manche behaupteten, daß auch die sanitären Anlagen seit damals nicht erneuert worden seien. Die heutigen Gäste unterschieden sich von den damaligen nur dadurch, daß sie hinterher nicht ihre Karren bestiegen und sich darauf verließen, daß ihre Pferde den Heimweg fanden, sondern daß sie ihre Frauen anriefen.

Fran prägte sich sämtliche Getränkewünsche ein und kämpfte sich zur Bar durch. Wie üblich machte sich der chauvinistische Schankkellner einen Spaß draus, weibliche Gäste, solange es nur menschenmöglich war, warten zu lassen, egal wie karrierebewußt sie gekleidet waren. Nach und nach hatte Fran sich den Weg an die Spitzenposition erkämpft, wo es nur noch als offenkundige Beleidigung aufgefaßt werden konnte, wenn er sie weiterhin ignorierte. Er schaffte es trotzdem und fragte mit dem Rücken zu ihr allen Ernstes einen Mann am Ende des Tresens nach seiner Bestellung.

Fran wollte ihm schon zurufen, als jemand anderer vor ihr das Wort ergriff. »Ich glaube, Miss Tyler war vor mir dran.« Der Mann drehte sich um und lächelte. Es war Jack Allen.

»Komm, laß mich das mal nehmen«, sagte er, als der Barmann ihr ein Tablett mit einem Dutzend Gläsern reichte. »Wir möchten ja nicht, daß du alles über Seamus kippst, auch wenn er es verdient hätte, oder?« Er nickte zum Schankkellner hinüber.

Auf halbem Weg durch die überfüllte Kneipe blieb er plötzlich stehen. »Übrigens kam vor ein paar Minuten ein stocksaurer Sportreporter in mein Büro. Er ist offenbar der Ansicht, ihr hättet uns bei den Sonntagsfußballern böse ausgebootet.« In Jacks blauen Augen glitzerte der Schalk. »Aber ich habe ihm gesagt, er müsse sich täuschen; du würdest nämlich nicht an diese krampfhafte Fixierung auf Knüller glauben, und der *Citizen* sei positiv und kooperativ gesinnt.«

Wenn sie in Reichweite gewesen wären, hätte Fran die Getränke statt über Seamus, der den teuren, guten Whisky nicht wert war, lieber in Jacks selbstzufriedene Miene gegossen.

»Eure Getränke, Leute«, sagte Jack, als er alles auf den

Tisch stellte. »Leider habe ich sie diesmal nicht spendiert. Das spare ich mir für den Abend nach der Preisverleihung auf. Möge die beste Zeitung gewinnen.«

»Francesca«, sagte Stevie mit von Ironie triefender Stimme, »du hast uns gar nicht verraten, wer sonst in die engere Wahl gekommen ist.«

»Ist es wirklich schon so spät?« Fran sprang auf.»Ich muß zum Abendessen zu meinen Eltern. Wir sehen uns ja alle morgen wieder.«

Jack Allen sah ihr von der Bar aus nach. Francesca Tyler war eine verdammt gute Journalistin. Wenn sie einen Fehler hatte, dann war es ihre pharisäerhafte Art. Endlich hatte er sie ertappt. Es war ein erhebendes Gefühl.

Vom Pub zum Haus ihrer Eltern war es nur eine halbe Meile, und Fran schäumte die ganze Strecke vor Wut. Jack Allen hatte vielleicht Nerven. Wie konnte er es wagen, ihr Heuchelei zu unterstellen? Er hatte Glück gehabt, daß sie kein volles Glas über ihm ausgeleert hatte. Vor ihrem geistigen Auge erschien kurz ein Bild von Jack Allen, wie ihm dunkles Guinness aus den Haaren tropfte und diese alberne Tweedjacke mit den Lederflicken an den Ellbogen durchtränkte, die er so liebte, auch wenn er sich heutzutage die Flicken vermutlich extra annähen lassen mußte. Diese Vorstellung belustigte sie dermaßen, daß sie die richtige Abzweigung verpaßte.

Sie kehrte um, und ein angenehmes Kribbeln der Vorfreude begleitete sie den Kiesweg zur Haustür ihrer Eltern entlang. Sollte sie ihrem Vater erzählen, daß sie Laurence kennengelernt hatte? Wie sie wußte, fühlte er sich ein wenig mitverantwortlich dafür, daß sie noch nicht verheiratet war, und er würde es freudig aufnehmen, daß sie nun jemanden getroffen hatte, der sie interessierte. Sie blieb einen

Moment stehen und machte sich selbst klar, wie dumm sie doch war. Laurence Westcott hatte sie lediglich dazu eingeladen, eine Führung durch seine Abteilung zu machen. Höchstwahrscheinlich war sein Interesse an ihr rein beruflich. Er brauchte eben Publicity, um Gelder aufzubringen. Andererseits hatte er aber gesagt, sein Anruf sei persönlicher Natur …

Auf einmal fiel ihr ein, wie er sie angesehen hatte, als sie bei Henrietta wieder ins Eßzimmer gekommen war, und wie bewußt ihm ihre Abwesenheit gewesen zu sein schien. Sie rannte die letzten paar Meter zum Haus wie eine Sechsjährige an ihrem Geburtstag.

Von außen sah »Five Ashes« wie ein einladendes Haus aus. Man konnte sich vorstellen, wie es drinnen von Kindern wimmelte, die Holzscheite im Kamin prasselten und Backdüfte aus der Küche drangen. Doch wurde man durch eine gewisse verräterische Ordnung bereits vorgewarnt. Seit Fran denken konnte, hatte Phyllis Ordnung zur Religion erhoben. Teller wurden einem in dem Moment weggerissen, in dem man den letzten Bissen verspeist hatte, das Lieblingsspielzeug gnadenlos weggeräumt, und Untersetzer tupften die polierten Flächen wie Windpocken. Noch als Erwachsene besaß Fran die merkwürdige Angewohnheit, einen halb aufgegessenen Keks oder ein Stück Kuchen nicht beiseite zu legen, da sie fürchtete, es nie wiederzusehen. Was sie aber nie vergeben oder vergessen würde, war, wie sie eines Tages vom College nach Hause kam und feststellen mußte, daß ihr Zimmer in ein Gästezimmer umgewandelt und all ihre Habseligkeiten in eine Kiste gestopft worden waren. Die Botschaft war deutlich gewesen: Ihre Mutter hielt es für an der Zeit, daß sie erwachsen wurde. Für Fran steckte allerdings eine höhere Ironie dahinter, da ihre

Eltern ohnehin nie Übernachtungsgäste hatten. Sämtliche Besucher kannten Phyllis' Pingeligkeit und quartierten sich lieber in einem gemütlichen »Bed and Breakfast«, einem Hotel Garni, ein.

Fran klingelte, und das altbekannte Gefühl, mehr Gast als Tochter zu sein, überkam sie. Ihre Mutter, die öffnete, trug eine geblümte Schürze über einem Wollkleid und hatte weiches graues Haar, gab also ein Sinnbild warmherziger, trostspendender Mütterlichkeit ab. Nur leider war das alles ein ausgemachter Schwindel. Ihre Mutter strahlte ungefähr soviel Wärme aus wie ein Paket Tiefkühlerbsen.

»Hallo, Ma.« Fran küßte die ihr dargebotene Wange. An guten Tagen tat ihre Mutter ihr leid, da sie wußte, daß Phyllis' Engstirnigkeit ihr das eigene Leben nachhaltiger vergällt hatte als das anderer Menschen. Heute war ein guter Tag, und so rief sie sich in Erinnerung, daß ihre Mutter eine emotional weitaus kargere Kindheit erlebt hatte als sie selbst. Fran erschauerte. Es war März und noch kalt, aber ihre Mutter hielt nichts davon, die Zentralheizung zu verschwenden. Daß ihr Mann in den Ruhestand gegangen war, hatte Phyllis' Sparwut noch massiver werden lassen.

»Du siehst fröhlich aus«, erklärte ihre Mutter unerwarteterweise. »Wie früher nach einem deiner Ausflüge mit Dad.«

In ihrer Stimme lag eine Wehmut, die Fran berührte.

Sie nahm ihre Mutter kurz in die Arme. Phyllis wurde steif und erinnerte Fran an einen Punchingball in einer geblümten Schürze. »Wo ist Dad?«

»In seinem Arbeitszimmer. In zehn Minuten gibt's Essen.« Ihre Mutter zog sich wieder in ihr makelloses Küchenimperium zurück.

Das Arbeitszimmer ihres Vaters zu betreten war, wie in eine andere Welt einzudringen. Von kleinen Tischlampen erleuchtet, war es zwar dunkel, doch diese Dunkelheit war freundlich und einladend. Ihr Vater haßte Deckenlampen. Die dunkelgrünen Wände ächzten unter den Bücherregalen, und neben einem Elektroheizofen im Adam-Stil stand ein ehrwürdiger Ohrensessel. Überall lagen Zeitungen, alte und neue. Pokale und Preise aus einer langen Journalistenlaufbahn schmückten den Schreibtisch. Selbst die Staubpartikel, die in dem düsteren Licht herumschwebten, wirkten gemütlich und heimelig. Wie Ralph es schaffte, sein Reich vor dem feindlichen Staubsauger seiner Frau zu schützen, war Fran ein Rätsel.

»Franny, mein Schatz.« Ralph sprang auf. »Ich habe dich gar nicht hereinkommen hören. Wie schön, dich zu sehen. Wie ist das Leben in der hektischen Welt des Journalismus?«

»Hektisch. Du hattest recht in bezug auf Jack Allen. Auf Stevies Veranlassung habe ich heute die Mannschaft antreten lassen. Sie haben das Gerücht auch gehört. Übrigens«, fuhr sie fort und sah ihn verschmitzt an, »was sind das für Geschichten über alkoholgetränkte Nachmittage in Bars mit kessen Stripperinnen? Das paßt aber nicht zu dem Bild meines Vaters als Chefredakteur mit Pioniergeist, das ich zeit meines Lebens in Ehren gehalten habe.«

»Ah.« Frans Vater strahlte angesichts der Erinnerung. »Die scharfzüngige Susan. Eine tolle Frau. Wie viele Bartänzerinnen gibt es schon, die sich den BH ausziehen und dabei sämtliche Männer im Publikum zur Schnecke machen können?«

»Klingt recht interessant.«

»Eigentlich hätte ich ihr gern eine Kolumne in der Zeitung gegeben, aber Stevie wollte nichts davon wissen.« Die Zuneigung in seiner Stimme tat Fran in der Seele weh.

»Dad?« Fran wußte nicht, ob sie die Frage stellen durfte. »Hast du Stevie geliebt?«

Ralph blickte in die glühenden Heizstäbe. »Wir haben uns verstanden, falls das Liebe ist.«

»Warum bist du dann nicht gegangen? Ich meine, du und Ma seid nicht gerade ein Traumpaar.«

»Es gibt so etwas wie Pflichtbewußtsein, Francesca. Deine Generation glaubt daran nicht, das weiß ich. Euer Gott ist das Glück des einzelnen. Aber Stevie und ich haben beschlossen, daß es so am besten wäre.«

»Hast du es denn nie bereut? Ich meine, Stevie und du seid nun schon seit langen Jahren dicke Freunde, wo ihr doch so viel mehr hättet sein können.«

»Freundschaft ist keine Kleinigkeit, vergiß das nicht. Und wer weiß – vielleicht hätte unsere Verliebtheit auch nicht angehalten, und all der Schmerz wäre umsonst gewesen. Eine Liebe, die auf dem Unglück anderer Menschen beruht, kann schwer aufrechtzuerhalten sein.«

Fran spürte, wie sich in ihren Augen Tränen sammelten. Ihr Vater hatte ein bitteres Opfer gebracht. Er hatte seine Chance auf Liebe und Wärme und gemeinsame Interessen mit Stevie für das sterile Zusammenleben mit ihrer Mutter aufgegeben. Vermutlich hatte er es auch Fran zuliebe getan, obwohl er sie nie damit belasten würde, daß er ihr das mitteilte. »Danke, Dad. Dafür, daß du mich so liebhast.«

Ralph berührte ganz zart ihr Gesicht. »Ich bin kein Märtyrer, Fran. Ich habe ein besseres Leben gehabt als viele andere. Die Zeitung, die Pferde, meine wunderbare Tochter.« Offenbar konnte er ihre Gedanken lesen. »Du warst es wert, weißt du. Sieh nur, wie gut du dich entwickelt hast. Wenn du jetzt nur noch einen anständigen Kerl finden und heiraten würdest.« Er hielt inne. »Und jetzt laß uns von etwas Fadem und Langweiligem wie den Aussichten von Spring Story in Goodwood reden. Was meinst du?«

Ihre leidenschaftliche Debatte über Pferderennen, wofür Fran sich seit ihren ersten Ausflügen auf die Rennbahn im Alter von acht Jahren begeisterte, dauerte, bis das Abendessen auf dem Tisch stand. Phyllis war eine erstaunlich gute Köchin, wenn man bedachte, daß Kochen im Grunde eine Kunst war, die Liebe und Aufmerksamkeit erforderte; allerdings entwertete sie dies dadurch wieder, daß sie unsinnig kleine Portionen servierte. Kein Wunder, daß Ralph so sehnig und mager war.

Hinterher half Fran ihrer Mutter beim Abwaschen. In der Ecke stand zwar – nahezu unberührt und täglich mit Desinfektionsmittel eingesprüht – eine Spülmaschine, dräuend wie eine stählerne, von betenden Eingeborenen verehrte Gottheit, die nicht durch tägliche Benutzung besudelt wurde. Für zwei Personen lohnt sich das doch nicht, wiederholte ihre Mutter stereotyp. Bei den seltenen Gelegenheiten, wo die Maschine zum Einsatz kam, spülte Phyllis das Geschirr so lange unter fließendem Wasser, bevor sie es hineinstellte, daß der ganze Abwasch von Hand schneller erledigt gewesen wäre.

»Ich mache mir Sorgen um deinen Vater«, verkündete Phyllis und schlüpfte mit der Geschicklichkeit eines Chirurgen, der sich an eine Operation macht, in ihre Gummihandschuhe. »Er kommt kaum noch aus seinem Arbeitszimmer heraus. Erst recht, seit er dieses dämliche Kabelfernsehen hat.«

Fran konnte ihn verstehen. Wenn sie in diesem Haus lebte, würde sie ihr Bett ins Arbeitszimmer stellen. »Es ist ein gemütliches Zimmer«, sagte sie neutral. »Vermutlich erinnert es ihn an die Zeit, als er noch in die Redaktion ging.«

»Warum kann er nicht anfangen zu gärtnern wie die meisten anderen Männer? Wir bräuchten weiß Gott jemanden, der mal das Unkraut jätet.«

»Ma, du weißt doch, daß er sich ungefähr so sehr fürs Gärtnern interessiert wie ein Gorilla für Flauberts Werke. Er ist wie ich. Er kann eine Pflanze auf zehn Schritte Entfernung zum Eingehen bringen.«

»Dann könnte er ja ein bißchen heimwerken.«

Fran lachte auf. Wie konnte ihre Mutter sechsunddreißig Jahre mit ihrem Vater leben und ihn so wenig kennen? »Für so etwas ist er doch völlig unbegabt. Warum soll er im Ruhestand plötzlich Regale bauen können?«

Doch ihre Mutter ließ sich nicht bremsen. »Und weißt du, was er neulich gemacht hat?«

Es erstaunte Fran, daß der einzige Mensch auf der Welt, der vom Charme ihres Vaters unbeeindruckt schien, seine eigene Frau war. »Nein, aber du wirst es mir sicher gleich sagen.«

»Er hat angeboten, einkaufen zu gehen.«

Phyllis klang dermaßen beleidigt, daß Fran zu lachen begann. »Aber ich dachte, du wolltest, daß er dir mehr hilft.«

»Was hilft es mir, wenn er mit lauter falschen Sachen nach Hause kommt?«

So machen es die Männer eben, damit man sie nicht noch einmal darum bittet, dachte Fran.

»Und dann war da noch die Geschichte mit den Nieren.«

»Was für eine Geschichte?« fragte Fran genervt.

»Er hat zwei Kilo davon gekauft.«

»Aber er mag doch gar keine Nieren.«

»Eben!« Phyllis war sich sicher, daß sie jetzt ins Schwarze getroffen hatte. »Und nachdem ich sie gekocht hatte, hat er gesagt, daß ich nach so vielen Jahren eigentlich wissen müßte, daß er Nieren haßt.«

Fran war ebenso verblüfft wie ihre Mutter. Es sei denn, ihr Vater hätte beschlossen, als unterschwellige Form der Rache verrückt zu spielen, und das würde ihm Fran nicht zum Vorwurf machen. Er hatte ein Recht auf ein etwas exzentrisches Verhalten. Vermutlich übertrieb ihre Mutter ja. Und doch überkam Fran leise Beunruhigung.

4. Kapitel

Das Zentrum für Fruchtbarkeitsstörungen des Krankenhauses von Woodbury war ganz anders, als Fran erwartet hatte. Irgendwie hatte sie mit einem tristen, düsteren Gebäude mit anstaltsartiger, leicht abschreckender Ausstrahlung gerechnet. Vielleicht sogar mit einem Hauch verhohlenen Schuldbewußtseins, wie in einer Klinik für Geschlechtskrankheiten, wo niemand offen zugeben will, was er dort zu suchen hat.

Die Popmusik, von der sie in der Rezeption empfangen wurde, vertrieb solche Gedanken auf der Stelle. Der kleine Flügel des Krankenhauses, wo das Zentrum für Fruchtbarkeitsstörungen untergebracht war, war freundlich und hell gestrichen. An sämtlichen Wänden hingen Babyfotos. Neugeborene, die so dick eingemummelt waren, daß nur ein dreieckiges Gesichtchen zu erkennen war, Säuglinge, die zum ersten Mal gebadet wurden, Babys an der Brust, Babys in den Armen ihrer entzückten Mütter. Das Gefühl von Freude, Erleichterung und Dankbarkeit, das ihre Eltern ausstrahlten, war derart übermächtig, daß es das ganze Haus erfüllte. Am rührendsten fand Fran ein vergrößertes Foto von einem der häßlichsten Paare, das sie je gesehen hatte, wie es ein verblüffend hübsches Baby in den Armen hielt und vor Freude über dieses unerwartete Wunder mit demütigen und fast heiligen Mienen dreinblickte. Zu ihrer unendlichen Verlegenheit schossen ihr die Tränen in die Augen.

»Hallo«, begrüßte Laurence sie. Sie wirbelte herum und kam sich dumm vor. Rasch wischte sie sich die Augen und hoffte, daß er nichts gemerkt hatte.

»Machen Sie sich nichts draus«, beruhigte er sie und legte ihr sachte die Hand auf den Arm, »es rührt einen eben. Das ist mir wesentlich lieber, als wenn Sie so eine abgebrühte Journalistin wären, die unfruchtbare Paare für besessene Egoisten hält, die sich lieber zusammenreißen und kinderlos weiterleben sollten.«

»Sind manche Leute dieser Ansicht?«

»Sie würden sich wundern, wie viele. Wie diese Frau neulich abends. Diese Menschen haben ja keine Ahnung, wie sehr ein unerfüllter Kinderwunsch das Leben einer Frau überschatten kann. Sie würden es nicht glauben, wie leidenschaftlich sich manche Frauen nach einem Kind sehnen. Es wird zu einem brennenden Bedürfnis, und wenn es nicht erfüllt wird, löst das grenzenloses Leid aus. Sie fühlen sich einfach unvollständig.« Wie sehr ihn das empörte, war seiner Stimme anzuhören. »Als alleinstehende, berufstätige Frau finden Sie das sicher schwer nachzuvollziehen.«

Fran sehnte sich danach, ihm zu erzählen, wie gut sie das verstand, doch sie kannte ihn kaum, und außerdem war sie beruflich hier. Die leicht priesterliche Art, die Laurence an sich hatte, machte ihn vermutlich ohnehin zum Adressaten zahlloser Geständnisse.

»Kommen Sie doch mit auf eine Tasse Kaffee. Dann können Sie auch Schwester Moira kennenlernen. Sie hält im Grunde die ganze Abteilung am Laufen. Ich bin nur der Alibimann hier.«

Fran sah eine imposante Rothaarige am anderen Ende des Flurs stehen und zu ihnen herüberlächeln. Sie kamen an einem verlegen dreinschauenden Mann vorüber, der angesichts eines diskret bereitliegenden Stapels von Heftchen mit Nacktmodellen die Qual der Wahl hatte. Schließlich verschwand er in einer der Kabinen mit der Aufschrift »Spermaproben«, den *Football Weekly* fest umklammert.

»Genau wie mein Mann«, sagte Moira grinsend und führte sie in einen kleinen Nebenraum, »kann immer nur an eine Sache zugleich denken.«

Fran fand sich vor einer Liege mit Fußhalterungen wieder, neben der eine eindrucksvolle Reihe von Bildschirmen stand. Moira nahm eine beängstigend wirkende Nadel und befestigte sie an etwas, das wie eine Lockenschere aussah. »Das ist die Sonde, mit der wir die Eier entnehmen. Wir verwenden natürlich ein Kondom. Ich sage Ihnen, wir haben hier einen höheren Verbrauch an Kondomen als Warren Beatty.«

Fran gluckste, erstaunt über die lockere Atmosphäre, die hier herrschte.

»Wir lassen es den Partner machen, es sei denn, er zittert wie Espenlaub. Offen gestanden hätten sie die Beruhigungsmittel oft nötiger als die Frauen. Warum wundert mich das nicht?«

Sie öffnete eine Halbtür zum Labor für Embryologie. »Zeigt uns mal ein Embryo, Leute. Aber sucht ein schönes aus, ja?«

Fran spürte, daß Laurence direkt neben ihr stand. Er zeigte auf einen Bildschirm. Eine perfekte, blumenförmige Figur erschien.

»Der sieht ziemlich fit aus. Sehen Sie die zwei kleinen Augen? Das bedeutet, daß er befruchtet worden ist. Als nächstes wird er eingefroren, damit er eingesetzt werden kann, wenn die Eierstöcke wieder bereit sind.«

»Laurence«, unterbrach ihn Moira, »Mrs. Sampson

wartet draußen. Sie möchte auf Wiedersehen sagen und sich bedanken.«

Laurence verließ den Raum. »Eine so traurige Geschichte«, vertraute Moira ihr an. »Er hat sich ungemein für sie eingesetzt. Hat sie vier Versuche mit IVF machen lassen statt drei, weil sie derart verzweifelt war. Wir haben sie alle so ins Herz geschlossen. Es ist schrecklich, wenn man bei dieser Arbeit keinen Erfolg hat.«

»Er macht einen verblüffend engagierten Eindruck«, rutschte es Fran heraus.

Sie war eindeutig auf eines von Moiras Lieblingsthemen gestoßen. »Er ist ein Heiliger, das sage ich Ihnen. Er arbeitet sich für diese Paare auf. Jeder Mißerfolg ist sein persönlicher Mißerfolg, sagt er immer. Ständig drängt er uns, unsere Erfolgsrate zu steigern. Aber manchmal wünschte ich, er hätte mehr Eigenleben. So viele Babys und kein einziges eigenes. Stellen Sie sich vor, als eine dieser Mütter fragte, ob sie ihren kleinen Krümel Laurence nennen dürfte, fing er tatsächlich an zu weinen.«

Die Vorstellung war fast zuviel für Fran.

Hinter ihnen öffnete sich die Tür, bevor sie etwas sagen konnte. »Ich hoffe, Sie haben Mrs. Tyler nicht die Ohren mit dem Unsinn vollgeredet, wie gut und selbstlos ich sei, Moira«, sagte Laurence mit leisem Spott. »Moira meint nämlich, ich würde mich gut zum Papst eignen.«

»Sie würden den Job jedenfalls um einiges besser machen als dieser andere Knabe. Der kann sich nicht dazu überwinden, Retortenbabys gutzuheißen. In das göttliche Recht der Schöpfung eingreifen heißt das bei ihm, oder irgend so ein Quatsch. Ohne daran zu denken, daß die Schöpfung es fertigbringt, ein paar tausend Bäuche unfruchtbar und ihre Besitzerinnen mit gebrochenem Herzen dasitzen zu lassen.

Wie alle Männer – von Dr. Westcott abgesehen – findet er, daß die Frauen ihre Klappe halten und das Los akzeptieren sollen, das ihnen zugeteilt worden ist. So ein blöder alter Heini. Entschuldigen Sie die Blasphemie.« Moira bekreuzigte sich ehrerbietig.

»Moira, Sie sind ein guter Mensch, aber eine miserable Katholikin«, klärte Laurence sie amüsiert auf.

»Lieber so«, erwiderte Moira keck, »als umgekehrt.«

»Kommen Sie, Francesca«, sagte Laurence und führte sie aus dem Raum, »kommen Sie mit und sehen Sie sich das Beste von allem an.«

In einer winzigen umgewandelten Besenkammer lehnte ein medizinischer Assistent in einem blauen Overall über einem Gerät, das mit einem großen Bildschirm verbunden war. Er nahm ein Röhrchen aus dem Inkubator und tropfte ein wenig von der Flüssigkeit auf einen Glasstreifen. Auf dem Bildschirm vor ihnen erschien ein perfektes Ei in tausendfacher Vergrößerung.

»Und jetzt die Samenzelle«, forderte Laurence leise.

Der Assistent stieß mit dem Ellbogen gegen das Gerät. »Hoppla!« japste er. »Das wäre fast das Ende einer Familie gewesen!«

Sechs oder sieben Samenzellen erschienen auf dem Bildschirm, während der Techniker versuchte, eine davon in seiner haarfeinen Nadel zu fangen. Ihre Schwänze wackelten, und sie schwammen ziellos in alle Richtungen davon. Ihr ursprünglicher Drang, das Ei zu finden, war eindeutig irgendwo auf der Strecke geblieben. Schließlich erwischte er eine und injizierte sie langsam und vorsichtig in die Mitte des Eis.

»Sehen Sie«, sagte Laurence und wies auf den Bildschirm, »der Moment der Empfängnis.«

Fran hielt den Atem an. Es war schlicht und einfach das Außergewöhnlichste, was sie je gesehen hatte. All die Dynastien und Dramen, die sechs Frauen Heinrichs des VIII., die Frauen, die im Lauf der Jahrhunderte wegen ihrer Unfruchtbarkeit von Königen wie von Bauern beschimpft worden waren, das Leid und die Verzweiflung – all das wurde in diesem einen wundersamen Akt symbolisiert. Und hier fand er in einer umgebauten Besenkammer in Woodbury statt. Kein Wunder, daß Politiker und Bischöfe so besorgt waren. Wozu brauchte man Gott, wenn man in einem Labor Leben erschaffen konnte?

»Viel Glück, Baby!« flüsterte Francesca an den Stuhl des Assistenten gelehnt und wünschte ihm, daß es lebte.

Sie spürte Laurences Blick auf ihrem Gesicht und wurde rot.

»Es geht Ihnen wirklich nahe, stimmt's?« fragte er.

»Aber natürlich! Ich finde Ihre Arbeit wunderbar. Sie gibt mir das Gefühl, als wäre das, was ich tue, fast unwürdig.«

Laurence lachte. »Wir brauchen auch Journalisten.«

Er öffnete die Tür und begleitete sie hinaus. »Danke, daß Sie gekommen sind. Und dafür, daß Sie an uns glauben. Manchmal erinnere ich mich nur an die Fehlschläge und vergesse die gelungenen Fälle. Sie haben meinen Optimismus wieder aufleben lassen.«

Fran strahlte vor Freude. Laurence hatte etwas tiefgründig Trauriges an sich, und es drängte sie herauszufinden, was das war. Vielleicht hatte er eine tragische Liebesgeschichte hinter sich oder eine unglückliche Kindheit gehabt. »Laurence«, sagte sie stockend, »ich wollte Sie noch etwas fragen.«

»Nur zu.«

»Wäre es Ihnen recht, wenn ich in der Zeitung einen Artikel über Ihre Abteilung schriebe? Vielleicht könnten wir auch einen Aufruf nach finanzieller Unterstützung oder Samenspendern bringen.«

»Das wäre mir sehr recht.« Die Traurigkeit war verflogen. Seine hellgrünen Augen fixierten sie, und sie spürte den gleichen elektrisierenden Ruck durch ihren Körper gehen wie neulich abends. »Vor allem«, fügte er hinzu, während er immer noch ihre Hand hielt, »wenn das bedeutet, daß ich Sie öfter zu sehen bekomme.«

Fran konnte sich nicht zu einer Erwiderung aufraffen. Bis jetzt hatte sie Männer als reichlich unwürdige Wesen abgetan. Abgesehen von ihrem Vater, schien jeder einzelne verzichtbar zu sein. Aber Laurence Westcott war nicht nur außergewöhnlich gut aussehend. Er war auch ein engagierter und selbstloser Mensch. Und er hatte sich ihr anvertraut, indem er ihr kurz seinen Schmerz gezeigt hatte. Vielleicht hatte sie nun doch einmal Glück.

»Na, wie war der geniale Gynäkologe?«

»Er ist kein Gynäkologe.« Ausnahmsweise ärgerte sich Fran über Stevies beißenden Humor. Sie nahm ihr Notizbuch aus der Umhängetasche und knallte es auf den Schreibtisch. »Er ist Fachmann für Fruchtbarkeitsstörungen. Und er war ausgesprochen nett. Geradezu anregend.«

»Ach du liebe Zeit. Entschuldige, daß ich nicht verehrungsvoll genug geklungen habe. Aber ich habe dieses angeborene Mißtrauen gegenüber Autoritäten, weißt du. Vor allem, wenn sie einen weißen Kittel tragen und mir metallene Gerätschaften in den Unterleib schieben. Aber du hast sicher recht. Dr. Laurence Westcott ist die Ausnahme, die die Regel bestätigt. Willst du nun diesen Artikel schreiben?«

»Ja, allerdings. Ich stelle mir eine Doppelseite vor, vielleicht zusammen mit einem Aufruf. Das müßte ich aber noch ausführlicher mit Laurence besprechen …« Stevies Augenbraue hob sich zwei Millimeter, als sie Fran den Vornamen nennen hörte. »Er hat mir bereits die Telefonnummern von erfolgreichen Paaren gegeben«, fuhr Fran fort, »und von einer Frau, bei der es nicht geglückt ist, also habe ich schon einige Ansatzpunkte.«

»Dann lasse ich dich jetzt mal allein und nerve die Reporter ein bißchen. Du willst wahrscheinlich deine Ruhe.« Sie ging auf die Tür zu. »Möchtest du ein Garibaldi? Ich habe Keiths Lager geplündert.« Fran nahm den Keks mit der Korinthenfüllung entgegen und merkte erst jetzt, daß sie kurz vorm Verhungern stand. Die Klinik-Abteilung und deren Chef waren so faszinierend gewesen, daß sie das Mittagessen ganz vergessen hatte.

»Danke, Stevie. Könntest du die alten Zeitungsausschnitte durchgehen und nachsehen, ob es etwas über das Zentrum für Fruchtbarkeitsstörungen gibt? Ich fange am besten gleich an.«

»Aber sicher. Zuschlagen, solange die Spermien noch zappeln, sage ich immer.«

Eines mußte Fran noch tun, bevor sie sich an den Artikel machen konnte, und zwar die Frauen anrufen, deren Namen Laurence ihr für die Fallbeispiele genannt hatte. Dummerweise war die erste nicht zu Hause, und so hinterließ Fran eine Nachricht auf Band. Die zweite war jedoch nicht nur zu Hause, sondern hätte offensichtlich den ganzen Tag über die Wundertätigkeit von Laurence Westcott reden mögen. »Ich hatte drei Versuche mit IVF, und sie sind alle fehlgeschlagen«, erzählte sie mit Feuereifer. »In der Regel gibt es danach keinen weiteren Versuch mehr, aber Dr. Westcott hat sich dafür eingesetzt, es mich noch einmal probieren zu lassen. Als dann alles bereit war, konnten wir nicht zahlen, und wissen Sie, was er gemacht hat? Es wird ihm nicht recht sein, daß ich Ihnen das erzähle, aber ich finde, es ist höchste Zeit, daß er die Anerkennung dafür bekommt.« Fasziniert hörte Fran zu. »Er hat es für mich geregelt.«

Fran war verblüfft und sogar leicht schockiert. Derartige Güte war wirklich selten.

»Und stellen Sie sich vor, diesmal hat es geklappt. Für mich ist er der wunderbarste Mann, der mir je begegnet ist.«

Im Hintergrund konnte Fran hören, wie jemand – vermutlich der Ehemann – einen Kommentar dazu abgab. Vermutlich konnte der arme Kerl den Namen des wunderbaren Dr. Westcott nicht mehr hören.

Als die Mappe mit den Zeitungsausschnitten auf ihrem Schreibtisch landete, stellte sie fest, daß sie erstaunlich dick war. In erster Linie fanden sich in ihr Artikel über die Geldbeschaffungsmaßnahmen des Zentrums oder über Wunderbabys. Während sie an ihrem Keks knabberte, begann sie die Geschichte über Laurence' Kampf mit der Klinikverwaltung um einen teuren Apparat zu studieren.

Sie durfte nicht anfangen, den Mann als Helden zu betrachten. Fran Tyler, hör damit auf, rügte sie sich selbst. Du bist keine Zehnjährige, die vom Leadsänger von Boyzone träumt, du bist vierunddreißig Jahre alt, unabhängig, frei und stehst auf eigenen Beinen. Sie zwang sich dazu, sich auf den Artikel zu konzentrieren, und verdrängte die beschämende Vorstellung, daß sie sich, auch wenn sie noch so unabhängig und frei war, im Grunde ihres Herzens danach sehnte, gebunden, gefesselt und unwiderruflich mit einem anderen Menschen zusammengeschweißt zu sein. Vorzugsweise mit einem namens Laurence.

Es war schon fast acht Uhr, als sie mit ihren Notizen fertig war und beim letzten Zeitungsausschnitt anlangte. Zu ihrem Ärger war es eine ganze Doppelseite, nicht unähnlich der, die sie selbst plante, und sie stammte ausgerechnet aus dem *Express*. Sie warf einen Blick auf die rechte obere Ecke. Gott sei Dank war der Artikel sieben Jahre alt – also alt genug, um in Vergessenheit geraten zu sein. Er begann mit einem leidenschaftlichen Plädoyer für die Arbeit des Zentrums. Anscheinend stand sie schon damals unter Beschuß oder mußte um Gelder betteln. Danach folgten drei Fallbeispiele von Frauen, die mit Hilfe der Klinik ein Kind empfangen hatten.

Fran war fasziniert. Die Geschichten waren mit so unglaublicher Eindringlichkeit erzählt, daß ihr Tränen in den Augen brannten. Der Artikel war hervorragend geschrieben: bewegend, engagiert und ungemein plastisch. Ja, er war dermaßen überwältigend, daß sie das Gefühl hatte, die Verfasserin müsse selbst eine Behandlung wegen Unfruchtbarkeit hinter sich haben. Sie durchforstete die Zeitung nach dem Namen der Journalistin. Bei einem Artikel von diesem Umfang und dieser Qualität würde man eigentlich erwarten, daß die Verfasserin ihren Namen dick und auffällig darüberstehen sehen wollte. Statt dessen war er nirgends zu finden. Äußerst seltsam. Fran blätterte den Rest der Zeitung durch, bis sie auf der zweiten Seite das Inhaltsverzeichnis fand. Sie war so perplex, daß sie den Verfassernamen zweimal lesen mußte. »Ein leidenschaftliches Plädoyer für die Rettung des Zentrums für Fruchtbarkeitsstörungen im Krankenhaus von Woodbury«, stand da, »vom Chefredakteur des *Express*, Jack Allen«.

Fran starrte auf die Seite herab. Hatten Jack und seine Frau sich selbst einer Behandlung wegen Unfruchtbarkeit unterzogen, oder hatte er einfach ein überragendes Talent dafür, die Gefühle von Menschen nachzuvollziehen, die dergleichen durchlebt hatten?

Sie war von dieser unerwarteten Seite an Jack derart verwirrt, daß sie zusammenzuckte, als das Telefon neben ihr klingelte. Fast erwartete sie, seine Stimme aus dem Hörer zu vernehmen und sich von ihm sagen zu lassen, gerade sie sollte doch wissen, daß gutes Schreiben hieß, den Leuten dermaßen unter die Haut zu gehen, daß sie denken mußten, man hätte die jeweilige Erfahrung selbst gemacht.

»Hallo.«

Auf der Stelle erkannte sie Laurences Stimme. »Sie arbeiten so spät noch«, sagte er in zögerlichem Tonfall. »Ich hatte schon fast mit einem Anrufbeantworter gerechnet. Ich hätte Sie gleich heute nachmittag fragen sollen, aber ich habe mich nicht getraut. Vielleicht finden Sie das jetzt ein bißchen unpassend, und wenn Sie ablehnen, macht das gar nichts.« Frans Hoffnungen stiegen. »Jedenfalls wollte ich fragen, ob Sie einmal mit mir essen gehen würden.«

Fran verzichtete auf das übliche Zögern. »Ja. Das wäre mir sehr recht.«

»Gut. Das ist sehr gut. Vielleicht nächste Woche?«

Als Fran aus ihrem Büro kam, nahm sie an, daß bereits alle nach Hause gegangen seien und es keine Zeugen für den privaten Can-Can gäbe, den sie um die Kaffeemaschine herum aufführte.

»Er hat also angerufen, was?« Stevie kam mit ein paar Texten in der Hand aus der Sportredaktion. »Hast du immer noch vor, die Story zu schreiben?«

»Aber sicher. Ich habe bereits fast alles in Erfahrung gebracht, was ich brauche. Es läßt sich ohne weiteres trennen.«

»Aha. Übrigens hat dein Vater vorhin angerufen. Ich habe ganz vergessen, es dir zu sagen. Morgen startet irgendein Pferd, auf das du setzen sollst. Ich glaube, er hat gesagt, es heißt Twinkle Toes.«

»Mach ich. Gute Nacht, Stevie, bleib nicht zu lange.« Fran schlang sich ihre große Umhängetasche um die Schulter und hüpfte fast durch die Redaktion. Die Pferde, auf die ihr Vater tippte, gewannen fast immer, und selbst wenn sie nur ein paar Pfund setzte, würde der Erlös für ihren nächsten Besuch beim Inder reichen.

In der nächsten Mittagspause raste sie ins Wettbüro und schaffte es gerade noch, ihren Tip abzugeben. Aus irgendeinem unerfindlichen Grund liebte Fran Wettbüros. Die Atmosphäre war betriebsam, schmutzig und verraucht. Die meisten anständigen Mittelschichtsbürger würden sich lieber von ihrem eigenen Range Rover überrollen lassen, als dort über die Schwelle zu treten. Aber diese Läden hatten eine Art von verzweifelter Aufregung an sich, die sie einzigartig machte. Zum einen waren es die Menschen – ungehobelte Kerle, die aus dem Pub geströmt kamen, ein zerfleddertes Exemplar der *Racing Post* oder der *Greyhound News* unter dem Arm und jeder eine Koryphäe, was den Zustand der Pferde betraf; alte Damen, die je ein Pfund auf die Außenseiter setzten, junge Männer, die heimlich ihren Arbeitsplatz verließen, um die Wette zu setzen, die es ihnen ersparen würde, je zu ihrem lästigen Job zurückkehren zu müssen. Doch in erster Linie erinnerte es sie an die schönsten Stunden, die sie mit ihrem Vater verbracht hatte, sie beide ganz allein, wie sie die Rennen im Fernsehen verfolgten und Fran auf einem ledernen Sitzkissen zwischen seinen Knien saß, während Ralph seine 20er-Packung »Player's Medium Navy Cut« dicht an seiner Seite liegen hatte. Noch heute beglückte Fran die betäubende Geruchsmischung von starkem Tabak und Leder und dazu der Rennkommentar, der langsam zu hektischem Crescendo anschwoll.

Sie setzte sich zwischen zwei alte Hasen, die wie gebannt vor dem Satellitenbildschirm saßen. Twinkle Toes schien als Sieger unwahrscheinlich zu sein, aber Fran wußte aus Erfahrung, daß sie sich auf ihren Vater verlassen konnte, wenn es um Pferde ging. Doch diesmal mußte Ralph sich geirrt haben. Twinkle Toes legte einen schlechten Start hin, von dem er sich nicht mehr erholte. Fünf andere Pferde waren vor ihm. Dann, als das Ziel schon in Sichtweite lag, stürzte ein Reiter, und sein Pferd lief den drei nächsten in die Bahn. Twinkle Toes holte von außen rasch auf und ging durchs Ziel. Sie hatte gewonnen! In diesem Moment der Euphorie kam es Fran so vor, als sei das ein gutes Omen für sie und Laurence. Sie spürte mit ruhiger Gewißheit, daß sie sich ineinander verlieben würden und eine unbeschriebene neue Seite in ihrem Leben aufgeschlagen wurde.

Ihre Freude war so groß, daß sie ihrem Vater sofort von Laurence erzählen mußte. Sie hätte gerade noch Zeit, bei ihm vorbeizuschauen und rechtzeitig zur nächsten Besprechung zurück zu sein.

Sie entdeckte Ralph auf einer Bank im Garten, scheinbar in die Betrachtung der Rabatten ihrer Mutter versunken. Da ihr Vater eine Pfingstrose nicht von einer Petunie unterscheiden konnte, nahm Fran an, daß er mit seinen Gedanken ganz woanders war. Sie wollte gerade schneller gehen und ihn überraschen, als etwas an seiner Haltung sie zurückhielt. Keine Spur von dem gewohnten Elan und der augenzwinkernden Fröhlichkeit, die für sie der Inbegriff seiner Persönlichkeit waren. Er sah aus wie ein müder, alter Mann auf einer Parkbank. Wie ein plötzlicher kalter Windzug streifte sie der Gedanke, daß er alt wurde und nicht immer ein Teil ihrer Welt sein würde. Eine Welt ohne ihn kam ihr aber vollkommen unmöglich vor, als herrschte eine permanente Sonnenfinsternis.

Sie lief auf ihn zu und schlang ihm die Arme um den Hals.

»Franny!« Die Sonne kam hinter dem Schleier hervor. »Schön, dich zu sehen. Was führt dich zu dieser Tageszeit hierher?«

»Nur eine Stippvisite. Zweierlei. Erstens: Ich habe einen Mann kennengelernt, und obwohl es noch sehr früh ist, mußte ich es dir einfach sagen.«

Ralph grinste, und sein gewohnter Charme kehrte ansatzweise zurück. »Da hat er aber Glück. Manchmal frage ich mich schon, ob ich dich durch meine Erziehung unbrauchbar zum Heiraten gemacht habe. Ich habe dir ja all meine Fehler vermacht: den Zeitungsfimmel, die Sucht nach Pferderennen und mehr Zynismus, als dir guttut.«

»Unsinn«, widersprach Fran und drückte ihm einen Kuß auf den Kopf. »Mein Problem ist, daß ich so erbärmlich romantisch bin. Ich habe eben noch nie jemanden getroffen, der so nett ist wie du, und wenn du mir eines beigebracht hast, dann ist das, in wichtigen Dingen niemals Kompromisse einzugehen.«

»Dieser Mann, den du kennengelernt hast – meinst du, er wäre mir sympathisch?«

Fran überlegte. Die beiden waren total verschieden. Sie ertappte sich dabei, wie sie sich fragte, was für einen Vater Laurence wohl abgeben würde. Wäre er so wie ihr eigener, verschwenderisch mit seiner Liebe und seiner Zeit, und voller Engagement dafür, daß seine Kinder ein gesundes Selbstvertrauen entwickelten?

»Ja, ich glaube, er wäre dir sehr sympathisch.«

»Dann bin ich ja erleichtert. Ich könnte es nicht ertragen, dich an einen Mann zu verlieren, den ich nicht ausstehen kann.«

Fran lachte. »Verlieren tust du mich nie. Außerdem hat er mich lediglich zum Essen eingeladen.«

»Es kann ganz schön schnell gehen, wenn man erwachsen ist.«

Das will ich hoffen, wünschte sich Fran insgeheim. Das will ich wirklich hoffen.

»Und jetzt das andere, was ich dir erzählen wollte. Warum ich eigentlich gekommen bin.« Ralph sah sie mit einem angedeuteten, erwartungsvollen Lächeln an. »Dieses Pferd, das du mir empfohlen hast, Twinkle Toes, ist tatsächlich Erster geworden. Ich habe dreißig Pfund gewonnen. Was sollen wir damit anstellen?«

Ralph wandte sich ab, und die Freude auf seinen hageren und nach wie vor jungenhaften Zügen wich einem Ausdruck jäher Verstörung und Angst. Wäre das nicht völlig ausgeschlossen gewesen, hätte Fran vermutet, daß er in seinem ganzen Leben noch nichts von Twinkle Toes gehört hatte.

5. Kapitel

»Unauffällig elegant – so mußt du wirken.« Henrietta durchwühlte ihren Kleiderschrank für ihre Freundin. »Zum Beispiel in dem hier.« Sie hielt ein paillettengeschmücktes Schlauchkleid in die Höhe, das Diana Ross gut zu Gesicht gestanden hätte. Fran und Sophie warfen sich vielsagende Blicke zu. Henrietta hatte ungefähr so viel Ahnung von dem Begriff »unauffällig« wie ein Zirkusclown.

Fran setzte sich ermattet hin. »Ich glaube nicht, daß Woodbury an einem Mittwochabend auf so etwas vorbereitet ist. Wir gehen doch nur ins alte ›Bell and Crown‹.« Sie hätte Henrietta nie von der Essenseinladung erzählen dürfen, geschweige denn, sie um Hilfe dabei bitten, was sie anziehen sollte.

»Ein enges weißes T-Shirt und einen schwarzen Minirock«, riet Sophie, in deren Nasenstecker sich das Licht brach. »Und zwar so kurz, daß man dein Höschen sieht, wenn du dich bückst. Die Bedienungen in dem neuen Bistro müssen das als Uniform tragen, und die Männer stehen meilenweit Schlange.«

»Das kann ich mir vorstellen.« Fran erschauerte. »Aber findest du nicht, daß das für ein erstes Rendezvous ein bißchen zu deutlich ist?«

»Überhaupt nicht. Die Zeiten, als Frauen scheu und sittsam sein mußten, sind endgültig vorbei. Du mußt schon zeigen, was du hast, Tante Fran.«

»Du kannst dir auch meinen Petticoat ausleihen, wenn du willst«, bot Lottie großzügig an. Fran war gerührt. Ihr Tüllpetticoat war Lotties größter Schatz. »Und sogar meinen Stirnreif, wenn du versprichst, darauf aufzupassen.«

»Danke, Lots.« Fran hob das kleine Mädchen hoch und setzte es sich auf die Knie. »Das ist das netteste Angebot, das ich heute bekommen habe, aber er steht dir einfach viel zu gut. Ich möchte ihn nicht kaputtmachen.«

»Ja«, stimmte Lottie zu. »Du müßtest gut darauf aufpassen, vor allem, wenn du mit ihm Sex machst.«

Fran bemühte sich, nicht loszuprusten. »Ich glaube, diesmal werde ich es beim Plaudern belassen. Wäre vielleicht keine schlechte Idee, ihn erst einmal kennenzulernen.«

»Sophie findet das nicht. Sie sagt, Sex macht viel mehr Spaß als Plaudern, und daß die meisten Jungs den Verstand sowieso in ihrem –«

»Vielen Dank, Lottie. Und du, Sophie«, fuhr Henrietta fort und blies sich auf wie eine Kobra, »willst uns vermutlich bloß wieder schockieren, wie üblich.«

Sophies große, strahlende Augen nahmen das trotzige Funkeln einer Sechzehnjährigen an. »Und wie möchtest du das beweisen? Indem du mir Fragen über das Kamasutra stellst?«

Henrietta tat so, als hätte sie das nicht gehört, und wandte sich wieder Fran zu. »Wann holt er dich denn morgen ab?«

»Wir treffen uns dort.«

»Wie ungemein modern. Vergiß nicht, Kleingeld fürs Telefon und das Taxi nach Hause mitzunehmen. Das hat mir meine Mutter immer geraten: ›Steck dir einen Fünfer in den Schuh, Henrietta, dann bist du unabhängig, wenn der Mann frech wird und du schnell verschwinden mußt.‹«

»Auch wenn du mit Dad ausgehst?« spöttelte Sophie.

»Ich kann mir richtig vorstellen, wie er frech wird und du in den 29er Bus hüpfst und nach Hause fährst.«

»Spar dir die Scherze, junge Lady, so wie du dich anziehst, brauchst du auch bald einen Fünfer im Schuh.«

»Wozu brauche ich denn einen Fünfer? Dad hat mir ein Handy geschenkt und ein Guthaben bei ›Readycabs‹ hinterlegt.«

»Egal, was du tust«, riet Henrietta entnervt ihrer Freundin, »krieg bloß keine Kinder.«

»Korrigier mich, wenn ich irre, Mum«, sagte Sophie milde, »aber war das nicht der Zweck dieser Übung?«

»Ja, schon.« Fran wurde die Sache langsam peinlich.

»Sophie«, zischte Henrietta drohend, »geh jetzt. Es kommt doch sicher irgend etwas Ungeeignetes im Fernsehen, das du dir ansehen könntest, oder?«

Sophie zog ab und zerrte Lottie in ihrem Tüllpetticoat hinter sich her. »Amüsier dich gut, Tante Fran.«

»Ja«, bekräftigte Lottie, die ein noch entschlosseneres Wesen besaß als ihre Schwester, »und wenn du irgendwelche Sex-Tips brauchst, frag einfach Soph.«

Am Mittwoch stand nicht nur ihre Essensverabredung mit Laurence bevor, sondern auch der Redaktionsschluß der Zeitung, und zu Frans großer Erleichterung verlief der Tag im gewohnten, altbekannten Chaos. Manchmal wurde am Vormittag noch ein wichtiges lokales Ereignis bekannt, und sie mußten den Aufmacher auf der Titelseite austauschen, was höllisch war, ihnen aber das seltene Vergnügen bereitete, eine Geschichte vor den Abend- und Tageszeitungen bringen zu können. Wenn aber umgekehrt eine Sache erst bekannt wurde, *nachdem* die Zeitung in Druck gegangen war, mußten sie eine Woche lang zähneknirschend zusehen, wie ihre Rivalen jede Einzelheit genüßlich wiederkäuten, bis für sie nichts mehr übrig war.

Heute gab es nur die üblichen geringfügigen Korrekturen, kleine Meldungen in letzter Minute, während Keith Wilson mit den Sportergebnissen herumrannte wie ein kopfloses Huhn. Gegen Mittag war die Zeitung in Druck.

»Warum gehst du nicht nach Hause«, empfahl ihr Stevie am späteren Nachmittag, »und gönnst dir vor deinem großen Abend ein schönes heißes Bad?«

Fran sah ein, daß es keinen Sinn hatte, sich zu wehren. Langsam kam es ihr so vor, als würde ganz Woodbury sie zu diesem Rendezvous begleiten. Also konnte sie ebensogut würdevoll nachgeben und Stevies Rat annehmen. Morgen war es noch früh genug, um die Geschichten für die nächste Woche in Angriff zu nehmen.

»Amüsier dich gut«, rief Stevie Frans davonmarschierender Kehrseite nach. »Und frag ihn nicht gleich am ersten Abend nach einer Spermaprobe. Da bekommt er keinen Respekt vor dir.«

Als Fran endlich im »Bell and Crown« ankam, trug sie einen schlichten schwarzen Hosenanzug ohne eine einzige Paillette oder ein hervorlugendes Höschen und war so nervös, daß sie am liebsten gleich wieder kehrtgemacht hätte. Doch der Anblick von Laurence, der bereits in einem Ohrensessel vor dem Kamin im Salon wartete und nervös auf die Uhr sah, ruhrte und beruhigte sie zugleich. Irgendwie hatte sie erwartet, daß er sich in solchen Lokalen sicherer bewegte, aber vielleicht war er mit seiner Arbeit zu beschäftigt, um häufig essen zu gehen.

Der Feuerschein hob sowohl das matte Gold seines Haares hervor als auch die tiefen Furchen in seinen Wangen, die seinen klassischen Gesichtszügen einen Hauch von Menschlichkeit und Unvollkommenheit verliehen, den Fran ungemein anziehend fand. Es gefiel ihr an ihm, daß er nicht mit seinem guten Aussehen protzte, sondern sich damit beinahe ein bißchen unwohl zu fühlen schien, so als wäre es für ihn eher eine Belastung als ein Segen.

»Laurence, hallo.«

Er sprang auf und hätte fast seinen Drink verschüttet.

»Francesca. Fast hätte ich den guten Macallan vergeudet. Was möchten Sie trinken?«

Mit stiller Freude stellte sie fest, daß er den Lieblingswhisky ihres Vaters trank. Es war dumm, dem Bedeutung beizumessen, das wußte sie. Genausogut könnte sie feststellen, daß er wie ihr Vater Schuhe von »Church's« trug oder ab und zu eine »Romeo y Julieta« rauchte, wenn er sie sich leisten konnte. Aber der Whisky war etwas Persönliches. Sie wollte lieber nicht daran denken, was Stevie zu solchem Unsinn sagen würde.

Er holte ihr ein Glas Wein, und im selben Moment erschien der Kellner mit den Speisekarten. Sie waren so riesig, daß keiner von beiden über sie hinwegblicken konnte.

»Mein Vater hat immer gesagt: ›Je größer die Speisekarte, desto schlechter das Essen.‹« Zu spät wurde ihr bewußt, daß sie damit seine Restaurantwahl kritisierte, und sie versuchte, ihren Fehler wiedergutzumachen.

Doch Laurence lachte nur. »Wie wahr. Und je abenteuerlicher die Gerichte, desto notwendiger ist es, sich an etwas Einfaches zu halten.«

»Hat das Ihr Vater gesagt?« zog Fran ihn auf, doch da verschloß sich Laurences Miene.

Fran war froh über die Ablenkung, als der Kellner neben Laurence erschien.

»Ihr Tisch ist jetzt fertig, Sir«, verkündete der Mann und

machte vor eingeübter Unterwürfigkeit fast einen Kratzfuß. Fran erhob sich und hätte beinahe im selben Moment einen Fluch ausgestoßen. Auf der anderen Seite des Salons, direkt hinter der geschwungenen, mit einem roten Teppich belegten Treppe, die ins Hotel hinaufführte, saß nämlich Jack Allen in erhitztem Gespräch mit seinem Vorgesetzten Murray Nelson. Der Gedanke daran, daß ihr erstes Abendessen mit Laurence durch Jacks überlebensgroße Gegenwart verdorben werden sollte, war grauenvoll für Fran. Bei seiner bekannt einfühlsamen Art sähe es Jack ähnlich, wenn er es sich in den Kopf setzte, den Kaffee mit ihnen gemeinsam einzunehmen oder irgend etwas ähnlich Schauerliches. Zu Frans ewiger Dankbarkeit saßen die beiden mit dem Rücken zu ihnen.

»Eigentlich«, sagte Fran zu dem Kellner, der in unnötig großspuriger Geste mit dem Arm wedelte, um ihr den Weg zum Speisesaal zu weisen, »würde ich lieber durch den Garten gehen. Die Narzissen sind so hübsch.«

Die beiden Männer zögerten einen Augenblick. Es war März und noch eiskalt draußen.

»Selbstverständlich, Madam«, sagte der Kellner, meinte aber im Grunde, daß nur ein Vollidiot den Umweg auf sich nehmen würde, »wie Sie wünschen.«

Fran eilte auf die Seitentür zu und hoffte inständig, daß sie offen wäre. Sie hatten Glück.

»Sie stapfen also gern mit schwarzen Satinschuhen in eisigen, matschigen Gärten herum?« Laurence lachte, als sie in die kalte, feuchte Luft hinaustraten.

Fran versuchte, auf dem Kiesweg zu bleiben. An ihre blöden Schuhe hatte sie gar nicht gedacht. »Ist es nicht herrlich frisch?«

»Offen gestanden kann ich außer den Auspuffgasen vom

Parkplatz überhaupt nichts riechen. Aber Sie schwärmen sicher für Auspuffgase.«

Sie bogen gerade um die Ecke und gingen aufs Restaurant zu, als Jack und Murray ins Gespräch vertieft herauskamen und zu ihren Autos gingen. Gott sei Dank. Jetzt konnte sie sich endlich entspannen.

»Und wie.« Sie nahm für einen Moment seinen Arm, bis die zwei Männer außer Sichtweite waren. »Auspuffgase. Benzin. Pfeifentabak. Ich fürchte, ich bin nicht sehr mädchenhaft.«

»Ich werd's mir merken, falls ich je ein Geschenk für Sie besorge: einen schönen Topf Schmierfett.«

Sämtliche Ängste, die Fran vor dieser ersten Verabredung gehegt hatte, waren wie weggeblasen. Die Taktik der Verführung, bei der jeder lediglich die Aspekte seiner Persönlichkeit präsentiert, die er für anziehend hält, erwies sich Laurence gegenüber als völlig unnötig. Laurence legte ihr seine Stärken und Schwächen beinahe so offen dar, als handelte es sich um ein Bewerbungsgespräch. »Das Wort, das alle für mich verwenden, ist ›engagiert‹«, erklärte er ihr ernsthaft. »Und es stimmt, das bin ich. Das Zentrum ist mein Lebensinhalt. Ich habe die Klinik aufgebaut, und sie wird von mir geleitet. Die Schattenseite daran ist, daß ich sonst nicht viel habe.« Er setzte sein bescheidenes, sympathisches und ehrliches Lächeln auf. »Ich bin im Grunde ein ziemlich langweiliger Typ.«

Doch Fran fand ihn überhaupt nicht langweilig. Sein Engagement für das, woran er glaubte, erinnerte sie an einen anderen Menschen: ihren Vater. Auch Laurence besaß diese leidenschaftliche Hingabe an eine Sache, die es wert war, und den Wunsch, etwas zu verändern, das Leben der Menschen angenehmer zu machen. Sie hatte eigentlich nicht damit gerechnet, in diesen zynischen und materialistischen Zeiten je einen Mann zu finden, der genauso dachte. Und nun saß er ihr gegenüber.

»Ich weiß, daß man es vermutlich nicht so anstellt«, begann er, und Fran bekam bei seinen Worten plötzlich Herzklopfen, »aber ich habe nicht viel Zeit für Geselligkeit. Ich verlange keine feste Zusage von Ihnen, weil ich weiß, daß das dumm wäre, aber könnten Sie …«, er rang mit den Worten, und Fran hatte volles Mitgefühl mit ihm, »falls wir feststellen, daß wir uns gut verstehen, eventuell Interesse an einer ernsthaften Beziehung aufbringen?«

Diese Worte hätten angesichts ihrer kurzen Bekanntschaft unpassend oder gar seltsam klingen können, doch Laurences offenkundige Aufrichtigkeit verwandelte sie in etwas unglaublich Rührendes.

Die köstliche Seezunge, die der Kellner serviert hatte, kühlte auf Frans Teller ab. Ein Mann mußte schon etwas ganz Besonderes sein, um sie ihr Essen vergessen zu lassen.

»Ja, Laurence«, antwortete sie leise, »ich glaube, das könnte ich.«

»Er hat dich also tatsächlich nach deinen Absichten gefragt? Wie herrlich göttlich viktorianisch!« Henrietta brach in Freudenstürme darüber aus, daß ihr Plan sich soviel besser – und noch dazu schneller – entwickelt hatte, als sie sich je hätte träumen lassen. »Er wollte wirklich wissen, ob es dir ernst mit ihm ist?«

»Also hast du natürlich«, begann Sophie, in deren dunklen Augen der Schalk blitzte, »geantwortet: ›Tja, Larry, eigentlich war ich nur auf einen Quickie aus, aber ich bin stets zu Kompromissen bereit.‹«

»Sophie!« riefen Fran und Henrietta unisono.

»Also ich finde, er klingt abartig. Das ist ja, als versuchte man jemanden zu einem Abkommen zu bewegen, bevor derjenige weiß, was er sich einhandelt.«

»Das liegt daran, daß du erst sechzehn bist«, erklärte Fran. »Mit vierunddreißig ist man begeistert, wenn man ein solches Angebot bekommt, auch ohne zu wissen, was im Kleingedruckten steht.«

»Ich finde es jedenfalls sehr romantisch«, meinte Henrietta.

»Und er hat mich bereits um ein zweites Treffen gebeten. Nach dem Essen hat er seinen Terminkalender gezückt.«

»Mein Gott!« Sophie verzog das Gesicht. »Der Typ klingt ja immer schlimmer. Jetzt läßt er dir nicht einmal die Spannung, darauf zu warten, daß das Telefon klingelt.«

»Sophie«, belehrte Fran sie streng, »in meinem Alter sehnt man sich nicht danach, neben dem Telefon zu sitzen und auf den Anruf eines Mannes zu warten. Ich habe mit meiner Zeit etwas Besseres anzufangen. Zum Beispiel eine Zeitung zu leiten.«

Sophie schüttelte den Kopf. »Hoffentlich werde ich nie vierunddreißig.«

»Und«, meldete sich Henrietta wieder zu Wort, während sie sich in ihr Sofa zurücksinken ließ und den Doc-Martens-Stiefel ihrer Tochter vom Kissen fegte, »und habt ihr, äh, du weißt schon …?«

»Nein, selbstverständlich nicht.«

»Tja, warte nur nicht zu lang damit. Ich dachte, du könntest es gar nicht erwarten, seinen Genpool in die Finger zu bekommen.«

»Mum«, wandte Sophie ein, »es war doch nur die erste Verabredung. Und so wie sich dieser Mensch anhört, macht er ohnehin zwei Wochen vorher einen Termin dafür aus.«

Fran kicherte.

»Und überhaupt«, stellte Sophie ihre Mutter zur Rede. »Ich habe gedacht, du wärst gegen außerehelichen Sex. Das sagst du mir immer wieder.«

»Aber nur, weil du sechzehn bist. Wenn du so alt bist wie Tante Fran, sage ich das nicht mehr.« Sie wandte sich an ihre Freundin. »Und wann trefft ihr euch das nächste Mal?«

»Mittwoch nächste Woche. Dieses Wochenende muß er zu einer Konferenz fahren.«

»Mann o Mann, Tante Fran.« Sophie polterte mit ihren klobigen Stiefeln auf den Fußboden, so daß Zickzackmuster aus Lehm auf den cremefarbenen Teppich fielen. »Wenn ich an deiner Stelle wäre, würde ich erwarten, daß er mich mit Blumen überschüttet, mir Ständchen auf Balkonen darbringt und mich jede Stunde anruft, damit ich hören kann, wie sehr er mich liebt. Du klingst eher, als hättest du eine Beziehung vereinbart wie einen Zahnarzttermin.«

»Ja«, stimmte Fran selig zu, »ist das nicht herrlich? Genau das finde ich ja so absolut traumhaft daran.«

Ralph Tyler ging in dem kleinen Park am Stadtrand von Woodbury an dem delftblauen Meer von Hyazinthen vorüber und atmete ihren starken, süßen Geruch ein. Hyazinthen waren ihm nicht ganz geheuer. Sie waren ein bißchen wie Lilien und hatten einen vagen Todesgeruch an sich, als wären sie dazu geschaffen, den Gestank von etwas Fauligem unter ihnen zu überdecken. Er liebte diesen Park und machte hier gern jeden Tag einen Spaziergang, wenn er dazu kam.

Er schlenderte auf den Teich zu und setzte sich schließlich auf eine Bank, die auf den ersten Blick besetzt wirkte. Doch auf den zweiten Blick merkte man, daß die Figur eines alten Mannes, der selbstvergessen die Vögel fütterte, aus Bronze war. Ralph mußte schmunzeln, als er sich an den Streit erinnerte, den es gegeben hatte, als die Skulptur aufgestellt worden war, das Geschenk eines jungen Bildhauers, der in Woodbury aufgewachsen war und sich bereits auf dem Weg zum Ruhm befand. Sie hatten ihretwegen Waschkörbe voller Beschwerdebriefe bekommen, in denen es hieß, daß das keine Kunst sei, daß die stilisierte, wuchtige Figur nicht realistisch sei, daß sie den Kindern Angst einjagte. Ralph hatte sie herrlich gefunden und das auch auf der Titelseite des *Citizen* verkündet.

»Scheußlich, was?« Der Parkhüter in seiner grünen Uniform hatte Ralph angesprochen. »Ich habe immer gehofft, daß sich mal die Vandalen über das Ding hermachen, dann könnten wir es entfernen, aber sie lassen leider die Finger davon. Statt dessen schreiben sie ihre schmutzigen Wörter auf den Spielplatz.«

Ralph musterte das verschlossene und freudlose Gesicht des Mannes. Warum nahmen solche Menschen immer untergeordnete Stellungen bei den Behörden an? »Ich habe mich sogar dafür eingesetzt, daß sie hier bleibt. Ich finde sie großartig.«

Der Mann rollte genervt die Augen gen Himmel, ging weiter und überließ Ralph seinen eigenen Gedanken. Heute gab es ein spezielles Thema, mit dem er sich beschäftigen wollte. Etwas Beängstigendes geschah mit ihm. Angefangen hatte es mit seltsamen Gedächtnislücken. Dann hatte er immer wieder Kleinigkeiten verwechselt. Er ging los, um die Milch zu holen und kam mit dem Zucker zurück, oder er machte sich auf, etwas zu erledigen, und mußte feststellen, daß es bereits getan war, ohne daß er sich daran erinnern konnte, es gemacht zu haben. Es war, als hätten die Verbindungen in seinem Gehirn lauter Fehlzündungen. Und dann war da noch die Geschichte mit Francesca und dem Pferd. Sie stand mit einer Flasche Whisky vor ihm, um ihren Gewinn zu feiern, und er wußte nicht einmal mehr, daß er ihr einen Tip gegeben hatte.

Irgend etwas lag im argen, das wußte er. Wenn Phyllis ein anderer Mensch gewesen wäre, hätte er mit ihr darüber sprechen und sie um ihre Hilfe bitten können. Doch sie war äußerst schlecht gelaunt, seit er in den Ruhestand gegangen war. Sie würde nur denken, daß er wegen nichts einen Aufstand machte. Vermutlich sollte er einen Arzt aufsuchen, doch hatte er Arztbesuche seit jeher gehaßt. Er haßte ihre herablassende Art, so als wüßten sie alles und als wäre selbst eine Frage über die eigene Gesundheit frech und aufdringlich. Ihm war es lieber gewesen, die heitere Gelassenheit zu entwickeln, die ihm bislang durchs Leben geholfen hatte, aber nun nichts mehr nutzte. Der schreckliche Gedanke, was es sein mochte, schwebte am Rand seines Bewußtseins, doch er scheuchte ihn davon. »Verdammter Mist«, schimpfte er mit so viel alter Entschlossenheit, wie er aufbringen konnte, »egal, was es auch ist, ich werde mich nicht unterkriegen lassen.«

»Das erste Anzeichen für Wahnsinn«, sagte jemand grinsend ein paar Meter neben ihm.

Ralph sah sich um. Ein lang aufgeschossener, schlaksiger Junge in einem weiten, schlabbrigen Sweatshirt, noch schlabbrigeren Hosen, einer Baseballmütze und schmalen, stromlinienförmigen Rollschuhen, die an einer Art kniehohen Stiefeln befestigt waren, stand nahe bei ihm und hielt einen Hund an der Leine.

»Wie bitte?«

»Sie haben Selbstgespräche geführt. Das erste Anzeichen für Wahnsinn, sagt man doch immer.«

»Und das zweite ist dann sicher, bösartig aussehende Rollschuhe zu tragen und die Schule zu schwänzen.«

»Rollerblades«, korrigierte der junge Mann. »Und ich mache nicht blau. Ich lerne. Ich wiederhole beim Skaten französische Verben.«

»Vielleicht zeigst du mir bei der Gelegenheit, was du kannst. Und sag mal, warum tragen eigentlich die anderen Jungs diese Dinger«, er tippte an die Kappe des Teenagers, »verkehrt herum und du nicht?«

»Das machen nur Blödmänner.«

»Aha.« Er musterte den Jungen eine Zeitlang. »Komisch, aber irgendwie erinnerst du mich stark an irgend jemanden.«

Das Gesicht des schlaksigen Jungen verzog sich fröhlich. »An meinen Dad. Er hat mal bei Ihnen gearbeitet.«

»Bist du etwa Ben, der Sohn von Jack Allen?« Das letzte Mal, als Ralph Ben gesehen hatte, war er etwa zehn gewesen. Jetzt mußte er vierzehn oder fünfzehn sein. Ein Anflug von Neid überkam ihn. Wenn er nur auch einen so großen, kräftigen Enkel hätte.

»Und wer ist das?« fragte er und schüttelte dem schäbigen Hund die ausgestreckte Pfote.

»Das ist Wild Rover, aber wenn Sie wollen«, bot Ben gnädig an, »können Sie ihn auch Rover nennen.«

»Wie wär's mit einer Vorführung dieser Rollerblades? Damit ein alter Mann endlich mal schlauer wird.«

Ben war begeistert. Die meisten regelmäßigen Parkbesucher betrachteten Skater eher als Rowdys auf Rädern, also war er höchst erfreut, zeigen zu dürfen, daß Skaten eine

Kunst war. Er raste davon, sprang in die Luft, wirbelte in einer atemberaubenden Kurve herum und landete anmutig auf einem Fuß, fast wie eine Ballerina.

Der Parkwächter sah aus seinem Versteck hinter dem Bowling-Club mißmutig zu. Leider war Skaten im Park erlaubt, in den Augen des Parkhüters ein schwerer Fehler, der gewiß zu einem weiteren Absinken der moralischen Maßstäbe führen würde.

Auf einmal brach Wild Rover durch die Büsche und raste mit solcher Geschwindigkeit und Verzückung auf sein neues Herrchen zu, daß Ben zum Ausweichen gezwungen war und schließlich in einem sehenswerten Gewirr langer Gliedmaßen im Hyazinthenbeet landete.

Der Parkhüter rieb sich die Hände. Rollerblades mochten ja im Park erlaubt sein, aber Hunde nicht.

»Entschuldige mal, junger Mann«, begann er, ohne Zeit oder Mitgefühl damit zu verschwenden, daß er Ben gefragt hätte, ob ihm auch nichts fehlte, »gehört der Hund dir? Falls ja, muß ich dich wohl aus diesem Park verweisen.«

»Eigentlich«, sagte Ralph, nahm den unerwünschten Hund an die Leine und ignorierte dessen gejaulten Protest, »ist es meiner. Es tut mir leid, aber ich wußte nicht, daß Hunde verboten sind. Zweifellos wieder mal eine engstirnige Entscheidung unseres verehrten Stadtrats. Komm mit, Ben, höchste Zeit, daß wir hier abhauen und uns einen Big Mac gönnen.«

Das herrlich Befreiende an ihrer sich entfaltenden Beziehung zu Laurence, so sinnierte Fran, als sie ein paar Wochen später in seiner Küche Gemüse für ein Curry kleinschnitt, war, wie einfach und selbstverständlich alles vor sich ging. Sie schienen einen Rhythmus zu haben, der mühelos zusammenpaßte. Beide stellten ihre Arbeit an erste Stelle und freuten sich darüber hinaus an den gleichen Dingen. Jedes Buch, das sie bei ihm aus dem Regal nahm, war ein Titel, der sie interessierte. Ihr Geschmack bei Filmen und Musik war so ähnlich, daß sie wußten, wenn einer Karten für eine Veranstaltung besorgte, würde sie dem anderen auch gefallen. Von seiner Wohnung war sie zwar im ersten Moment wegen deren mönchischer Leere leicht entsetzt gewesen, doch fügte sie nach und nach ein paar Kleinigkeiten hinzu, um sie etwas wohnlicher zu gestalten.

Nach nur wenigen Wochen hatte Fran das Gefühl, ihn schon immer zu kennen – außer in einer Hinsicht. Zu Frans heimlicher Beunruhigung legte Laurence keinerlei Eile an den Tag, sie in sein Bett zu locken. Er hatte sie öfter geküßt, ein- oder zweimal auch mit echter Leidenschaft, schien sich dann aber am Riemen zu reißen. Manchmal, wenn sie sich dadurch zurückgestoßen fühlte und selbst voller Sehnsucht war, hatte Fran schon überlegt, ob er womöglich schwul sein könnte.

Laurence, der wohl ihre Besorgnis spürte, lehnte sich auf einmal zu ihr herüber und nahm ihr das Messer aus der Hand. »Man sieht richtig, daß du hierher gehörst«, sagte er zärtlich. Sie spürte, wie er ihr den Arm um die Taille schlang und seinen Kopf auf ihre Schulter legte. Der sinnliche Geruch exotischer Gewürze, Kreuzkümmel und Garam Masala, erfüllte die Luft. Laurence drehte sie zu sich um und sah ihr eindringlich in die Augen. »Du hast eine Leere in mir gefüllt, Francesca, von deren Existenz ich nicht einmal etwas geahnt habe. Ich dachte, meine Arbeit sei genug, aber seit ich dich kenne, weiß ich, daß das nicht stimmt.«

Fran schloß die Augen und wartete, fast ohne zu atmen. War dies der Moment, auf den sie hoffte, seit sie ihn an jenem Abend zum ersten Mal gesehen hatte? Bedächtig stellte er die Gasflamme aus. Dann nahm er Frans Handfläche und küßte sie, leckte über den weichen, fleischigen Hügel, bis Fran vor Erregung zitterte. Er hatte sie ja schon öfter geküßt, aber noch nie so.

»Ich glaube, ich verliebe mich langsam in dich, Francesca Tyler.« Sanft, aber bestimmt nahm er ihr die gestreifte Metzgerschürze ab und führte sie in sein Schlafzimmer.

6. Kapitel

Nun, da der Moment endlich gekommen war, fürchtete Fran schon, schüchtern oder verlegen zu werden. Doch Laurences heißer Atem auf ihrem Nacken und die Straffheit seines Körpers ließen sie nur Erleichterung verspüren. Er begehrte sie also doch.

Mit verblüffender Fingerfertigkeit öffnete er jeden Knopf ihrer weißen Leinenbluse, streifte ihr die BH-Träger ab und drehte sie dann um, um die Häkchen zu lösen. Sie hätte schon fast einen Witz über Benimmregeln im Bett gemacht, verkniff es sich aber rechtzeitig. Das Gefühl für den passenden Augenblick war noch nie ihre Stärke gewesen.

»Du bist hinreißend, Francesca«, sagte er schlicht und streichelte die Rundung ihrer linken Brust. Dann beugte er sich herab und küßte die sich aufrichtende Brustwarze.

»Du auch«, erwiderte Fran und sah ihm direkt in die Augen. Obwohl er hochgewachsen war, waren sie fast gleich groß. Sie griff nach dem Gürtel seiner Jeans, und er stieß einen Seufzer aus, wie ein Windstoß auf einer Wasserfläche, und riß sie fast gewaltsam in seine Arme.

Nur Augenblicke später lagen sie im Bett, und er drang mit einer Intensität in sie ein, die sie nicht erwartet hätte, mit geschlossenen Augen und einem fast andächtigen Gesichtsausdruck. Und dann kam er in einem plötzlichen, explosiven Schauer der Erleichterung und ließ Fran ratlos über das vollkommen getrennte Erleben zurück. Es konnte doch nicht sein, daß sich ausgerechnet Laurence als selbstsüchtiger Liebhaber erweisen würde? Doch dann, als ob sie und seine Verpflichtung ihr gegenüber ihm gerade wieder einfielen, sah er ihr in die Augen. »Entschuldige bitte. Ich begehrte dich so sehr.« Und dann hielt er sie von sich weg und berührte sachte und mit einem forschenden Finger ihre Brüste, wie ein Kind, das ein faszinierendes neues Spielzeug bestaunt. Sie erbebte unter seiner Berührung und schob ihren Schamhügel unwillkürlich seiner anderen Hand entgegen, bis er sie anfaßte und über ihre Klitoris strich. Kurz darauf erreichte auch sie einen heftigen Höhepunkt.

Sofort zog Laurence die Bettdecke über sie beide. »He«, protestierte Fran lachend. »Ich will dich sehen. Glaub bloß nicht, daß ich mit dem attraktivsten Mann, den ich je getroffen habe, ins Bett gehe und ihn dann nicht anschaue.«

Sie deckte ihn auf und studierte schamlos seinen Körper. Er war groß und mager und hatte ideale Proportionen. Seine Haut war von einem zarten Karamelton, der sie an Sahnetoffees erinnerte, seit jeher ihre Lieblingsleckerei.

Sie küßte ihn auf die Knie und arbeitete sich nach oben vor. »Du warst bestimmt eine Wucht auf dem Fußballplatz.«

»Offen gestanden nein. Zu kurzsichtig und viel zu ängstlich. Andauernd wurde ich verspottet, weil ich angeblich aussähe wie ein Chorknabe oder, wenn das nichts fruchtete, ein Streber sei. Ich bin immer abgehauen und habe mich in den Lehrsälen für Naturwissenschaften versteckt.«

»Und sieh nur, wie weit dich das gebracht hat, Dr. Westcott.«

Sie bemerkte eine lange Narbe an einem seiner Knie und fragte danach.

»Da bin ich mit zehn Jahren vom Fahrrad gefallen.«

Sie senkte ihren Mund auf die immer noch gekräuselte Haut und liebte ihn für diesen kleinen Makel. »Hat deine Mutter draufgepustet, damit es heilt?«

Laurences Miene verschloß sich, und er versuchte, die Bettdecke wieder hochzuziehen.

»Wie kann jemand, der so attraktiv und erfolgreich ist, nur dermaßen schüchtern sein?« spöttelte Fran, zerrte an dem Bettbezug und lachte.

»Man muß sich geliebt fühlen, um sich selbst attraktiv und erfolgreich zu finden«, erwiderte er ruhig.

Die Bitterkeit in seiner Stimme schockierte und verwirrte Fran. Ihre ausgeprägte mütterliche Ader flammte mit einem Mal auf, und sie hätte gern jegliches Leid gelindert, das Laurences Lebensglück überschattete.

Er sah zu ihr hinauf und musterte sie mit diesem eindringlichen Blick, der so sehr zu ihm gehörte. »Du bist so lebendig, so klug, mutig und bunt. Manchmal ist Grau die einzige Farbe, die ich empfinde.«

Das liegt daran, daß du die ganze Zeit arbeitest, hätte sie am liebsten gesagt, und weil du sonst nichts hast, mit dem du die leeren Ecken deines Lebens füllen kannst. Was du brauchst, sind Gesellschaft und Betriebsamkeit – eine Familie nämlich. Doch sie sprach es nicht aus. Es war noch zu früh.

Statt dessen schlüpften sie in Bademäntel und machten sich, da sie plötzlich Hunger bekommen hatten, an das Essen, das Fran gekocht hatte, bevor sie nach oben gegangen waren.

Als sie an seinem Küchentisch saßen und sich gegenseitig fütterten, stellte Fran fest, daß ihr Hühnchencurry noch nie so würzig und ihre Pappadams nie knuspriger geschmeckt hatten. Es war eine himmlische Mahlzeit.

Um elf sah Laurence auf die Uhr. »Zeit, ins Bett zu gehen. Ich muß morgen ganz früh in die Klinik.« Nach einer kurzen Pause fügte er hinzu: »Möchtest du über Nacht bleiben?«

Hinter der Pause hörte Fran ein gewisses Zögern. Laurence war seinen Freiraum gewöhnt.

Sie ging nach oben und hob ihre Sachen vom Fußboden auf, wo sie in ihrer spontanen Liederlichkeit fehl am Platze wirkten. Selbst Sally Bowles würde in Laurences Schlafzimmer ihre Kleider zusammenlegen.

Übergangslos spürte sie eine heftige Angst. War es das gewesen? Ein Quickie und dann wieder nach Hause? Wie seltsam, daß Sex weniger intim zu sein schien, als die Nacht gemeinsam zu verbringen.

Laurence saß unten und lächelte ihr entgegen. Im Bademantel war er sogar noch attraktiver als angezogen. »Ich wollte dich fragen«, begann er, jetzt wieder schüchtern, doch nun kam es ihr jungenhaft vor, liebenswert, nicht wie noch einen Moment zuvor wie ein Mittel, um sie auf Distanz zu halten, »ob du vielleicht einmal mit zu meiner Mutter fahren möchtest.«

Fran fühlte sich sofort erleichtert. Dies war ein wichtiger Schritt, das merkte sie instinktiv.

In dieser Nacht kam ihr ihr eigenes Bett, das sie sonst als warm und heimelig empfand, riesig und kalt vor. Sie dachte an Laurence und seine unerwartete Verletzlichkeit. Sie wußte, daß sie die Leere in ihm füllen wollte, woher sie auch rührte, und daß sie ihm das Gefühl vermitteln würde, geliebt zu werden. Diesmal, so schärfte sie sich ein, würde sie sich davor hüten, die Beziehung wieder zu ruinieren.

In den Wochen, bevor sie ihr begegnen sollte, versuchte

Fran von Laurence soviel wie möglich über seine Mutter in Erfahrung zu bringen, doch schien er wenig geneigt zu sein, ausführlicher über sie zu sprechen. Fran erfuhr lediglich, daß sie Camilla hieß und allein lebte, seit ihr Mann vor zehn Jahren gestorben war.

Sie erhielten eine Einladung zu einem sonntäglichen Mittagessen. Der Morgen begann mit herrlichem Sonnenschein, einer dieser unerwartet warmen Tage im April, die fast schon sommerlich wirken. Camillas Haus lag in einem hübschen Dorf mit weiß-grauem Fachwerk fünf Meilen außerhalb von Woodbury. Ein klassischer Gartenweg, der durch zwei große Blumenbeete führte, trennte es von der Straße. Laurence berichtete Fran, daß seine Mutter jedes Jahr bei der Woodbury Show den ersten Preis für Blumen und Gartenerzeugnisse gewann. Das Haus selbst war zwar schön, aber sehr klein.

»Sag das bloß nicht zu Ma«, warnte Laurence sie. »Den äußeren Schein zu wahren ist für sie Religion. Sie ist leider schrecklich snobistisch. In der Schule wurde sie dafür verspottet, daß sie nicht aus gutem Hause stammte. Das hat sie dem Leben seit jeher übelgenommen. Im Grunde schadet sie sich aber in erster Linie selbst damit, weil man sie dadurch nur schwer kennenlernt. Also denk dir nichts, wenn sie etwas reserviert ist.«

Fran, die sich alles andere als sicher fühlte, folgte ihm den Gartenweg entlang. Camilla erwartete sie bereits. Frans erster Eindruck war, daß Laurences Mutter besser in ein schickes Londoner Wohnviertel gepaßt hätte als in dieses winzige ostenglische Dorf. Ihre Haare waren zwar weiß, aber akkurat auf Kinnlänge gestutzt und von einem dunkelblauen Samtband hinten gehalten, wodurch große Ohrringe zum Vorschein kamen, die genau zu ihrer Seidenbluse und dem Rock paßten und einen eleganten Kontrast zu ihrem blaßpfirsichfarbenen Kaschmirblazer bildeten. Fran wünschte, sie hätte Laurences Empfehlung ignoriert und selbst etwas Schickeres angezogen als den Pullover und die Jeans, von denen er behauptet hatte, daß sie gut aussähen.

Camilla stand an der Tür und hielt Fran eine mit teurem Puder bestäubte Wange entgegen. Sie wirkte durchaus freundlich, doch konzentrierte sich ihre ganze Person auf Laurence. Fran kam sie vor wie eine Glühbirne, die nur in seiner Gegenwart mit Strom versorgt wurde. Laurence war eindeutig der Mittelpunkt ihres geordneten Universums.

Und doch schien Laurence merkwürdigerweise diesen Strom der Liebe nicht zu erwidern, sondern ließ ihn – wie ein Fels in der Flußmitte – einfach um sich herumfließen. Während sie die beiden beobachtete, fielen Fran seine Worte aus ihrer ersten gemeinsamen Nacht wieder ein. Wie kann man sich selbst attraktiv und erfolgreich finden, wenn man sich nicht geliebt fühlt? Aber Camilla schien ihn doch zu lieben – im Zweifelsfall eher zu sehr. Sie schwirrte um ihn herum und bemühte sich um ihn, ohne zu merken, daß jede ihrer Zärtlichkeiten und Schmeicheleien ihm nur unangenehm zu sein schien. Fran wünschte, er könnte wenigstens ein bißchen so tun, als würde er ihre Ergebenheit erwidern, doch Camilla fiel das anscheinend gar nicht auf.

»Das Essen ist schon fertig. Deine Leibspeise. Blutig gebratenes Roast Beef, Yorkshire-Pudding, Bratkartoffeln und Meerrettich.« Sie hörte sich an, als legte sie Gaben vor einem Fürsten nieder. »Hast du deine Wäsche mitgebracht? Ich könnte die Maschine jetzt anstellen, dann wäre alles fertig, wenn du wieder fährst.«

»Ma«, erwiderte Laurence geduldig. »Ich bin siebenunddreißig. Ich gebe meine Sachen in die Wäscherei.«

Der Tisch im Eßzimmer war mit Kristallglas und Stoffservietten makellos gedeckt, wodurch sich Fran in ihrer unpassenden Kleidung noch unwohler fühlte. Allerdings konnte sie sich des Eindrucks nicht erwehren, daß es Camilla gerade recht wäre, etwas zum Mäkeln zu finden.

Fran setzte sich an den eleganten Tisch und fragte sich, wie es dazu kam, daß sämtliche Frauen in Laurences Leben dachten, er sei ein Geschenk Gottes. Sie müßte diejenige sein, die das nicht tat, die ihn auf den Boden herunterholte oder ihn zumindest daran erinnerte, daß er nur eine Gottheit mittleren Ranges war.

»Sie arbeiten also bei der Lokalzeitung, meine Liebe?«

Fran spürte, daß es nicht besonders gut ankommen würde, wenn sie nun sagte, daß sie die Chefredakteurin war. Statt dessen nickte sie nur.

»Ist das denn nicht entsetzlich langweilig? Ständig nur Hochzeiten und Riesenkürbisse?«

»Gelegentlich haben wir auch andere Geschichten in der Zeitung.«

Die Ironie ihrer Bemerkung entging Camilla. »Ich habe gehört, daß Sie einen Artikel über Laurence bringen wollen.«

»Nicht über mich, Mutter«, unterbrach Laurence sie rasch, »über das Zentrum.«

»Er wird nicht im entferntesten angemessen gewürdigt«, fuhr Camilla fort.

»Aber es muß herrlich sein, das Gefühl zu haben, daß all diese Babys in gewissem Sinne seinetwegen zur Welt kommen.«

»Ich wünschte nur, er würde mit herkömmlicheren Methoden welche produzieren.«

Fran wurde rot und blickte angestrengt auf ihren Teller.

»Tut mir leid«, sagte Laurence leise, als sie das Geschirr abtrugen. »Ich bringe nicht oft eine Freundin mit, also feuert sie jetzt alles auf einmal ab.«

»Wie oft ist nicht oft?« neckte ihn Fran.

»Jetzt, wo du mich fragst, fällt mir auf, daß ich seit sieben Jahren niemanden mehr mitgebracht habe.«

Daß er sich so genau erinnerte, machte Fran neugierig. »Und was ist mit ihr passiert? Wie ist sie dir abhanden gekommen?«

Laurence drehte sich auf dem Absatz um und stieß versehentlich eine Sherry-Karaffe aus Kristallglas herunter, so daß sie auf dem steinernen Küchenfußboden zersprang.

»Das tut mir leid«, sagte er und beugte sich hinab, um die Scherben aufzusammeln. »Manchmal bin ich sehr unachtsam. Hör mal, Francesca. Was ich dich schon länger fragen wollte: Würdest du für ein Wochenende mit mir wegfahren? Ich kenne da ein besonders schönes Fleckchen, wo wir richtig ausspannen und zusammen sein könnten. Hast du Lust?«

Fran beugte sich hinab und half ihm beim Aufsammeln der Scherben, wobei sich ihre Köpfe berührten. »Aber natürlich. Ich kann mir nichts Schöneres vorstellen, als zwei volle Tage mit dir zu verbringen.« Und Nächte, dachte sie, wagte es aber nicht auszusprechen.

»Tja, Kindchen, falls du dir bis jetzt keine Sorgen wegen Jack Allens neuem Projekt gemacht hast, dann wird's höchste Zeit, damit anzufangen. Es ist nämlich verflucht brillant!« Stevie knallte die Nullnummer der neuen Zeitung vor Fran auf den Schreibtisch.

»Schau dir das mal an«, verlangte Stevie und wies auf die Titelseite, auf der in großen Lettern die von der Zeitung gegründete Kampagne zur Reinhaltung der Straßen propagiert wurde. »Er rät den Lesern, sämtlichen Müll aufzusammeln, den sie auf den Straßen finden, und ihn vor der Haustür des Direktors der örtlichen Müllabfuhr abzuladen.« Stevie gluckste beim Gedanken an das dabei entstehende Chaos vor Vergnügen. »Mistkerle. Geschieht ihnen recht.«

»Stevie. Komm mir nicht mit diesem Gerede, daß alle Stadträte schlecht seien. Und überhaupt«, fuhr Fran fort, während sie das Blatt musterte, »ist es höchst unverantwortlich.«

»Ziemlich.«

»Und vermutlich illegal.«

»Trotzdem ein verdammt guter Gag.« Stevie saß auf der Kante von Frans Schreibtisch. »Vielleicht lade ich selbst ein bißchen Müll ab.«

Das Schlimme war, daß Fran ihr recht geben mußte. Es war sogar die logische, wenn auch ziemlich extreme Fortsetzung der Ideen, die sie selbst vertreten hatte. Lokalzeitungen sollten sich nicht nur damit befassen, die Übeltäter – ob Privatpersonen oder Behördenvertreter – ausfindig zu machen, sondern die Bürger direkt daran beteiligen, Veränderungen zum Besseren zu bewirken. Sie ertappte sich dabei, wie sie beim Gedanken an den Direktor der Müllabfuhr, einen unangenehmen Zeitgenossen, von dem bekannt war, daß er Journalisten nicht ausstehen konnte, und der Vorstellung, wie er seine Haustür durch einen Müllberg blockiert fand, lächeln mußte.

»Das schlägt er doch nur vor, weil das hier die Nullnummer ist. Wenn es echt wäre, würde er es nicht wagen.«

»Wetten, daß?«

Ob Jack nun tatsächlich wagen würde, die Menschen in

dieser Form aufzustacheln, war egal. Fran wußte, daß es an der Zeit war, sich mit der Realität des neuen Blattes und den Auswirkungen, die es auf den *Citizen* haben mochte, auseinanderzusetzen. Der *Citizen* kämpfte jetzt schon darum, dem *Express* eine Nasenlänge voraus zu bleiben, und das mit einem Bruchteil der Finanzkraft seines Rivalen. Konnte er diese neue Attacke überstehen?

Dieser verdammte Jack Allen. Wie hatte er es nur geschafft, sie gerade dann in eine Krise zu stürzen, wenn sie ein romantisches Wochenende mit Laurence plante? Man mußte fast annehmen, daß er davon wußte.

Allerdings kämpfte der verdammte Jack Allen in den protzigen Büroräumen am anderen Ende von Woodbury, um die sie ihn so sehr beneidete, seine eigene Schlacht, die von Fran ebenfalls nicht ganz unabhängig war.

»Was soll das heißen – Sie kommen nicht mit?« fauchte Murray Nelson seinen Chefredakteur an, während sein Teint langsam die Farbe einer reifen Pflaume annahm. »Ich habe dieses Mittagessen mit Ronnie Newlands speziell deshalb vereinbart, damit wir ihm Honig ums Maul schmieren können. Newlands-Immobilien ist der größte Kunde des *Citizen*; er hält das Blatt mehr oder weniger einhändig über Wasser, und jetzt habe ich ihn fast so weit, daß er seine Anzeigen uns übergibt. Ein großer Coup. Er wollte nur vorher noch Sie treffen und ein paar Dinge besprechen. Was gibt's dagegen einzuwenden?«

Jack blieb ungerührt hinter seinem vollgepackten, aber erstaunlich geordneten Schreibtisch sitzen. Damit wollte er nichts zu tun haben. Mit dem *Citizen* um Geschichten zu konkurrieren war eine Sache. Selbst ein neues Konkurrenzblatt zu gründen war irgendwo noch Teil der schonungslosen Wirklichkeit. Wenn Fran die Härte des Journalismus nicht verkraftete, sollte sie die Branche wechseln, aber das hier war etwas anderes. Absichtlich den größten Kunden des *Citizen* wegzulocken war in seinen Augen unlauterer Wettbewerb, insbesondere dann, wenn nach allem, was er gehört hatte, dabei wenig Profit für den *Express* heraussprang. Es war einfach Sabotage.

Draußen in der hektischen Redaktion legte Miriam Wolsey ihren Telefonhörer auf, um durch Jacks stets offenstehende Tür zu lauschen. Seine übertriebene Ruhe verriet ihr, daß ihm diese Sache wirklich wichtig war.

»Warum liegt Ihnen denn der *Citizen* so am Herzen?« fragte Murray spitz und überflog die Nullnummer der neuen Zeitung. »Sie arbeiten doch für uns. Und Sie wissen ganz genau, daß das Überleben der neuen Zeitung von Anzeigen abhängt. Sie brauchen Ronnie Newlands genauso wie die Konkurrenz.«

»Nein, eben nicht. Hören Sie, Murray, als wir uns die Zeitung ausgedacht haben, habe ich Ihnen gesagt, daß ich neue Märkte finden würde und wir den *Citizen* nicht zu ruinieren bräuchten.«

»Sie sind wirklich ein Romantiker, was, Allen?«

»Nein.« Jack war die Vorstellung ein Greuel, daß er ein sentimentaler Narr sei. Er hatte schwer und ausdauernd an seinem Marketingplan für die Zeitung gearbeitet. »Ich bin kein Romantiker. Ich bin nur zufällig der Meinung, daß es dieser Stadt guttut, den *Citizen* und den *Express* zu haben. Wir halten uns gegenseitig wach. Ohne den *Citizen* könnte der *Express* – entschuldigen Sie den Ausdruck – mit jedem Scheiß daherkommen.«

»Ich sage den Termin nicht ab!«

Den Bruchteil einer Sekunde lang fragte sich Jack, ob er mitkommen sollte, da Nelson womöglich ohne den mildernden Einfluß seines Chefredakteurs mehr Schaden anrichten würde, aber er wollte mit der Sache nichts zu tun haben.

»Wenn diese Zeitung untergeht, Allen, dann gehen Sie mit. Machen Sie sich darüber keine Illusionen.«

»Danke für das Vertrauensvotum, Murray. Ich habe ja schon immer gesagt, daß Sie eine mitreißende Führungspersönlichkeit sind. Vor allem bewundere ich die Art und Weise, wie Sie die Meinung der Menschen ausforschen, um hinterher darauf zu scheißen.«

»Immer mit der Ruhe, Freundchen.« Jack fürchtete schon, daß die Säuferpusteln auf Murrays Nase gleich platzen würden, und er fragte sich, was dann wohl herauskäme. Graham's Jahrgangsportwein vielleicht? »Niemand ist unersetzlich, müssen Sie wissen.«

»Was, Murray«, erkundigte sich Jack mit gespielter Naivität, »nicht einmal Sie?«

Ein unterdrücktes Kichern aus der Redaktion veranlaßte Murray, sich zu seiner vollen Größe von einssiebzig aufzurichten und die Knöpfe seines doppelreihigen Anzugs zuzunesteln, der, obwohl er maßgeschneidert und teuer gewesen war, doch die Herkunft nicht verdecken konnte, die Murray so unbedingt hinter sich lassen wollte. Grußlos ging er hinaus.

»Sie sollten wirklich vorsichtiger mit ihm umgehen.«

Jack sah sich um und sah Miriam an seiner Tür lehnen. »Ach, hören Sie auf, Miriam, der *Express* hat schon zwei Besitzer gehabt, seit ich hier arbeite. Nelson hält sich auch nicht. Er findet eine bessere Investition, bei der er einsteigen kann. Ihm ist es doch egal, ob er Zeitungen oder Klopapier produziert. Ich wünschte nur, er würde sich für letzteres entscheiden.«

Miriam lachte. Die Besorgnis in ihren großen dunklen Augen tat ihm wohl. Ben ein einigermaßen guter Vater und gleichzeitig ein guter Chefredakteur zu sein beanspruchte fast seine gesamte Energie, doch es gab Momente, in denen ihn vor Einsamkeit fror, als liefe jemand über sein Grab. Dann fiel ihm wieder ein, wie schnell die Zeit verging. Er wußte, daß man ihm nachsagte, ein Frauenheld zu sein, der nur an kurzen Abenteuern interessiert war, doch das war seinem Sohn zuliebe geschehen. Er wollte Ben keine andere Mutter aufzwingen, bevor der Junge damit fertig geworden war, daß er seine leibliche verloren hatte, und so hatte er seine Beziehungen kurz und freundschaftlich gehalten.

Auf einmal erinnerte Miriam ihn an Carrie – die gleiche elfenhafte Schönheit und die zierliche, fast kindliche Gestalt. Er erwiderte ihr Lächeln. »Danke für die Fürsorge«, sagte er sanft. Er wußte nicht, was als nächstes geschehen wäre, wenn der Nachrichtenredakteur nicht den Kopf zur Tür hereingesteckt hätte. »Jack, es gibt eine kleine Krise bei der Geschichte über die Mülldeponie. Hast du mal ’nen Moment Zeit?«

»Ist der Artikel über das Zentrum für Fruchtbarkeitsstörungen immer noch nicht fertig?« schimpfte Stevie. »Ich wollte ihn eigentlich heute nachmittag layouten.«

Fran war völlig erschöpft: seit sieben Uhr saß sie im Büro und versuchte, den Artikel fertigzuschreiben, die Zeitung für die nächste Woche zusammenzustellen, eine Beilage über den Jungkoch des Jahres in Auftrag zu geben und Keith Wilson zu piesacken, um ihm wenigstens einen dynamischen neuen Einfall über Frauenrugby abzuringen. Ihre Kehle war so rauh, daß sie ein ganzes Päckchen »Fishermen's Friend« gelutscht hatte, und zwar die extrastarken, also mehr als die meisten Fischer verkrafteten. Alle ihre Gelenke schmerzten, ein deutliches Anzeichen dafür, daß sich eine Grippe anbahnte.

»Doch. Hier ist er.«

»Und wohin entführt dich der brave Doktor?«

»Keine Ahnung, aber er hat gesagt, es sei ein ganz besonderes Fleckchen.« Es war typisch, so haderte Fran mit sich selbst, daß sie sich genau dann so elend fühlte, wenn ein romantisches Wochenende bevorstand. Warum bekam man immer zu solchen Zeitpunkten die Grippe oder riesige Herpesbläschen oder, was am allerschlimmsten war, die Periode? Gott hatte eindeutig etwas gegen gutes Essen und guten Sex und genoß nichts mehr, als einem seinen göttlichen Strich durch die Rechnung zu machen. Sex! Ehrlich gesagt hätte sie lieber eine Halstablette gehabt.

»Um wieviel Uhr holt er dich ab?«

Fran sah auf die Uhr. »In zehn Minuten«, kreischte sie.

»Dann solltest du dir jetzt lieber die Haare kämmen. Du siehst aus wie Struwwelpeter an einem besonders schlechten Tag.«

Fran riß sich hektisch die Bürste durch die Haare und packte ihren Mantel.

»Übrigens«, säuselte Stevie mit schokoladenzarter Stimme, »ist mir neulich Jack Allen über den Weg gelaufen. Er war in Begleitung eines kleinen, dunkelhaarigen Mädchens, das sehr hübsch war. Kennst du sie vielleicht?«

»Ich habe nicht die geringste Ahnung, mit wem Jack Allen seine Freizeit verbringt, und will es auch gar nicht wissen. Vermutlich findet er seine Frauen in den Gelben Seiten unter V wie verfügbar.«

»Hu-uuh!« jaulte Stevie auf. »Nur gut, daß du Jack ganz

andere Gefühle entgegenbringst als er dir.« Stevie zupfte ein paar Wollmäuse von ihrer alten Strickjacke, eine Aufgabe, die so ähnlich war wie Sandkörner vom Strand zu fegen. »Aber du kennst ja den alten Spruch: ›Heirate nie einen Journalisten.‹«

»Was hast du gerade über Jack Allen gesagt?«

»Du hast mich genau verstanden«, knurrte Stevie, packte Frans Tasche und schob sie auf die Tür zu. »Und jetzt scher dich in Gottes Namen hier raus, sonst kannst du's gleich lassen. Übrigens«, fuhr sie fort und kramte in den Tiefen ihrer Jackentasche, »ich habe noch ein bißchen ›Oil of Olbas‹ für dich.«

Fran atmete den scharfen Geruch ein und schüttelte sich. »Was ist denn das, eine Art Aphrodisiakum?«

»Eigentlich ist es gegen Katarrh, damit du ihn nicht im Augenblick der Ekstase anniest.«

»Der einzige Augenblick der Ekstase, den ich im Sinn habe, ist, früh ins Bett zu gehen und mir einen heißen Grog einzuverleiben.«

»Dann wollen wir nur hoffen, daß er sich ein gutes Buch mitgebracht hat, sonst kriegt er womöglich einen irreparablen Schock, gell?«

Laurences besonderes Fleckchen entpuppte sich als putziges, altes Hotel innerhalb eines Privatgrundstücks mit einem kleinen See. Bei ihrer Ankunft schwang sich ein Schwarm Wildgänse in die Luft und flog in perfekter Formation in den Sonnenuntergang, wobei ihre Flügel rot glänzten.

»Es ist herrlich hier«, brachte Fran hervor und versuchte nicht daran zu denken, wie gräßlich sie sich fühlte.

»Danke. Die Gänse habe ich extra für dich bestellt. Wir

müßten gerade noch Zeit haben, schnell aufs Zimmer zu gehen und uns zum Abendessen umzuziehen.«

Das Essen war großartig, und hinterher schlug Laurence einen Brandy vor, von dem er versprach, daß er ihr enorm guttun würde. Statt dessen löste er dröhnende Kopfschmerzen aus. Sie begann heftig zu zittern und wußte, daß sie ins Bett gehen mußte.

»Es tut mir ja so leid, daß ich dir das an deinem freien Wochenende antun muß«, entschuldigte sie sich zähneklappernd.

»Keine Sorge«, meinte er. Das Erstaunliche an Laurence war, daß es ihm wirklich nichts auszumachen schien. Jack, der soviel weniger Gentleman war, wäre außer sich vor Zorn gewesen.

Fran bemerkte weder die hübschen Chintz-Vorhänge am Himmelbett noch die Tatsache, daß das Bett bereits aufgedeckt und ihr Nachthemd in Form einer Blüte auf dem Kissen arrangiert war. Blind schaltete sie sämtliche Lichter aus und sank in die verführerischen Arme des Schlafes, wo sie volle neun Stunden lang blieb.

Als sie am nächsten Morgen endlich erwachte, merkte sie, daß es schon spät war. Laurence war bereits aufgestanden. Sie setzte sich vorsichtig auf und befühlte ihren Kopf. Schon besser. Auch ihr Atem ging freier. Im Grunde fühlte sie sich wunderbar.

»Haben wir das Frühstück verpaßt?«

»Ich bin vorhin schon unten gewesen. Ich dachte, du bräuchtest deinen Schlaf. Soll ich dir etwas bestellen?«

»Es gibt etwas, das ich noch lieber hätte, als etwas zu essen«, sagte Fran und staunte über ihren eigenen Wagemut.

Laurence hängte das »Bitte nicht stören«-Schild an die Tür, lehnte sich dagegen und betrachtete sie. Der Ausdruck seiner Augen ließ die Träger des Nachthemds ganz automatisch von Frans Schultern gleiten.

Als sie zwei Stunden später ihr Zimmer verließen, schien die Sonne so warm, daß sie draußen am See sitzen und etwas trinken konnten.

»Herrlich«, verkündete Fran, während sie ein Schwanenpaar über den See gleiten sah. »Hast du gewußt, daß Schwäne –«

»– sich ein Leben lang treu bleiben?« beendete Laurence ihren Satz und lachte.

Fran war ihre Berechenbarkeit so peinlich, daß sie rot anlief.

»Außerdem begatten sie mitunter zu mehreren ledige Weibchen, bis sie ertrinken, also bin ich mir nicht so sicher, daß man sie komplett zum Vorbild erheben sollte.«

»Aaah«, protestierte Fran, »jetzt hast du meine romantischen Illusionen zerstört.«

Hinter ihnen kämpfte ein junges Paar damit, ein Baby zu füttern, das in seinem Buggy saß, und beschwerte sich leise über das Fehlen von Kinderstühlen.

»Also wirklich«, sagte Laurence, »man sollte doch erwarten, daß Kinder in einem Hotel wie diesem hier verboten wären.«

»Laurence!« Fran war entsetzt. Eine weitere romantische Illusion schwand dahin. »Ich dachte, gerade du hättest ein Herz für Kinder.«

»Dort, wo sie hingehören. Nicht in einem Fünf-Sterne-Hotel.«

Fran richtete den Blick wieder auf die Schwäne. Bittere Enttäuschung vergällte ihr die Schönheit des Tages. Im Grunde kannte sie Laurence überhaupt nicht. Sie war einfach davon ausgegangen, daß er aufgrund seines leidenschaftlichen Engagements für künstliche Befruchtung Kinder liebte und wunderbar mit ihnen umginge. Statt dessen schienen sie ihn mißmutig und verkrampft zu machen.

Später spazierten sie in der warmen Nachmittagssonne über die Felder, und Fran sagte sich, daß sie einen so dummen kleinen Zwischenfall nicht überbewerten sollte. Es stimmte ja, daß man in solche Hotels fuhr, um sich zu entspannen, und dabei konnten die Kinder anderer Leute durchaus stören. Laurence wollte einfach seine schwerverdiente Ruhe haben. Trotzdem wäre es ihr wesentlich lieber gewesen, wenn er der Familie zu ihrem niedlichen Kind gratuliert hätte.

Am späten Nachmittag gingen sie in ihr Zimmer zurück, gerade als die Sonne hinter den Silhouetten der Bäume zu versinken begann. Fran stand am Fenster und sah schweigend hinaus.

Sachte trat Laurence hinter sie. »Es tut mir leid, daß ich wegen des Kindes verärgert war«, entschuldigte er sich. »Offensichtlich hat dich das gestört.«

Fran drehte sich um und musterte sein attraktives Gesicht. Sie war froh, daß er das Thema angeschnitten hatte. »Du hast doch so phänomenale Erfolge mit Babys. Willst du denn keine eigenen?«

Abrupt wich er vor ihr zurück, als hätte sie ihm eine Flamme an die Haut gehalten. Ein langes Schweigen trat ein, bevor er wieder sprach.

»Weißt du, Francesca«, sagte er, und die Worte trafen sie tief, »wenn du Kinder haben willst, bin ich vielleicht nicht der richtige Mann für dich.«

Schweigend fuhren sie am nächsten Tag nach Woodbury zurück. Fran hatte das Gefühl, als stünde zwischen ihnen eine hohe Wand. Hatte sie das Thema Kinder zu früh in ihrer Beziehung angesprochen und ihn damit verschreckt? Oder war Laurence trotz seiner Güte und Großzügigkeit gegenüber den Kindern anderer Leute durch irgend etwas in seiner Vergangenheit zu nachhaltig verletzt worden, um jemals eigene haben zu wollen?

»Also«, begann Sean McGee, der sanftmütige Jungreporter und gab sich die größte Mühe, aggressiv dreinzusehen, »wer hat meine Fahrradklammern geklaut?«

»Herrje, Chefin, jetzt soll ich also statt dessen über das Massaker am Valentinstag berichten?« neckte Mike Wooley Stevie mit einem Pseudo-Chicagoer Journalistenakzent. Die vermißten Fahrradklammern hielten seine Hemdsärmel hoch. »Aber das ist ja schon hundert Jahre her. Womöglich hat der *Express* die Story als erster ergattert.«

Das ganze Büro brüllte vor Lachen, und es gelang Fran, sich hineinzuschleichen, ohne daß jemand sie bemerkte – außer Stevie. Gleich würde die Redaktionssitzung beginnen, und sie hoffte inständig, bis dahin Stevies wachem Blick ausweichen zu können. Aber nein. Stevie besaß zehn Meilen lange Antennen für Unglück. Vor allem wenn es sich um Fran drehte. Sofort lehnte sie an Frans Schreibtisch.

»Also ist mit Dr. Kildare nicht alles glatt gelaufen?«

»Es wäre mir lieber, wenn du ihn nicht so nennen würdest.«

»Vielleicht hättest du ihm doch den Rücken mit ›Oil of Olbas‹ einreiben sollen. Lag es am Essen? Am Gesprächsstoff? Am Sex? Hat er abstoßende Angewohnheiten, von denen seine Patientinnen nichts ahnen?«

»Das war alles in Ordnung.« Fran schloß die Tür. »Mein

großer Fehler war, daß ich ihn gefragt habe, ob er Kinder will.«

»Ach du liebe Zeit.« Stevie schüttelte den Kopf. »Und er hat nur einen Blick auf die Pampers-Symbole in deinen Augen geworfen und ist mit unbekanntem Ziel abgereist?«

»Ich habe keine Pampers-Symbole in den Augen«, begehrte Fran auf. »Oder?«

Stevie überhörte das. »Komm schon. Höchste Zeit, zur Abwechslung mal wieder eine Zeitung zu leiten.«

Zu Frans enormer Erleichterung nahm die Arbeit an der Zeitung sie voll und ganz in Anspruch, so daß sie jeden Abend viel zu erschöpft herauskam, um noch irgend etwas zu unternehmen. Erst eine Woche später dachte sie sich, daß Laurence zumindest den Anstand wahren könnte, wenn er sie schon sitzenlassen wollte.

Sie hatte die Hand bereits am Telefonhörer, als Stevie mit einer Zigarette im Mund und einem Brief in der Hand hereinkam. »Der ist gerade für dich gekommen«, sagte sie und reichte Fran den Umschlag. »Sieht mir verflucht nach einem Abschiedsbrief aus. Dieser Dreckskerl.«

7. Kapitel

Stevie hatte recht. Auf einer mit makelloser Schreibschrift bedeckten Seite erklärte Laurence, daß sich für ihn alles ein bißchen zu schnell entwickelt hätte und er Fran zwar für eine wunderbare Frau hielte, aber das Bedürfnis hätte, die Sache ein wenig abkühlen zu lassen – zumindest vorerst.

Stevie nahm den Brief in die Hand. »Warum machen sie das immer mit einem Brief? Und schau dir mal seine Handschrift an: Er kann gar kein Arzt sein, dafür ist sie viel zu sauber. Der Kerl ist eindeutig ein Schwindler. Womöglich ist er ein Klempner im weißen Kittel. Ich finde, wir sollten ihn entlarven.«

Fran knüllte den Brief zusammen und warf ihn auf den Papierkorb zu. Ausnahmsweise traf sie nicht.

»Hör mal«, bedrängte Stevie sie am späten Nachmittag und schloß die Tür hinter sich, »ich finde, du solltest wirklich nach Hause gehen.«

»Nein«, widersprach Fran. »Mir geht's gut. Ehrlich.«

»Warum ist dann diese Zeitung patschnaß? So ergreifend ist Seans Geschichte von dem getigerten Kätzchen, das auf einem Baum festsaß, auch wieder nicht.«

»Ach, Stevie ...«, seufzte Fran.

Stevie breitete die Arme aus, und Fran vergrub sich in der flauschigen Weichheit von Stevies uralter Strickjacke. Der Geruch von Tabak und Weichspüler war unendlich tröstlich.

»Na los. Geh heim. Wir haben noch tagelang Zeit bis zur nächsten Ausgabe, und auch wenn wir die Zeitung von letzter Woche noch einmal herausbrächten, würde es nur die Hälfte der Leser merken. Nur eines: Versprich mir, daß du am Donnerstag um sechs mitkommst, wenn wir Seans Geburtstag begießen. Ich will nicht, daß du Trübsal bläst. Männer sind es nicht wert. Nicht einmal dein Vater.«

»Einverstanden. Ich verspreche es. Am Donnerstag um sechs.«

Am nächsten Tag hatte Fran das Leben wieder im Griff. Die Zeitung war wie ein Mutterleib, der mit Leben pulsierte. Allein das Geräusch der läutenden Telefone, die durch den Raum gebrüllten Fragen, die Reporter, die die Kaffeemaschine verfluchten, weil schon wieder alles verdampft sei (wo sie doch in Wirklichkeit selbst zu faul gewesen waren, um Wasser nachzufüllen), und die ständig von ihr geforderten Entscheidungen ließen ihr keine Zeit zum Trauern. Entschlußkraft, so hatte ihr Vater einmal gesagt, war unerläßlich für eine Chefredakteurin. Sag nie: »Das ist aber heikel«. Es machte nicht einmal etwas, wenn man die falsche Entscheidung traf, vorausgesetzt man traf überhaupt eine. Fran stellte fest, daß sie, wenn sie sich einfach darauf konzentrierte, Entscheidungen zu fällen, die graue Woge fernhalten konnte, die sie angesichts dessen empfand, daß schon wieder eine Beziehung – und zwar eine, die sie für die richtige gehalten hatte – gescheitert war.

Am Donnerstag war die Ausgabe für diese Woche ohne Verzögerungen erschienen, und sie war gar nicht schlecht geraten. Die Geschichten für die Folgewoche waren vergeben und sollten am Montag morgen noch einmal besprochen werden. Fran verspürte ein unheilvolles Kratzen im Hals. Wahrscheinlich meldete sich diese verdammte Grippe wieder. Sie würde das Wochenende wohl im Bett verbringen, ein Gedanke, der sie mit Sehnsucht und Panik zugleich erfüllte. Das letzte, was sie wollte, war, ins Pub zu gehen und Seans Geburtstag zu begießen. Aber Sean wäre gekränkt, wenn sie nicht käme, und sie mochte ihn sehr gern. Es hatte etwas ungemein Anziehendes, wie er das Macho-Gehabe der anderen Reporter ignorierte und sich an sein Engagement für die Umwelt hielt. Sie hoffte nur, daß die anderen keine geschmacklose Überraschung für ihn geplant hatten, wie etwa ein lebendes, als Öko-Krieger verkleidetes Striptease-Telegramm, das den Anorak abstreifte und ihn mit Babyöl begoß. Aber das würden sie wohl in Stevies Gegenwart nicht wagen. Obwohl Stevie durchaus zum Mitlachen bereit war, hatte sie ein Gespür für schlechte Scherze und würde die Übeltäter zu drei Monaten Berichterstattung über die Sitzungen des Gemeinderats oder Kritiken von Laientheateraufführungen von *Calamity Jane* verdonnern. Schon der Gedanke an diese Qualen hielt sie auf Kurs.

Als Fran die Tür zum »Cathedral Arms« öffnete, wäre sie am liebsten schnurstracks wieder nach Hause gegangen. Der Lärm und das Stimmengewirr schlugen wie ein Preßlufthammer auf ihre schmerzenden Schläfen ein. Das Pub war nach Arbeitsschluß einer der beliebtesten Treffpunkte von ganz Woodbury. Immer, wenn jemand die gefährlich trügerischen Worte »Hast du Lust auf ein kleines Bierchen vor dem Heimweg?« aussprach, zog man regelmäßig ins »Cathedral Arms«. In dieser Kneipe waren vermutlich mehr Ehen untergraben worden als von sämtlichen Geliebten der Geschichte.

Fran ließ den Blick über die Menge schweifen, um das

Grüppchen vom *Citizen* ausfindig zu machen, und entdeckte es schließlich dicht gedrängt in der Ecke gegenüber. Die zwei Tische, um die sich alle scharten, standen bereits voller leerer Gläser, und Sean, der einen Krug mit einer bedenklich aussehenden orangefarbenen Flüssigkeit in der Hand hielt, schenkte gerade nach. »Lust auf eine Sangría, Fran? Auf meine Rechnung.«

Fran erschauerte beim Gedanken an diese widerliche Mixtur, die ihrer Meinung nach lieber in Spanien hätte bleiben sollen, und sehnte sich nach einem Glas trockenen Weißwein oder – noch besser – einem Mineralwasser. Doch Sean hielt weiterhin hoffnungsvoll den Krug in die Höhe.

»Na gut.« Arglos sprach Fran die Worte aus, die jedem Wirt eines vergleichbaren Etablissements so geläufig sind. »Aber nur ein kleines Glas.«

Eigentlich schmeckte es gar nicht so schlecht. Die Süße und das zarte Orangenaroma wirkten erstaunlich lindernd auf ihren rauhen Hals.

»Komm und setz dich zu uns, Fran.« Stevie machte auf der Bank für sie Platz. »Diese beiden hingebungsvollen Reporter«, begann Stevie und zeigte mit dem von einer flauschigen Hummel gezierten Cocktailquirl, der mit der Sangría gekommen war, auf Mike Wooley und Keith Wilson, »versuchen gerade zu entscheiden, was ihre allerschlimmste Geschichte war. Die Entscheidung des Stadtrats von Woodbury, nach einer nur zweistündigen Diskussion für den Ankauf einer neuen Gießkanne zu stimmen, oder in ein und derselben Woche zwei komplette Aufführungen von *Die Trapp-Familie* über sich ergehen lassen zu müssen?«

»Und anstatt zu sagen, daß sie beide absolut beschissen waren und die Laienschauspieler zusammen mit Alkohol am Steuer und dem Straßenstrich verboten gehörten, muß man sich dann harmlose Wörter wie ›schwungvoll‹ einfallen lassen, um die schauspielerischen Fähigkeiten zu beschreiben!« Keith Wilson, so bemerkte Fran, hatte bereits ziemlich getankt.

»Und ›lebendig‹, vergiß nicht ›lebendig‹«, warf Mike ein, »so wie in ›Die Woodbury Dene Players zeigten eine lebendige Aufführung des beknackten *Annie Get Your Gun.*‹«

Fran kicherte. »Und wißt ihr noch das eine Mal, als jemand anrief, um mitzuteilen, daß auf der Umgehungsstraße ein Unfall passiert sei, und Stevie gefragt hat ›Wie viele Tote?‹, und der Typ geantwortet hat ›Gott sei Dank keine‹, und Stevie gesagt hat ›Dann taugt es auch nichts‹?«

Stevie lief hinter ihrer Sangría rot an. »Du weißt doch, was ich gemeint habe. Ich wollte nicht herzlos sein.«

»Ich weiß.« Fran schenkte sich aus dem Krug nach, der sich wie bei der Geschichte aus der Bibel mit den Broten und den Fischen wundersamerweise immer wieder von selbst zu füllen schien. »Darum ist es ja so lustig. Wir wußten alle ganz genau, was du gemeint hast!«

Mit Erleichterung stellte Stevie fest, daß Fran endlich ein wenig lockerer wurde. Sie kam nur selten mit, wenn ihre Truppe einen trinken ging, geschweige denn, daß sie so rasch die Gläser geleert hätte, aber vermutlich war es genau das, was sie brauchte. Andererseits wäre es vielleicht eine gute Idee, wenn sie bald alle aufbrächen und etwas essen gingen, um die berauschende Wirkung dieses dämlichen Gesöffs einzudämmen. Sie wollte den Vorschlag gerade äußern, als aus dem Nichts der nächste Krug auftauchte.

Stevie wollte schon protestieren, daß sie ihn nicht bestellt hätten, als der Barmann in die lärmende Menge deutete. »Von dem Herrn dort drüben!«

Stevie reckte den Hals und sah schließlich an einem kleinen Tisch neben der Tür Jack Allen sitzen. Er war in Begleitung von Miriam Wolsey, und Miriam hing an seinen Lippen.

»Es ist von Jack. Sieh mal, er sitzt da drüben und hat wieder dieses Mädchen dabei.«

Fran, die sich langsam zu gleichen Teilen beschwipst und grippig fühlte, sich dies aber keinesfalls anmerken lassen wollte, blinzelte in die Richtung von Stevies Zeigefinger.

»Also wirklich.« Frans Stimme ging in einen Tonfall prüder Entrüstung über, der Stevie zum Lächeln brachte. »Jack sollte sich schämen. Sie ist gerade mal einundzwanzig und arbeitet für ihn. Das ist ja praktisch sexuelle Belästigung.«

»Mir kommt sie nicht besonders belästigt vor.«

Das mußte Fran zugeben. Miriam trug ein schickes, tailliertes Reporterinnenkostüm mit kurzem Rock. Doch statt der blickdichten Strumpfhosen, die die meisten Frauen bevorzugten, blitzte bei ihr ein Streifen Spitze am oberen Ende des Strumpfes hervor. Fran, die einer Generation entstammte, für die das Tragen von Strümpfen Unterwerfung und Unbequemlichkeit bedeutete – von frostgepeinigten Oberschenkeln ganz zu schweigen –, war empört. Wofür hatten die wackeren Frauenrechtlerinnen eigentlich gekämpft? Wahrscheinlich, so meldete sich eine Stimme in ihrem Kopf, für das Recht, sich frei zwischen Strümpfen mit Spitzenabschluß und strengen Strumpfhosen zu entscheiden. Doch nach sechs Gläsern Sangría beschloß Fran, das zu ignorieren.

Sie lehnte sich abrupt gegen die Wand zurück, die aufgrund ihrer Nähe zur Garderobe mit Regen- und Wollmänteln gepolstert war, und wäre beinahe eingeschlafen. Es war die Grippe, weiter nichts.

»Oh, mein Gott«, zischte Fran, als sich Jack Allen aus den Fängen der Elfe löste und auf sie zukam. »Er kommt herüber!«

Stevie tätschelte sie. »Keine Sorge, in der Öffentlichkeit ist er nicht gefährlich. Dir passiert schon nichts.«

»Gibt's was zu feiern?« fragte Jack und blickte amüsiert auf Fran herab. »Oder ist das dein normaler Donnerstag-abend-Konsum? Ich muß zugeben, daß ich Frauen schätze, die mit den Jungs mithalten können.«

Mit aller Willenskraft, die sie aufbringen konnte, setzte Fran sich gerade hin.

»Offen gestanden«, antwortete Stevie an ihrer Statt, »hat unser Sean heute Geburtstag.« Sean warf Jack ein beschwipstes Lächeln zu. »Eigentlich wollten wir gerade rüber zu ›Mamma Cucina‹, um einen Happen zu essen. Wollen Sie nicht mitkommen?« fragte er. Stevie zog eine Augenbraue hoch. »Und Ihre Freundin natürlich auch.«

»Klingt gut.« Auf der anderen Seite des Raumes sah Miriam drein, als wäre die Einladung eine Zumutung, aber sie würde Jack mit Sicherheit nicht allein in so riskanter Begleitung ziehen lassen.

Fran stand auf und konzentrierte all ihre Energien auf die anspruchsvolle Aufgabe, ihren Mantel anzuziehen.

»Komm, ich helfe dir«, erbot sich Jack und versuchte dabei, eine ernste Miene zu wahren.

»Ich komme bestens zurecht, vielen Dank. Es ist nur diese Grippe, die mich so benommen macht.«

»Aha. Sollen wir laufen? Vermutlich gar nicht schlecht bei deinem ...« Er hielt inne, da er Stevies Blick aufgefangen hatte, »... Grippeanfall.«

Fran war für den scharfen Abendwind dankbar und achtete darauf, Distanz zu Jack und seinem durchdringenden

Blick zu wahren. Ihr fiel ein, daß sie überhaupt nichts zu Mittag gegessen hatte, nicht einmal ein Sandwich. Kein Wunder, daß sie sich komisch fühlte. Sie bahnten sich ihren Weg durch die engen Seitensträßchen von Woodbury, an der Kathedrale und am alten Wollmarkt vorbei bis zu den einladenden, hellen Lichtern des italienischen Restaurants.

Die »Mamma« von »Mamma Cucina«, eine mürrische und magere Mittfünfzigerin, sah alles andere als begeistert aus, als sie sah, wie ein Dutzend lärmende Leute an einem Donnerstagabend kurz vor elf ihr Restaurant stürmten.

»Tut mir leid«, begann sie, »zu spät. Der Koch ist schon nach Hause gegangen.«

Fran stöhnte auf. Sie war zu dem Schluß gekommen, daß das einzige, was sie jetzt noch retten konnte, ein Teller Pasta war.

Enttäuscht traten sie den Rückzug an, als Mamma Cucina Jack entdeckte, der ganz hinten im Pulk stand und mit Stevie redete.

»Mister Jack!« schrie sie. »Sind das Freunde von Ihnen? Kommen Sie rein! Kommen Sie rein!«

Die ganze Gruppe trottete zurück, während die Wirtin, deren hageres Gesicht plötzlich vor Freude strahlte, versprach, ihnen selbst Pasta zu kochen.

Rückblickend kam Fran zu dem Schluß, daß es dieses letzte Glas Wein war, das ihr den Rest gab. Sie versuchte es abzulehnen, doch die Frau sah so gekränkt drein und erklärte ihr eindringlich, daß der Wein vom eigenen Weinberg der Familie stammte, daß Fran einfach nachgeben mußte. Gesprächsfetzen rauschten an ihr vorüber, während Keith und Mike Anekdoten darüber austauschten, wie tief sie sich hatten herablassen müssen, um an eine Geschichte zu kommen. Lange bevor die Pasta kam, fielen Fran die Augen zu, ihr Kopf sank auf dem weichen Polster nach hinten, und in wenigen Minuten war sie fest eingeschlafen.

Jack, der sie amüsiert beobachtet hatte, beugte sich zu Stevie hinüber. »Ich glaube, man sollte die Chefredakteurin nach Hause bringen.«

Stevie seufzte und griff nach ihrem Mantel. Die verführerischsten Düfte drangen aus der Küche. »Du hast recht. Sie kämpft schon die ganze Woche mit diesem Virus, und jetzt ist ihr Abwehrsystem geschwächt. Die Ärmste.«

»Das ist die netteste Beschreibung, die ich je gehört habe, wenn jemand umkippt«, sagte Jack und nahm ihr den Mantel ab. »Paß auf, Stevie, du hast nicht einmal ein Auto. Willst du sie etwa nach Hause tragen? Ich fahre sie.«

Auf der Stelle griff Miriam nach ihrer Handtasche.

»Macht es Ihnen etwas aus, hierzubleiben? Je weniger Zeugen es gibt, desto besser, wenn man sich so miserabel fühlt. Und Mamma Cucina bringt mich um, wenn wir uns jetzt alle verdünnisieren.«

»Die Zeche geht auf mich. Alles Gute zum Geburtstag, Sean.« Jack schob Stevie einen großen Schein in die Hand. »Laß dir nicht von ihr erzählen, daß das aufs Haus geht. Mach ihr klar, daß sie ihrem Sohn nie das College bezahlen kann, wenn sie ihr Essen verschenkt. Ich komme wieder, sobald ich kann, aber ich glaube nicht, daß ich euch noch erwischen werde. Und tu mir einen Gefallen und hör auf, mich so anzuschauen, Stevie, ja?«

Fran, die außer dem angenehmen Gefühl, halb geführt und halb getragen zu werden und dem kratzigen Kuß einer in Tweed gehüllten Schulter nichts mehr wahrnahm, wäre zu jedem ins Auto gestiegen, egal, was er für Absichten hegte. Völlig arglos machte sie es sich auf Jacks samtweichem Beifahrersitz bequem, da sie dieses Gefühl noch nie erlebt hatte. Sie wußte auch nicht, daß es ebendiese unbekümmerte Verantwortungslosigkeit war, die die Alkoholverkäufe ankurbelte und die männliche Bereitschaft, dafür Geld auszugeben, zu einem nicht geringen Teil erklärte.

»Wohin fahren wir?« fragte sie schließlich, als erwartete sie eine Antwort wie »Paris« oder »Monte Carlo«.

»Nach Hause«, gab Jack ungerührt zurück. »Ins Bett.«

»Oh, gut«, murmelte Fran und streckte ihm eine Hand entgegen, »kommst du auch mit?«

Sie hielten vor Frans Wohnung, und Jack beugte sich hinüber, um ihr die Tür aufzumachen. So bedächtig wie ein Walroß auf Stöckelschuhen stieg sie aus. »Jetzt ist alles in Ordnung«, verkündete sie, »du kannst wieder zu den anderen zurückfahren.«

»Ich würde dich lieber schnell hineinbegleiten.«

Er folgte ihr in diskretem Abstand durch den Vorgarten, woraufhin Fran in ihrer Tasche herumkramte und zu beweisen versuchte, daß sie die Lage besser im Griff hatte, als er dachte. Selbst in ihrem benebelten Zustand wußte sie, daß die Schlüssel in einem separaten Fach direkt hinter dem Reißverschluß untergebracht waren. Das Fach war scheußlich leer. Sie wühlte erneut. Nichts. Und dann erschien ein Bild vor ihrem geistigen Auge, das so deutlich war, daß es beinahe in einem Lichterkranz erstrahlte wie eine Vision: ihr Schlüsselbund, der, nachdem sie ihr Büro abgeschlossen hatte, auf Stevies Schreibtisch lag.

»Ich hab's«, behauptete sie unverdrossen. »Ich steige einfach ein.« Sie streckte die Hand nach dem wilden Wein aus, der die Fassade des Hauses bedeckte.

»Nein!« bellte Jack. »Im Moment bist du lediglich betrunken. Du mußt nicht auch noch betrunken sein und ein gebrochenes Bein haben.«

»Es ist doch bekannt, daß Betrunkene aus Fenstern fallen können, ohne sich etwas zu brechen. Es sind ja nur ein paar Meter.« Sie griff erneut nach den Weinreben und begann sich hinaufzuziehen. »Und außerdem«, erklärte sie, während sie ihn aus ihrer Position einen halben Meter über der Erde ansah, »bin ich nicht betrunken.« Da sie fand, daß etwas Musik ihren Aufstieg beflügeln würde, stimmte Fran eine aufrüttelnde Strophe von *Onward Christian Soldiers* an und sang noch, als sich der wilde Wein von der Wand verabschiedete, so daß Fran zwei Meter tief hinabstürzte und dabei Jack umwarf.

»Komm lieber wieder mit mir, bevor du uns noch beide umbringst«, fauchte er grimmig. Er humpelte ein bißchen, als er sie zum Auto zurückführte.

Auf halbem Weg zu seinem Haus legte sich Frans Euphorie, und sie fühlte sich auf einmal bedeutend schlechter. Sie waren gerade mitten in einem Überholvorgang, als sie aufschrie, wodurch er ins Schleudern kam und beinahe gegen den anderen Wagen geprallt wäre.

»Herrgott noch mal! Was ist denn?«

»Ich glaube, mir wird schlecht.« Es war keine Zeit mehr, anzuhalten oder ein Fenster herunterzukurbeln. Jack bewies die Geistesgegenwart, die ihn an die Spitze des *Express* hatte aufsteigen lassen. Er packte Frans Handtasche, leerte kurzerhand deren Inhalt auf den Boden und hielt sie ihr hin.

Fran, die zu dankbar war, um irgend etwas anderes zu bemerken, als daß ihr hier ein Ausweg aus ihrer Notlage geboten wurde, bediente sich der Tasche und versank postwendend im Tiefschlaf.

Jack hielt am Straßenrand und stellte die Tasche in den Kofferraum. Dann setzte er sich wieder in den Wagen und betrachtete Fran mit einer Mischung aus Zärtlichkeit und Ärger.

»So, reizende Francesca, was zum Teufel soll ich jetzt mit dir anstellen?«

8. Kapitel

Ein schmaler Lichtstrahl bahnte sich erbarmungslos den Weg durch schwere Vorhänge und beleuchtete die Wand hinter Fran wie ein ägyptischer Fremdenführer, der mit Hilfe eines Spiegels das Sonnenlicht einen dunklen Gang entlang reflektieren läßt. Nur daß der Gang für Fran weder tief noch dunkel genug war. Vorsichtig öffnete sie ein Auge, doch schmerzte ihr Kopf so sehr, daß sie es rasch wieder schloß. Sie wußte nur, daß sie unerträglichen Durst hatte und am liebsten sterben wollte. Langsam bahnten sich die Erinnerungen den Weg in ihr Bewußtsein, wie der stufenweise aufgebaute Knalleffekt in einem Horrorfilm. Sie war betrunken gewesen. So betrunken, daß sie jemand aus diesem italienischen Restaurant hatte nach Hause bringen müssen. Alle hatten es mitbekommen. Stevie, Mike Wooley, Keith Wilson, Sean und die anderen aus der Redaktion. Sie könnte keinem von ihnen jemals wieder Vorschriften machen. Sie würden sie nur auslachen. Doch das war nur der Anfang. Es sollte noch schlimmer kommen. Gerade war ihr wieder eingefallen, wer sie nach Hause gefahren hatte. Instinktiv fühlte sie nach ihren Kleidern. Sie hatte noch alles an. Er hatte sie einfach aufs Bett gelegt und zugedeckt.

Die Tür öffnete sich einen Spalt weit, und Jack Allen, der lächerlich heiter dreinsah, kam mit einer Tasse Tee herein. »Ich dachte, das täte dir gut.« Er stellte sie mitsamt zwei Paracetamol neben sie. »Ich habe mir gestern abend überlegt, ob ich dir zwangsweise Alka Seltzer einflößen soll, aber womöglich hättest du mich dann vor dem Menschenrechtstribunal wegen grausamer und unmenschlicher Behandlung angeklagt. Wie geht's dir denn?«

Er setzte sich aufs Ende des Bettes – seines Bettes, wie sie alarmiert feststellte.

»Ich weiß nicht. Du scheinst mit solchen Situationen Routine zu haben.«

»Jahrelanges Training.« Er war so guter Laune, daß sie ihn am liebsten umgebracht hätte.

»Jack ...« Ein wirklich gräßlicher Gedanke kam ihr in den Sinn. Sie setzte sich auf und hätte beinahe ihren Tee verschüttet.

»Ja?«

»Letzte Nacht, du und ich, wir haben aber nicht, äh ...?« Vor lauter Verlegenheit versagte ihr die Stimme.

»Uns wild und leidenschaftlich geliebt? Du erinnerst dich also nicht an das Abtropfbrett?«

Fran erbleichte. »Was für ein Abtropfbrett?«

»Diese Szene aus *Eine verhängnisvolle Affäre*. Du hast gesagt, du wolltest sie nachstellen.«

»Hab' ich nicht!«

»Nein«, gab er zu und amüsierte sich königlich, »hast du nicht. Und du kannst mich altmodisch schimpfen, aber mir ist es lieber, wenn meine Partnerinnen bei Bewußtsein sind.«

»Wir haben also überhaupt nichts gemacht?«

Jack glaubte aus ihrer Stimme eine winzige Spur des Bedauerns herauszuhören. »Nicht das geringste. Ehrlich gesagt kamst du mir sehr unglücklich vor. Möchtest du mir davon erzählen?«

Die Echtheit seines Mitgefühls überspülte sie mit warmen, verführerischen Wellen. Sie konnte sich ihnen nur noch ergeben und in ihnen abtauchen.

»Ich hatte eine Beziehung. Ich dachte, sie wäre von Dauer.« Sie konnte gar nicht fassen, daß sie in dieser Form mit Jack Allen sprach, dem Journalisten und Weltmeister darin, unterdrückten Müttern und hartgesottenen Kriminellen herzzerreißende Geschichten zu entlocken und Behördenvertreter zu sabotieren. »Aber das war sie nicht. Er hat mir einen Brief geschrieben und mir mitgeteilt, daß es aus ist.«

»Reizende Art. Zweifellos ein Mann von Prinzipien.«

Die Tränen begannen über Frans Gesicht zu fließen, und sie wischte sie zornig weg. »Er hat wirklich Prinzipien. Deshalb mochte ich ihn ja.«

»Dann müssen ihn seine Prinzipien blind gemacht haben.« Er berührte mit einem Finger ihr Gesicht. »Wenn du in mich verliebt wärst, würde ich dich nie mehr gehen lassen. Ich würde dich keinen Moment aus den Augen lassen.«

Er beugte sich leicht nach vorne und küßte sie ganz sanft auf die Lippen. Fran spürte die Straffheit seiner frischrasierten Haut, die sich auf der ihren erstaunlich weich anfühlte und atmete den berauschenden Duft eines dezenten, würzigen Eau de Cologne, vermischt mit dem eines frischgewaschenen Hemdes. Sie spürte, wie sie reagierte, ohne zu wissen, ob es nur die Suche nach Trost war oder das Begehren ihres eigenen Körpers. Jack brauchte keine weitere Ermutigung. Diesmal küßte er sie fest, drückte ihren Körper eng an sich und schob sie in die Kissen zurück. »Weißt du sicher, daß du diesmal bei vollem Bewußtsein bist?«

Fran zog seinen Kopf wieder zu sich heran.

Danach überlegte keiner von beiden mehr. Irgendwie

schälten sie sich aus ihren Kleidern und schlüpften unter die Decke. Sie fühlte die Wärme von Jacks Körper neben sich. Er küßte ihren zarten Halsansatz, streichelte sie und verjagte ihren Schmerz mit seinem starken Begehren. Sie konnte ihn bereits fühlen, groß und hart, aber er hielt sich zurück, schob den Augenblick hinaus, ließ seine Hand nach unten gleiten und dachte an ihr Vergnügen. Doch nun umfaßte sie ihn und führte ihn, bis er in ihr war, sie erfüllte und so leidenschaftlich in sie eindrang, daß sie beide ihre Umwelt vergaßen und sich hemmungsloser Wollust hingaben.

Danach lösten sie ihre Umarmung, doch ihre Blicke hielten aneinander fest. »Francesca Tyler«, begann Jack, nahm ihre Hand und hielt sich deren Fläche ans Gesicht. »Du hast ja keine Ahnung, wie lange ich mich schon danach gesehnt habe. Meine einzige Entschuldigung für die ungehörige Schnelligkeit. Das war unverzeihlich, wenn auch verständlich.«

Fran sah ihn schamlos an. »Wenn das schlecht war«, entgegnete sie wahrheitsgemäß, »dann kann ich gar nicht erwarten, was gut ist.«

Er schnaubte. »Und ich habe dich für unerfahren gehalten.«

Sie fuhr die Umrisse seines Brustkorbs mit dem Finger nach. Er war schwerer als Laurence, aber mit einer kompakten, maskulinen Kraft, die sie erstaunlich attraktiv fand. »Du bist wesentlich durchtrainierter, als ich dachte. Bei deiner Telefonitis und den flüssigen Mahlzeiten hätte ich wenigstens einen kleinen Bauch erwartet.«

Er rollte sich näher zu ihr heran. »Ich trainiere in einem Fitneßstudio. Aber verrate das bloß nicht Stevie, sonst redet sie nie wieder mit mir. Sie glaubt, sie und ich sind die beiden Sieger im Wettbewerb um den untrainiertesten Körper.«

»Keine Sorge. Dein Geheimnis ist bei mir gut aufgehoben.« Fran lehnte sich zurück und konnte kaum glauben, wie wohl sie sich bei Jack fühlte – ausgerechnet bei ihm. Sie erwartete schon fast, daß sich die Reue finster auf ihrer Schulter niederließ und wegen ihres empörenden Benehmens an ihr nagte, doch das einzige, was sie empfand, war ein berauschendes, skandalöses Glücksgefühl.

Und dann waren seine Lippen auf ihrer Brust, und seine Zunge brachte die rosige Mitte ihrer Brustwarze dazu, sich aufzurichten, während ein Finger sich sachte durch den feuchten Hügel ihres Schamhaars grub. Fran hatte das Gefühl, als hätte eine elektrische Strömung ihr eines Lustzentrum mit dem anderen verbunden und ihren Genuß verdoppelt, bis sie es kaum noch aushalten konnte und ihn anbettelte, in sie einzudringen.

Diesmal war ihr gemeinsamer Orgasmus anders, als sie je zuvor einen erlebt hatte. Wie ein Kieselstein, der in einen Teich geworfen wurde, wogte er weiter und weiter. Von seiner Intensität erschöpft, fielen sie einander schließlich ermattet in die Arme.

»Ich habe mich anscheinend in dir getäuscht, Jack Allen«, gestand sie.

»Du meinst, du fandest mich schon immer attraktiv und geistreich, und jetzt findest du mich noch attraktiver und geistreicher? Hm. Ich weiß allerdings, was du wirklich von mir hältst«, sagte er, und seine Stimme verhärtete sich. »Du hältst mich für einen verantwortungslosen Frauenhelden, der junge Reporterinnen ausnutzt und Frau und Kind verloren hat, was ihm vermutlich recht geschah.«

Fran zuckte unter der Bitterkeit in seiner Stimme zusammen. Sie wünschte, sie könnte etwas einwenden, alles leugnen, doch das ging nicht. Es war ja wahr. Genau das hatte sie von ihm gedacht. Bis zu diesem Moment.

Mit einem untrüglichen Gespür für den richtigen Zeitpunkt merkte Fran, daß etwas viel Wichtigeres anstand als ihre irrige Meinung von Jack. Sie mußte pinkeln. Dringend.

Sie schlüpfte aus dem Bett und bemerkte zum ersten Mal, wieviel Charakter der Raum hatte. Sie hätte Jack zwar nicht mit roten Wänden und üppigen Ölgemälden in Verbindung gebracht, aber schließlich hatte er sie ja in jeder Hinsicht verblüfft.

»Wohin gehst du?« Sein argwöhnischer Ton legte nahe, daß man bei Fran nie wissen konnte. Womöglich wollte sie den Tanz der sieben Schleier aufführen oder sich ein Taxi rufen.

»Das Klo suchen.«

»Zweite Tür rechts«, sagte er erleichtert. »Fall nicht über die Fahrräder und das Skateboard.«

Die Zärtlichkeit in Jacks Stimme machte Fran so froh und selbstsicher, daß sie ausnahmsweise nicht daran dachte, sich zu bedecken. Jack fand sie wunderschön. »Bin gleich wieder da.«

»Beeil dich«, sagte er und tätschelte das leere Bett, »du fehlst mir.«

Fran summte vor sich hin, als sie über den mit Teppichboden ausgelegten Flur ging und die Tür aufzog.

Vor dem Waschbecken stand ein hochgewachsener junger Mann in einem Oasis-T-Shirt und weiten Shorts, der in den Spiegel schaute und »You're my Wonder Waa-alll!« sang.

Als Fran hereinkam, wirbelte er herum, wobei er beinahe

den hölzernen Kleiderständer umgeworfen hätte, und wurde rot wie eine Ampel.

Fran, die sich schlagartig ihrer Nacktheit bewußt wurde, ergriff ein Handtuch und bedeckte sich.

»Entschuldigung«, murmelte Ben und sammelte seine Sachen zusammen. Er hatte seinem Dad gesagt, daß er bei seinem Freund Mark übernachten würde, aber Marks Mum hatte sie allesamt hinausgeworfen, weil sie zuviel Lärm gemacht hatten. Da er keine Lust hatte, seinem Dad das einzugestehen, hatte er es für das beste gehalten, sich heimlich ins Haus zu schleichen. Jetzt würde er massiven Ärger bekommen. Er versuchte seine Unbeholfenheit dadurch wettzumachen, daß er Fran übertrieben munter entgegenschmetterte: »Schönen guten Morgen. Ich bin Ben.« Und dann, als ob ihm sonst nichts einfiele, fragte er: »Möchten Sie eine Zahnbürste? Dad hat immer frische im Wandschrank. Ach, und hinten an der Tür hängt ein Morgenmantel.« Er kam nicht auf die Idee, hinzuzufügen, daß er Jacks Schwester gehörte, die kürzlich bei ihnen übernachtet hatte.

Da ihm nun keine Floskeln zur Fortsetzung des Gesprächs mehr einfielen, packte er seinen Discman und verließ fluchtartig das Badezimmer. Er war mindestens so verlegen wie Fran. Wenn er gewußt hätte, daß Dad eine Freundin da hatte, hätte er Marks Mutter – obwohl sie stocksauer gewesen war – dazu überredet, ihn dortbleiben zu lassen. Aber woher hätte er das wissen sollen? In den letzten sieben Jahren hatte Dad kein einziges Mal über Nacht eine Frau mitgebracht. Ben wußte, daß er ihm zuliebe darauf verzichtete, und hätte am liebsten gesagt, keine Sorge, Dad, ich komm' schon klar. Aber offen gestanden war es ihm ganz recht, daß er sich stets sicher sein konnte, daß das

Haus nur ihnen gehörte. Jetzt hatte sein Vater seine eigene Regel gebrochen. Es mußte ernst sein. Beim Gedanken an Frans nackten Körper wurde Ben erneut rot. Er hoffte nur, daß er sich nicht wie ein Trottel benommen oder irgend etwas Dummes gesagt hatte. Der Schock von Frans plötzlichem Auftauchen war so groß gewesen, daß er schon gar nicht mehr wußte, was er eigentlich gesagt hatte.

Fran, die ihrerseits immer noch von ihrer Begegnung verdattert war, machte das Wandschränkchen auf und entdeckte eine ordentliche Reihe nagelneuer Zahnbürsten. Auch ein Deo stand daneben. White Musk. Nicht gerade die Sorte, die ein Jugendlicher oder dessen Vater normalerweise benutzte. Sie setzte sich auf den Badewannenrand, und ihre Freude floß davon wie das Badewasser, das sie durch den Abfluß gurgeln hörte. Bestimmt machte Jack das andauernd. Sein Sohn hatte beim Anblick einer splitternackten Frau, die frisch aus dem Bett seines Vaters kam, nicht einmal mit der Wimper gezuckt. Wie alt er wohl war? Vierzehn? Fünfzehn? Jedenfalls in einem Alter, in dem die meisten Jungen bei dem Wort »Busen« vor Verlegenheit schier umkommen und erst recht nicht ungerührt der nackten Wirklichkeit gegenübertreten.

Wie konnte Jack so verantwortungslos sein? Frauen mit nach Hause zu bringen und sie lustig nackt umherlaufen zu lassen, wenn er einen jugendlichen Sohn hatte? Jack Allen mußte doch so sein, wie sie immer gedacht hatte – und noch schlimmer. Die ganze Zärtlichkeit war nichts als Schwindel gewesen. Jack war lediglich ein besonders geschickter Verführer, der seine Beute durchschaute. Bei dieser Miriam stellte er es vermutlich ganz anders an. Gab sich als Vaterfigur, die ihrer Karriere förderlich sein konnte, und zwar nicht, weil sie sich den Weg zu einer Beförderung erschlafen hatte, sondern aufgrund der Weisheit, die er ihrem jungen und fruchtbaren Geist angedeihen ließ.

Die Scham beim Gedanken an ihren Anteil an alledem traf sie wie ein Guß kaltes Wasser. Hier saß sie nun und machte Jack Vorwürfe, aber wenn sie sich nicht so hemmungslos betrunken hätte, hätte er sie ja gar nicht hierhergebracht. Und wer hatte sie dazu gezwungen, mit ihm zu schlafen? Sie war äußerst bereitwillig und einverstanden gewesen.

Fran riß eine der Zahnbürsten aus ihrer Verpackung und putzte sich die Zähne, bis kein Nachgeschmack der Nacht – oder dessen, was danach gekommen war – mehr vorhanden war. Das Handtuch immer noch um sich geschlungen, glaubte sie zu wissen, wie Eva sich gefühlt haben mußte, nachdem sie den Apfel gegessen hatte. Die Unschuld zu verlieren und sich plötzlich seiner Zellulitis bewußt zu werden, war ein bißchen viel auf einmal.

Jack lag im Bett und lächelte immer noch, ohne etwas von den katastrophalen Auswirkungen von Bens Begegnung mit Fran zu ahnen. Doch ein Blick auf Frans gewaltsam beherrschte Miene sagte ihm, daß etwas schiefgelaufen war. Sie sah aus wie eine preisgekrönte Blume, die plötzlich von verfrühtem Frost getroffen worden war.

Sie sammelte ihre Kleider zusammen und zog sich eilig an.

»Fran. Was ist los?« wollte Jack wissen.

»Ich habe im Badezimmer deinen Sohn getroffen. Erinnere mich daran, daß ich mir etwas anziehe, bevor ich ihm das nächste Mal begegne.«

»Dieser verdammte Kerl. Er sollte doch bei einem Freund übernachten.«

»Es ist ja wohl auch sein Zuhause. Er war sehr höflich.«

»Wahrscheinlich war er geschockter als du.« Jack versuchte sie aufzuhalten.

»Im Grunde hat er es sehr gelassen aufgenommen.« Sie sagte nichts von dem Morgenmantel und den Zahnbürsten.

Jack spürte, wie sie sich ihm verschloß, und hätte sie am liebsten geschüttelt. Seufzend zog er sich an, und sie gingen zusammen in die Küche hinunter. Ben war nirgends zu sehen.

»Möchtest du frühstücken? Da ich nicht mit dir gerechnet habe, gibt es leider weder Croissants noch frisch gepreßten Saft. Es sei denn, du schwärmst für eine Mischung aus Rosenkohl und Rüben. Aber wir machen leckere Rice Crispies, hab' ich mir sagen lassen.«

Doch Fran war nicht zum Lachen zumute. Sie sah sich in dem warmen, gemütlichen Raum um, wo Bücher, Zeitungen und Gummistiefel mit Rollerblades und dem einsamen Rad eines Fahrrads um Platz wetteiferten. Auf dem breiten Sofa lungerte ein schwarzweißer Hund mit verträumter Miene und einem grotesken roten Tuch um den Hals, als befände er sich im Hundehimmel. Einen schwachen Moment lang erschien ihr der Gedanke an Rübensaft und Rice Crispies verführerisch.

»Nein danke. Ich habe eine Besprechung.«

»Und da möchtest du nicht zu spät kommen, nehme ich an.«

Fran ignorierte den verargerten Unterton in seiner Stimme und sah sich nach ihrer Handtasche um. Sie mußte rasch das Feld räumen und verfluchte sich selbst dafür, daß sie die Tasche ausgerechnet jetzt verlegt hatte. Es erinnerte sie an die Situation, wo sie mit siebzehn ihrem Freund in aller Öffentlichkeit den Laufpaß gegeben hatte, weil er mit einer anderen herumgeknutscht hatte, und sie dann in demütigender Weise auf Händen und Füßen in dem stockfinsteren Partyraum herumkriechen mußte, um ihre Tasche zu suchen. »Hast du vielleicht«, begann sie, wobei sie seinem Blick auswich, da sie sich davor fürchtete, was sie darin sehen könnte, »meine Handtasche gesehen?«

Zu ihrer Verwirrung prustete Jack vor Lachen los und verschwand einen Moment lang aus der Küche. »Ich habe sie gelüftet«, sagte er und reichte sie ihr.

»Wozu denn das, um Himmels willen?«

»Dir ist im Auto schlecht geworden, und die Tasche war das einzige, was griffbereit war. Aber keine Sorge, ich habe sie dir ausgewaschen.«

Diesmal konnte sich Fran ein kleines Lächeln nicht verkneifen. »Wie überaus einfallsreich von dir.«

»Leonard Woolf hat das gleiche für Virginia getan, habe ich gelesen. Nur daß sie in diesem Fall dringend pinkeln mußte und er ihr mit einer zusammengerollten Zeitung ausgeholfen hat. Das hat ihre Beziehung offenbar besiegelt.«

»Das kann ich mir vorstellen. Hör mal, Jack ... ich ...« Vielleicht hätte Fran sich entschuldigt und alles wäre wieder ins reine gekommen, wenn nicht Ben, der schüchterne, gutherzige Ben, alles ein zweites Mal sabotiert hätte, indem er sich ausgerechnet diesen Moment aussuchte, um auf der Suche nach dem Hund in den Raum zu platzen.

»Rover!« rief er und klapperte lockend mit der Leine. Rover tauchte unters Sofa und versuchte so zu tun, als sei er ein Stofftier. »Benimmstunde!« Wild Rover raste auf die Tür zum Garten zu und quetschte sich mit größter Mühe durch die vom letzten Besitzer stammende Katzentür.

»Er macht Fortschritte, oder?« fragte Jack.

Wild Rover in den Armen, kam Ben schließlich in die

Küche zurück. »Ach, übrigens, Dad, diese Miriam von der Zeitung hat angerufen. Sie hat gesagt, sie bräuchte wegen eines dringenden Interviews einen Rat von dir und wollte wissen, ob sie vorbeikommen könnte.«

»Adieu, Jack«, sagte Fran trocken. »Ich möchte dich nicht von einem dringenden Interview abhalten.«

Mit einem Blick auf die wutentbrannte Miene seines Vaters machte sich Ben schnurstracks mit dem Hund durch die Hintertür davon. Da er auf Anhieb spürte, wenn es richtigen Ärger gab, tat Rover ausnahmsweise einmal das, was man von ihm wollte, und so zockelten die beiden davon und ließen Jack mit einem leeren Kühlschrank und dem bitteren Geschmack der Enttäuschung zurück. Hatte Ben Jacks Chancen bei Fran absichtlich ruiniert?

Professionell wie sie war, würde sich Fran durch Jack nicht von ihrer Besprechung mit Stevie abhalten lassen. Allerdings merkte sie auf halbem Weg durch Woodbury, daß ihr Kopf immer noch schmerzte und sie außerdem völlig vergessen hatte, worum es in der Besprechung gehen sollte. Indem sie alles ignorierte, was Stevie womöglich vermutete, wenn sie nicht auftauchte, machte sie sich auf den Weg nach Hause ins Bett. Erst als sie vor ihrer Haustür stand, fiel ihr der Grund wieder ein, aus dem sie überhaupt bei Jack gelandet war: Sie hatte ihre Schlüssel vergessen. Sie lehnte sich an die Haustür und zürnte mit sich selbst. Konnte sie überhaupt nichts richtig machen? Der plötzliche Einfall, daß ihr Nachbar ja für Notfälle einen Schlüssel zu ihrer Wohnung hatte, munterte sie kurzzeitig auf, bis ihr wieder einfiel, daß er um diese Tageszeit nie zu Hause war. Doch der Schutzheilige für hoffnungslose Fälle schob eindeutig eine Vierundzwanzig-Stunden-Schicht, denn der

Nachbar war nicht nur daheim, sondern wußte auch noch, daß er ihren Schlüssel in einer katzenförmigen Teekanne aufbewahrte.

In ihrer Wohnung angelangt, schlüpfte sie schnurstracks unter die Decke und versuchte sich voller Masochismus daran zu erinnern, mit welchen Worten Laurence ihr in seinem Brief den Laufpaß gegeben hatte. Doch es fiel ihr nicht mehr ein. Statt dessen sah sie ständig nur Jacks Gesicht vor sich, wie er ihr die Geschichte von Virginia Woolf und der Lösung ihres Pinkelproblems erzählt hatte. Ihr wurde klar, welch erstaunliche Macht die Liebe war, wenn man jemanden in einem seiner allerungünstigsten Augenblicke erleben konnte und ihn nur noch mehr ins Herz schloß.

Als wollte er dies bestätigen, geriet Frans Magen, der sich wohl an die jüngst erfolgte Tortur durch die Sangría erinnerte, erneut in Aufruhr, und sie mußte schleunigst ins Badezimmer sausen. Während sie die Überreste aus Wein, Orangensaft und billigem spanischen Brandy in die Toilettenschüssel spie, fiel ihr auf einmal etwas ein: Sie war schon wieder allein. Es war niemand da, der ihr eine Handtasche hingehalten hätte. Diesmal hatte sie sich wirklich selbst übertroffen. Einen Liebhaber zu verlieren mochte noch als Leichtsinn gelten, aber um zwei zu verlieren, bedurfte es schon einer besonderen Begabung.

9. *Kapitel*

»Tut mir echt leid, Dad.« Ben kam in die Küche zurückgeschlichen, nachdem er Fran das Haus hatte verlassen sehen. »Sieht mir irgendwie danach aus, als hätte ich's dir tierisch versaut.«

Jack Allen, der mit einer Schüssel Porridge einen Anstarrwettbewerb veranstaltete und im Begriff war, zu verlieren, sah den Blick fast elterlicher Sorge in den Augen seines Sohnes und konnte ihm nicht böse sein. Ben lehnte ungelenk an der Tür, auf einem Bein wie ein jugendlicher Kranich, der es kaum erwarten kann, erwachsen zu werden und doch – vor allem in solchen Momenten – schreckliche Angst vor den schmerzhaften Fallen hat, die das Leben als Erwachsener offenbar bereithielt.

»Laß dir deswegen keine grauen Haaren wachsen. Vermutlich hab' ich es mir selbst versaut. Ich hätte nachsehen sollen, ob du da bist. Aber ich hatte eben den Kopf voll mit anderen Dingen.« Jack, der stets behutsam mit den Gefühlen seines Sohnes umging, versuchte, das Zusammentreffen mit dessen Augen zu sehen. »Es muß auch für dich ein Schock gewesen sein, Fran auf diese Art zu begegnen.«

Ben lief puterrot an, da ihm Frans nackter Körper wieder in den Sinn kam, die erste nackte Frau, die er außerhalb eselsohriger Sexheftchen gesehen hatte. Über die Maßen verlegen, setzte er sich an den Tisch und leerte eine halbe Schachtel Kleieflocken in seinen Teller. »Sie ist sehr hübsch.«

»Ja«, stimmte sein Vater zu, »das ist sie. Sehr. Übrigens, nicht daß ich dich von gesunder Ernährung abhalten möchte, aber du haßt doch Kleieflocken wie die Pest.«

»Allerdings«, bestätigte Ben mit vollem Mund. »Hältst du es für möglich ...«, begann er und verstummte wieder. Jack hielt den Atem an und fragte sich, ob nun der Moment gekommen war, in dem ihm Ben eine peinliche Frage über sexuelle Techniken oder – schlimmer noch – darüber stellen würde, was der wahre Grund für die Scheidung seiner Eltern gewesen war.

»Hältst du es für möglich«, setzte Ben erneut an, »daß sie mir einen Job bei ihrer Zeitung geben würde? Ich habe dich nie gefragt, weil das nach Begünstigung aussähe.«

Jack mußte über die eigennützige Natur der Jugend laut lachen. Da hatte er sich schon gefragt, ob Ben von dieser ödipalen Begegnung einen Schock fürs Leben davontragen würde, und das einzige, woran sein Sohn dachte, waren Karrierepläne. »Warum fragst du sie nicht selbst?«

Ben schüttelte nur den Kopf. »Du kennst sie viel besser.«

»Ja«, räumte Jack ein, »aber das ist in meinem Fall ein Nachteil. Francesca Tyler ist der Überzeugung, daß ich ein Mistkerl bin, charmant vielleicht, aber trotzdem ein Mistkerl.«

»Ich dachte, Frauen mögen charmante Mistkerle. In den Frauenzeitschriften stehen jede Menge Artikel darüber, warum Frauen auf üble Typen stehen. Sei fies zu ihr, dann folgt sie dir. Und so weiter. Vielleicht bist du nicht fies genug.«

»Das ist ein uralter Hut, Ben. In deiner Generation behandelt man Frauen als gleichberechtigt.«

»Warum?« fragte Ben und schaufelte sich einen zweiten Teller voll. Lebensmittel schienen dahinzuschmelzen, wenn er im Haus war. Jack mußte regelmäßig einen Tag nach dem er eingekauft hatte, die Vorratsschränke wieder auffüllen. »Die Mädchen in der Schule behandeln uns wie Dreck. Sie sind klüger als wir, passen im Unterricht besser auf und bekommen bessere Abschlußzeugnisse. Bald sind Männer nicht mehr nötig, sagt Jodie Smith. Sie sind nur noch Samenbanken mit Scheckheften, und die brauchen die Frauen bald auch nicht mehr.«

Jack verschanzte sich hinter seinem *Woodbury Express*. Der Kampf der Geschlechter hatte eindeutig unschöne Züge angenommen. Ausnahmsweise war er einmal dankbar dafür, daß er schon im mittleren Alter war.

Womöglich war das die Erklärung dafür, warum Fran eine so überaus schlechte Meinung von ihm hatte, doch irgendwie hatte er das Gefühl, daß mehr dahintersteckte. Vielleicht würde er Stevie ausfragen, wie er weiter vorgehen sollte.

Eines wußte er allerdings sicher: Nach der vergangenen Nacht – und diesem Morgen – würde er nicht einfach aufgeben. Fran war die herrlichste Frau, mit der er je geschlafen hatte.

Ein paar Meilen außerhalb von Woodbury saßen Laurence Westcott und seine Mutter beim Frühstück in Camillas mit Frühlingsblumen geschmücktem Damenzimmer und lasen den *Woodbury Citizen*, in dem auf einer eindrucksvollen Doppelseite der Artikel zu lesen war, den Fran über Laurence Abteilung geschrieben hatte.

»Weißt du, Schätzchen«, begeisterte sich Camilla, »sie hat in diesem Artikel wirklich deinen wahren Geist erfaßt. Deine Selbstlosigkeit. Deine Großzügigkeit. Ich würde sagen, du klingst schon fast nach einem Heiligen.«

»Du meinst wohl«, begann Laurence und hatte den Anstand, verlegen dreinzusehen, »daß ich mich anhöre wie eine berauschende Mischung aus Albert Schweitzer und Bob Geldof.«

»Tja, das bist du auch, Schätzchen«, sagte Camilla stolz.

Laurence vernahm die Liebe und den Stolz in Camillas Stimme und wünschte sich wie so oft, beides erwidern zu können. Sie verlangte so wenig von ihm, aber er konnte ihr nicht einmal das geben. Er hatte sich nach Kräften bemüht, doch wollte sich einfach keine spontane Zuneigung einstellen. Der Anschein mußte genügen. Das war immer noch besser als die Wahrheit. Er streckte den Arm aus und drückte ihr die Hand. »Ich bin nur das, wozu du mich gemacht hast.«

Camilla lief vor Stolz rosig an. »Du hast mir nie erzählt, warum du dich nicht mehr mit ihr triffst.« Camilla wußte, daß sie sich auf gefährlichen Grund vorwagte. »Ich finde es schade. Du solltest wirklich heiraten.«

Laurence widerstand der Versuchung, ihr zu sagen, daß sie das nichts anginge. In Wirklichkeit fehlte ihm Francesca tatsächlich. Sie war so lebendig und voller Ideen. Es war, als hätte er sein Leben lang die Welt in körnigem Schwarzweiß gesehen, und dann war Fran aufgetaucht und hatte mit einem Tastendruck seine Sicht in leuchtende Farbigkeit verwandelt.

Wenn er ehrlich zu sich selbst war, mußte Laurence zugeben, daß er eine Art versiegter Quell war. Fran aber schien es immer wieder zu schaffen, Eimer hinabzusenken und Dinge zutage zu fördern, von denen er gar nicht wußte, daß sie in ihm steckten. Die Trennung von ihr hatte eine Lücke in seinem Leben hinterlassen, die zu füllen ihm sehr schwer fiel.

»Warum rufst du sie nicht an?« schlug Camilla vor. »Und sagst ihr, daß dir der Artikel gefallen hat?«

Laurence neigte normalerweise nicht zu großen emotionalen Gesten, doch zu seinem eigenen Erstaunen konnte er sich heute morgen für diesen Vorschlag erwärmen. Vielleicht war er zu voreilig gewesen. Es war die Frage nach Kindern gewesen, die sie ihm gestellt hatte. Das hatte ihn in Panik versetzt. Er mußte fair sein und ihr sagen, daß Kinder für ihn nicht in Frage kamen. Sie hatten in seiner Lebensplanung einfach keinen Platz. Aber wenn er ihr das sagte, verlor er sie womöglich ein für allemal.

Er bestrich seinen Toast mit Cooper's Orangenmarmelade und zerteilte ihn akkurat in zwei Hälften. Läge ihr wirklich so viel daran? Sie war nicht wie die Frauen, die ihm in der Klinik begegneten, besessen und verzweifelt und außerstande, an etwas anderes zu denken als an ein Baby. Fran hatte sowohl ihren Beruf als auch ein ausgefülltes und aktives Leben.

»Keine schlechte Idee, Mutter«, räumte er ein. Camilla sah so begeistert drein wie ein Wellensittich mit einem neuen Glöckchen. Ihr imposanter Sohn hörte nicht oft auf sie, geschweige denn, daß er Ratschläge von ihr annahm.

Stevie las gerade den Artikel über Laurence, als Fran endlich in der Zeitung eintraf, kam aber zu dem Schluß, daß er darin eher scheinheilig als heilig erschien. Leute mit Heiligenschein, so dachte Stevie, der in ihrem Leben als Journalistin in Woodbury nicht besonders viele begegnet waren, taten Gutes, ohne Anerkennung dafür zu erwarten. Laurence tat Gutes und gab einem die Telefonnummer der Menschen, denen er es getan hatte. Es mochte zwar dem übergeordneten guten Zweck seiner Klinik dienen, aber in Stevies Augen war es trotzdem eigennützig.

»Gab es dazu irgendwelche Anrufe?« fragte Fran.

»Massenhaft«, antwortete Stevie und ignorierte das wilde Geschrei aus der Redaktion nebenan, das ausgebrochen war, weil jemand Sean McGees Mineralwasser dazu verwendet hatte, die Yuccapalme zu gießen. »Das wird uns bei der Wahl der besten Regionalzeitung nicht schaden. Gibt's darüber eigentlich irgend etwas Neues?«

»Wir reichen nichts ein, sondern es wird ausgewählt.«

»Und jedes Jahr schlägt uns der verfluchte *Express*«, fügte Stevie düster hinzu.

»Dieses Jahr nicht. Auch wenn sie mit einem billigen Knüller aufgetrumpft haben, sind es doch wir, die das Recht auf die sensationelle Geschichte von dem Busunternehmen haben. Das müssen selbst die Juroren einsehen.« Die Erinnerung an Jacks kräftigen, muskulösen Körper erfüllte einen Moment lang Frans Gedanken. Ärgerlich schob sie ihn beiseite. »Dieser verdammte Jack Allen. Der Kerl hat das Feingefühl eines Skalpells.«

Stevie fragte sich, was schiefgelaufen war. Es hatte doch alles so vielversprechend ausgesehen.

»A propos«, fragte Fran beiläufig, »er hat nicht zufällig angerufen, oder?«

»Ach«, sagte Stevie und tippte sich an die Nase. »Ich habe ganz vergessen zu fragen: Wie war denn deine Heimfahrt gestern abend?«

Fran hoffte inständig, daß Stevie keine Ahnung hatte, was passiert war, und auch nie davon erfahren würde. »Ehrlich gesagt ist mir in seinem Auto schlecht geworden.«

»Der arme Jack. Hoffentlich nicht auf seine edlen Ledersitze.«

»Mach dir keine Sorgen um Jacks wertvolles Auto. Er hat meine Handtasche ausgeleert und sie mir als Kotztüte hingehalten.«

Stevie brach in schallendes Gelächter aus. »Das gefällt mir! Der Mann hat Stil.« Stevie, die Fran sehr gut kannte und sie noch lieber mochte, hatte das untrügliche Gefühl, daß zwischen den beiden etwas vorgefallen war, und sie würde sich – so unauffällig sie konnte – darum bemühen, herauszufinden, was. Jack und Fran waren zwei Menschen, die ihr sehr am Herzen lagen, und sie würde garantiert nicht tatenlos zusehen, wie einer von beiden die Chance auf das Glück vorüberziehen ließ, das sie und Frans Vater geopfert hatten.

Fran machte einen kurzen Rundgang durch die Büroräume, um sich zu vergewissern, daß alles klappte, aber Stevie hatte ganze Arbeit geleistet. Die Geschichten waren zugeteilt worden, Telefone klingelten, Presseveröffentlichungen wurden durchgesehen und der tägliche Polizeibericht studiert. Ein Witzbold hatte einen Post-It-Zettel mit der Aufschrift »Schneid mich ab« an Sean McGees Pferdeschwanz geklebt. Sean, der nichts davon ahnte, war in ein Gespräch über Defizite bei der kommunalen Sozialfürsorge vertieft. Das Leben ging seinen gewohnten Gang.

Fran zog sich in ihr Büro zurück und schloß die Tür. Langsam fühlte sie sich besser. Wäre sie noch länger bei Jack geblieben, hätte er garantiert mit einer unfehlbaren Katerkur aufgewartet. Jack war der Typ Mann, der sich mit so etwas auskannte. Knoblauch inhalieren oder Unmengen des Getränks vom Abend zuvor oder vier Liter Wasser hinunterschütten oder vielleicht auch nur zwei Kopfschmerztabletten mit heißem, gesüßtem Tee. Statt dessen hatte sie ihr Badezimmerschränkchen leer vorgefunden, und der einzige

Brandy in ihrer Wohnung war ein zehn Jahre alter Metaxa, der im Gegensatz zu nobleren Marken mit dem Alter nicht besser wurde. Besser sollte man Tore damit ölen, beschloß Fran, nachdem sie vorsichtig die Flasche geöffnet hatte.

Als sie an Jack dachte, mußte sie trotz allem lächeln. Stevie hatte recht: Selbst wenn er treulos und unzuverlässig war, hatte er Stil. Die Erinnerung an sein Gesicht, das voll zärtlicher Sorge gewesen war, als er ihr die Handtasche hielt, würde ihr noch lange im Gedächtnis bleiben. Als das Klingeln des Telefons ihre Gedanken unterbrach, fragte sie sich sogar schon, ob er es war.

Doch es war Ronnie Newlands, der Seniorchef von Newlands, Woodburys größter Immobilienfirma, und größter Anzeigenkunde des *Citizen*.

»Ronnie«, sagte Fran hocherfreut, »das ist aber eine nette Überraschung!« Etwas in seiner Stimme – Verlegenheit? Übertriebene Förmlichkeit? – und die sorgfältige Wortwahl anstelle der gewohnten ungekünstelten Freundlichkeit warnten sie davor, daß etwas Unerwartetes auf sie zukäme.

Doch nicht einmal so war sie auf das ganze Ausmaß des Schlages gefaßt, als er sie traf.

Ronnie Newlands rief nämlich an, um ihr zu sagen, daß er das gesamte Anzeigenkontingent seiner Firma vom *Citizen* auf den *Express* übertragen wollte.

Eine Woge der Panik erfaßte Fran, als sie im Geiste auszurechnen versuchte, was dieser Verlust für ihre Zeitung bedeuten würde.

»Es tut mir leid, Francesca, ich mag Sie gern, und Ralph und ich kennen uns schon ewig, aber Geschäft ist Geschäft. Die *Express*-Gruppe hat mir ein unschlagbares Angebot gemacht.«

Das ganze Ausmaß des Verrats öffnete sich vor ihr wie ein schwarzes Loch. Jack mußte davon gewußt haben. Ja, während er sie im Bett aufs Kreuz gelegt hatte, hatte er sie zugleich auch noch beruflich aufs Kreuz gelegt. Sie fragte sich kurz, ob er sich in diesem Wissen gesonnt hatte, ob es ihm als ein besonders gelungener Coup erschienen war. Mein Gott, wie sie ihn haßte. Nach der Geschichte mit dem Busunternehmen hätte sie eigentlich wissen müssen, daß ihm nichts zu schäbig war.

»Danke, daß Sie es mir gesagt haben, Ronnie.« Fran wunderte sich, daß überhaupt Worte aus ihrem Mund kamen.

Sie nahm den erstbesten Gegenstand auf ihrem Schreibtisch in die Hand, einen Becher mit der Aufschrift »MÜNDIGE BÜRGER LESEN DEN CITIZEN«, einen etwas holprigen Satz aus einer Werbekampagne aus den Zeiten ihres Vaters, und schleuderte ihn gegen die Wand, wo er nur knapp am Glaseinsatz der Tür vorbeiflog, gerade als Stevie sie öffnete.

»Was zum Teufel ist denn hier los?« fauchte Stevie mit einem erschreckten Satz rückwärts.

»Dieser verfluchte Jack Allen. Möchtest du wissen, was der ehrenwerte Jack, der keine bewußtlosen Frauen ausnutzt, jetzt gemacht hat?«

Stevie grinste angesichts dieser Bestätigung ihres Verdachts und fragte sich, was passiert war, als die betreffende Frau ihr Bewußtsein wiedererlangt hatte. »Nein, aber ich habe das dumpfe Gefühl, daß du es mir gleich sagen wirst.«

»Nichts weiter, als daß er uns unseren besten Kunden weggeschnappt hat! Ronnie Newlands hat ein unschlagbares Angebot erhalten und überträgt jetzt dem Feind sein ganzes Anzeigenkontingent – von der Protzvilla bis zum Wohnklo.«

Stevie mußte zugeben, daß das ein massiver Schlag war. Sie wußte ebensogut wie Fran, daß der *Citizen* stets in Geldnöten steckte. Ein solcher Verlust konnte sie endgültig vernichten.

»Und dabei ist die neue Zeitung noch nicht einmal erschienen. Aber was soll's. Wir müssen uns eben wehren.«

»Ich weiß. Und es muß ein radikaler Gegenzug sein, kein kleiner Nadelstich, den kein Mensch bemerkt.«

Ihre düsteren Überlegungen wurden von Mike Wooley unterbrochen, der hereinkam und Fran mitteilte, daß unten jemand auf sie wartete, der sie dringend sprechen wollte.

Ausnahmsweise wünschte Fran, sie könnten sich eine Sekretärin leisten, die derartige unerwartete Besucher abwimmelte, doch der *Citizen* verzichtete auf solchen Luxus, und sie konnte ja kaum Mike von seinem Artikel weglotsen, damit er den Besucher nach seinem Anliegen befragte.

Widerstrebend stieg sie die zwei Etagen zum Eingang hinunter und drängte sich an schiefen Zeitungstürmen, Sean McGees Fahrrad und einem Zwillingskinderwagen vorbei, der vermutlich jemandem gehörte, der gerade eine Kleinanzeige aufgeben wollte.

»Er wartet draußen«, flüsterte Elaine am Empfang dramatisch.

Aus ihrem ehrfürchtigen Ton schloß Fran, daß es der Oberbürgermeister sein mußte oder zumindest ein Popstar auf Tournee, der bei den lokalen Radiosendern die Runde drehte. Einen kurzen und unwürdigen Augenblick lang überlegte sie sogar, ob es Jack sein könnte, der ihr die Sache mit Newlands erklären wollte.

Die Möglichkeit, daß es Laurence sein könnte, kam ihr ganz und gar nicht in den Sinn.

Er lehnte mit den Händen in den Taschen an einem Bushäuschen vor dem Zeitungsgebäude und las im *Lancet.* Als er Fran auf der Türschwelle stehen sah, begann er verlegen und umwerfend attraktiv zu lächeln. Schlagartig merkte sie, daß sie völlig vergessen hatte, wie atemberaubend er aussah. Mit seinen blonden Haaren und den faszinierenden Augen erinnerte er sie plötzlich an einen anderen Laurence: Laurence von Arabien.

»Francesca ...« Peter O'Toole hätte nicht mehr Gefühl und Bedeutung in dieses Wort legen können, nicht einmal nach neun Pints Guinness und einem Kuß des Steins von Blarney. »Gehst du ein Stück mit mir spazieren?« Aus seinem Munde klang es, als würde er eine Runde durch den Garten Eden vorschlagen, nicht durch Woodbury an einem Freitagmittag.

»Ich habe eine Zeitung zu redigieren.« Frans Zorn darüber, wie er sie behandelt hatte, kam ihr wieder ins Gedächtnis und verlieh ihr Kraft und Haltung.

»Und ich habe zum ersten Mal, seit ich Arzt bin, eine Klinik voller Patientinnen im Stich gelassen.«

Fran dachte an all die Hoffnungen und Träume, die vergeudeten Spermaproben und unbefruchteten Eier und das alles wegen ... Doch da versagte ihre Vorstellungskraft. *Und das alles wegen was?*

»Ich mußte dich sehen, Francesca. Ich mußte es dir jetzt sagen, ohne noch eine einzige Minute zu warten, was fur einen idiotischen Fehler ich begangen habe.«

Frans Herz machte einen Satz. Jetzt würde er ihr sagen, daß er sie doch liebte.

»Laß uns zum Fluß hinuntergehen. Bitte.«

Fran rang nur kurz mit sich. Die Probleme der Zeitung wären immer noch da, wenn sie zurückkäme, aber Laurence vielleicht nicht. »Einverstanden. Aber nur eine halbe Stunde.«

Schweigend gingen sie durch Woodburys enge Gäßchen, dankbar dafür, daß es so ruhig war und sie kaum von Verkehr gestört wurden, am Rand des Parks vorbei und durch die Feuchtwiesen hinunter zum Flußufer. Es war vollkommen friedlich dort, und nur der eine oder andere Hundebesitzer mit seinem Liebling an der Leine erinnerte sie daran, daß sie nicht allein auf der Welt waren.

Laurence nahm ihre Hand. »Ich liebe dich, Francesca. Vermutlich mußte ich erst so dumm sein, dich gehen zu lassen, um das zu begreifen.«

Mich gehen zu lassen, hätte Fran am liebsten protestiert, red' doch keinen Mist, du hast mir den Laufpaß gegeben, wenn wir ehrlich sind. Doch Laurence war nicht zu bremsen.

»Sicher hältst du mich für einen gefühllosen Mistkerl, weil ich davongelaufen bin, als du Kinder erwähnt hast.« Zu Frans Erstaunen glitzerten ungeweinte Tränen in seinen Augen. »Aber es gibt einen Grund dafür.«

Er sah beiseite, als wäre das, was er nun zu sagen hatte, so unglaublich schmerzhaft, daß er tief Luft holen und Kräfte sammeln mußte, um es auszusprechen. »Der Punkt ist, Francesca, daß ich adoptiert wurde und das erst mit einundzwanzig herausgefunden habe. Es war ein totaler Schock. Ich hatte ein so enges Verhältnis zu meiner Mutter, und dann«, seine Stimme vibrierte unter der Last seines Leids, »erfuhr ich, daß sie überhaupt nicht meine Mutter war. Meine leibliche Mutter hatte mich weggegeben. Es kam mir vor wie der schlimmste Verrat.« Er sah wieder zu Fran hin, und seine Augen suchten in ihrem Gesicht nach Verständnis. »Deshalb habe ich auch diesen Beruf gewählt.

Vermutlich habe ich gedacht, ich könnte wiedergutmachen, daß meine leibliche Mutter mich nicht wollte, wenn ich Frauen helfe, die unbedingt ein Kind haben wollen. Es tut mir so leid, Francesca, aber das beeinflußt alles, was ich tue, zwingt mich dazu, Menschen auf die Probe zu stellen und mir von ihnen beweisen zu lassen, wie sehr sie mich lieben. Das hatte ich wohl auch mit dir vor. Es tut mir so leid. Ich hätte versuchen sollen, dir das alles zu erklären, statt dich glauben zu lassen, daß es deine Schuld sei, wo du doch die wunderbarste, lebendigste Frau bist, die mir je begegnet ist.«

Er streckte den Arm aus und streichelte ihr zärtlich das Haar. »Kannst du mir jemals verzeihen? Francesca, ich möchte dich heiraten. Mit dir an meiner Seite wird alles anders werden. Mein Gott, du hast mir ja so gefehlt. Sag ja, Francesca, bitte sag ja.«

Fran ließ sich in seine Arme ziehen, beflügelt von seiner Gewißheit und ihrem spontanen Mitgefühl mit dem Benachteiligten. Er brauchte sie, und er war tief verletzt worden. Er war ein anständiger Mann, der so vielen anderen Menschen helfen, so viele Tragödien zum Guten wenden konnte. Außerdem war er zuverlässig, das spürte sie instinktiv. Er würde nicht wie Jack Frau und Kind verlieren. Doch es gab eine Frage, die sie klären mußte, bevor sie ihm ihre Antwort geben konnte.

»Als wir übers Wochenende verreist waren, hast du gesagt, daß du nicht der Richtige für mich seist, wenn ich Kinder haben wolle. Was hast du damit gemeint? Daß du keine eigenen Kinder willst?«

Laurence sah den Ausdruck schmerzlicher Bestürzung in Frans Miene. Nun war die Stunde der Wahrheit gekommen, der Moment, den er so sehr gefürchtet hatte. Doch wenn er völlig offen zu ihr war, ging sie womöglich und verließe ihn für immer, darauf hatte sie schließlich ein Recht. Und das konnte er nicht riskieren.

»Ich habe gemeint ...«, er war kurzzeitig um Worte verlegen, »ich habe gemeint, daß ich vielleicht kein besonders guter Vater bin.«

»Ist das alles?« Fran atmete auf. »Das befürchtet doch jeder. Vielleicht bin ich auch eine schreckliche Mutter, lasse das Baby auf den Kopf fallen, merke nichts von seiner Hirnhautentzündung, habe schlechte Laune, wenn ich mit ihm spielen sollte, aber mit einem Arzt im Haus ...« Sie nahm seine Hände und spürte, daß eine gewaltige Last von ihr genommen worden war. Er hatte lediglich Angst davor, unzulänglich zu sein, aber vermutlich würde er einen viel besseren Vater abgeben, als er dachte. Vielleicht war ein Baby genau das, was er brauchte, um zu all den Gefühlen vorzudringen, die er verdrängt hatte. Es lag in Frans kämpferischer Natur, sich für einen guten Zweck zu engagieren. Und Laurence, so fand sie, war es mit Sicherheit wert. Sie konnte ihn für die Menschheit retten.

»So«, sagte er und schloß sie zärtlich in die Arme, »nachdem wir das nun geklärt haben: Francesca Tyler, willst du mich heiraten?«

10. Kapitel

Fran blickte Laurence in die Augen, während er auf ihre Antwort wartete, und sah, wie in ihnen die Hoffnung mit der Angst rang. Da war keine Spur des gelassenen Selbstvertrauens, das Jack Allen ausgestrahlt hätte, stets überzeugt davon, daß jede Frau ihn wollen würde. Doch wenn Laurence liebte, das spürte sie ganz klar, dann wäre es für immer.

»Ja«, antwortete sie, und mit jedem Wort wurde sie sich ihrer Sache sicherer. »Ja, Laurence, ich will dich heiraten.«

»Süße, süße Francesca.« Ohne daß er selbst hätte erklären können, warum, fügte er hinzu: »Du wirst es nie bereuen. Das verspreche ich dir.«

Der erste Mensch, dem Fran diese wundervolle Neuigkeit erzählen wollte, war ihr Vater. Ausnahmsweise konnte die Zeitung einmal warten. Stevie würde in ihrer Abwesenheit alles tadellos regeln und jede Minute davon genießen.

Auf dem Rückweg zum Auto gingen sie noch kurz in eine altmodische Bäckerei. Da sie ihre Mutter kannte, wußte Fran, daß der Vorratsschrank entweder leer oder ausschließlich mit fettarmen, cholesterinarmen und geschmacksarmen Keksen gefüllt sein würde. Sie kaufte also einen hausgemachten Walnußkuchen mit Zuckerguß, der so gehaltvoll war, daß man nur eine Scheibe davon essen konnte. Den mochte ihr Vater am liebsten. Früher war er heimlich hier hereingeschlichen und hatte für ihre gemeinsamen

Ausflüge einen gekauft. Das Derby in Epsom Downs wäre ohne glasierten Walnußkuchen unvorstellbar gewesen.

In ganz Woodbury spuckten die Schulen lachende, schwatzende Schüler aus, manche in Schuluniformen, andere in ihrer selbst erdachten Uniform aus überweiten Hosen und Bomberjacken über karierten Hemden. Fran lächelte sie an. Sie lächelte auch Schülerlotsinnen, Babys in Kinderwagen und sogar einen Verkehrspolizisten an, den das so verwirrte, daß er seinen Strafzettel falsch ausschrieb und von neuem beginnen mußte.

Sie konnte sich nicht erinnern, irgendwann in den letzten Jahren so lächerlich glücklich gewesen zu sein. Das Gefühl hielt sogar den ganzen Weg bis zum Haus ihrer Eltern an und überstand die leise Bangigkeit davor, wie ihr Vater und Laurence miteinander auskommen würden.

»Francesca, das ist aber eine Überraschung!« Ihre Mutter musterte Laurences hochgewachsene Gestalt und wurde etwas herzlicher. »Kommt rein, kommt rein.«

»Ma, das ist Laurence Westcott …« Sie verstummte, da sie nicht wußte, welchen Status sie ihm zuschreiben sollte. »Wo ist Dad?«

Ihre Mutter verzog kaum merklich das Gesicht. »In seinem Arbeitszimmer. Er verbringt die meiste Zeit dort. Die Vergangenheit ist für ihn verlockender als die Gegenwart. Bring doch deinen Freund ins Wohnzimmer, dann mache ich Tee.«

Das Wohnzimmer war – wie Fran erwartet hatte – kalt, muffig und feucht. Nur ihre Mutter konnte ein Haus mit einem von der Sonne verwöhnten Garten besitzen und nie die Fenster öffnen, um Licht und Luft hereinzulassen oder auch nur eine einzige Blume zu pflücken, die ihre Fensterbänke und Beistelltischchen belebt hätte.

Fran riß die Glastüren auf, und auf der Stelle machte die Maisonne den Raum heiterer. Ihre Mutter erschien mit einem Tablett mit Tee und Keksen. Der Kuchen war nirgends zu sehen. »Ich hole deinen Vater.«

Als Ralph ins Zimmer kam, mußte Fran sich zwicken, um den Schrecken zu verkraften. Es war erst wenige Wochen her, seit sie ihn zuletzt gesehen hatte, und doch hatte er sich merklich verändert. Er wirkte älter und unzugänglicher.

»Franny!« Ihre Gegenwart durchbrach schließlich seine träumerische Abwesenheit. »Wie schön! Was führt dich zu uns? Es ist doch nicht Wochenende, oder?«

»Wir sind zum Tee gekommen. Das ist Laurence, Dad. Ich glaube, ich habe ihn dir gegenüber schon erwähnt. Er leitet das Zentrum für Fruchtbarkeitsstörungen im Woodbury Hospital.«

»Aber nicht in der Verwaltung, hoffe ich? Verwaltungsbeamte kann ich nicht ausstehen.«

Laurence lachte. »Offen gestanden bin ich Arzt.«

Anscheinend konnte Ralph sich nicht daran erinnern, daß sie ihm schon von Laurence erzählt hatte. »Pa, wir haben dir eine kleine Überraschung mitgebracht.«

Sie huschte in die Küche und hielt bei ihrer Rückkehr triumphierend den Kuchen in die Höhe. »Walnußkuchen mit Zuckerguß! Weißt du noch, wie wir so einen zum Derby mitgenommen haben und ihn mit diesen ganzen Wettprofis teilen mußten, die uns dann in ihrem offenen Kleinbus mit zurückgenommen haben? Es war wie die Speisung der fünftausend.«

Ralph lächelte unverbindlich, und Fran mußte ihre Enttäuschung darüber unterdrücken, daß ihre teure Erinnerung ihm nichts bedeutete.

»A propos Überraschungen ... Laurence und ich haben noch eine: Wir haben gerade beschlossen zu heiraten!«

»Das ist aber schön!« erklärte Ralph. »Hoffentlich werdet ihr sehr glücklich.«

Francesca war perplex. Die Worte stimmten, aber ihr geliebter Vater hatte sie ausgesprochen, als redete er mit einer Fremden. Sie hatte eine starke Reaktion erwartet. Begeisterung vielleicht, durchzogen von ein wenig Argwohn, weil er Laurence nicht kennengelernt hatte, bevor er mit dieser Neuigkeit überfallen wurde. Aber dieser reichlich unterkühlte Glückwunsch! Es war fast, als spräche er zu einer Angestellten, nicht zu seiner eigenen Tochter.

Aber Laurence schien nicht zu bemerken, daß etwas im argen lag. Phyllis schenkte ihm Tee ein, und er nahm Platz. Ralph merkte offenbar, daß von ihm als Gastgeber ein bißchen mehr erwartet wurde, und so sprang er auf und fragte Laurence, ob er Milch oder Zucker wollte. Als Laurence erwiderte, daß er nur Milch nähme, reichte Ralph ihm den Zucker und stellte die Milch beiseite.

»Milch, Ralph!« keifte Phyllis, so daß sich alle zu ihr umwandten. »Laurence hat gesagt, er möchte Milch, keinen Zucker. Kannst du denn zur Zeit überhaupt nichts richtig machen?« Trotzig begegnete sie Frans verblüfftem Blick. »Tja, versuch du doch mal, mit ihm zu leben, wenn er morgens wieder in seinen Schlafanzug schlüpft und sich zum Schlafengehen einen Anzug anzieht, dann siehst du ja, ob du besser damit umgehen kannst!«

Fran tätschelte ihrem Vater die Hand. Er schien den Tränen nahe zu sein. Das war ganz und gar nicht das glückliche, freudige Familientreffen gewesen, nach dem sie sich gesehnt hatte.

Da er ihre Beunruhigung spürte, verwickelte Laurence

Frans Vater in ein ruhiges Gespräch, während sie ihrer Mutter in die Küche folgte.

»Sieh mich nicht so an, Francesca. Er macht mich noch wahnsinnig. Ständig verschwindet er im Park und kommt stundenlang nicht zurück. Alles muß man ihm zehnmal sagen, und dann vergißt er es trotzdem. Ich weiß nicht, was zum Teufel mit ihm los ist.«

Und es ist dir auch schnurzegal, dachte Fran bitter, außer daß es dir und deinem bescheuerten Bridge im Weg ist.

»Wann wollt ihr denn heiraten?« fragte ihre Mutter schließlich.

»Das steht noch nicht fest. Es kam alles ein bißchen plötzlich. Auf jeden Fall muß ich jetzt wieder in die Redaktion.«

Phyllis legte ihrer Tochter zögernd eine Hand auf den Arm. »Tut mir leid, daß es nicht feierlicher war. Er macht einen sehr netten Eindruck.«

»Danke, Ma. Er ist wirklich nett.«

Ralph brachte sie zur Tür und nahm Fran fest in die Arme, wie er es getan hatte, als sie noch ein Kind war. Sein vertrauter Duft nach abgetragenem Tweedstoff, altmodischem Rasierwasser und ein wenig Tabak versetzte sie eine selige Sekunde lang in ihre glücklichen Zeiten mit ihm zurück. »Komm bald wieder. Und bring nächstes Mal deinen jungen Mann mit. Ich würde ihn sehr gern kennenlernen.«

Fran klammerte sich an ihn, um ihre Tränen zu verbergen. Etwas Schreckliches passierte mit ihrem geliebten Vater. Er wurde quasi vor ihren Augen zu einem förmlichen und distanzierten Fremden.

»Da«, sagte ihre Mutter hastig und reichte ihr die weiße Kuchenschachtel. »Nimm ihn ins Büro mit und iß ihn dort.«

Es war ihr Walnußkuchen, und er war noch unberührt.

Als sie zum Auto zurückgingen, konnte sie die Tränen nicht mehr unterdrücken. »Ich weiß nicht, was mit ihm los ist. Er kommt mir wie ausgewechselt vor.«

Laurence hielt sie an und nahm sie einen Augenblick in die Arme. »Ich bin kein Fachmann, aber es sieht leider wie beginnender Alzheimer aus.«

Das schreckliche, schonungslose Wort hallte grausig in ihren Ohren wider.

»Fran, es tut mir leid. Aber wenn du ihn auf der Hochzeit dabeihaben willst, muß sie schon bald stattfinden.«

Fran war unfähig zu antworten. Sie konnte nur an den entsetzlichen, alptraumhaften Prozeß denken, der – falls Laurence recht hatte – begonnen hatte, den Menschen zu zerstören, den sie am meisten liebte.

Jack Allen starrte auf die bunte Hochglanzanzeige für Newlands' Immobilienfirma, die auf der bereits umbrochenen Seite der morgigen Zeitung prangte, und fluchte. Wie er wußte, lautete eine der Grundregeln für Zeitungen, daß die Werbung den redaktionellen Teil nicht beeinflussen sollte, und doch tat sie es ständig. Aber das hier war in seinen Augen anders. Er wußte genau, wieviel Rabatt Murray Nelson Newlands gewährt hatte, um dessen Anzeigenkontingent an sich zu ziehen, und daß der *Express* dabei Geld verlöre – zumindest am Anfang. Nelson hatte Newlands vom *Citizen* weggelockt und damit dessen weitere Lebensfähigkeit bedroht – und das ohne jeglichen Profit, höchstwahrscheinlich sogar mit Verlust.

»Murray«, knurrte er seinen Arbeitgeber an, als er ihn endlich an dessen Handy erwischte, »das ist doch Wahnsinn. Sie verschenken den Anzeigenplatz.«

»Ach«, beschwichtigte Murray, »kann schon sein. Aber wenn andere Anzeigenkunden sehen, daß Newlands zu uns gewechselt hat, folgen sie ihm nach.«

»Hören Sie, Murray«, sagte Jack und warf einen Pfeil auf ein Foto über der Tür, auf dem Murray die Herzogin von York bei der Eröffnung ihrer neuen Büroräume herumführte – ein schönes Paar. »Ich habe das nicht nötig. Die neue Zeitung bekommt massenhaft andere Werbeetats.«

»In dieser Branche soll man nie sagen, daß man genug hat. Sie verlieren langsam den Biß, Jack. Ist Ihr Urteilsvermögen vielleicht durch die Attraktivität der Chefredakteurin Ihres Konkurrenzblatts etwas angegriffen? Ich habe läuten hören, daß Sie und die Dame in letzter Zeit mehr als nur die Fachliteratur miteinander geteilt haben. Aber konzentrieren Sie sich gut auf die neue Zeitung. Es sind nur noch zwei Monate bis zum Erscheinungsdatum, vergessen Sie das nicht. Ich werde Sie daran erinnern, daß Sie behauptet haben, Sie hätten genug Anzeigenkunden, wenn die Grenzerträge nicht stimmen. Bis dann, Jack.«

Jack traute seinen Ohren nicht. Wie konnte Nelson über ihn und Fran Bescheid wissen? Es sei denn, jemand, der neulich abends dabei war, hatte es ihm gesagt. Aber es war nur eine andere Person vom *Express* dabei gewesen. Miriam. Wäre sie dazu imstande? Er mußte sich vor Miriam mehr in acht nehmen.

Vor allem, wenn er vorhatte, sich ernsthaft um Francesca zu bemühen, wozu er fest entschlossen war. Ihm fiel wieder ein, daß er Stevie hatte um Rat fragen wollen. Wenn er Glück hatte, erwischte er sie heute abend im »Cathedral Arms«. Doch vorher hatte er noch einen dringenden Termin. Ben hatte ihn beiseite genommen, ihm einen Vortrag über die Vater-Sohn-Beziehung gehalten und ihm ein Paar gebrauchte Rollerblades überreicht. Jack hatte sich wie Aschenputtel gefühlt, als ihm Ben die zierlichen Schuhe Größe 46 übergestreift hatte. Insgeheim hatte er gehofft, die häßliche Schwester spielen zu können, der der Schuh nicht paßt. All diese coolen jungen Typen, die gekonnt dahinglitten, während er herumhampelte wie ein Schellfisch ... Aber der Stiefel hatte gepaßt. Und zwar perfekt.

Jack packte die Rollerblades und stopfte sie in eine machomäßig aussehende Adidas-Tasche. Er hoffte inständig, daß keiner der Jungs aus der Redaktion einen Abstecher zur Rollerblade-Arena machen würde.

Zwei Stunden später war er erschöpft, aber erstaunlich gut gelaunt, ganz zu schweigen von seinem Stolz auf das knochenbrecherische Manöver, das Ben ihm gerade beigebracht hatte. Kurz entschlossen schleppte er seinen Sohn zu einem Besuch mit ins Pub.

»Kann ich schnell Rover aus dem Auto holen? Er muß eine Runde laufen. Ich kann mich ja draußen mit ihm hinsetzen, wenn du fachsimpeln willst.«

Jack bemerkte eine große Gruppe ausländischer Schüler, die in der Mehrzahl weiblich, im Teenageralter und mit Mikroröcken bekleidet waren und am Nebentisch saßen. Kein Wunder, daß Ben so ungewöhnlich zuvorkommend war.

Jack entdeckte Stevie, ins Gespräch mit den drei Jungreportern des *Citizen* vertieft, und ging auf ihren Tisch zu. »Möchte jemand noch was trinken?«

Stevie und zwei der Reporter nickten hocherfreut. Sean McGee zeigte auf die Flasche Mineralwasser, die er am Gürtel befestigt hatte.

»Der Wirt ist sicher begeistert davon.«

»Offen gestanden mache ich ein dreitägiges Entgiftungsprogramm.«

»Wer braucht schon Wasserentgifter, wo wir doch unseren Sean haben«, spöttelte Mike Wooley. »Siebenmal um unseren Sean herum, und man kann es direkt aus dem Hahn trinken.« Er zeigte auf Seans hautenge Radlerhosen.

»Was man von dir nicht gerade behaupten kann«, meinte Stevie. »Ich nehme Whisky. Mike kriegt keinen. Er arbeitet noch an einer Geschichte.«

Mike zog eine trotzige Miene und bediente sich an Stevies Tüte mit Schweineschwarten.

Auf dem Weg an die Theke wurde Jack immer wieder von Schulterklopfen und Getränkeangeboten aufgehalten. Jack war seit jeher ein Mann des Volkes gewesen, dachte Stevie. Deshalb war er auch ein so guter Chefredakteur. Er kam zurück durch die verrauchte Kneipe und stellte die Gläser ab, ohne auch nur einen Tropfen zu verschütten. Das gefiel Stevie bei einem Mann. Außerdem hatte er einen Schwung in seinem Gang, den sie bisher noch nicht bemerkt hatte, wie jemand, der erkannt hat, was er vom Leben will, und es konsequent verfolgt. Falls das zutraf, dachte Stevie, so hatte er den Zeitpunkt denkbar schlecht gewählt.

»Also«, fragte Sean McGee unschuldig und hob sein Glas Mineralwasser. »Worauf trinken wir? Auf das Glück der Chefin?«

Stevie warf ihm einen warnenden Blick zu.

»Warum sollten wir denn darauf trinken?«

»Haben Sie es denn nicht gehört?« Sean bemerkte nicht, daß der ganze Tisch auf einmal schwieg. »Francesca hat bekannt gegeben, daß sie heiratet.«

»Sie heiratet?« Jacks Gesicht verlor jegliche Farbe, bis es den Soleiern auf der Theke ähnelte. »Das kann nicht sein. Wen denn?«

»Den Arzt, der das Zentrum für Fruchtbarkeitsstörungen leitet«, erklärte Stevie ruhig. »Er heißt Laurence Westcott.«

Jack spürte, wie es ihm den Brustkorb zusammenschnürte und sich seine Atmung beschleunigte, als bekäme er einen Herzinfarkt. Francesca heiratete. Und ausgerechnet Laurence Westcott. Nicht nur gegenwärtiger, sondern auch vergangener Schmerz wallte in ihm auf und quälte ihn mit Erinnerungen an frühere Zeiten und der Erkenntnis, daß er wieder einmal nicht früh genug gehandelt hatte.

Er würde die Frau verlieren, die er liebte. Zum zweiten Mal.

»Herzlichen Glückwunsch, Franny-Schatz!« Es war zwar gerade die samstägliche Badezeit, aber die Neuigkeit war so gut, daß Henrietta loszog, um aus ihrem geräumigen Kühlschrank eine Flasche Wein zu holen. Allerdings mußte gesagt werden, daß Henrietta dafür nie einen nennenswerten Vorwand brauchte. Sie kam mit zwei riesigen Kelchgläsern zurück, die so viel Wein faßten, daß sie einen mittelalterlichen Lord nach aufreibenden Pfeilkämpfen bei Crécy zufriedengestellt hätten. »Wann ist die Hochzeit? Dürfen Soph und Lottie Brautjungfern sein?«

»Ja, bitte!« rief Lottie begeistert. »Kann ich ein cremefarbenes Kleid mit rosa Schleifen haben und Spitzenstrümpfe und rosa Ballettschuhe aus Satin und echte Blumen im Haar wie Samantha?«

Mit ihren sechs Jahren steckte Lottie in der Phase, wo im Leben einzig und allein zählte, mit sämtlichen Samanthas mitzuhalten.

»Sam sagt, es ist erst dann eine richtige Hochzeit, wenn du sechs Brautjungfern hast und es auf dem Empfang Karaoke gibt.«

Fran kicherte. Irgendwie konnte sie sich nicht vorstellen, wie Laurence *Staying Alive* intonierte.

»Mu--uum, also ehrlich!« Die sechzehnjährige Sophie fand die Aufdringlichkeit ihrer Mutter furchtbar peinlich. »Laß Tante Fran doch selbst entscheiden, ob sie uns als Brautjungfern haben will. Vielleicht möchte sie ja nur standesamtlich heiraten.«

»Das will sie sicher nicht, Schätzchen. Das kommt erst beim nächsten Mal, oder, Fran? Wenn du feststellst, daß du mit Nummer eins einen gottserbärmlichen Fehlgriff getan hast und keine Aufmerksamkeit auf deinen zweiten lenken willst, für den Fall, daß er sich auch als Katastrophe entpuppt. Nicht daß es wirklich so kommen wird«, fügte sie hastig hinzu, »nicht mit dem göttlichen Dr. Westcott.«

»Aber natürlich möchte ich euch als Brautjungfern haben. Ich hatte an das Motto Blumenfee gedacht. Lottie könnte die Fuchsienfee in Rosa und Lila sein und du, Sophie, vielleicht die Kapuzinerkresse in Orange und Grün. Oder möchtet ihr lieber als Pansy und Columbine gehen?«

Sophie, Lottie und ihre Mutter starrten Fran entgeistert an. »Keine Sorge«, gluckste Fran belustig. »Offen gestanden habe ich mir noch gar nichts überlegt, aber aus praktischen Gründen wäre ich dafür, keine großen Umstände zu machen und etwas auszusuchen, das man hinterher auch noch tragen kann.«

»Ach, Fran«, jaulte Henrietta gequält auf, »du bist so erbarmungslos praktisch. Ich hoffe doch, daß du dir *keinesfalls* etwas aussuchst, das du hinterher auch noch tragen kannst. Einen adretten Hosenanzug aus Jersey eventuell, den du ins Büro anziehen kannst? Sei leichtsinnig, Herrgott noch mal!«

»Habt ihr schon ein Datum festgelegt, Tante Fran?« wollte Sophie wissen.

»Schon recht bald, dachten wir.« Frans Miene verlor vorübergehend ihr Strahlen. »Wegen meines Vaters. Es geht ihm wirklich nicht gut, und Laurence fürchtet, daß es noch schlimmer werden könnte.«

»Fran, das ist ja entsetzlich! Wo doch dein Vater immer wie der fitteste Mensch weit und breit wirkt. Er strotzt so vor Energie, daß ich jedesmal, wenn er mir begegnet, das Gefühl bekomme, *ich* sei alt.«

»Ich weiß, aber so bleibt es nicht, Henry.« Sie hielt inne, da sie nicht wußte, wieviel sie über den Zustand ihres Vaters preisgeben sollte. Er war so stolz, daß es ihm ein Greuel wäre, wenn ihn andere bemitleideten, aber trotzdem brauchte Fran den Trost, es jemandem sagen zu können. »Laurence glaubt, es könnte beginnender Alzheimer sein.«

»Aber geht das nicht ganz langsam? Ich meine, die Leute werden doch nicht über Nacht plemplem.« Henrietta lief rot an, als sie merkte, daß das vielleicht nicht die taktvollste Aussage war.

»Er hat sich in den letzten Monaten ziemlich verändert. Er wollte aber nicht, daß wir es jedem erzählen.«

»O Fran.« Henrietta nahm ihre Freundin rasch in die Arme. Sie wußte, wieviel Fran ihr Vater bedeutete. »Wie schrecklich. Er ist so ein wunderbarer Mensch. Sicher ist er ganz begeistert davon, daß du endlich heiratest.«

»So alt bin ich nun auch wieder nicht«, erwiderte Fran empört. »Bei dir hört sich das an, als wäre ich schon seit Jahren ein Ladenhüter.«

»Na ja, nicht gerade seit Jahren, aber langsam wirst du ein bißchen altjüngferlich. Wann hast du denn zum letzten

Mal etwas wirklich Spontanes, Verruchtes und Aufregendes getan?«

Blitzartig stieg das Bild Jack Allens vor Fran auf, sein Mund auf ihrem Busen und seine Hände, die ihren ganzen Körper in flammende Erregung versetzt hatten. Hör auf damit, befahl sie sich selbst und versuchte, ein anderes, schicklicheres Bild an seine Stelle zu schieben. Doch es kam keines.

»Komisch, oder?« bemerkte Henrietta selbstgefällig. »Du wolltest ein Baby und hast einen Ehemann gefunden. Vielleicht weiß Mutter Natur doch, was sie tut.«

Fran ersparte es sich, sie darauf hinzuweisen, daß die Natur einen reichlich merkwürdigen Plan haben mußte, wenn sie wußte, was sie tat. Henriettas Ausführungen über die unsichtbare Hand, die uns alle leitet, waren etwas, worauf Fran momentan gut verzichten konnte.

Henrietta kniete sich auf die Kante der riesigen viktorianischen Badewanne und seifte Lottie den Rücken ein. Der frühabendliche Sonnenschein zeichnete ein Muster auf die üppige Burne-Jones-Tapete hinter ihr. »Die nächste Einladung«, begann sie und pustete ein Häufchen Badeschaum zu Fran hinüber, »wird dann wohl zur Taufe sein.«

Fran schüttelte den Kopf. Darüber hatte sie bereits eingehend nachgedacht und eine Entscheidung gefällt. Es wäre Laurence gegenüber unfair, fünf Minuten nach der Hochzeit schwanger zu werden, erst recht bei seinen Vorbehalten gegen Kinder. Sie mußte den Weg äußerst vorsichtig bahnen.

»Ehrlich gesagt habe ich beschlossen, mir eine Spirale einsetzen zu lassen.«

Henrietta sah sie perplex an.

»Was ist eine Spirale, Mum?« fragte Lottie fasziniert.

Henrietta zuckte nicht mit der Wimper. Sie und Simon hatten eine Strategie gegenüber solchen Fragen: Offenheit bis zum Überdruß. »Das ist ein kleines Ding, das meistens aus Kupfer besteht und das sich Frauen in die Scheide einbauen. Es hindert das Ei, das sie jeden Monat produzieren, daran, sich in der Gebärmutter einzunisten, und so kann es Daddy mit seinem Sperma nicht befruchten.«

Lottie warf ihr einen mißbilligenden Blick zu.

»Also echt, Mum«, begann Sophie und zwinkerte ihrer kleinen Schwester zu. »Du brauchst keine solchen Sachen zu erfinden. Wir glauben dir kein Wort von diesem Märchen über Scheiden und Gebärmütter. Lottie und ich wissen genau, daß der Storch die Babys bringt, wie bei Dumbo, stimmt's, Lots?«

»Wo soll denn die Hochzeit stattfinden, wenn es deinem Vater nicht gutgeht? Ach, ich weiß«, sagte Henrietta, und ihre Augen glänzten vor Verzückung wie die der Heiligen Johanna. »Warum macht ihr es nicht hier? Wir bringen ohne weiteres zweihundert Personen in einem Zelt unter. Ihr könntet abends eine Disco veranstalten und morgens ein Frühstück.«

»Henry ... das ist wirklich lieb von dir.« Fran sah bereits ein Zelt vor sich, das aufgetakelt war wie ein goldener Vogelkäfig, so viele Lilien, daß man schon bei der Ankunft in Atemnot geriet, jede Menge herumwuselndes Personal und Henrietta, die das Ganze dermaßen penetrant regierte, daß Laurences Mutter nie wieder mit Fran sprechen würde. Hinterher käme dann die Rechnung über zwanzigtausend Pfund. »Aber so eine Hochzeit haben wir gar nicht im Sinn. Weder er noch ich wollen diesen ganzen Zirkus mit einer sizilianischen Folklore-Kapelle und dergleichen. Wir möchten es etwas stiller haben.«

»Ah«, verbesserte Henrietta sie kenntnisreich, »das ist die erste Lektion, die ihr lernen müßt. Hochzeiten sind sowieso nicht für Braut und Bräutigam gedacht. Wie ist eigentlich seine Mutter?«

Fran versuchte ihre Schwiegermutter in spe zu beschreiben, verschwieg allerdings, daß Laurence adoptiert war. Man konnte ein Geheimnis ebensogut als Anzeige im *Citizen* veröffentlichen, wenn man es Henrietta anvertraute.

»Komm schon, Fran, reiß dich zusammen. Du kannst nicht mit zehn Leuten und einem Hund den wichtigsten Moment deines Lebens feiern.«

»Eigentlich«, erwiderte Fran und begriff langsam, warum so viele Paare auf die Seychellen verschwanden, um sich heimlich trauen zu lassen, »wollte ich auf den Hund verzichten.«

Zu ihrer großen Erleichterung hatte Fran in den nächsten beiden Wochen so viel zu tun, daß ihr keine Zeit blieb, an Kleider oder Kirchen auch nur zu denken. Das Regionale Pressekomitee hielt eine Pressekonferenz ab, bei der die ausgewählten Kandidaten offiziell vorgestellt wurden. Außerdem mußte sie entscheiden, wer Sieger des *Citizen*-Wettbewerbs um das schönste Baby werden sollte, ein Ereignis, das den Krieg auf dem Balkan wie eine geringfügige lokale Unstimmigkeit erscheinen ließ. Als sie endlich fünf Minuten Zeit hatte, rief sie beim Frauenarzt an. Sie kam sich mit ihren vierunddreißig Jahren uferlos blöd vor, als man ihr sagte, daß eine Spirale nur während der Periode eingesetzt werden konnte. Verdammt, jetzt müßte sie ausrechnen, wann ihre nächste käme, und dann einen Termin vereinbaren.

Die Pressekonferenz, auf der die Kandidaten vorgestellt

wurden, sollte im fünfhundert Jahre alten »Cathedral Court« stattfinden, dem einzigen Vier-Sterne-Hotel Woodburys, das kürzlich von Heritage Hotels übernommen worden war, einer Kette, die darauf spezialisiert war, historische Räume zu erhalten und mit privaten Badezimmern und Minibars zu versehen. Dies tat sie derart effektiv, daß sich einmal ein verwirrter Geschäftsmann, der dringend auf der Suche nach einer Bar war, versehentlich in einer ehemaligen Priesterzelle einschloß – das Schloß war noch aus der alten Zeit – und die dortige Minibar austrank, bevor ihn jemand vermißte.

Fran bahnte sich den Weg durch die Menge vertrauter Gesichter. Drinks und Canapés wurden gereicht, was bedeutete, daß jeder Journalist, dem seine Selbstverachtung etwas wert war, gekommen war. Fran saß mit dem vermutlich langweiligsten Zeitungsfritzen im Umkreis von fünfzig Meilen in einer Ecke fest und mußte sich dadurch ablenken, daß sie das herrliche steinerne Fächergewölbe an der Decke bewunderte. Trotzdem fürchtete sie schon, über ihrem Perrier einzuschlafen, als ihr jemand auf die Schulter klopfte.

Erleichtert drehte sie sich um, da sie hoffte, Stevie sei zu ihrer Rettung geeilt, doch dann blickte sie in das zornige Gesicht von Jack Allen. »Ich habe gehört, daß man gratulieren darf.« Die Bitterkeit in seiner Stimme schockierte sie. »War ich also nur der Stripper am Damenabend? Warn mich nächstes Mal vor, dann kann ich wenigstens Geld dafür verlangen.«

»Jack ... ich ... hör mal, das Ganze hat mich mindestens ebenso überrascht wie dich.«

»Wann ist denn der große Tag?«

»Bald, glaube ich. Wegen meines Vaters. Er ist krank,

Jack. Sie glauben, es könnte Alzheimer sein. Du kannst dir nicht vorstellen, wie sehr er sich verändert hat.«

Jacks harter Gesichtsausdruck wurde kurzzeitig weich. »Ich habe schon von Ben gehört, daß es ihm nicht gutgeht. Sie haben sich im Park angefreundet.«

Fran mußte angesichts der Vorstellung kurz lächeln, daß sich Jacks Sohn und ihr Vater nähergekommen waren, doch Jack reagierte nicht mit gleicher Wärme. »Bestell deinem Zukünftigen meinen herzlichen Glückwunsch. Er wird sich bestimmt an mich erinnern.« Abrupt drehte er sich um und drängte sich durch die Menge hinaus, ohne auf die offizielle Ankündigung zu warten.

»Verdammt noch mal, Francesca.« Stevie klang fast so zornig wie soeben Jack. »Laß doch die Spielchen sein. Wenn du nicht in Jack verliebt warst, hättest du auch weiß Gott nicht mit ihm ins Bett gehen sollen, oder?«

Um sie herum reckten sich Schultern, und Räuspern ertönte, während die anderen Journalisten alle wenig überzeugend vor sich hin starrten und so taten, als hätten sie kein Wort gehört.

Als die offizielle Ankündigung vorüber war, fuhren Fran und Stevie schweigend zur Zeitung zurück. Normalerweise spendeten das hektische Gewirr und der hohe Geräuschpegel in der Redaktion Fran Trost, aber jetzt brauchte sie fünf Minuten für sich allein. Auf einmal war ihr alles zuviel: ihre plötzliche Verlobung, die Krankheit ihres Vaters, Jacks Wut und nun zu allem Überfluß auch noch ein Angriff von der Person, die ihr mehr Mutter gewesen war als ihre wirkliche Mutter.

Mach etwas Kleines und Banales, sagte sie sich, wie sie es meist tat, wenn Angst oder Depression lauerten, die Art von einfacher Aufgabe, die einem ein Gefühl der Befriedigung schenkt, wenn man sie erledigt hat. Wie zum Beispiel ihren Arzttermin vereinbaren.

Nicht mehr ganz so neben sich stehend, schlug sie ihren Kalender auf und versuchte abzuschätzen, wann ihre nächste Periode fällig war, wobei sie wünschte, sie wäre so ordentlich, daß sie irgendwo die letzte vermerkt hätte. Doch jetzt fiel es ihr wieder ein: Ihre letzte Regel war unerwartet gekommen, und sie hatte sich, um Tampons zu besorgen, von einem Prozeß wegstehlen müssen, über den die Zeitung berichten wollte. Erneut blätterte sie in ihrem Kalender.

Ihr Magen machte einen panischen Satz. Der besagte Gerichtstermin war vor über sechs Wochen gewesen. Das konnte doch nicht wahr sein! Sie mußte sich irren. Aber die Erinnerung war viel zu klar und lebhaft für einen Irrtum. Sie war über zwei Wochen in Verzug.

Beruhige dich, sagte sie sich selbst, irgendwo steckt da ein Fehler. Du nimmst doch die Pille, also ist alles in Ordnung. Die Pille entsprach Fran, da sie von Natur aus zuverlässig war und nicht dazu neigte, alle Vorsicht außer acht zu lassen und in fremde Betten zu hüpfen. Wenigstens bis jetzt. Und sie vergaß nie, ihre Pille einzunehmen. Es mußte falscher Alarm sein.

Sie hatte sich schon fast selbst davon überzeugt, bis sie ihr Schminktäschchen holte und das Pillenpäckchen herausnahm. Auf der Blisterpackung war ordentlich jeder Tag aufgedruckt, und ein Pfeil führte von einem zum nächsten. Und da steckten, bis jetzt unbemerkt, noch zwei Pillen in ihren folienbedeckten Iglus: von den zwei Tagen, als sie die Grippe gehabt hatte und mit Laurence verreist war. Die Panik kam zurück. Ein paar Tage danach hatte ihr Intermezzo mit Jack stattgefunden, und sie hatte ihren gesamten Mageninhalt von sich gegeben.

Es konnte tatsächlich sein, daß sie nicht die ganze Zeit vor einer Schwangerschaft geschützt gewesen war.

Den Rest des Nachmittags hatte Fran das Gefühl, als lebte jemand anderes in ihrem Körper. Sie traf Entscheidungen, wählte die Kandidaten für die Endausscheidung um das schönste Baby aus und segnete eine Sonderbeilage über private Wachdienste ab, doch es war, als leitete eine andere, weitaus tüchtigere Person die Zeitung an ihrer Stelle – eine Person, die nicht in der Monatsmitte ihre Pillen vergaß und dann mit zwei Männern schlief.

Zweieinhalb Stunden lang war sie auf dem Sprung, um in die Apotheke zu gehen und einen Schwangerschaftstest zu kaufen. Doch jedesmal, wenn sie schon fast zur Tür draußen war, kam etwas Wichtiges dazwischen. Und diese Aufgabe konnte sie schwerlich delegieren. »Stevie, wärst du vielleicht so nett, schnell loszusausen und mir einen Schwangerschaftstest zu besorgen, damit ich weiß, ob ich bis zu den Knöcheln oder bis zu den Ellbogen in der Scheiße stecke, ja?«

Schließlich überhörte sie sämtliche Bitten um ihre Aufmerksamkeit und ging einfach. Die Apotheke zwei Häuser neben der Zeitung schloß gerade, aber Fran hätte ohnehin nicht hineingehen können, da man sie dort kannte. Statt dessen lief sie zu dem viel größeren Drogeriemarkt am Marktplatz, dessen Personal sich aus gelangweilten Schulabgängerinnen zusammensetzte, die einem ein Kilo Unkraut-Ex und eine Kettensäge verkauften, ohne mit der Wimper zu zucken. Das Mädchen sah nicht einmal auf, als sie den Strichcode durch ihre Scannerkasse zog. Trotzdem fühlte Fran sich zu einer Erklärung berufen. »Den brauche ich nur zu Recherchezwecken. Ich bin nämlich Journalistin, wissen Sie.«

Das Mädchen sah auf und bedachte Fran mit einem Blick, in dem Unglauben mit Desinteresse rang und das Desinteresse den Sieg davontrug. Fran drückte sich die Tüte an die Brust und ging zu ihrem Auto zurück. In zehn Minuten wäre sie zu Hause und in fünfzehn wüßte sie die Wahrheit. Als in den Tiefen ihrer Tasche das Handy zu klingeln anfing, röchelte sie so laut nach Luft, daß ein Passant sie fragte, ob ihr etwas fehlte. Das Klingeln kam ihr vor, als wäre Gott am Apparat, um ihr zu sagen, daß sie sich das Geld hätte sparen können, da er ihr die Antwort direkt geben werde. Ja, allerdings, hätte sie dem bedauernswerten Mann am liebsten geantwortet. Ich bin zwei Wochen überfällig, ich habe meine Pille vergessen, und ich bin aller Wahrscheinlichkeit nach schwanger.

»Alles in Ordnung, vielen Dank«, murmelte sie schließlich. Der junge Mann sah erleichtert drein. Fran meldete sich an ihrem Handy.

»Hallo, Liebes. Hier ist Laurence. Du hast es doch nicht vergessen, oder?«

Vergessen? hätte sie fast geschrien. Was vergessen? Meine Pille zu nehmen, obwohl du panische Angst davor hast, Kinder zu kriegen? Ja. Schön blöd.

»Wir müssen zu meiner Mutter. Sie kocht uns ein Festessen, weißt du noch?«

Fran spielte mit dem Gedanken abzusagen, doch was hätte das genutzt? Eine Lösung wäre das auch nicht. »Tut mir leid. Heute war ein hektischer Tag.« Das konnte man mit gutem Gewissen sagen. »Um wieviel Uhr erwartet sie uns?«

»In einer halben Stunde.«

Zum Glück war Fran schick genug gekleidet, um präsentabel zu sein. Aber im Grunde hätte es sie auch nicht die

Bohne gekümmert, wenn sie Hot Pants aus Gummi oder ein Ballettröckchen getragen hätte. Sie kaufte eine Flasche Wein im Spirituosenladen und fuhr zu Camillas Haus.

Wie vorauszusehen war, hatte Camilla sämtliche Register gezogen: teures Porzellan, Stoffservietten, Kerzen. Der Tisch sah aus, als käme er direkt aus Harrods' Hochzeitsliste. Vielleicht wollte sie Fran ein paar Tips über guten Geschmack geben, wie es Schwiegermütter für ihr gutes Recht halten. Die arme Camilla. Gerade als sie ihr gesammeltes Wissen über die Bedeutung von Sitzordnungen anbringen wollte, war das einzige, was Fran wollte, nach oben in die Abgeschiedenheit des Badezimmers zu flüchten und zu ergründen, ob ihre Welt in Trümmer fallen würde oder das Ganze nur ein gigantischer Fehlalarm war.

Als Camilla letzte Hand an ihr Filet Wellington legte, raste Fran nach oben und wiederholte immer wieder das Mantra, das allen Frauen so vertraut war, seit bei Eva die erste Periode der Menschheit ausgeblieben war. *Lieber Gott, laß mich bitte nicht schwanger sein.*

11. Kapitel

Das Badezimmer, zu dem Camilla Fran den Weg gewiesen hatte, stammte direkt aus *Schöner Wohnen*. Ein Meisterstück in Blau und Weiß. Das glänzende Email der Badewanne und die frisch getünchten Wände strahlten mit den Dutzenden von glockenblumenblauen Porzellantöpfen auf den Fensterbrettern um die Wette. Jeden Moment würde die Tür aufgehen und ein kleines Hollandmädchen mit Holzschuhen und Haube hereingetrippelt kommen. Zur Abrundung des Bildes stand ein riesiger Strauß Rittersporn – mein Gott, was hatte der wohl zu dieser Jahreszeit gekostet? – in einem herrlichen antiken Krug auf dem Wasserkasten. Wenn man auf schlechte Neuigkeiten wartete, konnte man sich keine duftendere Umgebung aussuchen.

Fran packte ihren Schwangerschaftstest aus und legte ihn auf die Badezimmerkommode. Plötzlich mußte sie hysterisch auflachen: Auch der Test war blau-weiß. Mit zitternden Händen las sie die Anweisungen. Seit sie dem Teenageralter entwachsen war, hatte Fran kein einziges Mal mehr einen Schwangerschaftstest gebraucht. Henrietta war immer diejenige mit den allmonatlichen Dramen gewesen. Mit achtzehn war Henrietta schon drei Tage überfällig, wenn sie einen Mann nur ansah. Dann folgten die Tränen, die in der Kirche für die Jungfrau Maria gestifteten Kerzen, die Schwüre, nie, nie wieder mit einem Mann unter vierzig, nein, lieber sechzig, auch nur *allein* zu sein. Und dann kam das Blut, rot und herrlich und verzeihend. Andernfalls wurden noch mehr Kerzen gestiftet und der Apotheke ein Besuch abgestattet. Fran war immer die Vorsichtige gewesen, diejenige, die nie vergaß, ihre Pille zu nehmen, die sogar daran dachte, *wann* sie sie nehmen mußte, nämlich jeden Tag zur selben Zeit, und die Henrietta mit ihrem Verantwortungsgefühl und ihrer vorbildlichen Art zur Weißglut brachte. Doch nun war es Fran, die hier in diesem blau-weißen Idyll saß und darauf wartete, ob das Teststäbchen, das sie soeben in ihren Urin gehalten hatte, die Farbe wechseln und ihr Leben auf den Kopf stellen oder weiterhin der einzige gelbe Fleck in diesem Badezimmer bleiben würde.

Der liebe Gott, der offenbar eine Farbberaterin aufgesucht hatte, entschied sich für die passende Wahl.

Das Teststäbchen wurde blau. Blau wie positiv.

Eine grausame, naßkalte Hand umklammerte Frans Herz und drückte zu. Sie war nicht nur schwanger, was schon schrecklich genug war, sondern – weitaus schlimmer – sie hatte nicht die leiseste Ahnung, wer der Vater war: Laurence oder Jack?

Fran setzte sich aufs Klo und schluchzte. Wie hatte sie, die praktische, vernünftige Fran, es so weit kommen lassen können? Und wie konnte sie jetzt Laurence heiraten, der solche Skrupel gegenüber einer eigenen Vaterschaft hatte, wenn sie womöglich Jacks Baby in sich trug?

Als sie endlich ihr fleckiges Gesicht abgetupft hatte und es wagte, den Raum zu verlassen, hielten sich Laurence und Camilla gerade an einem Glas staubtrockenen Sherry fest, einen von der Sorte, die so weit von Süßwein entfernt war, daß man damit Möbel hätte abbeizen können.

Laurence sprang auf und starrte sie an. »Francesca! Was

hast du denn? Du siehst aus, als hättest du ein Gespenst gesehen.«

Er nahm ihren Arm und führte sie sachte zum Sofa. Es war eines jener Sofas, die so tief sind, daß man darin verschwindet und ohne Beistand oder einen Flaschenzug nicht mehr daraus aufstehen kann. »Ich hole dir ein Glas Wasser.«

Fran hätte am liebsten laut losgeheult. Seine weißkittelige Krankenbett-Manier, bestehend aus zwei Teilen Mitgefühl und einem Teil Mir-kannst-du-alles-sagen-ich-bin-Arzt, war fast unwiderstehlich. Es wurde noch schlimmer dadurch, daß er aufgrund irgendeines urzeitlichen Instinkts einen neuen Unterton hatte einfließen lassen: väterliche Besorgtheit. Auf einmal behandelte er sie wie ein Stück dieses verdammten Porzellans aus dem Badezimmer, wertvoll und zerbrechlich. Womöglich hatte er recht. Zumindest hatte sie das Gefühl, als würde sie in tausend Scherben zerspringen, wenn sie zu Boden fiele, und – egal wie sehr sich jemand auch bemühen mochte – nie wieder ganz werden.

Fran mußte sich auf ein einziges Ziel konzentrieren: den Abend überstehen und es nach Hause schaffen. Glücklicherweise hatte ihre Blässe Laurence und seine Mutter erschüttert, und so reagierten sie nur mit höflicher Besorgnis, als sie unmittelbar nach dem Essen verkündete, daß sie Ruhe bräuchte, da sie womöglich eine Krankheit ausbrütete. Allerdings bestand Laurence darauf, daß sie heute abend keinesfalls mehr selbst fahren durfte, was recht ärgerlich für Fran war, da es bedeutete, daß sie morgen ihren Wagen abholen müßte.

»Jetzt mach aber mal halblang.« Henriettas Stimme besaß den festen, aber beruhigenden Tonfall von jemandem, der mit einem eigensinnigen Kind spricht. »Es ist doch höchst unwahrscheinlich, daß Jack Allen der Vater ist. Ich meine, schließlich hast du nur einmal mit ihm geschlafen.«

»Zweimal«, verbesserte Fran, deren journalistische Ader nach Genauigkeit verlangte.

»Das hast du mir nicht erzählt. Auf jeden Fall«, fuhr Henrietta ungerührt fort, »zählt es nicht, wenn es bei derselben Gelegenheit war. Es steht eine Million zu eins dagegen.«

»Wenn man davon absieht, daß ich genau in dieser Zeit schwanger geworden sein muß.« Trübsinnig nahm Fran einen Schluck aus der Tasse starken Tees, den Henrietta ihr zur Beruhigung gereicht hatte. Sie saßen in Henriettas Küche aus gebleichter Eiche, die Ordnung und Häuslichkeit ausstrahlte, obwohl Henrietta kaum mehr tat, als gelegentlich ein Glas sonnengetrocknete Tomaten aufzumachen und sie in eine Nudelsauce zu geben, die die Haushaltshilfe schon vorgekocht hatte. »Findest du, daß ich es Laurence erzählen soll?«

»Und was genau würdest du sagen? ›Liebling, ich muß dir einen kleinen Fehltritt gestehen. Dummerweise habe ich am Tag, bevor wir uns verlobt haben, mit einem anderen gebumst.‹ Natürlich sollst du es Laurence nicht sagen!«

»Aber ich kann ihn doch nicht heiraten, wenn es nicht sein Kind ist ...«

»Jede Menge Frauen haben Kinder, von denen sie nicht genau wissen, ob sie von ihrem Ehemann stammen. Sie ignorieren einfach deren entfernte Ähnlichkeit mit dem Milchmann und leben weiter. Und überhaupt, habe ich recht gehört? Noch vor wenigen Monaten hättest du einen Penner auf der Straße angehalten und dir von ihm ein Kind machen lassen. Und hier geht es um den Mann, den du liebst.«

»Aber genau das ist ja der Grund, warum ich es ihm nicht antun kann. Das alles war, bevor ich Laurence kennengelernt habe. Du mußt wissen, Henry, daß er adoptiert ist und Camilla ihm das erst mitgeteilt hat, als er einundzwanzig war. Er hat mir erzählt, daß das alles beeinflußt hat, was er je getan hat. Also fragt sich doch, wieviel es ihm ausmachen würde, wenn er nicht sicher sein kann, ob ein Kind seines oder das eines anderen Mannes ist. Es würde garantiert eine ganze Menge ausmachen.«

»Dann sag es ihm nicht. Er wird sich schon noch damit abfinden, Kinder zu haben. Er muß sich nur erst an die Vorstellung gewöhnen. Das ist bei Männern immer so. Es ist die mörderische Mischung aus Eitelkeit und Unvermeidlichkeit. Du stellst sie vor eine Wahl: Möchten sie, daß ihre Gene von einer Generation zur nächsten weitergereicht werden, oder ist es ihnen lieber, wenn sie auf dem Müllhaufen der Menschheit landen? Du hättest Simons Gesicht sehen sollen, als ich mit Lottie schwanger war. Er war stocksauer!«

»Aber Simon liebt Lottie doch heiß und innig.«

»Jetzt schon. Aber damals hat er die ganze Zeit nur gejammert, daß wir jetzt nicht mehr auf einer Harley Davidson durch Amerika fahren könnten. Mein Gott, er ist mittleren Alters und arbeitet als Anwalt in Woodbury! Er könnte eine Harley Davidson nicht von einer Käsesemmel unterscheiden. Und als Lottie erst einmal auf der Welt war, hat sie ihm nur mit dem kleinen Finger gewunken, und schon war er ihr Sklave. Bei Laurence ist es bestimmt genauso, wart's nur ab. Sieh es mal so, Franny«, fuhr Henrietta fort, während sie herüberkam, einen Arm um ihre Freundin legte und sie mit einem Schwall »Opium« benebelte, »du bekommst ein Baby. Genau danach hast du dich gesehnt. Kannst du nicht einfach dankbar dafür sein?«

Frans Hand glitt zu ihrem flachen Bauch hinunter. In gewissem Sinne hatte Henrietta recht. Sie hatte bekommen, wonach sie sich so lange verzweifelt gesehnt hatte. Aber wie konnte sie es akzeptieren und genießen, wenn es unter solch unmöglichen Umständen geschehen war?

»Na komm.« Henrietta sah an dem gequälten Ausdruck in den Augen ihrer Freundin, daß Fran nicht überzeugt war. »Du bist doch Journalistin. Heutzutage, wo es Leihmütter und geklonte Schafe gibt, muß es doch möglich sein, herauszufinden, wer der Vater eines Babys ist. Wenn du dir solche Sorgen machst, warum gehst du dann der Sache nicht auf den Grund?«

Fran klammerte sich an diesen Vorschlag wie an ein Floß in stürmischer See. Gab es wirklich ein Verfahren, mit dem man feststellen konnte, ob Laurence der Vater war? Wenn sie nur diese Hürde bewältigte, dann konnte sie Henrietta darin recht geben, daß Laurence sich letztlich damit abfinden würde. Das Problem war nur, daß gerade der Mensch, der wüßte, ob es einen solchen Test gab, zugleich der Mensch war, den sie auf keinen Fall fragen konnte.

Laurence.

Jack Allen liebte es, eine Zeitung herauszugeben. Er liebte die permanente Anregung, das ständige Verlangen nach Entscheidungen und das Stimmengewirr der Mitarbeiter um ihn herum. Er war ein guter Chef, da er es verstand, sich schnell zu entscheiden, und weil er sich durch den Ehrgeiz anderer nicht bedroht fühlte. Er gab jedem gern die Gelegenheit zu glänzen. Eigentlich gab es nur eines, was ihm noch mehr Freude bereitete, als eine Zeitung herauszugeben. Nämlich zwei Zeitungen herauszugeben.

Vor ihm ausgebreitet lagen die Rohabzüge für die neue Zeitung, und sie sahen ziemlich gut aus. Was ihn wirklich stolz machte, war allerdings, daß er völlig neue Anzeigenkunden aufgetrieben hatte. Mit Ausnahme von Newlands' Immobilienfirma, die Murray unter Vertrag genommen hatte, war die Finanzierung des neuen Blatts – genau wie Jack versprochen hatte – gesichert, ohne den *Citizen* in den Bankrott zu treiben. Plötzlich senkte sich aus dem Nichts die Depression auf Jack herab und schwirrte um ihn herum wie eine zornige Wespe. Wozu überhaupt? Warum zum Teufel sollte er sich Mühe geben, seinen Rivalen zu schützen? Na gut, er schuldete dem *Citizen* eine gewisse Loyalität, weil er dort gelernt hatte. Außerdem war es ein anständiges Blatt, und Ralph, sein Mentor, war der beste Journalist, der ihm je begegnet war.

Gib's doch zu, du blöder Kerl, murmelte er vor sich hin. Es hat mit alledem rein gar nichts zu tun. Es ist wegen ihr. Und wie weit bist du damit gekommen? Sie hat sich für Laurence Westcott entschieden.

Der unverwüstliche und charmante Jack, der mit allen Wassern gewaschene Jack kam sich auf einmal vor wie Jack, der Schlappschwanz. Doch dann rettete ihn plötzlich aufwallender Zorn. Er wollte Laurence Westcott am liebsten umbringen. Er wollte Laurences Karriere ruinieren und seine Beziehung zu Francesca hintertreiben.

Der Gedanke, daß er dazu imstande wäre, daß er die Macht und auch das Wissen dazu besaß, war wie ein Schuß einer reinen Droge, berauschend und gefährlich. Aber sollte er es wirklich tun? Jack verspürte den intensiven Wunsch, so wie er es als junger Reporter oft getan hatte, den Mann um Rat zu fragen, dessen Meinung er im Journalismus achtete: Ralph Tyler. Doch dann fiel ihm wieder ein, was Fran neulich gesagt hatte. Ralph war krank. Ralph hatte vermutlich Alzheimer.

Ein ohnmächtiges Gefühl von Trauer und Verschwendung, von zerbrochenen Träumen, plagte ihn. Warum mußte das Leben so verdammt bitter sein?

Draußen in der Redaktion packten nach und nach alle zusammen. Notizbücher wurden in Jackentaschen gestopft, schmuddelige Plastiktüten mit Presseveröffentlichungen gefüllt, die man in aller Ruhe lesen wollte, Mineralwasserflaschen in Aktentaschen gequetscht und Telefonnummern ahnungsloser Opfer aufgeschrieben, damit man sie später zu Hause anrufen konnte. Miriam, deren Blick schon seit einer halben Stunde erwartungsvoll auf Jacks Tür geheftet war, nahm all ihren Mut zusammen und klopfte.

»Wir sind die letzten hier«, erklärte sie. »Haben Sie noch Lust auf einen Kurzen? Drink, meine ich«, fügte sie kokett hinzu.

Wie sie da so in der Tür stand, mit ihrem ungewöhnlichen herzförmigen Gesicht, ihren riesigen Augen und ihrer hoffnungsfrohen, jugendlichen Schönheit, erinnerte Miriam Jack auf einmal an seine Ex-Frau Carrie in der Zeit, als sie sich ineinander verliebt hatten. Er wußte, daß sich Miriam stark zu ihm hingezogen fühlte und daß ihre Gefühle vermutlich der klischeebeladensten Machtkonstellation von allen zuzuschreiben war: Professor–Studentin, Chef–Sekretärin, Vater–Tochter. Er hätte beinahe Arzt–Patientin hinzugefügt, änderte es aber in Arzt–Krankenschwester ab. Es war die reine Heldenverehrung, weiter nichts, und er müßte es eigentlich besser wissen, als sich darauf einzulassen. Er machte die Aktentasche aus weichem Leder zu, die ihm seine Mitarbeiter zum Geburtstag geschenkt hatten, weil sie fanden, daß er mit seiner alten wie ein Musiklehrer aussah, und dachte bei sich, daß es gerade zur Zeit, wo ihn Eifersucht und Zurückweisung niederzudrücken drohten, gar keine so verrückte Idee war, sich bewundern und verehren zu lassen.

Natürlich gab es eine naheliegende Lösung ihres Problems, sagte sich Fran, während sie auf ihre alte Schreibmaschine einhackte. Wie Henrietta ausgeführt hatte, konnte sie sich auch für einen Schwangerschaftsabbruch entscheiden. Aber was einem mit siebzehn als einziger Ausweg erscheinen mochte, wenn ein Kind einem wirklich das ganze Leben ruinieren konnte, schien mit vierunddreißig völlig falsch zu sein, da man nun keine solche Entschuldigung mehr hatte. Insbesondere dann, wenn ein Baby zufällig genau das war, wonach man sich sehnte und wovon man träumte, bis es schon fast zur Besessenheit geriet.

»Francesca Tyler, was hat dir diese arme Maschine getan, daß sie eine solche Behandlung verdient?« wollte Stevie wissen, die durch Frans ohrenbetäubendes Eindreschen auf die Tasten und ihre wiederholt ausgestoßenen Flüche aufmerksam geworden und in ihr Büro gekommen war, gerade als Fran die Buchstaben derart malträtierte, daß sich ein paar von ihnen in einer stählernen Umarmung verhedderten.

In Wirklichkeit war Fran vollkommen unentschlossen. Sie hatte keine Ahnung, was sie als nächstes tun sollte, und die einzige Lösung, die ihr einfiel, war, sich zumindest äußerlich in Arbeit zu stürzen – wie zum Beispiel diesen Leitartikel über das Für und Wider von Straßenschwellen auf der High Street zu verfassen, ein Thema, das kaum dazu geeignet war, ihre schwankenden Emotionen in Wallung geraten zu lassen – und das möglichst laut. Doch selbst hier irrte sie sich. Sie hatte es bereits, ohne sich darüber im klaren zu sein, geschafft, einen ungewöhnlich dramatischen Ton in diese normalerweise langweilige Debatte einzubringen.

»So!« rief sie aus und hackte einen Punkt in die Maschine. Als sie fertig war, wirkte das Büro so still wie Woodbury an einem nassen Mittwoch.

»Laß mal sehen«, verlangte Stevie und zog das Blatt aus Frans Maschine.

»Mein Gott, Fran, das können wir nicht drucken. ›Sollen wir durch Verrückte in motorisierten Mordwaffen das Leben unserer Kinder gefährden lassen oder ihnen den Schutz gewähren, den sie verdient haben, indem wir ein paar Hökker in die Straße einbauen und so die Mistkerle zum Bremsen zwingen? Der *Citizen* sagt Hurra zu den Höckern …‹ Fran, hast du Kokain genommen oder so? Wir bringen nie solche Leitartikel.«

Stevie hatte natürlich recht. Schockiert erkannte Fran, was los war. Ihre Hormone hatten die Oberhand über sie errungen! Ja, nicht nur das, sie schrieben auch noch ihren Text für sie. Auf einmal stand das Retten von Kinderleben ganz oben auf ihrer Tagesordnung. Wenn sie nicht aufpaßte, würde sie noch empfehlen, alkoholisierte Autofahrer zu kastrieren und Päderasten in einen riesigen Fleischwolf zu stopfen. Der Gedanke, ihr eigenes Baby umzubringen, war völlig ausgeschlossen. Aber was sollte sie dann tun?

Die Idee mit dem Vaterschaftstest kam ihr wieder in den Sinn. Falls irgend jemand herausfinden konnte, ob ein solcher Test existierte, dann sie. Als Reporterin durfte sie neugierige und unverschämte Fragen stellen.

Wie alle Journalisten seit den Aposteln begann sie damit, alte Zeitungsausschnitte durchzusehen. Sie las die Artikel zwischen den Aktendeckeln durch und notierte sich mehrere Namen aus der Welt der Embryologie. Einer von ihnen, Professor Stephen Fay, tauchte in fast jedem auf. Er war eindeutig die größte Kapazität auf diesem Gebiet. Sie empfand nur ein ganz geringfügig schlechtes Gewissen dabei, ihm eine so krasse Lüge aufzutischen, als sie ihm ein Schreiben faxte, in dem sie ihm mitteilte, daß sie einen Artikel über Fortpflanzung schriebe und um einen Termin für ein Interview bäte. Er war zweifellos ein sehr beschäftigter Mann. Vermutlich würde es Wochen dauern, bis sie eine Antwort bekam.

Sein Retourfax kam am nächsten Morgen, und er bot ihr einen Termin in drei Tagen an.

Stevie wußte, daß irgend etwas im Busch war, da war sich Fran sicher. Die vielbeschäftigte Chefredakteurin einer anspruchsvollen Zeitung fuhr nicht einfach so mir nichts, dir nichts nach London. Fran beschloß, daß es am besten wäre, Stevie gar nichts zu erklären, sondern einfach zu fahren. Stevie übernahm sowieso gern die Verantwortung, und mit ihrer langjährigen Berufserfahrung hätte sie das Blatt statt eines Tages auch ein Jahr lang leiten können.

»Viel Spaß«, wünschte Stevie, als Frans Taxi kam, um sie zum Bahnhof zu bringen. »Ich werde mich jedenfalls amüsieren.«

»Krieg bloß keinen Machtrausch und ändere alles nur um des Änderns willen.«

Stevie holte drohend ihren blauen Stift heraus. »Nicht im Traum.«

Das Royal Hospital lag in einem aufpolierten Viertel

Londons, das früher von Prostituierten und Kleinkriminellen bevölkert gewesen war und nun von Bankern und Börsenmaklern wimmelte. Manchen waren die früheren Bewohner lieber. Professor Fay hatte einen ungebärdigen dunklen Haarschopf, ein Zwinkern in den Augenwinkeln und die Art von abgeklärtem, weltverdrossenem Gesicht, die einen sofort Vertrauen fassen ließ. Außerdem nahm Fran an ihm sofort eine echte Güte wahr, der man nur sehr selten begegnete. Sie würde ihm ihren Unterleib jederzeit anvertrauen.

Als sie seinem beruhigenden weißen Kittel durch sein Reich – genau das war es nämlich, da alle vor ihm katzbuckelten – folgte, fiel ihr ein, daß dieser Mann bestimmt Laurence kannte.

Professor Fays Büro war winzig und hochmodern. Möbliert war es mit einer Resopalplatte, die bis zur Wand gegenüber der Tür verlief und auch als Schreibtisch diente, zwei Stühlen mit geraden Lehnen und einem phallischen afrikanischen Gott, an dessen erigierten Penis Professor Fay seinen Schlüsselbund hängte.

»Haben Sie ledergebundene Wälzer und Polstersofas erwartet?« fragte er und folgte ihrem Blick. »Ist heutzutage überflüssig. Mein zuverlässiger Laptop speichert alles, und lederbezogene CD-ROMs gibt's Gott sei Dank nicht. Also, was kann ich für Sie tun?«

Einen Augenblick lang sehnte sie sich danach, ihm die Wahrheit zu sagen. Daß sie sich gerade mit dem Mann, den sie liebte, verlobt und dann festgestellt hatte, daß sie schwanger war, und das womöglich von einem Mann, den sie nicht liebte. Sie war sich ziemlich sicher, daß in diesem freundlichen und lebenserfahrenen Gesicht nichts auf Unverständnis stoßen würde. Dann kam ihr der schreckliche

Gedanke, daß sie ihn womöglich eines Tages in Begleitung von Laurence auf einem Spendenabend zugunsten der künstlichen Befruchtung wiedertreffen könnte. Also rang sie ihren Geständnisdrang nieder und holte ihr Notizbuch hervor.

Zuerst stellte sie ihm die Sorte von journalistischen Fragen, die er erwartet haben mußte. Wie entschied er, wer eine Fruchtbarkeitsbehandlung bekommen sollte und wer nicht? Was war, wenn ihm jemand offenkundig ungeeignet erschien? Hatte er je den Eindruck, daß sich bestimmte Paare zu verkrampft oder schon zu lange bemühten? Oder daß die Frau zu alt war? Hatte er jemals jemandem geraten, den Kinderwunsch aufzugeben und ohne Nachwuchs weiterzuleben? Waren Kinder ein Recht, auf das jeder Anspruch hatte?

Fran hätte ihm stundenlang zuhören können. Seine Antworten waren so interessant, daß sie eine Weile vergaß, warum sie gekommen war. Erst als er auf die Uhr sah und sie sanft daran erinnerte, daß er nur noch zehn Minuten Zeit hatte, wurden ihre Gedanken gewaltsam wieder auf ihren ursprünglichen Zweck gelenkt.

»Nur eines noch ...« Sie hielt inne und fing seinen Blick auf, warme dunkle Augen unter dem üppigen Haarschopf, unerschütterlich. Trotzdem wären ihr fast die Nerven durchgegangen, und sie fühlte sich versucht, aus dem Raum zu laufen, ohne die Frage gestellt zu haben.

»Schießen Sie los.«

Fran nahm all ihren Mut zusammen. »Heutzutage, wo man doch alles testen kann, ist es da eigentlich auch möglich, die Identität des Vaters eines Babys festzustellen?«

Professor Fay schien ungerührt. »Nichts leichter als das.

Sobald das Baby geboren ist, vergleicht man die DNS der beiden.«

»Eigentlich«, fügte Fran leise hinzu, »habe ich gemeint, *bevor* das Baby geboren ist.«

»Ach so.« Sie fühlte erneut seinen Blick auf sich ruhen. »Das ist auch kinderleicht. Via Amniozentese oder Chorionzotten-Biopsie. Man vergleicht die Zellen des Babys mit denen des wahrscheinlichen Vaters. Es gibt allerdings ein Problem.«

Fran hatte irgendwie geahnt, daß es eines geben mußte. »Sie würden nur mit Mühe ein Labor finden, das die Untersuchung vor der Geburt des Babys vornimmt. Man würde nämlich befürchten, daß die Frau abtreiben ließe, wenn sie eine unerwünschte Antwort erhält.«

»Aha.«

»Sie müßten auf dem privatwirtschaftlichen Sektor suchen. In den Gelben Seiten oder in *Pharmazie heute* stehen jede Menge Labors. Aber jetzt«, sagte Professor Fay und erhob sich, »muß ich leider gehen und eine Befruchtung vornehmen.«

»Haben Sie vielen Dank für Ihre Zeit. Es war ungemein fesselnd.«

»Schicken Sie mir eine Kopie Ihres Artikels. Ich mag Woodbury sehr. Der schönste Teil Englands. Das Licht ist unvergleichlich.«

»Vielen Dank.«

Er hielt ihr die Tür auf und lächelte sie aus seinen tiefbraunen Augen an. »Nur gut, daß es im Krieg noch keinen solchen Test gab, sonst hätte sich die Hälfte der Väter an der Front auf einen bösen Schock gefaßt machen können. Ach, und übrigens ...«

»Ja?«

»Viel Glück mit dem Dilemma. An Ihrer Stelle würde ich mich für eine CZB entscheiden. Das wird zwischen der elften und der vierzehnten Woche gemacht, dann müssen Sie auch nicht so lange warten, bis Sie beruhigt sind.«

Fran hatte den Raum bereits verlassen, als ihr auffiel, daß er das Wort »Sie« benutzt hatte, und sie lief röter an als die gräßlichen Krankenhausvorhänge.

Zumindest machte Professor Fay den Eindruck, als könne er ein Geheimnis für sich behalten.

Um die Ecke, in der Mile End Road, befand sich ein Postamt, wo Fran sich die Telefonnummern der Labors aus den Gelben Seiten abschrieb. Wenn sie schon inserierten, mußten sie ja wohl kommerziell orientiert sein. Die Anzeigen der Labors waren unmißverständlich: »Warum sich den Kopf zerbrechen, wenn Sie bei uns einen anonymen Aidstest machen können?« bot eines an. Auf einmal hatte Fran das Gefühl, daß ihr Dilemma, im großen Rahmen betrachtet, gar nicht so schrecklich war. Um einen Aidstest zu machen, mußte man wirklich mutig sein.

Hinterher suchte sie sich einen kleinen Park, holte ihr Handy heraus und telefonierte ihre Liste durch. Professor Fay hatte recht gehabt. Sämtliche Labors waren zwar imstande, den Test vorzunehmen, aber keines wollte ihn vor der Geburt machen. Entmutigt betrachtete Fran die schäbigen Trümmergrundstücke zwischen den glänzenden, nagelneuen Bürohochhäusern. Nur noch zwei Labors blieben übrig. Bei beiden erhielt sie wiederum eine Absage, aber zumindest wurde ihr die Nummer eines weiteren Labors genannt, das erst neu aufgemacht hätte, wie ihr der Mann am Telefon sagte, und bekannt dafür wäre, daß es für Innovationen offen sei.

Fran schloß die Augen und rief dort an.

Der Laborant, mit dem sie verbunden wurde, hörte sich ihr Anliegen ruhig an und versicherte ihr, daß nichts dagegen spräche. Wäre sie persönlich dort gewesen, hätte Fran ihn abgeküßt.

»Sie müßten sich privat die Amniozentese oder CZB machen lassen und uns die Probe bringen.«

»Natürlich«, stimmte Fran hastig zu, während sie versuchte, ihre Begeisterung zu überdecken, um keinen Argwohn bei ihm zu wecken.

»Genau. Und sobald wir dann eine Blutprobe des wahrscheinlichen Vaters haben, können wir loslegen.«

Fran hätte vor Entsetzen fast das Handy fallen lassen. Eine Blutprobe! Diese kleine Nebensache hatte der Professor zu erwähnen vergessen.

Sie konnte genausogut gleich aufgeben.

12. Kapitel

Fran hatte noch eine halbe Stunde Zeit, bevor ihr Zug abfuhr. Eine Weile sah sie den Rollerbladern am Broadgate zu und konzentrierte sich auf eine Mutter mit einem kleinen Kind. Beide lachten und rangen darum, wieder aufzustehen, während sie sich aneinanderklammerten, die eine so ungeschickt wie die andere. Fran durchzuckte der erstaunliche Gedanke, daß in drei Jahren sie das sein könnte. Sie würde ein eigenes Kind haben. Egal, was für Schwierigkeiten und Verwicklungen es gab, diese eine wundervolle, herrliche Wahrheit überglänzte alles. Sie würde Mutter werden.

Sie schlenderte zum Bahnhof Liverpool Street Station zurück und hatte noch genug Zeit, um sich ein paar Zeitungen zu kaufen. Verglichen mit Woodbury war der Zeitungskiosk in der Bahnhofshalle ein exotisches Paradies. Da lag die *International Herald Tribune* neben *L'Express*, der *Corriere della Sera* neben *El País* und *Paris Match* neben *Hello*. In London waren selbst die Lokalzeitungen fast so dick wie die *New York Times* und quollen von Gratisbeilagen über. Fran sammelte einen Armvoll zusammen und nahm schließlich auch noch das kostenfreie Anzeigenblatt *Loot* mit.

Als sie im Zug saß, machte sie es sich bequem, und ihre Gedanken wanderten zu den Informationen zurück, die sie soeben von dem Laboranten bekommen hatte. Das Ganze war einfach verrückt. Wie sollte sie denn an eine Blutprobe von Laurence oder Jack kommen? Sich eine Spritze kaufen und dann murmeln: »Entschuldige bitte, Schätzchen, aber ich muß dich um einen winzig kleinen Gefallen bitten?«

Vielleicht könnte sie Laurence erklären, daß es für einen Aidstest sei? Sie hatte gelesen, daß sich in Amerika Paare vor der Eheschließung gegenseitig überprüften, also warum nicht auch hier? Aber irgendwie konnte sie sich nicht vorstellen, daß Laurence damit einverstanden wäre. Er würde ihr einfach entgegnen, daß es nicht zu seinen Gewohnheiten zählte, mit verschiedenen Personen Sex zu haben, und sie beide nichts zu befürchten hätten, falls das für sie auch zuträfe.

Es war hoffnungslos. Es sei denn ... Fran hatte eine Idee, die so simpel war, daß sie kaum begreifen konnte, warum sie nicht schon früher darauf gekommen war. Sie könnte Jack einfach geradeheraus darum bitten. Dann mußte Laurence nichts davon erfahren. Von diesem Einfall getröstet und vom sanften Rhythmus der Eisenbahn schläfrig geworden, nickte sie ein. Sie wachte auf, als sie gerade in Woodbury anlangten, und stellte fest, daß ihr Rock weit hinaufgerutscht war und meterweise Schenkel zu sehen war. Der Typ ihr gegenüber starrte sie an, während er unter dem Gebrauchtwagenteil aus einer ihrer Zeitungen etwas Unaussprechliches tat. Also bitte, hätte sie ihn am liebsten angebrüllt, haben Sie denn keinen Respekt vor einer Schwangeren? Statt dessen sammelte sie mit großer Würde die Zeitungen zusammen.

»An Ihrer Stelle würde ich da keine Fish and Chips mehr reinwickeln«, erklärte sie dem Knaben frostig und stolzierte hinaus.

Es war erst vier Uhr, und so beschloß Fran, doch lieber

zur Zeitung zu fahren anstatt nach Hause. Sie brauchte etwas, um sich von dem schrecklichen Chaos abzulenken, in das sie sich selbst manövriert hatte.

Stevie war schwer beschäftigt, hatte die Ärmel hochgekrempelt und sich die Haare mit etwas zusammengebunden, das wie eine alte Strumpfhose aussah, und redigierte eine Meldung über den letzten Verkehrskollaps in Woodbury. »Wie war denn der geheimnisvolle Ausflug?« Ein Instinkt, der davon herrührte, daß sie Fran von klein auf kannte und ins Herz geschlossen hatte, ließ sie hinzufügen: »Es war was Ernstes, stimmt's?«

»Das kann man wohl sagen.« Sie zog Stevie in ihr Büro und schloß die Tür. »Ich bin nämlich schwanger.«

»Oh, Franny, das ist ja wunderbar. Ich nehme an, der Termin könnte günstiger sein, aber du schwärmst doch für Babys. Freut sich Laurence auch? Ich meine, er weiß ja wohl, daß du nicht der Typ bist, der ihn zu einer Mußheirat zwingen würde.«

»Offen gestanden habe ich Laurence noch gar nichts gesagt.«

»Warum denn nicht? Er wird dir wohl kaum an den Kopf werfen, daß du dich nie wieder bei ihm blicken lassen sollst, oder?«

Die Besorgnis in Stevies Stimme war zuviel für Fran. Sie mußte sich jemandem anvertrauen, und es bestand immerhin die leise Hoffnung, daß Stevie sie verstehen würde. »Weil ich nicht weiß, ob es von ihm oder von Jack ist.«

Stevies Reaktion war ganz anders als alles, was Fran erwartet hätte. Sie sah weder schockiert noch entsetzt, noch mißbilligend drein. Sie lächelte nur. »Du Ärmste. Da sitzt du ja ganz schön in der Tinte, was?«

»Das kannst du laut sagen.«

»Und jetzt weißt du nicht, ob du trotzdem heiraten sollst?«

»Das kann ich doch nicht, wenn es von Jack ist, oder? Es gibt allerdings einen Test, den ich machen kann, aber dazu brauche ich eine Blutprobe von Jack. Ich habe mir gedacht, ich könnte ihn einfach darum bitten. Was meinst du?«

Stevie musterte sie ungläubig. »Ich glaube, deine Hormone – oder zumindest hoffe ich, daß es nur deine Hormone sind – haben dich vorübergehend unzurechnungsfähig gemacht. Was möchtest du denn genau fragen? ›Hallo, Jack, könntest du mir vielleicht aus der Patsche helfen und mir eine Blutprobe von dir geben, damit ich feststellen lassen kann, ob du der Vater meines Babys bist. Falls ja, lasse ich es nämlich abtreiben, damit ich glücklich mit einem anderen Mann leben kann.‹ Herrgott noch mal, Fran, Jack Allen ist in dich verliebt. Du bist ihm verdammt viel mehr Rücksicht schuldig, als du ihm zugestehst.«

Fran sank unglücklich auf ihren Stuhl herab. »Ich weiß. Du hast vollkommen recht. Ich kann ihn nicht fragen.«

»Du wirst schon deinen teuren Laurence fragen müssen. Und sagt es dir nicht etwas über die beiden, daß du dir vorstellen kannst, Jack zu fragen, aber nicht den heiligen Dr. Westcott? Ich würde mal darüber nachdenken, wenn ich du wäre.« Fran hatte Stevie selten so zornig gesehen. Aber schließlich hatte sie schon immer ein weiches Herz für Jack gehabt. »Und wenn du dir noch über etwas anderes Sorgen machen möchtest, probier's mal damit: Der *Express* senkt ab nächster Woche den Preis. Wie willst du darauf reagieren?«

Sobald Stevie gegangen war und die Tür hinter sich dermaßen zugeknallt hatte, daß jeder Kopf in der Redaktion hochschoß, vergrub Fran das Gesicht in den Armen. Vielleicht sollte sie die Sache mit Jack endlich vergessen, einsehen, daß es mit hoher Wahrscheinlichkeit Laurences Baby war und es ihm einfach sagen. Schließlich liebte er sie. Vermutlich hatte Henrietta recht. Er wäre schockiert, aber er würde sich schon damit abfinden. Dann konnte sie anfangen, sich daran zu freuen, daß sie bald das Kind haben würde, das sie schon so lange wollte. Und wenn der *Express* seinen Preis senkte und ihnen echte Probleme bereitete, konnte sie sich immer noch überlegen, ob sie als freie Journalistin arbeiten und Laurence bei der Öffentlichkeitsarbeit helfen wollte, wenn sie erst einmal verheiratet waren.

Ihre Gedanken entsetzten sie nachträglich selbst. War das die Tochter ihres Vaters? Die Frau, die dem Chef des Busunternehmens standgehalten hatte, der sie als Abschaum beschimpft hatte? Schwanger oder nicht, sie mußte kämpfen.

Aber wie? Bei seiner ohnehin schon knappen Kalkulation konnte es sich der *Citizen* nicht leisten, den Preis zu senken, und bald käme noch die Konkurrenz durch die Gratiszeitung dazu. Hinter all dem steckte eine nackte Wahrheit, die ihr solche Angst machte, daß sie sich ihr noch gar nicht gestellt hatte. Angesichts der starken Konkurrenz war nämlich möglich, wenn nicht gar wahrscheinlich, daß der *Citizen* nicht überlebte. Und das unter ihrer Leitung. Wie konnte sie ihrem Vater noch in die Augen sehen, wenn sie für den Tod seiner heißgeliebten Schöpfung verantwortlich war?

Vor ihrem Büro herrschten Leere und Stille. Alle, sogar Stevie, waren nach Hause gegangen. Lustlos nahm Fran ihre Tasche und folgte den anderen. Die Ruhe und die verlassene Ausstrahlung der Räume hatten etwas Symbolhaftes an sich. Vor sich sah Fran alles in noch leererem Zustand, die Zeitung eingestellt und alle Mitarbeiter entlassen.

»Mann«, ließ eine Stimme hinter ihr sie zusammenzucken, »ich wußte nicht, daß noch jemand hier ist.« Es war Sean McGee, in nichts als seiner Radlerhose aus Lycra und dem Sporttrikot, wie er gerade dabei war, seinen Helm so auszurichten, daß er bequem zwischen seinem Pferdeschwanz und den zahlreichen silbernen Ohrringen saß. Neben ihm stand ein großer Rucksack, den er auf sein Mountainbike schnallte.

»Sie sind ja ganz schön beladen«, bemerkte Fran. »Geht's auf eine Wochenendtour?«

»Ich radle nach Cambridge.«

»Aber das sind ja siebzig Meilen!«

»Lohnt sich trotzdem. Das Fahrrad meiner Träume steht diese Woche im ›Exchange & Mart‹. Ein Typ in Cambridge will es loswerden. Für fünfzig Pfund weniger, als ich überall sonst blechen müßte.«

Fran war baff. »Und dafür fahren Sie so weit? Gibt's denn näher bei Woodbury keine Fahrräder?«

»Ich hatte eigentlich vor, selbst eine Anzeige in der Zeitung aufzugeben, bin aber nicht dazu gekommen. Es wäre wesentlich einfacher, als sich nach Cambridge zu quälen. Aber was soll's. Höchste Zeit, daß ich losfahre. Vor Mitternacht komme ich eh nicht an. Dann bis Montag.«

Fran hielt ihm die Tür auf und wollte schon nach ihm hinausgehen, als ihr eine Idee kam, die sie wie angewurzelt stehenbleiben ließ. Vielleicht gab es ja in Woodbury noch mehr Leute wie Sean, die etwas suchten, es sich aber näher am Ort wünschten. In London wurden in *Loot* seitenweise gebrauchte Gegenstände angeboten, und das Heft war ein großer Erfolg geworden. Wie wäre es, wenn man hier genau das gleiche in kleinerem Rahmen ins Leben riefe? Schließlich wäre dann die regionale Ausrichtung das Attraktive daran. Niemand außer einem Fahrradverrückten wie Sean würde wegen eines Mountainbikes siebzig Meilen zurücklegen, aber ans andere Ende der Stadt würde doch bestimmt jeder fahren. Genau wie die Londoner besaßen auch die Einwohner Woodburys Babykleidung, die nicht mehr gebraucht wurde, Computerspiele, die die Kinder inzwischen langweilig fanden, und Autos, die sie nicht durch Händler verkaufen wollten. Warum eigentlich nicht?

Fran spürte, wie die kleinen Härchen in ihrem Nacken kitzelten, was sie stets taten, wenn sie einer richtig guten Idee auf der Spur war. Alle Journalisten kannten dieses Aufwallen einer berauschenden Begeisterung, wenn die Einzelteile einer Geschichte endlich zusammenpaßten. Das war es, was sie an ihren Schreibtischen hielt, wo sie sich abrackerten und noch einen letzten Anruf tätigten, wenn jeder halbwegs vernünftige Mensch schon vor Stunden aufgegeben hätte und nach Hause gegangen wäre.

Der *Express* hielt die Schlacht womöglich bereits für gewonnen, aber Fran würde die Konkurrenz auf Trab halten. In ihrem Kopf überschlugen sich die praktischen Erwägungen. Sie hatten an ihren Druckerpressen hier noch Kapazitäten frei. Sie hatten Lastwagen, die die Hefte verteilen konnten. Aber wie hoch wären die notwendigen Investitionen? Sie bräuchten Telefonleitungen und Personal, das die Anzeigen aufnähme. Auf einmal sank ihre Begeisterung wie ein Vogel, der mitten im Flug abgeschossen wird. Sie würde den Familientrust zur Aufnahme eines Kredits überreden müssen. Es war ein Risiko, das der Trust womöglich nicht eingehen wollte. Ihr Vater würde sich vielleicht überzeugen lassen, aber ihre Mutter und der Anwalt der Familie waren vorsichtiger.

Sie mußte sofort mit ihren Eltern sprechen, solange der Gedanke noch ganz frisch war. Ihr Vater würde einsehen, daß der *Citizen* eine neue Idee nötig hatte.

Fran hatte es so eilig, zum Haus ihrer Eltern zu kommen, daß ihr die Fahrt durch die Stadt im abendlichen Verkehr unerträglich lang vorkam. Sie mußte mal wieder eine Kampagne wegen des Verkehrs organisieren. Die Rush-hour in Woodbury wurde langsam genauso schlimm wie in London.

Sie fuhr die Einfahrt hinauf und ließ auf herrlich unsoziale Weise den Kies aufspritzen, so daß vermutlich in der ganzen Straße die Vorhänge wackelten. Die Haustür stand offen, was erstaunlich war, da ihre Mutter normalerweise sicherheitsbewußter war als ein saudiarabischer Scheich. Ihre Eltern waren nirgends zu sehen. Leise Furcht beschlich Fran, als sie das Haus betrat.

Sowohl das Wohnzimmer als auch das Arbeitszimmer ihres Vaters waren leer. Sie wappnete sich und ging in die Küche. Ihre Mutter saß mit dem Telefon in der Hand an der makellos geputzten Arbeitsfläche.

»Francesca, Gott sei Dank, daß du da bist. Ich habe gerade versucht, dich in der Zeitung zu erreichen.«

»Warum?« Fran merkte, wie ihre Handflächen plötzlich so feucht wurden wie in Plastikfolie gewickelter Käse. »Was ist denn passiert?«

»Es ist wegen deines Vaters.« Zum Glück klang sie eher verärgert als zu Tode erschrocken. »Er benimmt sich in letzter Zeit immer seltsamer. Er zieht sich wieder an, wenn er gerade ins Bett gegangen ist und vergißt, was er soeben gesagt hat. Und läuft davon. Immer wieder. Das ist diese Woche schon das zweite Mal. Ausgerechnet an meinem Bridge-Abend. Mir reicht's jetzt!«

Fran ignorierte den vorwurfsvollen, nörgeligen Tonfall ihrer Mutter und wandte sich der konkreten Situation zu. »Wie lang ist er schon weg?«

»Mittlerweile etwa zwei Stunden.«

»Geht er immer an einen bestimmten Fleck?«

»In den Park. Er füttert dort die Vögel. Ich muß darauf achten, daß das Brot feucht bleibt, und außerdem Speckschwarten aufheben.« Bei ihr hörte es sich an, als wäre dies ein absolut unerhörtes Ansinnen, wie etwa überraschend zehn Leute zum Abendessen mitzubringen.

»Okay, dann gehe ich und suche ihn.«

Zum Park waren es nur zehn Minuten zu Fuß. Er lag neben den Feuchtwiesen hinter der Kathedrale. Wenn man durch die Tore schritt, hatte man das Gefühl, einen Zeitsprung zu machen, so als wäre man plötzlich in die fünfziger Jahre zurückgereist, als alles geordnet und sicher war, man Kinder nur sah, aber nicht hörte, und jeder wußte, wo sein Platz war. Der Park war grün, ordentlich und abfallfrei. Die Blumenbeete in ihren grellen Farben waren gejätet und wirkten heiter. Neben dem Planschbecken liefen kleine Mädchen in Höschen herum und kreischten vor Freude, während sie versuchten, noch eine letzte Dusche zu erwischen, bevor die Sonne unterging. Die Mütter saßen auf Decken daneben und plauderten. Es war ein Bild von kleinstädtischer Ruhe und Ordnung.

Doch Frans Vater war nirgends zu sehen.

Sie fragte den Parkwächter, der ihn anhand der Beschreibung mißmutig wiedererkannte und sagte, er glaubte, ihn vorher gesehen zu haben, wie er mit einem flegelhaften Jungen mit einem scheußlichen räudigen Hund gesprochen hatte. Er erinnerte sich daran, weil der Hund allen Ernstes ein rotes Halstuch trug und er sich gefragt hatte, wer seinen Hund dermaßen lächerlich aufputzte.

Fran spürte einen Anflug von Angst. Konnte ihr Vater mit einem dieser Penner geredet haben, die sogar hier in Woodbury bettelten und Leute belästigten und einen manchmal mit Drohungen um Geld angingen? Ihr Vater, das mußte man zugeben, würde mit Blaubart Freundschaft schließen, wenn der Mann gerade eine Pechsträhne hätte. Aber die Penner würden ihn wohl kaum an ihren Schlafplatz mitnehmen oder in ihrem Doppeldecker mit ihm durch die Lande ziehen.

Sie lief eilig auf einem anderen Weg zurück, doch ihr Vater war nirgends zu entdecken. Vielleicht war er mittlerweile aus eigener Kraft nach Hause zurückgekehrt, und die ganze Panik war umsonst. Ein paar Dutzend Meter vom Haus ihrer Eltern entfernt sah sie auf einmal den beschriebenen Hund. Er trabte hinter einem Jungen auf Rollerblades drein. Neben den beiden ging ihr Vater.

»He!« rief sie, wobei sie fürchtete, daß ihr Vater womöglich orientierungslos oder verängstigt war.

Beide drehten sich um, und sie sah, daß der Junge ihren Vater am Arm hielt und ihn behutsam führte wie ein kleines Kind. Als sie erkannte, wer der Junge war, wäre sie am liebsten davongelaufen. Es war kein Penner. Es war ein schlaksiger junger Mann in einem weiten T-Shirt und einer clownesken Trainingshose. Und als sie ihn das letzte Mal gesehen hatte, war sie splitternackt gewesen und frisch aus dem Bett seines Vaters gekommen. O Gott.

»Ich wußte, daß er in dieser Straße wohnt, aber nicht die Hausnummer«, erklärte Ben, der rot anlief und ihr nicht in die Augen sah. »Er ist im Park auf einmal komisch geworden und wußte nicht mehr, wo er wohnt.«

»Francesca!« Der verwirrte Blick ihres Vaters wurde klar, als er sie sah. »Wie schön, dich zu sehen. Bleibst du lange?«

»Ich bringe ihn hinein«, sagte sie zu Ben, und ihre Stimme klang ruppiger, als sie es in ihrer Eile, wegzukommen, eigentlich beabsichtigt hatte. »Ich kümmere mich um ihn.«

Ben, der eindeutig genauso erpicht darauf war zu verschwinden wie Fran, packte die Leine des beanstandeten Hundes und düste davon. Erst als er schon halb die Straße hinunter war, fiel ihr ein, daß sie sich nicht bei ihm bedankt hatte.

»Wo ist Ben hin?« fragte Ralph auf einmal ungehalten. »Wo ist mein Freund Ben?«

»Du siehst ihn bald wieder. Jetzt gehen wir mal rein, einverstanden?«

»Er ist der Sohn von Jack, weißt du.«

An diese Tatsache mußte Fran nicht erst erinnert werden.

»Jack hat bei Ben gute Arbeit geleistet. Der Junge hat Manieren.«

Fran mußte zugeben, daß Ben sich ziemlich gut entwickelt hatte, wenn man bedachte, daß sein Vater einen Hang dazu hatte, alle fünf Minuten eine andere Frau abzuschleppen. Vermutlich nichts als Glück.

»Ralph!« schrie ihre Mutter mit schriller Stimme über die Einfahrt hinweg. »Wo in aller Welt bist du gewesen? Du weißt doch, daß heute mein Bridge-Abend ist. Das ist wirklich sehr rücksichtslos von dir! Auf jeden Fall«, fuhr sie fort, während sie mit Mantel und Tasche in der Hand aus dem Haus raste, »gehe ich jetzt. Im Kühlschrank steht jede Menge Essen.«

Fran konnte die Haltung ihrer Mutter nicht fassen. »Mein Gott, Ma, er kann doch nichts dafür. Irgend etwas liegt schwer im argen. Er ist eindeutig krank. Er hat es nicht getan, um dir Umstände zu machen.« Fran überrollte gewaltige Wut auf ihre Mutter. Phyllis behandelte Ralph andauernd, als hätte er sie klammheimlich hintergangen, und jetzt schien sie zu glauben, daß sie endlich den Beweis dafür hatte.

»Tja, es macht mir aber Umstände. Ich bin um zehn Uhr wieder da.«

Zornig blickte Fran der davoneilenden Rückseite ihrer Mutter nach. »Na komm«, sagte sie und führte ihren Vater hinein, »braten wir uns ein paar Reste auf.«

Sie brachte ihn in sein Arbeitszimmer und legte das Video mit den zehn besten Rennen des »Cheltenham Gold Cup« ein. Dann kniete sie sich neben ihn und nahm ihn in die Arme. »Ich hab' dich lieb, Dad.« Normalerweise sprach sie so etwas nicht direkt aus. Ihre gegenseitige Liebe äußerte sich mehr in Taten als in Worten, als wären die Worte angesichts des täglichen Beweises im Grunde überflüssig. Aber heute schienen sie angebracht.

Ihr Vater umarmte sie ebenfalls fest, und erneut trat der verwirrte Blick auf sein Gesicht. »Weißt du, Francesca, ich sage das nicht gern, aber ich glaube, mit meinem Gehirn stimmt womöglich irgend etwas nicht.«

Fran vergrub den Kopf einen Moment lang an seiner Schulter, damit er ihre Tränen nicht sah.

Nach dem Essen schlief er in seinem Sessel ein, während Fran besorgt sein Gesicht betrachtete. Der langsame Rollentausch, bei dem das Kind zum Elternteil wird und, anstatt selbst Schutz zu suchen, Schutz spenden muß, hatte stattgefunden, so beängstigend das auch war. Fran sehnte sich danach, mit jemandem zu sprechen, der verstehen würde, wie schrecklich sie ihren Verlust empfand. Und sie wußte auch genau, mit wem sie reden wollte: Laurence. Sie rief bei ihm an, doch es meldete sich nur der Anrufbeantworter, und so hinterließ sie ihm eine Nachricht. Mittlerweile hatte er bestimmt das Krankenhaus verlassen. Also mußte sie dies allein durchstehen. Eines machte ihr am meisten Angst: die Zukunft.

Nach einer halben Stunde wachte Ralph auf. »Franny«, sagte er, und seine immer noch wachen Augen leuchteten vor Freude auf, als hätte er sie nicht erst vor einer halben Stunde gesehen, »wie schön, dich zu sehen. Was führt dich hierher?«

Diesmal lächelte sie nur und nahm seine Hand. Langsam gewöhnte sie sich an dieses Muster. Das Knirschen von Kies vor der Tür ließ sie auf die Uhr sehen. Zu früh für ihre Mutter, außer wenn sie sich mit ihrer Bridge-Partnerin gestritten hatte, was recht häufig vorkam. Die Damen hielten es nur miteinander aus, weil sonst niemand mit ihnen spielen wollte. So ähnlich wie in vielen Ehen.

Es klingelte an der Tür, und Fran sprang auf, um zu öffnen. Gutaussehend und besorgt, stand Laurence auf der Schwelle.

»Laurence, Gott sei Dank!«

Er streckte die Arme nach ihr aus, und diesmal weinte sie tatsächlich, ohne den Versuch zu machen, ihre Tränen zu verbergen. »Es ist wegen Dad. Es ist schon wieder schlimmer geworden. Jedesmal, wenn er mich sieht, hat es den Anschein, als hätte er das letzte Mal komplett vergessen.«

Laurence legte die Arme um Fran und drückte sie an sich. »Ich weiß. Es ist äußerst quälend. Oft ist es für die Angehörigen am schlimmsten, doch das ist kein Trost.«

»Aber er weiß Bescheid. Gerade hat er mir erklärt, daß er fürchtet, mit seinem Gehirn stimme etwas nicht.«

»Das ist doch beruhigend. Dann kann es ihm noch nicht allzu schlecht gehen.«

»Ich ertrage es nicht, Laurence. Er sieht noch so jung aus, und sein Verstand ist immer messerscharf gewesen. Wird es denn viel schlimmer?«

»Man kann schwer vorhersagen, wie schnell der Verfall fortschreiten wird. Ich spreche mal mit einem Freund, der sich auf Geriatrie spezialisiert hat. Du solltest bald mit deinem Vater bei ihm einen Termin vereinbaren.«

Fran schloß die Augen. Es war kindisch, das wußte sie, aber seit sie Laurences Arme um sich spürte und sich von seinem kühlen und tröstlichen Verstand beruhigen ließ, fühlte sie sich schon viel besser. Warum, in aller Welt, glaubte sie, das Baby vor ihm geheimhalten zu müssen?

»Laurence, ich muß dir etwas sagen.«

»Ja?« Er lächelte über ihre Ernsthaftigkeit.

Sie sah in seine ruhigen hellbraunen Augen, die voller Liebe und Besorgnis für sie waren. »Ja. Weißt du, ich habe nämlich kürzlich festgestellt, daß ich –«

Hinter ihnen ertönte aus der Küche ein ohrenbetäubendes Krachen, das sie veranlaßte, ihre Umarmung zu lösen und nachzusehen, was passiert war.

Ralph stand mitten im Raum, wieder mit diesem verwirrten Blick, zu seinen Füßen der zertrümmerte Toaster. Er sah von diesem Bild der Zerstörung zu seiner Tochter auf. »Es tut mir leid, Franny-Schatz, ich habe nur versucht, Radio Four darauf zu finden.«

»So bald wie möglich«, flüsterte ihr Laurence leise zu. »Ich finde, du solltest meinen Freund so bald wie möglich aufsuchen.«

Ben legte die anderthalb Meilen, die sein Haus und das der Tylers trennten, mit halsbrecherischer Geschwindigkeit auf seinen Rollerblades zurück. Ralph und er hatten sich in den letzten Wochen gut kennengelernt, und der alte Mann hatte eine Lücke in Bens Leben gefüllt, die dadurch entstanden war, daß er seine eigenen Großeltern kaum kannte. Bis er Ralph begegnet war, hatte Ben immer gedacht, daß alte Leute etwas gegen junge hätten und diese nur als unhöfliche, aggressive und potentielle Vandalen ansähen. Ralph war ganz anders gewesen. Witzig und schlagfertig und an Bens Gedanken und Ansichten interessiert, als trennten sie nur fünf Minuten, nicht fünfzig Jahre. Und statt die kleinbürgerliche Autorität in Gestalt des Parkwächters zu stützen, hatte Ralph sie ständig auf eine Art in Frage gestellt, die Ben ziemlich umstürzlerisch vorkam.

»Toll, Rover, schau!« Er zeigte auf das Licht in einem Fenster im ersten Stock. »Dad ist zu Hause.«

Junge und Hund rasten durch die Haustür hinein, wo Ben nur solange innehielt, bis er seine Rollerblades abgestreift hatte. Ein einladender Duft von Bolognese-Soße und Knoblauchbrot, seinem Lieblingsessen, begrüßte sie. Die jazzigen Klavierklänge von Keith Jarrett erfüllten den Raum, lauter, als es Ben gestattet war, wie er bissig realisierte.

Sie rasten die Stufen mit einem Tempo hinauf, das ihnen beim Grand National Ehre gemacht hätte. Jack saß in seinem Arbeitszimmer über den Computer gebeugt und sah sich Entwürfe für die neue Zeitung an. Ben hielt den Hund am Halsband fest und schluckte seine Enttäuschung hinunter. Sein Dad hatte Arbeit mit nach Hause gebracht.

Ein Teenager-Schutzengel tippte Jack auf die Schulter und veranlaßte ihn, sich rasch umzudrehen. Der Blick seines Sohnes, traurig und resigniert zugleich, ließ ihn auf der

Stelle vom Bildschirm aufstehen. Jack wußte nur zu gut, daß es hart sein konnte, einen alleinerziehenden Vater zu haben.

»Hi«, sagte er mit einem Grinsen, »harter Tag in der Schule heute?«

»War okay. Ich habe Ralph im Park getroffen.«

»Ihr werdet langsam richtige Freunde. Das ist schön.« Jack sah, wie auf einmal Tränen in Bens Augenwinkeln aufstiegen, die der Junge hastig mit seinem Umbro-Sweatshirt wegwischte. »Was ist denn los?«

»Es war schrecklich. Er wußte nicht mehr, wo er war. Er ist ziellos umhergelaufen und hatte keine Ahnung, wie er nach Hause kommen sollte.«

»Gott sei Dank ist er dir begegnet. Hast du ihn nach Hause gebracht?«

»Seine Tochter ist gekommen. Die, mit der du –«

»Ja«, unterbrach ihn Jack. »Francesca.«

»Sie hat ihn nach Hause gebracht. Dad ...?«

»Ja.«

»Es ist so verdammt traurig ...«

»Und unfair. Er ist ein großartiger Mensch. Als ich beim *Citizen* gelernt habe, kam er mir vor wie ein Held. Er trat immer für das ein, woran er glaubte. Und er glaubte wirklich an Regionalzeitungen. Er wollte nie in die Fleet Street abhauen.«

»Dad?« Jack hörte es an Bens Stimme, daß die nächste Frage wichtig war. »Wolltest du je in die Fleet Street abhauen?«

Jack rang mit der Wahrheit. Er wollte nicht, daß Ben ihn für einen Märtyrer hielt. Außerdem war er keiner. Er hatte hier eine verdammt gute Karriere gemacht. »Nein, Ben. Es gab hier zu vieles, was ich wollte.«

Er sah Ben an, daß er beruhigt war. Sein gewohntes großspuriges Grinsen kehrte zurück. »Ich wäre gern wie Ralph. Etwas bewirken.«

»Das sagst du nie über mich.« Jack wollte unbedingt auch ein Kompliment hören.

»Ach, du bist doch nur ein langweiliger alter Schreiberling. Warum sollte ich wie du werden wollen?«

»Na komm«, sagte Jack und fuhr seinem Sohn liebevoll durchs Haar, »gehen wir mal abendessen, bevor der Hund alles wegfrißt.«

Das verdächtige Geräusch eines Hundes, der sich wonnevoll das Maul schleckt, ließ sie kreischend nach unten rasen.

Wild Rover bellte dankbar.

»Blöder Köter. Er hat das Knoblauchbrot verputzt.«

»Wenigstens hat er die Spaghetti und die Soße übriggelassen.«

»Aber nur«, fügte Jack mit finster drohender Miene hinzu, »weil es keinen Parmesan dazu gab.«

Obwohl sie ein etwas schlechtes Gewissen dabei empfand, wie schnell sie die anderen Patienten in der Schlange übersprangen, war Fran Laurence doch zutiefst dankbar dafür, daß er sich sofort um einen Untersuchungstermin für ihren Vater bemüht hatte. Er machte sein Versprechen wahr, und sie bekamen gleich in der nächsten Woche einen Termin im Woodbury Hospital.

»Wozu soll es gut sein«, hatte Laurence ihr lächelnd versichert, »daß ich für einen Hungerlohn fünfzehn Stunden am Tag arbeite, wenn ich nicht mal für die Menschen, die mir am Herzen liegen, ein paar Beziehungen spielen lassen kann?«

Mitten auf dem geschäftigen Krankenhausflur, wo ihre Eltern hinter ihr saßen, war Fran plötzlich über die Maßen gerührt.

Laurence küßte sie auf die Wange. »Ich rufe dich später an, um zu hören, was rausgekommen ist. Hättest du etwas dagegen, wenn ich selbst mit dem Facharzt spräche? Mir gegenüber ist er vielleicht offener.«

Sie sah zu ihrem Vater hinüber, aber Ralph las ungerührt seine Zeitung. Gestern abend hatte er protestiert und gemeint, sie machten nur unnötig Theater.

»Aber, Pa«, hatte Fran sanft eingewandt, »du weißt doch selbst, daß es ein Problem gibt. Es wäre doch dumm, es zu leugnen, dann geht es dir ja nie wieder besser.«

»Aber genau das ist ja der springende Punkt, Franny«, hatte er erwidert, und sie sah die Angst in seinen Augen. »Was, wenn es mir nicht wieder bessergeht, sondern immer schlechter? Womöglich bin ich schon zu lebenslänglich verurteilt, und das will ich lieber gar nicht wissen.«

»Na komm, Pa«, sagte sie und nahm seine Hand, wobei sie selbst einen Hauch seiner Angst verspürte, »das sieht dir gar nicht ähnlich. Du hast doch immer daran geglaubt, dich allem offen zu stellen.«

»Ja, Franny. Aber das waren stets Dinge, gegen die ich etwas tun konnte.«

In diesem Moment fiel ihr nichts mehr ein, was sie hätte sagen können. Sie konnte nur hoffen, daß sie sich alle geirrt hatten und der Arzt das bestätigen würde.

»Mr. und Mrs. Tyler?« Ein erstaunlich junger Arzt kam heraus, um sie abzuholen. Vielleicht war es der Assistenzarzt, oder es lag daran, daß Fran mittlerweile Fachärzte, genau wie Polizisten, jung vorkamen. Er führte sie in einen kleinen Raum, der mit Geräten und Tabellen vollgestopft war. Es war ohnehin ein warmer Tag, aber hier drinnen war es geradezu stickig.

»Also, Mr. Tyler«, sagte der Facharzt. »Würden Sie mir bitte das Problem aus Ihrer Sicht schildern?«

»Das Problem«, drängte Phyllis sich vor, »ist, daß er sich die Hälfte der Zeit nicht mehr daran erinnern kann, was vor fünf Minuten passiert ist, und er sich mitten in der Nacht anzieht, um auszugehen. Und dann noch dieses Davonlaufen.«

»Vielen Dank, Mrs. Tyler.« Der Ton des Arztes gegenüber ihrer Mutter war von einer Strenge, die Fran auf der Stelle für ihn einnahm. »Aber ich habe Ihren Mann gefragt.«

Phyllis verfiel in grollendes Schweigen.

»Ich kann irgendwie die Verbindungen nicht mehr herstellen«, begann Ralph ausnahmsweise ganz zögerlich. »Ich gehe zum Kühlschrank, um die Milch zu holen, und komme mit Joghurt zurück. Ich sage etwas, und aus dem Gesichtsausdruck der Leute um mich herum schließe ich, daß ich es zweimal gesagt habe. Ich verliere die Orientierung …« Seine Stimme brach ein wenig, und Fran sehnte sich danach, ihn in die Arme zu schließen und ihm den Schmerz und die Angst zu nehmen. »Manchmal weiß ich nicht einmal mehr, wo ich wohne. Ich habe Angst, Doktor, daß ich aufhöre, der Mensch zu sein, der ich gewesen bin.«

»Seit wann geht das schon so?«

»Das ist ja das Seltsame. Erst seit ein paar Monaten.«

Der Arzt beendete seine Notizen auf dem Formular vor sich und sah Ralph an. »Würden Sie bitte mit der Schwester nach oben gehen und eine Computertomographie des Gehirns machen lassen, Mr. Tyler? Dann können wir sehen, ob irgendeine Gewebeveränderung vorliegt. Anschließend unterhalten wir uns über mögliche Ursachen.«

Fran fing den Blick ihres Vaters auf, als er aufstand. Es war eindeutig, daß der Arzt mit ihr und ihrer Mutter allein sprechen wollte, und Ralph hatte das begriffen. »Bis nachher«, sagte er und versuchte es mit Humor zu nehmen. »Aber erzählt ihm bloß nichts von dem Gin und den Sexheftchen.«

Fran bemühte sich redlich um ein Lachen, doch es blieb ihr im Hals stecken. Sie wußte, daß Ralph unbedingt tapfer sein und das Problem mit Scherzen beiseiteschieben wollte. Sie sah auch, wie beängstigend das alles für ihn sein mußte, der er doch immer so scharfsinnig und prägnant gewesen war und von den präzisen Wahrnehmungen gelebt hatte, die nur er machen konnte.

»Also, Doktor«, begann Phyllis, noch bevor ihr Mann den Raum ganz verlassen hatte. »Sie können uns jetzt die Wahrheit sagen.«

Der Facharzt zuckte die Achseln und hatte offenbar wenig Sympathie für sie. »Ich wünschte, ich könnte, Mrs. Tyler. Ich wünschte, es wäre so einfach. Zuerst können wir eine Reihe von Tests machen, um körperliche Ursachen auszuschließen. Ein leichter Schlaganfall, ja sogar eine Depression kann sich ähnlich auswirken. Ebenso wie Alkoholmißbrauch, aber ich nehme an, daß das hier nicht von Belang ist.«

Ausgeschlossen im Zusammenleben mit Phyllis, dachte Fran bitter. In gewisser Hinsicht war es eher ihre Mutter, bei der man sich den heimlichen Griff zur Sherryflasche vorstellen konnte.

»Und falls nichts davon zutrifft?« fragte Fran ruhig.

»Dann könnte es Alzheimer sein. Aber diese Diagnose ist

nicht leicht zu stellen. Sicher kann man sich erst durch eine Autopsie nach dem Tod sein.«

»Gibt es dagegen irgendeine Behandlungsmethode?«

»Wenn es wirklich Alzheimer ist, leider nein.«

»Wie ist die Prognose?« fragte Fran, voller Angst vor seiner Antwort.

»Schwer zu sagen. Er ist noch ziemlich jung für die Krankheit, aber nach allem, was Sie sagen, hat sich sein Zustand im Laufe weniger Monate ungewöhnlich schnell verschlechtert. Die Veränderungen geschehen meist phasenweise. Erst geht es ihm besser und dann wieder schlechter.«

»Er weiß, was mit ihm geschieht, das ist das Schlimmste daran.« Fran mußte sich zusammenreißen. Es war so verdammt unfair. Ihr geistreicher, witziger Vater. Warum mußte gerade ihm das passieren?

»Nun, wenn es Alzheimer ist, wird es ihm mit der Zeit immer weniger bewußt sein. In diesem Sinne wird es leichter. Zumindest für ihn.«

Aber nicht für seine Angehörigen, hieß das.

»Wenn das die endgültige Diagnose ist, müssen Sie sich womöglich auf merkwürdiges und sogar anstößiges Benehmen gefaßt machen. Aber wir wollen nicht gleich das Schlimmste annehmen.« Die Stimme des Arztes verlor ihren warmen, mitfühlenden Klang und nahm den energischen, unpersönlichen Unterton an, der gewiß zum Teil dem Selbstschutz diente. Er konnte es sich nicht leisten, die Last der Tragödien anderer Leute zu tragen.

Als sie in den Wartebereich zurückkamen, versuchte Fran, ihre Mutter in die Arme zu nehmen. Sie wäre schließlich die Hauptleidtragende.

Ausnahmsweise ließ Phyllis es geschehen. »Ach, Fran, das hat er nicht verdient.« Einen kurzen Moment lang waren Mutter und Tochter in der Lage, einander das zu geben, was sie am meisten brauchten: Trost. Doch dann kam die alte Phyllis wieder zum Vorschein. »Ich versorge ihn nicht, das sage ich dir. Die Belastung wäre mir zuviel. Ich habe schon Leute mit Alzheimer gesehen. Sie wissen nicht einmal mehr, wer du bist. Du opferst ihnen dein ganzes Leben, und du könntest jemand X-beliebiges sein. Sie können dich nicht von einem Wildfremden unterscheiden.«

Bei den Worten ihrer Mutter versteinerte Fran. »Was meinst du denn damit?«

»Ich meine, daß ich in diesem Fall einen Platz für ihn suchen werde. Irgendwo, wo sie wissen, wie man mit so etwas umgeht.«

»Um Gottes willen, Ma.« Die Leute um sie herum starrten zu ihnen her, als Fran den Arm ihrer Mutter packte. »Du kannst ihn doch nicht in ein Heim stecken. Die meiste Zeit geht es ihm ja gut. Du bist ihm mehr als das schuldig.«

»Und was ist mit dir?« wollte ihre Mutter wissen. »Bist du ihm nicht auch etwas schuldig als sein einziges Kind? Warum gibst du denn nicht deine glänzende Karriere auf und kümmerst dich um ihn, wenn du so pflichtbewußt bist?«

Fran schwieg. Es war ein fairer Einwand.

»Wie dem auch sei.« Phyllis Stimme nahm einen Tonfall an, der zum einen Teil triumphierend und zum anderen beschämt war. »Vermutlich wirst du genug Zeit dazu haben. Wir haben ein Angebot für die Zeitung bekommen. Von der *Express*-Gruppe. Sie wollen *Express* und *Citizen* zusammenlegen.«

»Ma!« Fran umklammerte den Arm ihrer Mutter so fest, daß sie vermutlich einen blauen Fleck bekommen würde. »Das kann nicht dein Ernst sein. Sie würden uns im Handumdrehen den Laden dichtmachen. Binnen eines Jahres wäre unser Name aus dem Impressum verschwunden. Dad kann das nicht ernsthaft in Erwägung ziehen.«

»Vielleicht nicht. Aber er ist krank, Francesca, und ich muß irgendwie für seine Pflege aufkommen. Wenn nicht jetzt, dann in ein paar Jahren. Wie soll ich das deiner Meinung nach machen?«

Fran wußte keine Antwort – außer der Gewißheit, daß die Zeitung das Lebenswerk ihres Vaters gewesen war und sie sie jetzt erst recht nicht untergehen lassen konnte. Sie würde eben Mittel und Wege finden müssen, um das Blatt einträglicher zu machen.

»Ma, ich muß ohnehin mit dir und Dad über die Zeitung sprechen. Ich habe da eine Idee, mit der wir sie vielleicht retten können. Ich habe schon mit Stevie darüber gesprochen, und sie steht auch dahinter.«

Ihre Mutter zuckte bei Stevies Namen leicht zusammen. »Dann solltest lieber du ein Treffen der Trust-Mitglieder einberufen.«

Fran entdeckte ihren Vater, der von einer fröhlichen Schwester wieder zu ihnen gebracht wurde. Allzu mitgenommen sah er nicht aus. »Übrigens, wieviel bieten sie eigentlich?« fragte sie rasch ihre Mutter. Sie war entsetzt von der Antwort. »Aber das ist eine Frechheit!«

»Vielleicht. Aber es würde für ein Pflegeheim reichen, und dann bliebe noch genug für einen Bungalow.«

Fran merkte, wie ihr eiskalt wurde. Sie kannte diesen Ton. Ihre Mutter hatte bereits entschieden.

13. Kapitel

»Wie geht's ihm?« bestürmte Stevie Fran, sobald sie wieder in der Zeitung eintraf.

»Du kennst doch Dad.« Fran hatte solche Angst davor, die Beherrschung zu verlieren, daß sie Stevie nicht richtig in die Augen sehen konnte. »Er versucht eben, sein Leben weiterzuleben. Tut so, als interessierten ihn die Rennergebnisse mehr als seine Diagnose.«

»Und wie lautet die Diagnose?«

Fran wandte sich ab, um ihren ganzen Mut zusammenzunehmen. »Alzheimer. Jedenfalls wahrscheinlich Alzheimer.«

»Alzheimer?« Stevie flüsterte beinahe. »Oh, mein armer Ralph!«

Einen Augenblick lang klammerten sie sich aneinander, um sich gegenseitig zu stützen, während jede Trost im Schmerz der anderen fand.

»Sie machen auch andere Tests, aber es sieht schlecht aus. Ich muß eine Hilfe für Ma suchen. Es fällt ihr sehr schwer, mit alledem zurechtzukommen.«

»Wie überraschend.« Die tiefe Bitterkeit in Stevies Stimme entsetzte Fran. »Phyllis fiel es schon schwer, mit Windpocken zurechtzukommen. Außer wenn sie selbst sie hatte. Dann mußte die Welt aufhören sich zu drehen. Sie ist eine Neurotikerin, Fran.«

»Ja, aber diesmal eine Neurotikerin mit echten Sorgen.«

»Tut mir leid, vielleicht bin ich ein herzloses Miststück, aber meine Sympathien sind mehr bei Ralph. Er ist derjenige, dessen Gehirn nachläßt.«

Die Brutalität der Worte hing in der Luft.

»Stevie, sie will ihn in ein Heim stecken.«

Die harte, unsentimentale Stevie, deren uralte Strickjacke schon unzählige Tränen aufgesaugt hatte, die andere Leute geweint hatten, aber nie ihre eigenen, fiel auf einen Stuhl und begann zu schluchzen.

Es war ein grauenhafter Anblick.

»Sie hat ihn nie geschätzt, geschweige denn geliebt. Sein brillantes journalistisches Können, sein Einsatz für diese Stadt. Für sie war sein Beruf nur eine kleine Unannehmlichkeit, die die Aufnahmesekretärin im Golfclub verärgern könnte.« Stevies fülliges, von Fältchen gezeichnetes Gesicht sah mit einem Mal entschuldigend zu Fran auf. »O Gott, es tut mir so leid, Fran, sie ist schließlich deine Mutter. Ich sollte nicht so reden.«

Anstelle einer Antwort legte Fran ihre Hand leicht auf die Stevies, wo sie unter der warmen Trockenheit der Haut die Venen spürte. Die mangelnde Loyalität mußte nicht in Worte gefaßt werden. »Zu ihrer Verteidigung muß ich sagen, daß sie auch nicht glücklich war. Ihre Borniertheit hat sie selbst ebenso eingeengt wie alle anderen. Und sie hatte eine sehr unglückliche Kindheit.«

»Die hatte Hitler auch.«

»Die Tragödie der beiden ist, daß sie so absolut nicht zueinander gepaßt haben. Ich hoffe bei Gott, daß sie es nicht meinetwegen durchgehalten haben.«

»Und meine kleine Tragödie ist, daß ich es mitgemacht habe. Ich hätte um ihn kämpfen sollen, Fran, egal mit welchem Risiko. Wir haben uns geliebt. All diese Jahre sind nun verschwendet. Und jetzt das ... Sie kann ihn nicht einfach in ein Heim stecken! Das darfst du nicht zulassen, Fran. Er muß doch an einem Ort wohnen, den er kennt und wo er von Dingen umgeben ist, die ihm etwas bedeuten.«

»Ich lasse es nicht zu, nein. Nicht, wenn ich einen Weg finde, um sie aufzuhalten. O Gott, Stevie, eines habe ich ganz vergessen. Ausgerechnet jetzt ist noch eine Bombe geplatzt. Der *Express* versucht uns aufzukaufen.«

Stevie riß sich beim ersten Anflug von Gefahr aus ihrem privaten Leid. »Wie können diese Leute das nur wagen? Jack hat nie auch nur eine entsprechende Andeutung gemacht.«

»Vielleicht weiß er nichts davon. Murray Nelson ist hinterhältig genug, um es hinter seinem Rücken zu tun.«

»Er hätte uns gewarnt, wenn er es gewußt hätte. Ich kenne Jack.«

»Ja«, mußte Fran zugeben, »das hätte er wohl getan. Jedenfalls hat meine Mutter einem Treffen des Trusts zugestimmt, also sollte ich mich jetzt über Fakten und Zahlen für unser neues Projekt schlau machen. Wie sollen wir es denn nennen? Ich dachte an ›Fair Exchange‹.«

Stevie steckte ihre Gefühle weg, als ob sie eine unordentliche Schublade zugemacht hätte. Fran wartete auf ihr Urteil. Stevies instinktives Gefühl für Titel war mehr wert als Hunderte von Pfund für Marktforschung.

»Nicht schlecht. Macht deutlich, was für ein Produkt es ist. Das mögen die Leute.«

»Also dann heißt es *Fair Exchange*. Eine gute Nachricht gibt es aber auch«, fügte Francesca hinzu.

»Schieß los. Wir brauchen sämtliche guten Nachrichten, die wir auftreiben können.«

»Laurence war großartig. Er hat uns innerhalb von drei

Tagen einen Termin beim Spezialisten verschafft, und demnächst ruft er ihn an, um zu erfahren, was er wirklich glaubt.«

»Das gehört ja wohl dazu.« Stevie war nicht bereit, kampflos Lob zu verteilen. »Wozu hat man denn einen Weißkittel als Verlobten, wenn er nicht dazu bereit ist, ein paar Gruftis aus der Schlange zu boxen?«

»Stevie!« Allerdings konnte sich Fran bei dieser Vorstellung ein Lächeln nicht verkneifen. Die alte, giftige Stevie lebte wieder auf.

»Hast du es ihm schon gesagt? Dr. Kildare? Daß du eine hinreißende, aber schwangere Braut sein wirst?«

»Ich hatte einiges um die Ohren.«

»Natürlich. Wie zum Beispiel die Tatsache, daß das Baby womöglich braune Haare und von Fältchen umgebene blaue Augen hat und Lederflicken an den Ärmeln trägt wie Jack Allen, anstatt wie ein arischer Gott auszusehen und keinen Humor, dafür aber einen Doktortitel zu haben.«

»Stevie!« Fran mußte einfach kichern. »Laurence hat durchaus Humor. Nur nicht deinen.«

»Oder den von sonst jemandem.« Stevie floh in den Trubel der Redaktion, bevor Fran zurückbeißen konnte.

Fran holte die Akte heraus, die sie über Kosten und praktische Erfordernisse für *Fair Exchange* angelegt hatte, und suchte ihren Taschenrechner. Doch in ihrem Kopf jagten andere, dringlichere Fragen umher. Sollte sie versuchen, die Hochzeit zu verschieben? Aber wenn sie das tat, war ihr Vater womöglich zu krank, und sie konnte sich die Feier nicht ohne ihn vorstellen.

Auf einmal bekam sie einen Bärenhunger. Und zwar die Art von Hunger, die nur durch eine Tafel Schokolade und ein gebuttertes Rosinenbrötchen zu bändigen war. Entsetzt erkannte sie, daß man sich wohl genauso fühlte, wenn man schwanger war.

»Habt ihr euch schon ein Datum für die Hochzeit überlegt?« fragte Camilla, schlang ihre eleganten, langen Beine unter sich auf das chintzbezogene Sofa und zog irgendwo aus dessen Tiefen einen Kalender hervor.

»Ich meine, es ist ja schon Juni, und ich nehme nicht an, daß ihr eine Winterhochzeit feiern wollt, oder? Das ist irgendwie so düster.«

Stirnrunzelnd stellte Fran fest, daß sie nie über den tatsächlichen Vorgang der Eheschließung nachgedacht hatte. Wenn sie auf anderen Hochzeiten zu Gast war, rang sie nicht im Hintergrund mit den Rührungstränen, sondern fragte sich, wie lange es dauern würde, bis das glückliche Paar genug voneinander hatte. Camilla plapperte weiter. »Wir brauchen mindestens drei Monate, um alles zu organisieren, und August kommt natürlich nicht in Frage, also wäre im Grunde September ideal. Vielleicht bekommen wir ja einen dieser herrlichen Altweibersommer. Was meinst du, Laurence?«

Als er seinen Namen hörte, sah Laurence von dem Artikel über intratubaren Gametentransfer auf. »September klingt gut. Was meinst du, Francesca?«

Fran merkte, wie Camillas Besitzerinstinkt sich ihrer Hochzeit bemächtigte, und zögerte. »Ich habe mir eigentlich noch keine Gedanken darüber gemacht.« Sie wußte, daß sie damit alle beide verärgern würde, sagte es aber trotzdem.

»Mutter hat recht, daß wir uns allmählich darum kümmern sollten.«

»Es dauert alles seine Zeit, wissen Sie, Francesca«, pflichtete Camilla ihm bei. »Hochzeitslisten, Kleider für die

Brautjungfern, die Bewirtung. Was für eine Art von Einladung habt ihr euch eigentlich vorgestellt? Darf ich sie auch sehen?«

Sie ist eine von der Sorte, die Einladungen abtastet, um festzustellen, ob der Druck erhaben ist, dachte Fran verärgert. Und mich hält sie für den Typ, der Silberschrift mit kleinen Hochzeitsglocken in der Ecke aussucht.

Vielleicht sollte sie Henrietta doch die Hochzeit in deren Haus ausrichten lassen. Das würde ihre snobistische Schwiegermutter in spe richtig auf die Palme bringen. Eigentlich war es das fast wert.

»Übrigens«, fuhr Camilla fort. Sie ließ sich nicht aufhalten, wenn sie erst einmal Blut geleckt hatte. »Laurence hat gesagt, daß Ihr armer Vater ziemlich krank ist. Glauben Sie, daß es ihm gut genug gehen wird, um Sie zum Altar zu führen?«

Fran geriet über Camillas Gefühllosigkeit so in Rage, daß sie aus ihrem Sessel aufsprang. Durch die plötzliche Bewegung schoß ihr alles Blut in die Beine, und ohne jegliche Vorwarnung fiel sie ohnmächtig zu Boden.

Die Schwärze war beängstigend und umfassend, als hätte man ihr ein Narkosemittel verabreicht und bis drei gezählt, bis sie in den Abgrund sank. Langsam begann sie wieder an die Oberfläche zu steigen und die Gesichter wahrzunehmen, die sich über sie beugten. Dann merkte sie, wie ihre Beine auf Kissen gelagert wurden, um das Blut wieder zurückfließen zu lassen.

»Laurence, Liebes«, hörte sie Camilla flüstern. »Das war ja sehr dramatisch. Ist da nicht vielleicht etwas, das du mir verschwiegen hast?«

»Daß sie Epileptikerin ist oder so? Natürlich nicht.«

»Ich habe gemeint, daß sie schwanger ist.«

»Mutter.« Die Verärgerung in Laurences Stimme drang zu Frans Bewußtsein vor. »Ich kann dir kategorisch versichern, daß Francesca nicht schwanger ist.«

Schuldbewußt strich Laurence Fran die Haare aus dem Gesicht. Er hatte seine Mutter angeschnauzt, weil er wußte, daß er und Francesca darüber hätten sprechen sollen. Obwohl sie es nie ganz deutlich gesagt hatte, wußte er, daß ihr an Kindern etwas lag. Aber schließlich, so beruhigte er sich selbst, lag ihr auch viel an ihrem Beruf. Vielleicht sollte er ihr gleich, bevor sie sich noch enger banden, ehrlich sagen, wie seine Einstelllung gegenüber Kindern war. Aber dann verlor er sie womöglich.

Natürlich würde er es ihr sagen. Nach der Hochzeit.

Obwohl sie viel Arbeit hatte und sich Sorgen um ihren Vater machte, merkte Fran bald, daß bei Hochzeiten jeder ein Wörtchen mitreden wollte. Widerstand schien zwecklos zu sein.

»Glaubst du nicht, daß du in dem hier wunderbar aussehen würdest?« Eine Woche später hatte Henrietta sie in eine Brautkleider-Boutique in der Nähe des Marktplatzes geschleppt, wo die »individuelle Braut« vom Scheitel bis zur Sohle ausgestattet wurde. Henrietta zeigte auf eine weißseidene Kreation mit Reifrock, gerüscht wie alte Kinovorhänge und mit einem schulterfreien Dekolleté, das selbst Scarlett O'Hara für unanständig befunden hätte.

Fran schüttelte den Kopf.

»Na gut, wie wär's dann mit dem hier? Vielleicht ist das eher dein Stil.« Henrietta wies auf ein schmal und modisch geschnittenes Kleid von Catherine Walker ganz ohne Rüschen oder Volants. »Kühl und unerreichbar in elfenbeinfarbenem Satin. Ideal.«

Fran kicherte, obwohl sie zugeben mußte, daß sie das Kleid traumhaft fand. »Es ist schwer, kühl und unerreichbar zu sein, wenn man ein Baby im Bauch hat.«

Henrietta senkte die Stimme zu einem Flüstern. Typisch für bestimmte Oberschichtsstimmen wurde sie dadurch doppelt so gut hörbar. »Paß mal auf, Fran, du willst doch nicht allen Ernstes diesen Test machen lassen, um herauszufinden, wer der Vater ist, oder?«

»Wahrscheinlich nicht. Es ist zu kompliziert.«

»Gott sei Dank. Es ist das beste, gewisse Dinge dem Schicksal zu überlassen und der Natur nicht ins Handwerk zu pfuschen.«

Das Problem bei mir, dachte Fran, ist, daß ich alles dem Schicksal überlasse und das Schicksal notorisch unzuverlässig ist. Ich sollte wirklich die Kontrolle über mein Leben übernehmen und eine Entscheidung treffen.

Zum Entsetzen der Verkäuferin kam Lottie mit einem riesigen Schokoladendonut herbeigehopst. »Können wir uns jetzt Kleider für Brautjungfern ansehen, Tante Fran? Biiiitte!«

»Das wird ein rauschendes Fest«, versprach Henrietta. »Sophie hofft auf ein gesmoktes Oberteil aus weißem Wildleder, und Lottie schwärmt mehr für ›Fragonard trifft Pocahontas‹. Warum feierst du die Hochzeit nicht im Eurodisney? Wahrscheinlich könntest du Micky Maus dazu engagieren, dich über die Schwelle zu tragen.«

»O ja, mach doch, Tante Fran, mach doch!« krähte Lottie.

Fran erschauerte. Vor ihrem geistigen Auge erschien das Bild einer riesenhaften Plastikmaus, die sie ins Schlafzimmer trug, ihr leidenschaftlich in die Augen blickte und sagte: »Endlich, meine kleine Minnie, ist der Moment gekommen, auf den ich so lange gewartet habe ...«

»Ich glaube, Sie machen einen großen Fehler, Murray, wenn Sie den Preis senken.« Jack hielt ein Exemplar der Zeitung vom nächsten Tag in die Höhe, auf der die Preisreduzierung in einem riesigen Balken verkündet wurde. »Sehen Sie sich nur an, was passiert ist, als die anderen Zeitungen das gemacht haben. Letztlich haben sie sich doch ins eigene Fleisch geschnitten. Eine Zeitlang sind die Auflagen gestiegen, aber langfristig hat es der Branche geschadet.«

»Jack, Jack«, entrüstete sich der gräßliche Nelson. »Sie erstaunen mich. Sie halten Konkurrenz immer noch für etwas Gutes, was?«

»Aber sicher. Ohne sie wird man selbstzufrieden, und Selbstzufriedenheit ist der Tod eines guten Journalismus. Man muß die Geschichte haben wollen, man muß sie korrekt haben wollen, und man muß sie als erster haben wollen. Wenn es nur eine einzige Zeitung gibt, warum sollte man sich da die Mühe machen?«

Murray stand auf, wobei sein teurer Anzug seinen Bauch nicht ganz verhüllen konnte, machte aber immer noch keine Anstalten zu gehen. Warum zum Teufel nicht? Jack wünschte, jemand aus der Redaktion würde hereinkommen und eine Entscheidung von ihm verlangen oder ihm eine Frage stellen, aber sie wußten alle, wer bei ihm im Büro war, und machten einen weiten Bogen darum.

»Also, Jack.« Er führte offenbar etwas im Schilde, das spürte Jack. »Gewöhnen Sie sich lieber daran, Ihre Maßstäbe auch ohne Konkurrenz aufrechtzuerhalten.«

»Warum das, Murray?« Jack wußte, daß ihn Murray in eines seiner Spielchen verwickeln wollte, aber vermutlich würde er sich früher oder später langweilen und Jack darüber aufklären, worauf er hinauswollte.

»Weil es schon bald *Express & Citizen* heißen wird. Wir haben ein Angebot für den *Citizen* gemacht. Ralph Tyler ist aus dem Rennen, haben Sie das nicht gehört? Hat den Verstand verloren, der arme alte Knabe, und seine Frau ist ziemlich daran interessiert zu verkaufen.«

Jack kochte vor Wut. »Sie sind doch wirklich ein Dreckskerl, Murray. Haben Sie auf die Diagnose gewartet oder das Angebot auf gut Glück gemacht?«

Murray seufzte. »Ich bin Realist. Die Tochter wird die Preissenkung und unser neues Blatt nicht überleben. Wir bieten der Familie einen vernünftigen Ausweg an. Im Grunde geradezu altruistisch.«

»Sie könnten das Wort nicht einmal buchstabieren. Und ich würde den *Citizen* noch nicht abschreiben. Francesca Tyler hat viel vom Gespür und vom Talent ihres Vaters.«

»Dann soll sie sich lieber mal beeilen und es beweisen.« Nelson hatte gesagt, was er zu sagen hatte. »Vor allem ihrer Mutter. Soweit ich weiß, ist sie am versessensten auf den Verkauf.«

Jack schleuderte die preisreduzierte Ausgabe gegen die sich schließende Tür. Wußte Fran, daß sie ihre eigene Mutter würde überzeugen müssen?

Er dachte an Ralph, der ihm quasi ein Mentor gewesen war, die Vaterfigur, die sich großzügig und klug gezeigt hatte, während sein eigener Vater kalt und distanziert gewesen war. Die Ungerechtigkeit daran machte Jack rasend. Es war schlimmer als nur das Ersterben des Lichts. In mancher Hinsicht war ein kurzer, schneller Tod besser als die lange und halbbewußte Reise in die Auflösung, als die er Alzheimer kannte. Für jemanden von Ralphs Intellekt wäre es eine doppelte Tragödie. Er sah Ralphs immer noch jugendliche, lebhafte Gesichtszüge vor sich, seine immer noch erhaltene Fähigkeit, selbst in seinem Alter neue Freundschaften zu schließen, wie er es mit Ben getan hatte, und den klarsichtigen Enthusiasmus, der ein Teil dieses Mannes war. Einen Moment lang verging Jack die Lust an dem, was ihnen beiden am allermeisten am Herzen lag: die Faszination, eine Zeitung zu machen.

Er schaltete seinen Computer ein und versuchte, sich darauf zu konzentrieren, die auffällige Schlagzeile umzugestalten, doch es hatte keinen Zweck. Draußen in der Redaktion war es ungewöhnlich still. Die meisten Mitarbeiter waren hinter einer Story her oder waren auf einen kleinen Imbiß in die Kantine oder das Pub nebenan gegangen. Jack ging eine Weile hin und her, dann gab er auf. Er würde heute nichts mehr zustande bringen.

Sein geliebter blauer Saab strahlte ihn von seinem Chefredakteursparkplatz aus an. Meistens wurde er mehr geliebt als poliert, aber Ben, der auf ein Paar Nike Air-Sportschuhe sparte, hatte sich angewöhnt, ihn allwöchentlich mit verblüffender Wirkung auf Hochglanz zu bringen.

Es war verrückt, das wußte er. Sie konnte in einer Besprechung oder unterwegs sein, auf jeden Fall würde sie ihn nicht erwarten und wahrscheinlich auch nicht willkommen heißen. Womöglich mißtraute sie sogar seinen Motiven oder unterstellte zumindest, er wolle sich einmischen. Was er ja auch tat. Er fuhr trotzdem hin.

Fran war in ihre Aufstellung von Kosten und Summen vertieft, als der Empfang ihr meldete, wer unten war. Sie stopfte alles in einen Aktendeckel und dann in eine Schublade. Hatte Jack Allen schon von *Fair Exchange* gehört und wollte spionieren? Das wäre typisch für ihn. Seine Antennen erstreckten sich über die ganze Stadt.

»Jack, hallo.« Sie vergaß immer wieder, was für eine massive Präsenz er nach Laurences hochgewachsener Schlankheit darstellte. Es war, als stellte man einen Rugbyspieler neben einen Marathonläufer – nicht, daß sie die beiden als austauschbar gesehen hätte. Laurence war der Mann, den sie heiraten würde, und Jack war ein einmaliger Fehltritt gewesen. Bei der Erinnerung an die Intensität dieses Fehltritts wurde sie plötzlich rot.

»Alles in Ordnung? Du siehst nicht besonders frisch aus.« Zu spät merkte er, wie taktlos das klingen mußte. Sie hatte schließlich keine wilden Feste gefeiert, sondern kürzlich erfahren, daß ihr Vater schwer krank war. »Hör mal, Fran, ich wollte dir sagen, wie unheimlich leid mir das mit Ralph tut. Du mußt verdammt wütend auf das Leben sein, daß es ihm das zumutet.«

»Ja«, bestätigte Fran und merkte, daß er recht hatte. Sie war allerdings verdammt wütend, aber irgendwie hatte sie zu viele Verpflichtungen, um das zuzugeben. »Es ist einfach so unfair. Ausgerechnet er. Das klingt jetzt wohl dumm. Ich meine, es ist immer eine Tragödie, egal, wem es passiert.«

»Natürlich. Aber die Tragödie ist noch größer, wenn es jemandem wie Ralph passiert, weil es nicht sehr viele Menschen wie Ralph gibt.«

Fran lächelte dankbar, und ihre Verzweiflung ließ ein wenig nach. Jack hatte Verständnis. Das änderte zwar nichts an der Situation ihres Vaters, aber irgendwie wurde es dadurch, daß Jack ihr das Recht zugestand, völlig außer sich vor Zorn zu sein, ein wenig erträglicher.

»Paß mal auf, Francesca«, begann er. Daß er ihren vollständigen Namen verwendete, so wie Laurence es immer tat, versetzte ihr einen Stich und rief ihr in Erinnerung, mit wem sie sprach. »Dieses Angebot, das der *Express* für den *Citizen* gemacht hat …«

»Ist das ernst gemeint?«

»Ich glaube schon. Aber weißt du, ich habe gehört, daß deine Mutter ziemlich erpicht darauf ist, es zu akzeptieren.«

Fran konnte sich gut vorstellen, warum. Panik überkam sie, während sie sich fragte, ob ihre Mutter den Familienanwalt bereits von ihrer Sicht der Dinge überzeugt hatte.

»Ja, das kann ich mir denken. Aber trotzdem danke für die Warnung.«

Jack sah auf die Uhr. Er würde verspätet zu einer Besprechung kommen. »Ich muß gehen.«

»Ja, gut.« Erneut war sie sich seiner physischen Anwesenheit bewußt, die den ganzen Raum beherrschte. Sie nahm an, daß er bei seinen Reportern immer erreichte, was er wollte. Er besaß die Gabe, so hatte sie gehört, sie dazu zu bringen, eine Stadtratssitzung nach der anderen über sich ergehen zu lassen, weil sie glaubten, daß ihre Stunde einmal kommen würde.

Nachdem Jack gegangen war, fragte sie sich einen winzigen Moment lang, wie ein Kind von ihm wohl sein würde. Und dann nahm sie den Telefonhörer ab und tätigte einen Anruf.

Norman Jones, der Anwalt der Familie Tyler, teilte die übliche Verehrung für den Gründer des *Woodbury Citizen* nicht. Obwohl er niemals irgend jemandem außer seiner Frau ein Sterbenswörtchen davon verraten würde, war Ralph Tyler in seinen Augen schon immer ein Unruhestifter gewesen. In der Frühzeit seiner Laufbahn hatte Ralph einen Feldzug gegen die hohen Anwaltskosten bei Grundstücksübertragungen geführt und sogar die Bürger der Stadt dazu aufgerufen, ihre Urkunden selbst auszustellen, womit er die verläßlichste Einkommensquelle der ortsansässigen Anwälte bedroht hatte. Das lag mittlerweile fast zwanzig Jahre zurück, aber Anwälte hatten ein langes Gedächtnis. Norman Jones dachte zwar nicht, daß Alzheimer eine gerechte Strafe dafür war, doch fiel ihm ein, daß es viele ältere und im Ruhestand lebende Anwälte in dieser Stadt gab, die man häufig auf dem Golfplatz sah, wo sie die gute, frische Luft atmeten, und daß von ihnen keiner Alzheimer hatte. Er empfand einen leisen Anflug von Schadenfreude darüber, daß der selbstgerechte Ralph Tyler, Erzbischof Ralph, wie Jones ihn insgeheim getauft hatte, nun so schwer krank geworden war.

»Ist für die Tyler-Besprechung alles bereit?« fragte er seine Sekretärin eine Woche später.

»Kaffee und Kekse stehen im Besprechungsraum. Ich habe anderthalb Stunden eingeplant. Reicht Ihnen das?«

»Muß ja wohl.« Norman Jones konsultierte die silberne Uhr an ihrer Kette, ein passender Schmuck, so fand er immer, für den Nadelstreifenanzug, den er tagtäglich im Büro trug und von dem er sich einbildete, daß er maßgeschneidert aussähe, obwohl er von der Stange bei Hector Powe stammte. »Schon jemand gekommen?«

»Nur Mrs. Tyler.«

»Dann sprechen wir es gleich einmal bei einer Tasse Kaffee durch.«

»Wie viele Personen erwarten Sie noch?« Janice hatte eine ganze Packung Schokoladenkekse von »Marks & Spencer« aufgemacht, und es klang, als könnten ein paar übrigbleiben und ihr das kalorienreduzierte Mittagessen versüßen. Janice wog fast neunzig Kilo, aber zur allgemeinen Verblüffung sah man sie nie irgendeinen Dickmacher zu sich nehmen. Es war nur eine Schilddrüsengeschichte. Und eine massive Schokoladensucht.

Als Fran absolut pünktlich eintraf, waren ihre Mutter und der Anwalt bereits mit leisen Stimmen ins Gespräch vertieft. Sie fuhren auseinander wie ertappte Ehebrecher, als Fran den Raum betrat.

»Gut.« Mr. Jones war die Geschäftsmäßigkeit in Person. »Wie Sie wissen, hat die *Express*-Zeitschriftengruppe dem Trust ein Angebot gemacht, ein recht verlockendes Angebot sogar, wenn man bedenkt, daß der *Citizen* nicht gerade die *Daily Mail* ist.« Er stieß ein verächtliches, keuchendes Lachen aus, so daß Fran schon einen seligen Augenblick lang vermutete, er werde grellrot anlaufen, sich verschlucken und seine aufgeblasene Würde verlieren. Aber leider erholte er sich wieder. »Ihre Mutter macht sich, wie man ohne weiteres nachvollziehen kann, Sorgen um die Zukunft Ihres Vaters. Sie hätte gern die Sicherheit eines gewissen Vermögens für seine Pflege, falls das nötig werden sollte.«

»Ja. In einem Pflegeheim. Aber damit bin ich ganz und gar nicht einverstanden. Und ich weiß genau, daß es das letzte wäre, was mein Vater wollte, dafür die Zeitung zu verkaufen, die er gegründet hat.« Sie richtete den Blick auf ihre Mutter. »Wo ist er eigentlich? Hast du vergessen, ihm von der Besprechung zu berichten? Er hat auch eine Stimme.«

»Also wirklich, Francesca.« Ihre Mutter betastete die Knöpfe ihres Kostüms, anstatt dem Blick ihrer Tochter zu begegnen. »Er ist viel zu krank, um solche Entscheidungen zu treffen. Wie willst du von jemandem, der ein Radio nicht von einem Toaster unterscheiden kann, erwarten, daß er an einer wichtigen Besprechung teilnimmt?«

»Die meiste Zeit ist er völlig vernünftig. Der *Citizen* ist seine Schöpfung.« Fran hätte beinahe gesagt »die Liebe seines Lebens«, aber das hätte ihre Mutter nur noch mehr aufgebracht. »Du mußt ihn nach seiner Meinung fragen.«

»Ich glaube, daß das bei einer so wichtigen Angelegenheit wie dieser meine Entscheidung ist.«

Hinter ihnen ging die Tür auf. »Was ist deine Entscheidung, Phyllis? Was ist so wichtig, daß du es nicht für nötig gehalten hast, mir davon zu berichten?«

Phyllis schnappte nach Luft. Ihr Mann, in einem schicken grauen Anzug und einer adretten, perfekt gebundenen marineblauen Krawatte, betrat hinter Janice den Raum.

»Es tut mir leid, Mr. Jones, aber er hat darauf bestanden. Als ich sagte, daß das nicht ginge, hat er verlangt, den Seniorchef zu sprechen. Tja, und das sind Sie, also konnte ich ihn wirklich nicht aufhalten.« Janice setzte ein Grinsen mit einem kleinen Hauch Respektlosigkeit auf.

Ralph nahm an der Stirnseite des Tisches Platz, auf dem Stuhl, den Norman Jones zunächst frei gelassen hatte. Frans Lächeln begegnete den scharfen blauen Augen ihres Vaters, und ihr zog es das Herz zusammen. Heute waren keinerlei Anzeichen von Verfall und Verwirrung zu erkennen. Der Vater, den sie liebte, war wieder da, als hätte er nie in den Abgrund geblickt.

Ralph schlug die Beine übereinander und legte damit das einzige Zeichen von Nachlässigkeit frei. Eine Socke war in einem gedämpften Wollton gehalten, während die andere in grellem Türkis leuchtete und die Worte »Happy Birthday« eingestrickt hatte – Frans letztes Geschenk an ihn vor nur sechs Monaten. Sie gab ihm mit der hochgezogenen Augenbraue ein Zeichen, woraufhin Ralph die Beine wieder auseinandernahm und das eine mit dem anderen verdeckte.

»Also, Franny, was höre ich da über ein neues Projekt von dir, mit dessen Hilfe wir womöglich dem *Express* Paroli bieten können, anstatt uns an ihn zu verkaufen?«

Fran griff nach ihrer Aktentasche und breitete die Zahlen und Tabellen für *Fair Exchange* aus, deren Zusammenstellung sie in der vergangenen Woche jede freie Minute gekostet hatte. Dann setzte sie ihr ganzes Talent und all ihren Enthusiasmus ein, um die drei zu überzeugen.

»Verstehst du, Ma, es ist nicht nur ein Lockartikel. Der Trumpf von *Fair Exchange* ist, daß es wirklich für die Region gemacht ist, aber es muß sich ja nicht auf Woodbury beschränken. Wir könnten ein zweites in Westwold oder Sawbridge gründen. Wenn das System erst einmal funktioniert, gibt es im Umkreis fünf oder sechs Städte, die groß genug sind, um eigene Ausgaben zu verkraften. In ein oder zwei Jahren könnte *Fair Exchange* weitaus mehr wert sein, als der *Express* uns anbietet. Vertrau mir. Gib mir ein Jahr. Du bist einverstanden, nicht wahr, Dad?«

Phyllis beobachtete die unbeschwerte Zuneigung, die zwischen Vater und Tochter kursierte, wie sie es schon viele Male zuvor gesehen hatte, und spürte den giftigen Stachel der Eifersucht.

»Was meinen Sie, Mr. Jones?«

Norman Jones sah gefährliches Terrain vor sich. Man hatte ihn getäuscht. Er war davon ausgegangen, daß Ralph Tyler bereits zu einem tattrigen, senilen Wrack verkommen war, wie eine dieser armen Seelen, die ihm begegneten, wenn er seine eigene Mutter besuchte.

»Phyllis, meine Liebe«, begann Ralph, der nun kerzengerade dasaß. Alle wußten, daß er jetzt etwas Ausschlaggebendes sagen würde. Er erinnerte Fran entfernt an eine dieser Statuen von Ramses II., wie er gerade eine Proklamation verkünden wollte, aber hatten Pharaonen je gelächelt? »Ich weiß, was mir bevorsteht. Ich weiß, daß es mir schlechter gehen wird. Wahrscheinlich viel schlechter. Aber ich will die Zeitung nicht verkaufen. Wenn ihr mich schon wegsperren müßt, macht es doch billig. Vielleicht hat Fran ja selbst einmal Kinder, denen sie die Zeitung vererben kann.«

Fran zuckte zusammen. Hatte er ihre Schwangerschaft erraten? War irgend etwas an ihrer Haut oder ihrem Aussehen anders, oder bedeutete ihre tiefe gegenseitige Zuneigung, daß er die Veränderung in ihr einfach spürte? »Bitte, Phyllis, ich habe nie viel von dir verlangt. Laß Franny ihre Idee ausprobieren. Wenn es fehlschlägt und ich schon im Lande Plemplem bin, dann verkauf auf jeden Fall. Das ist dein gutes Recht.«

Phyllis sah zu Norman Jones hinüber, doch er sah absichtlich beiseite. Sie war isoliert.

»Na gut. Ein Jahr, um zu beweisen, daß die Idee funktioniert.«

»Abgemacht«, sagte Francesca. Wenn sie bis dahin keine Gewinne vorzuweisen hatte, müßte sie das ganze Projekt ohnehin in Frage stellen.

Als sie ihre Sachen zusammenpackte, fiel Fran auf, daß ihre Mutter, nun da ihr kurzer Machtrausch vorüber war, kleiner wirkte. Wenn sie nur selbst ein paar Leistungen vorzuweisen hätte, würde sie die anderer Leute nicht so mißgünstig beäugen. Sie war wie ein Eichhörnchen in aufgerauhter roter Wolle, das die Triumphe anderer Leute mißgünstig wie Eicheln hortete und sich weigerte, auch nur eine einzige wieder herauszugeben.

»Soll ich euch nach Hause fahren?« bot Fran an.

»Ich würde gern eine Weile im Park spazierengehen. Ben

hat mich zum Teetrinken im Pavillon eingeladen. Möchtest du mitkommen, Phyllis?«

Ralph war ausgesprochen erleichtert, als sie ablehnte.

Stevie lauerte schon am Empfang, als Fran ins Büro zurückkam, und wollte wissen, was herausgekommen war. »Und, wie ist es gelaufen?«

»Wir verkaufen nicht.«

»Endlich eine gute Neuigkeit. Aber ich dachte, deine Mutter sei ganz erpicht darauf gewesen.«

»War sie auch. So erpicht, daß sie vergessen hatte, Dad von der Besprechung zu erzählen. Wie zerstreut von ihr. Also mußte ich ihn selbst daran erinnern. Er war phantastisch, Stevie, so großartig wie immer.«

Stevies Augen leuchteten vor Freude auf. »Vielleicht war die Diagnose falsch. Vielleicht hat er nur einen leichten Schlaganfall gehabt. Dieses ganze Gerede von Alzheimer kann ja auch ein schrecklicher Irrtum sein.«

Fran hoffte bei Gott, daß Stevie recht hatte, und folgte ihr in die Redaktion hinauf. Es war ein herrliches und wundersames Gefühl, und zum ersten Mal seit Wochen spürte sie, wie die Hoffnung einen zögerlichen Finger nach ihr ausstreckte. Es gab etwas, das sie ihren Eltern schuldig war, und zwar *Fair Exchange* zu einem rauschenden Erfolg zu machen. Dann käme nie wieder die Frage auf, ob man die Zeitung verkaufen sollte, die der ganze Stolz ihres Vaters gewesen war.

In den hektischen Wochen, die folgten, war Fran so dankbar wie noch nie für Stevies Gegenwart. Stevie war nämlich nicht nur in der Lage, das Tagesgeschäft beim *Citizen* zu organisieren, sondern plazierte auch in den langen Nächten, wenn Fran arbeiten mußte, ihre beruhigende Körpermasse auf Frans Schreibtisch, bewunderte den Anfang einer Laufmasche in ihren dicken Strümpfen, brachte Kaffee und kluge Gedanken mit und erwies sich einmal mehr als das ideale Publikum für neue Ideen.

»Es gibt zwei Alternativen für ein Projekt wie *Fair Exchange*«, sagte Fran nachdenklich, da sie inzwischen zu erschöpft war, um sich ohne Unterstützung zu entscheiden. »Erstens: Die Leser bezahlen für das Blatt, und die Anzeigen sind gratis. Oder zweitens: Das Blatt ist gratis, aber die Leute müssen für die Anzeigen bezahlen.«

»Das ist leicht.« Stevie erhob sich einen Augenblick und schüttelte ihren Rock an den Stellen aus, wo er über ihrem gut gepolsterten Hinterteil besonders ausgebeult war. »Mach das Blatt gratis. Hier in der Gegend krallen sich alle gern ein Schnäppchen. Wenn erst einmal genug Leute sehen, daß ihre Bekannten es lesen, haben sie bestimmt nichts mehr dagegen, für die Anzeigen zu bezahlen.«

»Aber wie bringen wir die Zeitschriftenläden dazu, es anzubieten, wenn es gratis ist? Dabei machen sie ja keinen Gewinn.«

»Dann mußt du sie davon überzeugen, daß *Fair Exchange* ein solcher Knüller werden wird, daß die Leute ihren schäbigen alten Zeitschriftenladen stürmen werden, um ein Exemplar davon zu ergattern, und ihn beladen mit Zigaretten, Bildbänden und Schokoriegeln wieder verlassen werden, die sie sonst nie gekauft hätten.«

»Stevie, du bist ein Genie!« Fran feixte. Das Argument klang wirklich sehr überzeugend. Sie nahm noch einen Schluck von Stevies fast untrinkbar starkem schwarzen Kaffee und machte sich daran, die Frage zu lösen, wo und wie die Leute ihre Anzeigen aufgeben konnten. Ein Vorteil ihrer teuren und engen Büroräume, die zwischen Boots'

Drogeriemarkt und der Kathedrale eingequetscht waren, bestand darin, daß sie gut erreichbar waren, wenn die Leute mit ihren Anliegen vorbeikommen wollten. Trotzdem brauchte man heute, im hochtechnisierten Zeitalter, eine Abteilung für telefonischen Service. Aber wo zum Teufel sollten sie die unterbringen?

»Warum nicht hier? Ist doch jede Menge Platz«, schlug Stevie schalkhaft vor und schwenkte ihren Kaffeebecher durch Ralphs eigens entworfenes Chefbüro. Es war Ralphs einzige großspurige Tat gewesen. Dunkelgrün gestrichen und mit Regalen und Trophäen angefüllt, war es groß genug, um eine ganze Abteilung darin unterzubringen. In einer Zeit, in der man entweder Großraumbüros oder kleine Schachtelzimmer hatte, war es Fran des öfteren ein wenig peinlich gewesen, einen so riesigen Raum für sich allein zu beanspruchen.

»Stevie! Das ist die Lösung! Wir könnten diese Wand entlang sechs Telefone installieren, und hier einen Tresen einbauen, wo sich die Leute anstellen und ihren Anzeigentext formulieren können. Du bist Spitze!«

Fran umarmte die verdutzte Stevie, deren Kinn wackelte wie das eines Truthahns, der gerade etwas von Weihnachten gehört hat. »Du meinst also, du würdest dieses fabelhafte Büro tatsächlich aufgeben? Wo willst du dann deinen Platz einrichten?«

»Draußen beim Volk. Das ist heute sowieso der angesagte Führungsstil. Manche Manager gönnen sich selbst gar keinen Schreibtisch mehr, geschweige denn ein eigenes Büro. Fließende Strukturen sind der Renner. Da bleibt man in Verbindung mit dem, was auf der Erde vor sich geht.«

Stevie, die heimlich selbst auf den Chefsessel äugte und dafür sorgen würde, daß dieser breit, lederbezogen und hinter verschlossenen Türen untergebracht war, fürchtete, sie würde langsam zu einer Art Dinosaurier. In einem Büro, das mehr auf dem neuesten Stand der Technik war als das des *Citizen*, würde sie ohnehin den Boden unter den Füßen verlieren. Vielleicht waren Ruhestand und Gärtnern doch eine verlockende Alternative. Das Problem war nur, daß sie Gärtnern haßte und der Gedanke an ein geruhsames Leben ihr kalte Schauer über den Rücken jagte.

Frans Kopf surrte vor Einfällen, doch war es inzwischen weit nach Mitternacht, und ihr Körper begann zu protestieren. »Na komm, ich fahre dich nach Hause.«

Sie nahm ihre riesige Tasche, die mit Kostenberechnungen, Auflagenzahlen und Personalschätzungen vollgestopft war, und schaltete das Licht aus. Die Leere des Raums war beunruhigend. Zeitungsredaktionen sind Orte, die von Leben überschäumen sollten, und die Ruhe in einer leeren Redaktion war noch tiefer als in einem Heim voller schlafender Kinder. Der Kontrast ließ die Stille intensiver wirken.

»Nur eines noch. Glaubst du, daß du den endgültigen Erscheinungstermin für das Gratisblatt des *Express* herausfinden könntest?«

»Kein Problem.« Stevie sah sich voller Zuneigung im Raum um. Für sie war es mehr Zuhause als Zuhause. »Ich weiß ihn schon. Am fünfzehnten August.«

Mein Gott, war das bald. Konnte Fran in dieser Frist *Fair Exchange* auf die Beine stellen und der Konkurrenz den Wind aus den Segeln nehmen? Sie würde es verdammt noch mal versuchen.

»Gut. Dann schießen wir uns auf den siebten August ein.«

»Reicht denn das?«

Fran grinste schief. »Muß wohl, sonst sind wir alle arbeitslos. Es sei denn«, fuhr sie fort und machte Stevie die

Beifahrertür auf, damit sie einsteigen konnte, »du möchtest gern beim *Express & Citizen* die Seite mit den Kochrezepten betreuen.«

»A propos Kochrezepte: Ich kann ein absolut widerliches Victoria-Sandwich. Die Leute nehmen Umwege über drei Landkreise, um ihm zu entgehen.«

Als sie sich endlich in ihr bequemes Bett aus Kiefernholz legte, versuchte Fran, ihre Gedanken abzuschalten und sich zu entspannen. Am siebten August. Es war ein ziemlich bedeutsames Datum. Nicht genug damit, daß sie eine Zeitung ins Leben rufen würde. Sie wäre auch ungefähr vierzehn Wochen schwanger. Professor Fay zufolge der optimale Zeitpunkt, um den Test machen zu lassen, der ihr sagen würde, ob Laurence oder Jack der Vater ihres Babys war. Wenn sie nur einen Weg finden würde, um den Test durchzuführen ...

»Deine neue Zeitung soll also ungefähr wie ein Riesenflohmarkt aussehen?« Henrietta rang darum, zwischen mehreren Schlucken Weißwein das Konzept zu begreifen. Es war schon ihr zweites Glas an diesem Abend, im Grunde zuviel, da sie ihr erstes getrunken hatte, als Lottie in der Badewanne lag, aber sie liebte die Badezeit eben so. »Man kann also all seinen eigenen Müll inserieren und ihn gegen den von jemand anders tauschen?«

»Cool«, meinte Sophie, die das Prinzip sofort verstanden und für gut befunden hatte. Sie liebte Second-hand-Läden, Wohltätigkeitsbasare und alles Gebrauchte und trieb ihre Mutter zur Verzweiflung, indem sie all die schicken neuen Kleider ignorierte, die Henrietta ihr kaufte, und statt dessen unförmige Tweedmäntel, Miniröcke aus ekelhaften

Kunstfasern und billige, scheußliche Blusen bevorzugte, die aus billigen, scheußlichen Läden stammten. Für Sophie war der Name Laura Ashley ein Schimpfwort.

»Und sonst?« Henrietta beugte sich mit verschwörerischer Miene vor und wechselte das Thema. Alles, was mit Arbeit zu tun hatte, langweilte sie tödlich. »Wie geht's dem göttlichen Doktor?«

Fran lehnte sich auf dem hölzernen Liegestuhl zurück und schloß die Augen. Es war früher Abend, und sie saßen in Henriettas Garten, der aussah, als wäre er beim Restpostenverkauf der »Chelsea Flower Show« bestellt worden. »Gut. Außer daß ich so viel zu tun hatte, daß ich ihn schon seit ein paar Tagen nicht mehr gesehen habe.«

»Na so was.« Henrietta sah sich um, um sich zu vergewissern, daß Sophie außer Hörweite war, doch diese hatte sich bereit erklärt, mit Lottie am hinteren Ende des Gartens Elfen zu spielen. Lottie hatte wie üblich ihren Schlafanzug aus- und ihr Tinkerbell-Tüllkostüm angezogen. »Die Schwangerschaft steht dir gut. Ich war krank wie ein Hund und sah vom ersten Tag an grauenhaft aus.«

»Das kommt vermutlich daher, daß ich es immer wieder vergesse, weil ich zur Zeit so viel um die Ohren habe.«

»Vergessen?« wiederholte Henrietta schockiert. Sie hatte ihre Schwangerschaften eher so behandelt, als hätte man ihr gesagt, daß sie nur noch neun Monate zu leben hatte. Sie verhätschelte sich selbst, legte sich bei jeder Gelegenheit ins Bett und arbeitete sich durch das gesamte Dessert-Sortiment von »Marks & Spencer«, vom Sahne-Tiramisu bis zu den Schoko-Windbeuteln. Es war herrlich gewesen. Wenn man von der strengen alten Hebamme absah, die ihr erklärt hatte, daß sie aufstehen müsse, da sie sonst eine Thrombose im Bein bekäme. Wo war nur das gute, alte

Wochenbett hingekommen? hatte Henrietta wissen wollen. Aber die übellaunige alte Giftspritze hatte erwidert, daß auch das Wochenbett nur zwei Wochen dauerte und außerdem *nach* der Geburt stattfand. Fran konnte sich nur zu gut daran erinnern.

»Und wie schreiten die Hochzeitspläne voran? Glaubst du immer noch ganz naiv daran, daß Hochzeiten für Braut und Bräutigam gedacht sind?«

Fran lachte, befremdet, daß sie gar nicht darüber nachgedacht hatte. »Ich überlasse alles den Müttern. Schalte sozusagen die Mittelsmänner ein.«

»Francesca Tyler, du bist eine der seltsamsten Frauen –«

»Und eine der schönsten«, unterbrach sie Simon, der soeben von der Arbeit nach Hause gekommen war. »Du siehst absolut hinreißend aus.« Seine Stimme klang dermaßen anzüglich, daß ihm Henrietta einen warnenden Blick zuwarf. »Wenn Arbeit einer Frau so guttut, dann solltest du es auch einmal damit versuchen, Henrietta. Möchte jemand noch einen Schluck?«

Henrietta überhörte seine Bemerkung und hielt ihm ihr Glas hin.

Simon, der sich gut vorstellen konnte, wieviel sie schon getrunken hatte, schürzte die Lippen und ignorierte es.

»Was gibt's zum Abendessen?« fragte er und zog sich einen Liegestuhl heran, ein wenig zu nahe neben Fran.

»Kalten pochierten Lachs mit Mayonnaise.«

»Also kalten pochierten Lachs im Ganzen gekauft und fertig zubereitet von Marks & Spencer zu einem hohen Preis und ohne jegliche kulinarische Anstrengung deinerseits?« fragte Simon schneidend. Manchmal fragte er sich, was seine Frau den ganzen Tag tat.

»Bleibst du zum Abendessen?« fragte Henrietta Fran, indem sie Simons Frage elegant überging. »Es gibt massenhaft kalten pochierten Lachs, finanziert von Simon.«

Fran wünschte, sie könnte. Sie hatte den ganzen Tag kaum etwas gegessen und war eigentlich kurz vorm Verhungern. »Ich kann nicht. Ich habe Ma und Pa zugesagt, daß ich bei ihnen vorbeikomme.«

»Wie geht es deinem Vater?« Henrietta sah durch ihren Gatten hindurch, der bereits zu bereuen begann, was sich fortsetzen würde, bis er schließlich zu Kreuze kroch.

Frans Augen leuchteten auf. »Offenbar geht es ihm bedeutend besser. Stevie und ich haben uns schon gefragt, ob man ihm eine Fehldiagnose gestellt hat.«

»Ach, Franny, das ist ja phantastisch«, freute sich Henrietta. »Du meinst, es war womöglich vollkommen falscher Alarm?«

»Das hoffen wir zumindest. Es gibt noch andere Ursachen, die sich ähnlich auswirken können – ein leichter Schlaganfall zum Beispiel. Ich muß aber trotzdem eine Hilfe für Ma finden. Du wüßtest nicht zufällig jemanden?«

»Stell dir vor, vielleicht doch. Eine unserer Nachbarinnen hat neulich den Löffel abgegeben, und die hatte eine sagenhafte Haushälterin. Ich besorge dir ihre Nummer.«

Henrietta ging ins Haus, wobei sie Simon nach wie vor ignorierte. Er schmolz nach und nach dahin und sagte sich, was für ein bequemes Leben Henrietta doch um ihn herum schuf. Er mußte zugeben, daß es ihm ganz gut gefiel, Alleinverdiener und Mittelpunkt dieses weiblichen Universums zu sein. Hin und wieder, wenn er zuviel arbeitete oder ihn der Streß plagte, kam er sich allerdings vor wie eine überflüssige Drohne. Was hatte er einmal irgendwo gehört? Männer sind nur Samenbanken mit einem Scheckheft. Er auf jeden Fall.

Henrietta, die die Stimmung ihres Mannes minutiös ausloten konnte, schätzte, daß er seine Verärgerung überwunden hatte, und sah ihn mit einer fragend hochgezogenen Augenbraue an, als sie Fran hinausbrachte.

»Tschüs, Fran-Schätzchen«, gurrte sie und sah über die Schulter zu ihrem verlegenen Ehemann hinüber.

»Tut mir leid, Liebes«, hörte Fran ihn ganz leise sagen, als sie in ihren Wagen stieg.

»Also.« Henriettas Oberschichtstonlage dröhnte durch die Abendluft. »Sag es richtig. Auf ein Knie!«

Simon zuckte zusammen. »Muß ich?«

»Jawohl«, befahl Henrietta gnadenlos. »Sonst kriegst du heute kein Abendessen.«

Als Fran davonfuhr, entstand hinter ihr die widersinnige Szene, daß Simon auf einem Knie kniete, während Sophie und Lottie vor Entzücken kreischten und »Na, so ein böser Junge« quiekten.

Nach diesem Ritual, so vermutete Fran, würden die beiden nach oben gehen und phantastischen Sex haben. Die Ehe hatte schließlich auch ihre guten Seiten.

Ihre Mutter war im Garten und köpfte in einer geblümten Schürze und mit leuchtend gelben Gummihandschuhen verblühte Rosen. Gewiß hätte sie auch geblümte Gummihandschuhe gekauft, wenn es welche gäbe. Der Anblick des gelben Gummis vor den duftenden, zarten Blüten war leicht verstörend.

»Wo ist Pa? In seinem Arbeitszimmer?« fragte Fran.

Phyllis schnitt ungerührt weiter. »Er ist schon vor Stunden zu einem Spaziergang aufgebrochen. Du kennst ihn ja, er läuft andauernd davon.«

»Meinst du, daß er sich womöglich wieder verlaufen hat?«

»Glaube ich nicht. Er hat sich doch offenbar gut erholt. Wahrscheinlich ist er mit diesem Jungen zusammen, mit dem er so dicke ist, der mit dem Hund.«

»Jacks Sohn meinst du?« Die Panik, die Fran schon fast wieder befallen hätte, schwand dahin. Sie wußte ja, wie gern er Ben hatte. Vermutlich waren die beiden gemeinsam irgendwo unterwegs.

Als Ralph nach einer weiteren halben Stunde noch immer nicht zurück war, wurde selbst Phyllis nervös. Fran beschloß, sich zu erkundigen, ob Ben zu Hause war.

Ein Anrufbeantworter meldete sich, und sie wollte gerade wieder auflegen, als Ben den Hörer abnahm und sich dafür entschuldigte, versehentlich den Apparat angelassen zu haben.

»Ben, hier ist Francesca Tyler, Ralph Tylers Tochter.« Sie versuchte, sich nichts von der Verlegenheit anhören zu lassen, die sie aufgrund ihrer ersten Begegnung nach wie vor empfand. »Hör mal, hast du meinen Vater heute gesehen?«

Ben hätte lieber über etwas anderes mit ihr gesprochen, nämlich wie gern sein Vater sie hatte und was für einen großen Fehler sie beging, wenn sie einen anderen heiratete, aber er traute sich nicht.

»Ich habe ihn vor ein paar Stunden gesehen. Nach der Schule. Da war er im Park. Wir haben Rover beigebracht, Stöcke aus dem Teich zu holen.«

Fran dachte einen Augenblick nach. Sie wollte weder ihren Vater blamieren noch Ben glauben lassen, daß er unzurechnungsfähig sei. »Ben, ich weiß, das ist eine seltsame Frage, aber kam er dir klar vor? Nicht wirr oder so?«

»Er hat einen völlig vernünftigen Eindruck gemacht. Ich habe ihm gesagt, daß ich Reporter werden will, und er hat mir eine Menge lustige Storys darüber erzählt, wie es war, als er damals angefangen hat. Ist er denn noch nicht zu Hause? Soll ich mit Rover kommen und Ihnen suchen helfen? Wir kennen den Park ziemlich gut, wissen, wo er gern sitzt und so.«

»Wirklich?« Ben war ein Schatz – hilfsbereit und ehrlich besorgt. Wie hatte Fran je auf die Idee kommen können, daß er dumme Bemerkungen machen oder seinen Freunden von ihrem Liebesabenteuer mit seinem Vater erzählen würde? »Da wäre ich dir echt dankbar. Wir treffen uns dort.«

Schließlich bestand Phyllis darauf, auch mitzukommen, immer noch in ihrer geblümten Schürze.

Ben war nirgends zu sehen, aber Fran konnte drüben am Teich ein paar Leute aufgeregt reden hören. Und – o Gott, direkt hinter dem Eingang parkte ein Streifenwagen. Übelkeit und ein würgendes Gefühl befielen sie, als sie daran dachte, was passiert sein könnte.

Sie rannte über den Spielplatz und den Weg am Wasser entlang, während ihre Mutter keuchend ein paar Meter hinter ihr dreinlief.

Die Szene, die sie vor sich sah, entsprach ihren schlimmsten Befürchtungen. Eine einigermaßen junge und einigermaßen hübsche Frau redete mit schriller Stimme auf einen Polizisten ein und zeigte auf den Streifenwagen. Darin saß, starr geradeaus blickend wie in einem Traum oder Alptraum, ihr Vater.

14. Kapitel

Fran legte die restliche Distanz binnen Sekunden zurück. »Was ist denn hier los?« fragte sie. »Was ist passiert? Warum sitzt mein Vater in diesem Streifenwagen?«

Die junge Frau unterbrach ihr Lamento und wandte sich Fran zu. Sie trug eine blaue Jeansjacke über einem engen Bustier-Top und einen pinkfarbenen Volant-Minirock, aus dem stämmige Oberschenkel hervorsahen, die Fran an die drei kleinen Schweinchen erinnerten. Wo ihr Körper Großzügigkeit vermuten ließ, war ihr Gesicht verkniffen und fies.

»Weil er ein alter Lustmolch ist«, keifte sie.

Fran war sie auf den ersten Blick unsympathisch. »Officer, was genau ist passiert?«

Der Polizist, der jung, unerfahren und schrecklich verlegen war, druckste herum. Hinter Fran blies sich Phyllis auf.

»Diese junge Dame sagt, der alte Herr hätte sich vor ihr unsittlich entblößt.«

»Er stand da drüben im Gebüsch«, behauptete die vollbusige junge Frau und wies auf eine Baumgruppe, die bis zum Ententeich reichte.

»O mein Gott, Ralph«, kreischte Phyllis. »Wie *konnte* er nur? Er ist krank, wissen Sie.«

»Hör mal, Ma«, unterbrach sie Fran, »wir wissen noch gar nicht, was wirklich passiert ist. Könnte ich bitte mit ihm sprechen, Officer? Nur einen Augenblick.«

Fran setzte sich auf die Rückbank des Streifenwagens. Die Miene ihres Vaters zeigte Verwirrung und große Angst. »Was ist denn los, Franny? Warum machen die ein solches Theater? Ich mußte dringend, weißt du, also bin ich in die Büsche da gegangen.«

Fran hielt seine Hand, und es brach ihr fast das Herz. »Warum bist du nicht ins Klohäuschen gegangen, Dad? Gleich da drüben steht eines. Du bist doch sicher schon x-mal dort gewesen.«

Wieder senkte sich Verwirrung über seine Züge. Es war, als spräche man zu einem verängstigten Kind, das weiß, daß es etwas getan hat, was in der Welt der Erwachsenen mißbilligt wird, aber keine Ahnung hat, was. »Wirklich? Das wußte ich nicht mehr. Es tut mir leid, Franny, ehrlich.«

Ein kalter Hauch zog durch das warme Auto, als Franny die Worte des Arztes wieder einfielen. *Sie müssen sich womöglich auf merkwürdiges oder sogar anstößiges Benehmen gefaßt machen.* Aber war das hier anstößiges Benehmen oder ein schlichtes Mißverständnis? Egal wie die Erklärung auch ausfallen mochte, Fran wußte, daß sie alles verändern würde. Sie konnten sich nicht mehr länger vormachen, daß ein leichter Schlaganfall sich so radikal auf ihren Vater auswirken würde. Die ursprüngliche Diagnose mußte doch die richtige gewesen sein.

Durchs Autofenster sah sie Ben eintreffen. Jack begleitete ihn, und sie schienen die Situation sofort zu erfassen. Durch die offene Wagentür hörte sie den freundlichen, aber bestimmten sachlichen Ton, den Jack stets gegenüber aufgebrachten Behördenvertretern einsetzte. Als nächstes sprach er leise, aber eindringlich mit der feisten jungen Frau. Sie nickte, und Fran hätte sich dafür ohrfeigen können, daß sie außer Hörweite waren.

Der peinlich berührte Polizist kam zum Wagen herüber. »Die junge Dame hat beschlossen, keine Anzeige zu erstatten«, erklärte er ihnen mit unverhohlener Erleichterung. Bei seiner jüngst erfolgten Abschlußprüfung an der Polizeischule hatte man ihn eindeutig nicht darauf vorbereitet, mit bekannten Bürgern Woodburys zu tun zu haben, denen vorgeworfen wird, sich gegenüber spärlich bekleideten jungen Frauen unsittlich entblößt zu haben.

Frans Puls, der auf sein Maximum hochgeschnellt war, ließ ein wenig nach. »Gott sei Dank. Darf ich ihn nach Hause bringen? Ich bin sicher, das alles war nur ein dummes Mißverständnis.«

Ihre Mutter stand vor dem Streifenwagen, ganz weiß und steif. Sie schien zu aufgebracht zu sein, um auch nur ein Wort zu sagen.

»Komm schon, Ma.« Fran hatte jetzt keine Zeit für Theatralik. »Hilf mir, ihn nach Hause zu bringen.«

Sie hoben Ralph halb aus dem Streifenwagen und gingen so schnell sie konnten zum Ausgang, wo ihr eigenes Auto stand. »Vielen Dank, Officer«, sagte Fran dankbar, als der junge Bobby ihnen das Tor aufmachte.

»Danken Sie nicht mir«, sagte er heiter. »Ich konnte die Frau überhaupt nicht beruhigen. Es war der andere Herr mit dem Sohn, der es geschafft hat. Er hat sie großartig angepackt. Ihm sollten sie danken.«

Fran blickte sich um, doch weder Jack noch die gräßliche Person waren irgendwo zu sehen. Sie müßte sich später bei ihm bedanken.

Sie fuhr ihre Eltern rasch nach Hause. Ihr Vater saß angeschnallt neben ihr und sah stur geradeaus, während ihre Mutter sich demonstrativ an der Armstütze festhielt und dreinsah wie die Heldin in einer griechischen Tragödie.

»Ich glaube, ich möchte jetzt ins Bett«, verkündete Ralph bei ihrer Ankunft.

Phyllis sagte nichts.

»Gute Idee, Dad«, stimmte Fran zu. »Es war ein schrecklicher Schock. Ich bringe dir gleich eine Tasse Tee.«

Fran spürte, daß ihre Mutter nur auf sein Verschwinden lauerte.

»Hör mal, Ma, Henrietta kennt eine ganz tolle Frau, die eine alte Dame versorgt hat, und sie glaubt, daß sie frei ist. Ich rufe sie morgen an, dann könnte sie mal vorbeikommen und dir helfen, ja?«

Phyllis wischte ein imaginäres Staubkörnchen weg. »Ruf sie an, wenn du willst, es spielt keine Rolle. Du kannst sagen und tun, was du willst, Francesca. Ich halte das nicht aus. Die Sorge. Unseren Ruf in der Stadt zu riskieren.« Fran fragte sich, was schwerer wog, und tippte auf letzteres. »Ich schaffe es einfach nicht. Er wird in ein Heim ziehen müssen. Irgendwohin, wo sie wissen, wie man damit umgeht.«

Schuldgefühle und Mitleid drohten Fran zu erdrücken. Nicht ihr geliebter Vater! Es mußte doch eine Alternative geben. Sie dachte an Laurence. Er würde sie verstehen. Er würde ihren Wunsch nach einer anderen Art der Pflege unterstützen.

Sie erreichte ihn, als er gerade das Krankenhaus verlassen wollte, und er versprach, sofort vorbeizukommen. Sobald sie die Türklingel hörte, warf sie sich in seine Arme, und die Tränen, die sie aus reiner Notwendigkeit zurückgehalten hatte, strömten ihr übers Gesicht.

Laurence strich ihr übers Haar und versicherte ihr, daß alles wieder gut werden und sie die beste Lösung finden würden. Er hörte ruhig zu, als zuerst Fran und dann ihre Mutter ihre Version der Ereignisse im Park vortrugen. Fran war nach wie vor davon überzeugt, daß die junge Frau lediglich eine unüberlegte Handlung mißverstanden hatte, aber sie begriff, daß es ihre Mutter nicht kümmerte, ob ihr Mann sich absichtlich oder unabsichtlich so benommen hatte.

Als sie geendet hatte, nahm Laurence Francescas Hand. Sein attraktives Gesicht war mitfühlend und ernst. Sie dachte sich erneut, was für ein guter Mensch er doch war und welch großen Teil seines Lebens er der Aufgabe, anderen Menschen zu helfen, gewidmet hatte. »Hör mal, Francesca, Liebes.« Der Ausdruck »Liebes«, an das bereits förmliche Francesca angehängt, ließ ihren Mut sinken. »Es ist wirklich ernst. Leute, die Alzheimer haben, stellen alles mögliche an. Sie ziehen sich mitten in der Nacht an. Sie verschwinden. Sie ziehen sich bei unpassender Gelegenheit aus. Das ist vielleicht nur der Anfang. Ich weiß, daß du deinen Vater liebst, aber ich glaube, er braucht professionelle Hilfe. Alles andere wäre unfair ihm gegenüber.«

»Aber was ist mit seinem Zuhause, mit den Dingen, die ihm wichtig sind und die er im Laufe seines Lebens angesammelt hat? Mit seiner Familie? Die braucht er doch bestimmt um sich?«

»Francesca, hör mir zu. Der Zustand deines Vaters verschlimmert sich rapide. Ich weiß, daß es schwer zu verkraften ist, aber er wird seine Umgebung bald nicht mehr erkennen, vielleicht nicht einmal mehr dich. Das ist die Tragödie seines Zustandes. Ich fürchte, in diesem Punkt muß ich deiner Mutter recht geben.«

Fran merkte, wie sie in den gütigen Wogen von Laurences Aufrichtigkeit ins Wanken kam. Wenn er wirklich davon überzeugt war, wie konnte sie dann anderer Meinung sein?

»Paß auf, ich besorge Prospekte der allerbesten Seniorenheime. Dann können du und ich – und deine Mutter natürlich – sie gemeinsam aufsuchen und besichtigen.«

»Was ist mit Dad? Hat er über seine eigene Zukunft kein Mitspracherecht?«

Laurence setzte ein Lächeln umfassender Betroffenheit auf. »Ich weiß nicht, ob das gut wäre. Du bist jetzt sein Erziehungsberechtigter. Zumindest mußt du es so sehen. Er weiß bestimmt, daß du das Beste für ihn aussuchst.«

»Ach, Laurence ...«

Laurence drückte sie an seinen langen, mageren Körper. Er trug, wie sie jetzt erst bemerkte, immer noch seinen weißen Kittel. Er mußte sofort hierhergeeilt sein.

»Ich weiß, wie schwer es für dich ist. Aber du mußt es von seiner Warte aus betrachten. Menschen mit Alzheimer finden Struktur und Routine beruhigend. Womöglich ist es ihm sogar lieber.«

Es war ein derart befremdlicher Gedanke, daß Fran nichts dagegen einzuwenden wußte. War sie etwa egoistisch, während sie doch dachte, genau das Gegenteil zu sein?

»Entschuldigt mich«, sagte sie, als sie Laurence und ihre Mutter einen Blick wechseln sah, der genervt wirkte, »aber ich habe Dad eine Tasse Tee versprochen.« Langsam und traurig ging sie in die Küche. Schon bald würde ihr Vater, für dessen Leben Entscheidungsfreiheit und Individualismus grundlegend gewesen waren, solchen Luxus nur noch genießen dürfen, wenn andere Leute es ihm gestatteten.

Sie hoffte, er würde das Salz ihrer Tränen nicht aus seiner Tasse Darjeeling herausschmecken.

Wieder zurück im Wohnzimmer, wartete Laurence schon darauf, sich verabschieden zu können. Sein Gesicht war immer noch von Besorgnis gezeichnet.

»Francesca, Liebes, ich glaube, du mußt dich noch mit

etwas anderem vertraut machen. Wenn du möchtest, daß dich dein Vater zum Traualtar führt, sollten wir wohl nicht bis September warten. Ich finde, wir sollten schon möglichst bald heiraten.«

Kein Mensch hatte je solch hektische Betriebsamkeit erlebt, wie sie in den nächsten Wochen in den Büroräumen des *Citizen* herrschte. Handwerker hämmerten, um Frans Büro in die Telefonzentrale für *Fair Exchange* zu verwandeln, und ließen ihre Ghettoblaster durch die Räume dröhnen, ohne Rücksicht auf die armen Reporter zu nehmen, die darum rangen, ihre Texte für den *Citizen* zu verfassen.

»Ich kann mich, verdammt noch mal, nicht mehr denken hören!« beschwerte sich Sean McGee bei einem mit Pferdeschwanz und Ohrring geschmückten Zimmermann, der alle anderen an Sean erinnerte, nur daß er Muskeln hatte.

»Tut mir leid, Kumpel.« Der Handwerker beugte sich herab und legte dabei fünf Zentimeter Po frei, von den Bürodamen als Hinterndekolleté bezeichnet. »Aber Sie sind Journalist, also brauchen Sie eh nicht zu denken. Sie erfinden doch sowieso alles.«

Auch der Tresen unten am Empfang wurde über die ganze Länge des Raums ausgeweitet, damit die Leser hereinkommen und auch hier ihre Anzeigen aufgeben konnten. Dadurch war die Domäne der Empfangsdame Elaine aus den Fugen geraten. Von nun an konnte sie sich nicht mehr die Fingernägel lackieren oder am Telefon ausführliche Beschreibungen sämtlicher Sexualpraktiken geben, die sie mit ihrem leistungsfähigen Freund erlebt hatte, da in Zukunft ein Strom von Bürgern aus Woodbury an ihren Tresen kommen und sie fragen würde, wie viele Wörter man für einen Zehn-Pfund-Schein bekam.

Fran hatte ein Dutzend neuer Leute eingestellt, Reklamezettel, die das Erscheinen des neuen Blatts ankündigten, drucken und in jedem Haus verteilen lassen und Zeitungspapier für vierzigtausend Exemplare angefordert. Die Zahl erschreckte sie, aber sie wußte, daß sie keinen Eindruck machen würden, wenn sie darunter blieben. Irgendwie mußten sie jedes Exemplar loswerden, damit die Leute, die keines ergattert hatten, das Gefühl bekamen, etwas versäumt zu haben. Dann würden sie nämlich in der Woche darauf die Zeitschriftenläden stürmen und die nächste Ausgabe verlangen. *Fair Exchange* mußte der Mittelpunkt des Stadtgesprächs werden, das moderne Gemeindeblatt, das jede Wohltätigkeitsveranstaltung, jedes Treffen des Elternbeirats, jeden Privatflohmarkt und jedes Weihnachtsliedersingen ankündigte, außerdem Geburtstagsglückwünsche brachte sowie gebrauchte Reitsättel und Barbie-und-Ken-Kollektionen anbot, die Spice-Girls-Stickerheften hatten weichen müssen.

»Sind Sie sich wirklich sicher«, fragte Mike Wooley, voller Eifersucht auf die viele Aufmerksamkeit, die dieser ärgerliche neue Rivale auf einmal bekam, »daß dieses Gratisblatt, das Sie sich ausgedacht haben, uns nicht das Kreuz bricht?«

»Aber ja.« Fran tippte sich an die Nase. »Was ich damit bezwecke, ist, einen ganz neuen Markt zu schaffen. Den Menschen etwas anbieten, von dem sie noch gar nicht wußten, daß sie es sich gewünscht haben, bevor ich es ihnen gegeben habe. Die Leute wollen bestimmt nach wie vor beide Blätter.«

»Na dann viel Glück«, murmelte Mike skeptisch und wandte sich wieder seinem Exposé über überhöhte städtische Ausgaben zu. »Übrigens«, fügte er hinzu und warf ihr ein Exemplar des *Express* zu, »haben Sie das schon gesehen? Ziemlich gute Idee, fand ich.«

Immer noch stillvergnügt lächelnd, fing Fran das Konkurrenzblatt auf. Beinahe hätte sie laut nach Luft geschnappt. Ihre Atmung beschleunigte sich, und ihre Handflächen fühlten sich kalt und feucht an. Wie konnte er? Wie konnte dieser Mistkerl das tun?

Quer über die gesamte Titelseite prangte ein Foto der feisten jungen Frau aus dem Park, ihre gewaltigen Brüste und baumstammartigen Schenkel diskret unter einem geblümten Kleid verborgen. Sie stellte die Forderung auf, daß Parks wieder zu einem sichereren Ort für Frauen und Mütter ohne Begleitung werden müßten, geschützt vor herumstreunenden Männern, die nur eines im Sinn hatten.

Fran überflog den Artikel mit pochendem Herzen, stets in der Erwartung, daß ihr Vater erwähnt würde, aber Gott sei Dank wurde nichts Genaues genannt außer einer beiläufigen Bemerkung über »Alkoholiker und andere unerfreuliche Typen, die in den Büschen lauern«.

Die ganze Zeit, während sie angenommen hatte, daß Jack Allen zu ihrer Rettung gekommen sei, hatte er die vulgäre Person dazu überredet, sich für seine Zeitung zu äußern. Wie hielt er es nur mit sich selbst aus? Für Jack Allen zählte wirklich nur, an eine Geschichte zu kommen. Kein Wunder, daß seine Frau viertausend Meilen weit geflogen war, nur um von ihm wegzukommen.

Sie warf die Zeitung zum verdutzten Mike Wooley zurück, und ihre grünen Augen blitzten. »Billiger Journalismus«, fauchte sie. »Der *Citizen* würde sich nie zu etwas so Abgeschmacktem herablassen.«

Mike sah sie erstaunt an. Eine gewöhnliche junge Frau Vorschläge dazu machen zu lassen, wie man die Annehmlichkeiten Woodburys besser genießen könnte, war genau die Art von Geschichte, die Fran normalerweise haben wollte. Frauen als Chefs! Änderten alle fünf Minuten ihre Meinung. Neidisch dachte er an seine Kollegen am anderen Ende der Stadt und überlegte, wie es wohl wäre, für Jack Allen zu arbeiten. Gerüchteweise hatte er Gutes gehört. Nächsten Monat würden die Sieger des regionalen Pressepreises verkündet. Die Geschichte über die unlauteren Praktiken des Busunternehmens, an der Mike so hart gearbeitet hatte, lag gut im Rennen. Wenn er es schaffte, würde er sich mal erkundigen, ob ihr Konkurrenzblatt eine Stelle frei hatte.

Die Prospekte der Seniorenheime deprimierten Fran über alle Maßen. Sie waren so plakativ und gestellt wie eine Anzeige für ein Wochenendhotel, das Smörrebröd und einen Swimmingpool versprach, wenn man genau wußte, daß es in Wirklichkeit nur Käsebrötchen und eine schmutzige Badewanne gab. Sowohl Laurence als auch ihre Mutter bestanden allerdings darauf, daß sie die Heime aufsuchte.

Schließlich beschränkten sie sich auf zwei. »Tawny Beeches«, das den letzten Schrei an geriatrischem Luxus versprach, und ein bescheideneres Haus namens »The Willows«. Warum, so fragte sich Fran, mußten Seniorenheime derart schauerlich rustikale Namen haben?

»Tawny Beeches« lag nicht weit vom Stadtzentrum entfernt, obwohl sie vermutete, daß es den Bewohnern trotzdem nicht gestattet sein würde, hinauszugehen und die Bibliothek aufzusuchen oder bei »Boots« einzukaufen. Sie und Laurence beschlossen, zu Fuß hinzugehen.

Nicht weit die Hauptstraße hinunter sah sie zu ihrem Entsetzen, wie Jack Allen gerade aus dem Sandwich-Shop kam. Er bemerkte sie im selben Augenblick, erkannte, wer sie begleitete, und begann entschlossen, auf sie zuzugehen. Da Kehrtmachen und Davonlaufen nicht in Frage kamen, konnte sie nichts anderes tun, als die Zähne zusammenzubeißen und ihm gegenüberzutreten.

Laurence, der sie am Arm hielt und immer noch in den höchsten Tönen von der Altenfürsorge sprach, war viel zu vertieft, um ihre Aufregung zu bemerken.

»Hallo, Fran.«

Laurences Kopf wirbelte so ruckartig herum, daß Fran ganz verblüfft war. Jack ignorierte ihn.

»Hör mal, Jack, nach diesem Artikel, den du da gedruckt hast, habe ich dir eigentlich nichts mehr zu sagen.« Sie mußte an sich halten, um nicht mit den Fingernägeln auf sein Gesicht loszugehen. »Das war mieser als mies.«

»Offen gestanden«, entgegnete Jack mit steinerner Miene, »war es die einzige Möglichkeit, sie davon abzubringen, keine Anzeige zu erstatten. Es war ganz schön schwer zu schlucken, eine halbe Seite meiner teuren Zeitung herzuschenken, aber ich hatte den Eindruck, als wäre die Alternative schlimmer. Ich entschuldige mich wegen meiner indiskutablen journalistischen Maßstäbe. In gewisser Weise hast du recht: Es war mieser als mies. Aber nicht in dem Sinne, wie du denkst.«

Fran überkamen leise Schuldgefühle. Laurence, der neben ihr stand, schien es völlig die Sprache verschlagen zu haben.

»Auf jeden Fall«, fuhr Jack fort, »tut es mir leid. Ich dachte, ich handelte in deinem ureigensten Interesse. Übrigens«, fuhr er mit einem Hinweis auf Laurence fort, »willst du uns nicht bekannt machen?«

»Aber natürlich.« Fran wurde etwas freundlicher. »Jack

Allen, der Herausgeber des *Woodbury Express*, und das ist Dr. Laurence Westcott.«

Zu Frans Verblüffung machte Jack keinerlei Anstalten, etwas zu sagen oder Laurences Hand zu ergreifen. Sie blickte vom einen zum anderen und nahm eine beinahe körperliche Spannung zwischen den beiden Männern wahr, als hätten sie sich unter anderen Umständen eher geprügelt, statt eine Begrüßung auszutauschen.

Schließlich gab Laurence als erster nach. »Ich kenne Mr. Allen, Francesca. Obwohl ich ihn seit ein paar Jahren nicht mehr gesehen habe.«

»Ach ja«, erinnerte sich Fran. »Jack, du hast ja diesen großartigen Artikel über Laurences Abteilung geschrieben. Das hatte ich ganz vergessen.«

»Hör mal, Francesca«, drängte Laurence und klang auf einmal ganz hektisch, »wir kommen noch zu spät zu unserem Termin in ›Tawny Beeches‹.«

»Tawny Beeches?« meldete Jack sich zu Wort. »Dieses protzige Spukschloß oben am Hügel? Was wollt ihr denn dort?« Dann dämmerte ihm die Wahrheit. »Fran, nicht etwa wegen Ralph? Das würdest du ihm doch nicht antun?«

Bevor sie antworten konnte, zerrte Laurence sie die Straße hinab, während sich Jacks vorwurfsvoller Blick in ihren Rücken bohrte.

Erst als sie vor dem Haupteingang von »Tawny Beeches« anlangten, der von einem pompösen Säulengang gesäumt wurde, merkte Fran, daß sie bis zu ihrem Termin noch eine halbe Stunde Zeit hatten. Warum war Laurence dermaßen erpicht darauf gewesen, von Jack wegzukommen?

»Tawny Beeches« betrachtete sich dem Prospekt zufolge als das Fünf-Sterne-Haus auf dem Seniorensektor. Die Eingangshalle prunkte mit Rüschenvorhängen vor jedem der hohen Fenster und einem enormen Blumenarrangement, das die Familien der Bewohner ein Vermögen gekostet haben mußte. Leider bestand es zum größten Teil aus Lilien, die ihren kränklich-süßlichen Geruch von Tod und Verfall verströmten.

»Miss Tyler!« Eine Frau mit kastanienrotem Haar und einer Menge Goldschmuck stürzte sich mit ebensoviel Wärme und Begeisterung auf Fran, als wäre sie eine Inspektorin des Gesundheitsamts. »Und Dr. Westcott. Schön, daß Sie kommen konnten. Sie sind ein bißchen früh dran, aber das macht gar nichts. Sie wollten uns wohl unvorbereitet erwischen, was? Sie würden sich wundern, wie viele Leute das versuchen. Aber wir haben hier nichts zu verbergen.« Sie stieß ein perlendes, kurzes Lachen aus, das einmal anziehend gewesen sein mußte, als sie dreißig Jahre jünger war. »Möchten Sie sich jetzt unsere attraktive Einrichtung ansehen?«

Nachdem sie die Empfangshalle verlassen hatten, konnte Fran nicht umhin, den Geruch wahrzunehmen. Die Lilien waren ja schon schlimm genug gewesen, aber weiter drinnen hing ein ekelhaftes Potpourri aus Desinfektionsmittel, Urin und Raumspray in der Luft.

»Also«, begann die rothaarige Frau energisch. »Dr. Westcott hat mir erzählt, daß Ihr Vater an fortschreitender Demenz leidet. Wir haben viele andere Patienten mit dem gleichen Leiden hier, also ist er in guter Gesellschaft.«

In diesem Moment schlurfte ein Trupp alter Männer vorbei. Sie hielten sich an den Händen wie zu groß gewordene Schuljungen.

»Nicht hier durch, Jungs«, tadelte sie die Leiterin. »Nach hinten in den Aufenthaltsraum, bitte.« Der vorderste blieb stehen und starrte sie an, während er vor und zurück schwankte. Wie er da so neben den Rüschenvorhängen und den dick gepolsterten Sesseln stand, sah er wie ein uralter Außerirdischer aus, der auf einmal ins Ritz gebeamt worden ist.

Fran wußte mit absoluter Gewißheit, daß ihr Vater es in dieser gräßlichen Scheinheiligkeit nicht aushalten würde. Selbst wenn er nicht mehr merken sollte, wo er sich befand, war immer noch wichtig, daß er an einem Ort lebte, wo man ihn mit Respekt behandelte.

»Vielen Dank, daß Sie sich die Zeit genommen haben«, murmelte sie der Leiterin zu und packte Laurence am Arm.

»Aber möchten Sie denn nicht das Krocketfeld und den Schwimmbadkomplex sehen?«

»Nein, vielen Dank, ich habe leider eine sehr wichtige Besprechung.«

»Gut«, sagte sie zu Laurence, sobald sie wieder draußen waren. »Wo ist das nächste?«

»Was gibt es an diesem Haus auszusetzen? Es hat einen phantastischen Ruf. Das Problem ist nämlich«, sie wußte, daß er sich um Geduld bemühte, und das brachte sie auf einmal zur Weißglut, »daß nicht überall Personen mit Demenz aufgenommen werden, und schon gar nicht in dieser Kategorie.«

»Es gibt überhaupt nichts an diesem Haus auszusetzen – außer daß vermutlich all die armen alten Insassen ihr Konservenessen im Smoking einnehmen müssen. Ich kenne meinen Vater und weiß, daß es ihm zuwider wäre.«

»Francesca«, begann er wieder, hielt sie an und berührte sanft ihr Gesicht. »Du mußt aufhören, deinen Vater so, wie er jetzt ist, in einem dieser Heime zu sehen. Er wird sich verändern. Es tut mir leid, aber es hat keinen Sinn, der Wahrheit auszuweichen.«

Fran hastete die baumbestandene Einfahrt hinab und wollte nicht zuhören. Wenn sie erst einmal eine solche Prognose akzeptierten, würde sie erst recht eintreten.

Die nächste Einrichtung, »The Willows«, war gar nicht so übel. Das Haus war kleiner und gab sich nicht den Anschein von Vornehmheit. Die Gemeinschaftsräume waren freundlicher, und jeder Bewohner hatte sein eigenes Wohn-Schlafzimmer. Diese Zimmer waren zu Frans Genugtuung keine schachtelartigen Einbauten, sondern hatten völlig verschiedene Grundrisse, die der Anlage des viktorianischen Gebäudes folgten. Zumindest wirkten die Persönlichkeiten der Bewohner hier so ausgeprägt und unterschiedlich wie ihre Zimmer.

Sie fing bereits langsam an, sich mit dem Gedanken anzufreunden, ihren Vater als einen dieser liebenswert vertrottelten Patienten zu sehen, als die Leiterin sie in den Aufenthaltsraum brachte. In der Mitte der einen Wand war ein Fernseher angebracht, dessen Lautstärke auf Maximum eingestellt war. Etwa zwanzig alte Leute saßen in Reihen herum, ließen die Köpfe hängen und die Münder offenstehen. Dabei schliefen sie entweder oder sahen sich *Home and Away* an.

»Es ist nicht der beste Zeitpunkt, direkt nach dem Mittagessen vorbeizukommen«, erklärte die Leiterin rechtfertigend, als sie merkte, wie es Fran graute. »Aber sie sehen eben gern ein bißchen fern.«

Fran schnürte es die Kehle zu, wenn sie sich ihren geliebten Vater als eine weitere tattrige Gestalt in diesen Reihen ausgemusterter alter Leute vorstellte.

»Dürfen sie in ihren Zimmern keinen Fernseher haben?«

Pferderennen im Fernsehen könnten vielleicht etwas sein, das Ralph bei Sinnen hielt. *Home and Away* garantiert nicht.

Die Leiterin schüttelte den Kopf. »Wir halten sie davon ab, sich tagsüber allzuviel in ihren Zimmern aufzuhalten. Wir sind für ein wenig geselliges Beisammensein.«

Fran betrachtete die Parodie geselligen Beisammenseins vor ihren Augen und hätte am liebsten geweint.

»Was hältst du davon?« fragte Laurence sie auf dem Rückweg.

»Besser als das andere, aber immer noch ziemlich schrecklich. Egal wie oft du mir auch sagst, daß er nicht mehr weiß, wo er ist, er braucht ein Ortsgefühl, ein Gefühl für seine eigene Geschichte, sonst baut er restlos ab wie all diese anderen armen Tröpfe.«

Laurence seufzte. »Na gut. Dann versuchen wir lieber, deine Mutter dazu zu überreden, ihn zu Hause zu behalten.«

Obwohl sie sich auf der Mitte der High Street von Woodbury befanden, beugte Fran sich hinüber und gab ihm einen Kuß, was eine junge Frau auf Einkaufsbummel, die hoffentlich nicht zu seinen Patientinnen zählte, dazu veranlaßte, ihnen verständnisvoll zuzulächeln.

Fran wußte, daß Laurence sich um die beste Lösung bemühte und wertvolle Zeit von seiner Arbeit abgezweigt hatte, ja sogar Beziehungen hatte spielen lassen, um einen Platz für Ralph zu finden, und nun war sie so undankbar. Eine plötzliche Welle der Zärtlichkeit überflutete sie, und sie sehnte sich nur noch danach, ihm von dem Baby zu erzählen. Es mochte nicht der ideale Augenblick sein, aber vielleicht gab es den ja nie.

»Laurence«, begann sie zögerlich, »es gibt da etwas, was ich dir sagen wollte –«

Doch Laurence, der ungewöhnlich still und abweisend war und – wie ihr gerade erst auffiel – auch gar nicht auf ihren Kuß reagiert hatte, drehte sich abrupt zu ihr um.

»Sag mal, Francesca, wie gut kennst du eigentlich Jack Allen?«

»Warum willst du denn das wissen?« Sie hoffte, daß man ihr das schlechte Gewissen nicht allzusehr anhörte.

»Ich mag ihn eben nicht, das ist alles.«

Fran hatte Laurence noch nie in einem solchen Ton sprechen hören. Es fröstelte sie. Was stand zwischen Laurence und Jack, daß sie sich so benahmen?

Was immer es auch war – ihre Schwangerschaft konnte es nur schlimmer machen.

Mein Gott, in was für ein Chaos hatte sie alle gestürzt.

Die nächsten Wochen verliefen genauso, wie es Fran am liebsten war. Sie hatte so viel zu tun, daß sie keine ruhige Minute fand, um sich hinzusetzen und eine Tasse Kaffee zu trinken, geschweige denn, sich zu fragen, warum sie so froh darüber war, daß sie die Vorbereitungen für ihre Hochzeit anderen überlassen konnte. Sie sagte sich, wenn sie es Camilla und Phyllis überließ, die Entscheidungen zu treffen, wären zumindest diese beiden glücklich, was noch den weiteren Vorteil mit sich brachte, daß sie nicht behaupten konnten, man hätte sie übergangen. Fran mußte nur noch ihr Kleid und die der Brautjungfern bestellen.

Die doppelte Belastung, *Fair Exchange* ins Leben zu rufen und daneben zumindest die Kontrolle über den *Citizen* zu behalten, machte sie nervös und erschöpft. Sie verbot sich, auch nur an ihre Schwangerschaft zu denken. Es war, so schärfte sie sich immer wieder ein, ein ganz natürlicher Zustand, der nicht bedeutete, daß man sich ins Bett legen mußte. Henrietta hielt sie für hoffnungslos und komplett verrückt.

»Du mußt es ihm sagen«, bedrängte Henrietta sie bei jeder Gelegenheit, manchmal auch in der Variante: »Fran, wann sagst du es ihm endlich?«

Fran verbot sich die Überlegung, ob sie sich der hektischen Betriebsamkeit deshalb so gern ergab, weil sie der Trubel von dieser heiklen Frage ablenkte.

Und dann wachte sie eines Morgens auf und wußte auf einmal, daß Henrietta recht hatte. Was hielt sie eigentlich davon ab? Sie hatte lange genug gezögert. Sie mußte es ihm sagen. Und zwar heute abend.

Sie summte vor sich hin, als sie in der Badewanne lag, und strich über die leichte Wölbung, die langsam sichtbar wurde. Nun, da sie beschlossen hatte, es ihm zu erzählen, verspürte sie die moralische Befriedigung, die ihr bestätigte, daß sie die richtige Entscheidung getroffen hatte. Es war genau wie die Selbstzufriedenheit, die man empfand, wenn man sich endlich dazu durchgerungen hatte, eine Diät zu machen. Was Fran dabei vergaß, war allerdings, daß die moralische Befriedigung einem ein dermaßen aufgebessertes Selbstgefühl verschaffte, daß man die konsequente Durchführung nicht mehr für nötig hielt.

Das Wetter war so herrlich, daß sie beschloß, zu Fuß zur Arbeit zu gehen, wobei sie von zahlreichen Ladeninhabern und der Schülerlotsin vor der Grundschule freundlich gegrüßt wurde. Es war wunderbar, in einem Ort zu leben, wo einen die Leute kannten, anstatt in einer riesigen, anonymen Stadt.

Der Turm der Kathedrale glänzte golden und erhaben vor dem leuchtendblauen Himmel. Bereits jetzt, um neun Uhr morgens, wurde er von Horden von Touristen fotografiert. Später, wenn es richtig heiß wurde, würden sie sich in die Kathedrale drängen, angezogen nicht von Gott, sondern von dem Wunsch, der Sonne zu entrinnen. Auch Fran schlich sich hinein, etwas, das sie seit Jahren nicht mehr getan hatte, und kniete sich einen Augenblick in den dunklen Raum. Sie liebte die Atmosphäre dort. Weniger aufgrund der Religion als vielmehr um eines Kontinuitätsgefühls willen. Die Menschen in dieser Stadt beteten schon seit siebenhundert Jahren in diesen Bänken und Gängen, sie trugen ihre Hoffnungen und Ängste hierher und legten sie vor diesem Altar nieder.

Fran merkte, daß sie nicht anders war. Laß meinen Vater wieder gesund werden, oder laß uns wenigstens das Beste für ihn tun, flüsterte sie in die stille Finsternis. Und laß mich das Beste für mein Baby tun. Sie wünschte nur, sie hätte mit absoluter Gewißheit gewußt, was das war.

Sie war fast erleichtert, als ein Trupp lärmender Touristen die Kathedrale stürmte und ihr Gespräch mit wem? – Gott? Den Geistern der Menschen, die hier gebetet hatten? Sich selbst? – unterbrach.

Es war ihr fast peinlich, als sie herauskam. Als könnte jemand auf sie zukommen und sie, die Ungläubige, zur Rede stellen: Was hast du denn da drinnen gemacht? Du hast deinen Anteil nicht bezahlt.

Bevor sie irgendein Bekannter sehen konnte, lief Fran über die Straße in ihr Büro, um sich rasch wieder um weitaus einfachere Probleme wie Auflagenhöhe und Anzeigenpreise zu kümmern. Doch ihre Ruhe währte nicht lange.

»Da bist du ja«, sagte Stevie vorwurfsvoll. »Arbeitest du jetzt halbtags? Bevor du dich ans Werk machst, solltest du dir mal das hier ansehen. Die *Woodbury Free News*. Wenn nicht das ganze Blatt die Handschrift von Jack Allen trägt, fresse ich einen Besen.« Sie wedelte mit dem Blatt vor Frans Nase.

»Aber es sollte doch erst in zwei Wochen herauskommen«, jammerte Fran und griff danach.

»Vielleicht haben sie von unserem kleinen Projekt gehört und beschlossen, uns klammheimlich auszustechen.«

Fran breitete die Zeitung sorgfältig auf ihrem Schreibtisch aus und bemühte sich, jede Einzelheit zu erfassen. Das Blatt war wirklich gelungen: Farbfotos auf der Titelseite und ein halbfetter, gut lesbarer Schrifttyp. Die schwierige Gratwanderung, heiter zu wirken, ohne billig auszusehen, war geglückt. *Fair Exchange* würde nicht dahinter zurückstehen, da es auch neu und halbfett war, aber wenn man den *Citizen* danebenlegte, wirkte Frans Zeitung wie eine ziemlich altjüngferliche Tante.

Fran überflog das Inhaltsverzeichnis und sah, daß Jack kaum einen Kunstgriff ausgelassen hatte. Es gab ein Fernsehprogramm zum Herausnehmen, das sich mit dem der überregionalen Blätter messen konnte, und trotzdem hatte er auch die regionale Karte brillant ausgespielt. Einer Panik nahe, fragte sie sich, ob er womöglich auch den Kleinanzeigenteil massiv ausgeweitet und damit Sinn und Zweck von *Fair Exchange* untergraben hatte, aber Gott sei Dank war das nicht der Fall.

Doch die beste Idee von allen fand sich auf der Titelseite. Die *Free News* entkräftete sämtliche Vorwürfe, sie sei billig und widerlich, indem sie eine eigene Kampagne ins Leben rief. Die Blutreserven am Woodbury Hospital, so berichtete das Blatt, waren auf ein gefährliches Minimum abgesunken, und so rief die Zeitung in einer riesengroßen Schlagzeile, die sich über die gesamte Titelseite erstreckte, zum BLUTSPENDEN! auf.

In der ganzen Stadt waren spezielle Stationen eingerichtet worden, so berichtete die Zeitung ihren Lesern, wo es Tee, Kekse und Luftballons gab und eine Band spielen würde. Alles sollte gegen Mittag von Nico Morgan eröffnet werden, einem mittlerweile etwas angegrauten Rockmusiker aus den sechziger Jahren und dem einzigen berühmten Popstar der Gegend. Er hatte kürzlich seine erste Frau wieder geheiratet und noch ein Baby bekommen, obwohl sein ältester Sohn schon fast dreißig war. Und er war zurückgekommen, um sich in Woodbury niederzulassen, wo er ein drogenfreies und untadeliges Leben führen wollte – oder zumindest behauptete er das.

»Eines mußt du Jack lassen, Fran«, meinte Stevie. »Wer sonst wäre schon auf die Idee gekommen, Nico Morgan zu bitten, eine Blutspendeaktion zu eröffnen? Morgen steht es in sämtlichen Boulevardblättern, das garantiere ich dir. Komm schon, Mädchen, das dürfen wir uns nicht entgehen lassen. Es ist das Aufregendste, was seit den Raubzügen der Wikinger in Woodbury passiert ist.«

Die anderen Mitarbeiter hatten schon allesamt das Büro verlassen – abgesehen von Sean McGee, der tugendhaft die seltene Ruhe nutzte, um seinen Text zu tippen, und Elaine am Empfang, die beleidigt aus dem Fenster sah, als wäre sie das einzige Mädchen, das die Party versäumte.

Um das Marktkreuz am Platz vor der Kathedrale war ein Zelt aufgebaut, das Fran nicht bemerkt hatte, da sie den Seiteneingang benutzt hatte. Auf einer Bühne am anderen Ende stand eine merkwürdige Gestalt in einem rustikalen Tweedsakko sowie Bluejeans und Cowboystiefeln, die Haare mit einem roten Gummiband nach hinten gebunden. Stevie und Fran drängten sich nach vorne durch. Nico Morgan war gerade dabei, die Vorzüge Woodburys, seiner

Bürger, seiner herrlich frischen Luft und der traumhaften Landschaft zu rühmen und verkündete, daß er nicht begreifen konnte, warum er es während seiner hier verbrachten Jugend für ein stinklangweiliges Kaff gehalten hatte, in dem man abends rein gar nichts unternehmen konnte.

Die Bürger lachten nervös, vor allem als eine Krankenschwester mit einer riesigen Spritze erschien und ihn, während er Angst mimte, zu einem zweiten Zelt mit einem roten Kreuz darauf führte. Geordnete Schlangen bildeten sich um den ganzen Platz herum, um es ihm nachzutun.

Jack entdeckte die beiden und kam herüber.

»Ihr wollt wohl bei der Konkurrenz spionieren, was? Was haltet ihr von dem neuen Blatt? Wäre dein Vater damit einverstanden gewesen?« Er sah, wie sich Frans Augen vor Kummer verschatteten, und wünschte, er wäre nicht so unsensibel gewesen. »Wie geht es ihm denn?«

»Nicht besonders. Aber die Antwort lautet ja. Nicht ganz sein Stil, aber ich glaube, es hätte ihm gefallen.«

Dann fiel ihr wieder ein, daß Jack dieser gräßlichen Person Platz eingeräumt hatte, und ihr Lächeln erstarb. Jacks Charme und Besorgnis reichten doch nicht über die Oberfläche hinaus.

»Also«, fuhr er fort, obwohl er den eisigen Wandel in ihrer Haltung bemerkte, den er jedoch zu ignorieren beschloß. »Was sagst du zu unserem Rockstar? Offen gestanden würde ich sein Blut nicht einmal anrühren, wenn es das letzte Hämoglobin auf unserem Planeten wäre. Gott weiß, was da drin ist. Ich glaube, ich erwiese der Allgemeinheit einen Dienst, wenn ich es klauen würde, bevor es auch nur in die Nähe der Klinik gelangt. Ach, und vermutlich sollte ich selbst auch ein paar Tropfen opfern.« Er verabschiedete sich mit einem Winken und verschwand im Rotkreuz-Zelt.

»Haben wir dagegen irgendeine Chance?« murmelte Stevie. Ausnahmsweise hatte sie einmal ihren Schwung verloren, und man sah ihr ihre achtundfünfzig Jahre an.

»Stevie!« Fran brauchte Stevies Unterstützung zu sehr, um zuzulassen, daß sie jetzt schlappmachte. »Aber natürlich haben wir eine Chance. Unser Ansatz ist ganz anders. Los, gehen wir und tun wir etwas für die Allgemeinheit. Ich wollte schon immer mal Blut spenden. Und noch dazu bekommen wir hinterher gratis Tee und Kekse!«

»Du machst wohl Witze. Dafür bin ich viel zu zimperlich. Außerdem wollen die keine so alten Säuferinnen wie mich. Viel zuviel Blut im Alkohol. Aber mach du nur.«

Die Schlangen waren mittlerweile kürzer geworden, und die Menschen zerstreuten sich langsam wieder und gingen an ihre Arbeit zurück. Fran entdeckte Mike Wooley, stets der erste, der Mut und Chuzpe bewies. Er hatte sich frech vorgedrängt und vor Jacks Nase den ergrauten Rockstar interviewt. Nun war sie an der Reihe, ins Zelt zu gehen.

Blutspenden fiel Fran leicht. Wenn es nur ständig so einfach wäre, etwas für die Allgemeinheit zu tun. Solange man den Blick fest von dem Blut abgewandt hielt, das sich in dem kompakten, sterilen Beutel ansammelte, war alles in Ordnung.

Aber Fran hatte mehr mit Lots Weib gemein, als sie dachte, und so konnte sie trotz aller Vernunft nicht umhin, einen Blick auf ihre wertvolle Opfergabe zu werfen.

Der Anblick ihres eigenen Blutes zusammen mit der Tatsache, daß sie am Morgen nichts gefrühstückt hatte, war auf einmal zuviel für sie, und die Welt um sie herum begann sich unkontrolliert zu drehen.

Als sie wieder zu sich kam, beugte sich die Schwester über sie. »Alles in Ordnung?«

»Ich glaube schon. Das klingt jetzt vielleicht absurd, aber ich habe ganz vergessen, daß ich schwanger bin.«

Die Schwester sah sie an, als hätte Fran den Verstand verloren. »Im wievielten Monat?«

»Etwa in der elften Woche.«

Die Schwester rollte mit den Augen. »Dann hole ich lieber mal den Arzt, damit er einen Blick auf Sie wirft. In Ihrem Zustand sollten Sie überhaupt kein Blut spenden.«

»Tut mir leid.« Fran kam sich vor wie ein Kleinkind, das ausgeschimpft wird, weil es die Bauklötze umgeworfen hat. Während sie wartete, machte sie einen vorsichtigen Schritt auf den Fußboden, aber sie war immer noch wacklig auf den Beinen und mußte sich wieder hinsetzen, um nicht umzukippen.

Direkt vor ihren Augen, fast genau in Blickhöhe, stand eine Reihe der Blutspenden, die im Laufe des Tages gesammelt worden waren. Sie wollte gerade tief Luft holen und aufstehen, als sich eine davon, mit der Aufschrift »Allen, J.«, in ihr benebeltes Bewußtsein brannte wie ein Brandzeichen in die Haut.

Sie erinnerte sich an Jacks Witz darüber, daß er das Blut des Popstars klauen wolle, und sah noch einmal hin.

Gott würde ihr nicht viele solcher Gelegenheiten bescheren, und dabei hatte sie ihn erst diesen Morgen um seine Hilfe gebeten ... Eine solche Chance vorbeiziehen zu lassen wäre schlicht und einfach undankbar.

15. Kapitel

Fran zögerte nur einen Augenblick. Dann sah sie sich schuldbewußt um, schob die Blutkonserve in ihre große Umhängetasche und machte sie genau in dem Moment zu, als die Schwester mit dem Arzt im Schlepptau zurückkam.

»Wie fühlen Sie sich?« fragte der Arzt besorgt.

»Bestens«, erwiderte Fran heiter und drückte sich die Tasche gegen die Brust. »Ehrlich gesagt, ging es mir nie besser.« Sie warf einen Blick auf die Uhr. Dabei fiel ihr ein, daß sie ausgerechnet heute mit Henrietta und ihren Brautjungfern vereinbart hatte, sich im Brautmodengeschäft in der Market Street zu treffen. »Ich bin in Eile«, entschuldigte sie sich bei dem verdutzten Arzt und der Krankenschwester. »Ich habe einen Termin zur Anprobe von Brautkleidern.«

Henrietta, begleitet von Sophie und Lottie, hielt sich eindeutig schon länger im Brautmodengeschäft auf. Es war einer dieser winzigen, feinen Läden, in denen alles in geschmackvollem Cremeweiß gehalten ist und die Kundinnen Kaffee in winzigen Porzellantäßchen bekommen. Die waren vermutlich mit Absicht so klein gewählt, dachte Fran, als sie Lottie durch das Geschäft toben sah, damit kleine Kinder nicht größere Kaffeemengen über die maßlos teuren Brautkleider schütten konnten.

Fran probierte das für sie geänderte Catherine-Walker-Kleid an, das sie sich letztes Mal ausgesucht hatte. Trotz ihres Bäuchleins hatte sie in den vergangenen Wochen sogar abgenommen.

Die Verkäuferin zupfte an ihr herum, strich die schlichten Satinfalten glatt und befestigte mit einer einzelnen Seidenblume einen Schleier in Frans rotgoldenem Haar.

»Tragen Sie an Ihrem Hochzeitstag die Haare hochgesteckt oder offen?«

»Hochgesteckt«, antwortete Fran.

»Offen«, sagte Henrietta. »Du siehst jetzt schon aus wie eine Karmeliterin. Kannst du für ein bißchen Glamour nicht wenigstens die Haare offenlassen?«

Fran beschloß, die Bemerkung zu ignorieren. Henrietta bildete sich ein, mit einem Jasper-Conran-Kostüm in Shocking Pink mit Goldknöpfen und goldfarbenen Pumps für einen kleinen Einkaufsbummel in Woodbury angemessen gekleidet zu sein. »Lieber sehe ich einer Karmeliterin ähnlich als Ivana Trump«, protestierte sie.

»Das ist Ansichtssache. Auf jeden Fall«, fuhr Henrietta fort und neigte sich vertraulich vor, damit weder Sophie noch Lottie sie verstehen konnten, »bin ich ganz erleichtert, daß du die dumme Idee aufgegeben hast, herausfinden zu wollen, wer der Vater ist.«

»Au!« rief Fran, als die Verkäuferin, die offenbar darin vertieft war, das Kleid hinten abzustecken, sie versehentlich mit einer Nadel stach.

Zurück im Büro, fand Fran ein trübsinniges Häufchen von Leuten vor, die die Füße auf die Tische gelegt hatten und dreinsahen, als hätten sie gerade ihre Kündigungsschreiben erhalten.

»Na, na«, schimpfte Fran, schob die Füße beiseite und setzte sich. »Was ist los?«

»Wir sind deprimiert«, erklärte Keith Wilson. »Zuerst senken sie den Preis pro Ausgabe, dann kommen sie mit dieser neuen Zeitung, und das einzige, was wir ihnen entgegensetzen können, ist so ein Blättchen, in dem man seine Murmeln gegen die Comics von jemand anders tauschen kann. Tut mir leid, Fran, aber da fragt man sich doch, ob es Sinn hat, weiterzumachen.«

Fran merkte auf der Stelle, daß nun eine flammende Rede vonnöten war. Sie hätte es kommen sehen sollen, anstatt davonzuschwirren und Brautkleider anzuprobieren.

»Aber natürlich hat es einen Sinn! Erstens: Der *Citizen* ist nach wie vor die beste Zeitung in dieser Stadt, und zu eurer Information« – sie holte die Auflagenzahlen hervor, die sie extra heute morgen angefordert hatte, wobei sie entsetzt bemerkte, daß sie immer noch das Blut in der Tasche hatte –, »ist unsere Auflage *nicht* gesunken, seit der *Express* den Preis reduziert hat.« Die Mienen der Versammelten hellten sich ein wenig auf, aber nicht genug, um sie an ihre Schreibtische zurückzuschicken, voller Hingabe, einen weiteren Übeltäter aus Woodbury an den Pranger zu stellen.

»Hört mal, Leute, in *Fair Exchange* geht es nicht nur um Murmeln und Comics. Ich bin überzeugt davon, daß wir in ein oder zwei Jahren richtig Geld damit verdienen werden.«

»Ja, aber das ist doch kein Journalismus«, beharrte Keith Wilson. »Man bekommt keinen Pulitzerpreis dafür, daß man Privatflohmärkte ankündigt oder einem Masochisten dabei hilft, per Kleinanzeige einen netten, grausamen Sadisten zu finden, oder?«

Fran nahm den Kampf auf. »Vielleicht nicht. Aber wenn *Fair Exchange* wirklich Geld bringt, könnten wir endlich den *Citizen* finanziell auf sichere Beine stellen. Wir könnten uns mit High-Tech ausrüsten. Computer für alle. Du könntest die Kricketergebnisse der Dorfliga bis zur letzten Minute auf den neuesten Stand bringen!«

Sie sah, wie in Keith Wilsons Augen endlich ein Funke aufleuchtete, der schon fast Begeisterung signalisierte.

»Und vergeßt eines nicht: Übernächste Woche werden die regionalen Pressepreise vergeben, und da liegen wir gut im Rennen.«

Sie wollte sich schon in die Abgeschiedenheit ihres Büros zurückziehen, als ihr klar wurde, daß sie keines mehr hatte. Sie mußte sich mit ihrem Handy auf die Toilette verziehen und die Spülung betätigen, damit niemand mithörte, wie sie hektisch die Nummer des Frauenarztes in der Harley Street wählte, um einen Termin für die Chorionzotten-Biopsie zu vereinbaren, durch die sie – mit Hilfe von Jacks gestohlener Blutkonserve – endlich herausfinden konnte, wer der Vater ihres Kindes war.

Sobald es sich unauffällig einrichten ließ, ging Fran an den Bürokühlschrank und schob Jacks Blut, das mittlerweile diskret in einem gepolsterten Umschlag steckte, ganz hinten ins unterste Fach. Dabei hoffte sie inständig, daß er keine extrem seltene Blutgruppe hatte und es heute abend auf der Umgehungsstraße keine Massenkarambolage gab, bei der Leben hätten gerettet werden können, wenn Jacks Blut nicht hier drinnen versteckt wäre – hinter den Dosen mit Cola light und Gläsern mit Essiggurken, die die Mitarbeiter hier lagerten, um ihre gekauften Käsesandwiches aufzupeppen.

Bei Ben und Jack war mal wieder Videoabend mit Pizza angesagt. Zu dieser Gelegenheit hatte Jack sowohl die Auswahl des Films als auch die des Pizzabelags seinem Sohn überlassen. Sie befanden sich gerade in der Mitte von *Pulp Fiction*, und Jack hatte noch kein einziges Mal gelacht, nicht einmal, als der Mann auf dem Rücksitz erschossen wurde, oder bei der Debatte darüber, wie Viertelpfünder auf französisch hießen. Ben fühlte sich betrogen, da sie sonst immer an dieser Stelle den Text mitsprachen und sich jedesmal vor Lachen bogen, aber heute abend schien sein Vater nicht einmal hinzusehen.

Fettig lag die leere Pizzaschachtel da und starrte ihnen vom Couchtisch vor dem Fernseher aus entgegen. Jack erhob sich geistesabwesend, um sie wegzutragen, womit er eine weitere ihrer ungeschriebenen Regeln brach. An ihrem Männerabend durfte niemand aufräumen, ehe der Film vorüber war.

»Dad?« fragte Ben dermaßen besorgt, daß er sogar auf die Pausentaste am Video drückte. »Dad, ist mit dir alles in Ordnung?«

Jack räumte wortlos weiter auf.

»Planet Erde an Dad!« rief Ben laut und tat so, als sei die Fernbedienung das Mikrophon an einem mächtigen Raumfahrzeug, das durch die Galaxien reist. Schließlich mußte er eines der großen, weichen Kissen mit der Abbildung von Marilyn Monroe auf seinen Vater werfen. Seiner Mutter waren diese Kissen ein Dorn im Auge gewesen, weil sie sie geschmacklos fand, womit sie auch diese Wahl seines Vaters verurteilte. »Was ist denn los? Ist die neue Zeitung ein Flop, oder was?«

Jack warf mit der Pizzaschachtel nach ihm, so daß Ben sich ducken mußte, während er sie gekonnt mit einer Hand auffing und wie ein Frisbee zurückwarf.

»Nein, ist sie nicht. Sie ist sehr erfolgreich. Sogar der widerliche Murray ist vorübergehend mit mir zufrieden.«

»Cool. Was ist es dann? Ist es, weil Ralph so krank ist? Ich weiß ja, wie gern du ihn magst.«

Jack setzte sich neben ihn, wohl wissend, daß eigentlich er sich darum bemühen sollte, Bens Probleme zu ergründen, nicht umgekehrt. »Nein, offen gestanden ist es nicht dieses Mitglied der Familie Tyler, das mir Sorgen macht.«

»Also dann Francesca. Du magst sie wirklich, was?« Betreten wünschte er wieder, er wäre an diesem Morgen nicht zu Hause gewesen und hätte die beiden gestört.

Jack schwieg.

»Wenn du sie wirklich magst«, fuhr Ben fort und wählte seine Worte mit Bedacht, vor allem weil sich seine Erfahrungen mit Frauen auf die Lektüre von *Penthouse* und das Mädchen aus der Grundschule beschränkten, das sich für fünfzig Pence kurz unter den Rock schauen ließ, »findest du dann nicht, daß du ein ganz schöner Schlappschwanz bist, wenn du nur herumsitzt und sie einen anderen heiraten läßt?«

Jack war von diesem väterlichen Rat gerührt. »Ich glaube nicht, daß ich in Francescas Augen eine besonders gute Partie bin. Stevie sagt, sie will einen zuverlässigen Mann. Keinen Kerl, der Frau und Kind verloren hat.«

»Aber er ist doch gar nicht zuverlässig, dieser Doc, oder?«

Jack sah ihn scharf an. »Was weißt du über Laurence Westcott?«

Ben zuckte die Achseln. »Kinder kriegen immer mehr mit, als die Erwachsenen meinen.«

Jack wandte sich ab, und die ganze Erinnerung schwappte wie schmutziges Wasser in sein Gedächtnis zurück. Dieses Schleusentor hatte er lange Zeit geschlossen gehalten. Nur so konnte er überleben. »Aha, und vor allem du, du neugieriger Patron. Ben?«

»Hm?«

»Danke, daß du bei mir geblieben bist.«

Ben grinste. »Reiner Egoismus. Ich wußte, daß du mich nach Strich und Faden verwöhnen würdest, weil du solche Schuldgefühle hattest, und Mum doppelt streng gewesen wäre, weil ich keinen Vater gehabt hätte. Eigentlich konkurrenzlos.«

»Raus hier, du Scheusal. Und bring *Pulp Fiction* zurück.«

»Nicht nötig. Der Mann im Videoverleih hat es uns geschenkt.«

»Weshalb?« In Jacks Ohren klang das nicht überzeugend, aber Ben war im allgemeinen dermaßen ehrlich, daß es manchmal schwer war, mit ihm zusammenzuleben.

»Weil kein Mensch außer mir es schon fünfzigmal ausgeliehen hat. Er schätzt, daß wir es schon mehrmals bezahlt haben. *Und* er will, daß ich bei ihrem Filmquiz-Team einsteige.«

»Beweis für eine vergeudete Jugend, wenn man sich mit Filmen so gut auskennt wie du. Ich mache die Eltern dafür verantwortlich.«

Während Ben *Pulp Fiction* in sein Zimmer brachte, trottete Wild Rover an und legte den Kopf auf Jacks Knie. »So«, sagte Jack und beugte sich hinab, um in die seelenvollen Augen des Hundes zu blicken. »Hat Ben recht? Bin ich der letzte Versager? Soll ich härter darum kämpfen, die Hand der schönen Francesca zu erringen?«

Als Antwort gab ihm Rover einen nassen Kuß, der derart streng nach Hundefutter roch, daß Jack kraftlos zu Boden sank und mit dem Kissen auf dem Gesicht dort liegen blieb, bis Ben hereinkam und ihn anstupste. »Also, du Schlaffi, was willst du jetzt unternehmen?«

Unter seinem Marilyn-Monroe-Kissen dachte Jack nach. Das Problem war, daß er nicht die leiseste Ahnung hatte.

»Was hältst du von diesem Layout, Stevie?« Fran war ziemlich stolz auf die muntere Titelseite, die sie gerade für *Fair Exchange* zusammengestellt hatte. »Würdest du danach greifen und es in deine Einkaufstasche stecken?«

»Ich würde einen Zugfahrplan nach Aberdeen einstecken, vorausgesetzt, er wäre gratis.« Stevie wandte dem Blatt ihre ungeteilte Aufmerksamkeit zu.

»Also, was meinst du?«

»Es ist phantastisch. Mit echten Anzeigen anstelle der erfundenen sind wir aus dem Schneider. Wie läuft es eigentlich in der Telefonzentrale?«

»Bestens. Obwohl natürlich die neuen Anschlüsse noch nicht gelegt sind.«

»Verflucht typisch.« Nichts liebte Stevie mehr als Krisen. »Und nur noch drei Wochen. Soll ich sie anrufen und ihnen damit drohen, daß wir sie im *Citizen* wegen krasser Unfähigkeit anprangern werden?«

»Das wäre traumhaft. Du könntest aber auch versuchen, nett zu sein.«

»Nett?« Diese abwegige Idee schockierte Stevie eindeutig. »Wie laufen eigentlich die Vorbereitungen für das andere Großereignis, die Hochzeit des Jahres? Ich dachte, wir könnten es groß in der Zeitung bringen. Chefredakteurin findet Liebe auf Rezept ...«

»Wehe ...«, drohte Fran. Einen kurzen Augenblick lang überlegte sie, ob sie Stevie anvertrauen sollte, daß sie heute nachmittag um vier einen Termin in einer Londoner Klinik hatte, um den Test machen zu lassen, von dem sie sich die Klärung all ihrer Zweifel darüber erhoffte, ob es klug war, überhaupt zu heiraten. Aber vielleicht war es besser, je weniger sie sagte.

»Sag mal, Stevie, könntest du heute nachmittag die Stellung halten? Ich muß auf einen Sprung nach London.«

»Du Glückliche. Du führst vielleicht ein glamouröses Leben im Gegensatz zu uns Arbeitstieren. Was gibt's denn dieses Mal? Anproben fürs Brautkleid? Farbberatung für deine Reisegarderobe?«

Die Wahrheit hätte vielleicht sogar Stevie schockiert. *Ehrlich gesagt, will ich herausfinden, wer von ihnen der Vater ist.*

Die Windover Clinic hatte eine bombastische Rokokofassade voller Balustraden und Schnörkel, die einem den angemessenen Respekt vor dem medizinischen Beruf einflößte. Sie sollte wohl zu der Überzeugung bringen, daß der Arztbesuch sein Geld wert war, egal wieviel er kostete.

Fran trat in den Empfangsbereich, versank knöcheltief in einem Axminster-Teppich und fühlte sich versucht, gleich mit dem nächsten Zug nach Woodbury zurückzufahren. Warum konnte sie schlafende Föten nicht in Ruhe lassen? War ihr dringender Wunsch wirklich vernünftig?

Als hätte sie bemerkt, daß eine zahlende Kundin es sich anders überlegen und eilig wieder in die Provinz flüchten wollte, teilte die Empfangsdame Fran in flötendem Nobelviertelton mit, daß sie jetzt an die Reihe käme.

Fünf Minuten später lag Fran ohne ihre Kleider, nur in einem blauen Krankenhauskittel, auf einer Liege, während ihr eine freundliche junge Frau erklärte, daß sie zur Wahrung der größtmöglichen Sicherheit zuerst eine Ultraschallaufnahme machen müßten, um herauszufinden, wo das Baby lag. Links von Fran stand eine Art Bildschirm. Die junge Frau verstrich Gel auf Frans Bauch und entschuldigte sich für ihre kalten Hände.

»Tut mir leid«, sagte sie lächelnd. »Das war schon der unangenehmste Teil. Hatten Sie schon einmal eine Ultraschalluntersuchung?«

Fran schüttelte den Kopf.

Ein unscharfes graues Bild erschien auf dem Bildschirm vor ihnen, das Fran wie ein wirres Punktmuster vorkam und aus dem sie ebensowenig schlau wurde wie aus einer Wetterkarte der westlichen Erdhalbkugel.

Die junge Frau wies auf eine undeutliche, schattenhafte Linie. »Das ist der Rücken des Babys.« Der Kringel bewegte sich. »Unser Baby ist heute lebhaft.« Fran verfolgte die Richtung des Stabs, mit dem die junge Frau darauf zeigte.

Und dann sah sie es. Die wundersame, ungenaue, aber gerade erkennbare Gestalt eines winzigen Babys. Ihr stockte fast der Atem, und sie reckte den Hals, um besser zu sehen. Es war beinahe unvorstellbar, daß diese Formen ein Baby waren und daß dieses Baby in ihr lebte und wuchs.

»Das ist der Herzschlag des Babys.« Die Frau zeigte auf eine regelmäßig pulsierende Anzeige. »Im Mutterleib ist er viel schneller.«

Obwohl es ihr entsetzlich peinlich war, stiegen Fran die Tränen in die Augen. Wie leicht es war, ein neues menschliches Wesen zu erschaffen – ein einziger Moment des Leichtsinns, eine vergessene Pille, ein nicht benutztes Kondom, und in diesem beiläufigen, unbedachten Augenblick begann das Leben eines anderen Menschen.

Ich werde dich lieben, Baby, versprach sie. Ich werde alles wieder gutmachen, ganz bestimmt. Du wirst geliebt und gehegt werden.

»Möchten Sie ein Foto haben?« fragte die junge Frau.

Sie reichte Fran eine verschwommene, geisterhafte Aufnahme. Doch genau wie auf dem Bildschirm zeichneten sich die unverkennbaren Umrisse eines kleinen Menschen darauf ab. Fran drückte sich das Bild ans Herz.

»Gut.« Die freundliche Stimme neben ihr durchdrang ihr Glücksgefühl. »Der Arzt nimmt jetzt die Fruchtblasenpunktion vor.«

Fran spürte, wie die Angst in ihr aufstieg. Was so vernünftig gewirkt hatte, schien jetzt von Gefahren überladen. Was, wenn dem Baby dabei etwas passierte? Was zum Teufel machte sie da eigentlich? Trotzdem hatte ein Kind doch sicher Anspruch darauf zu wissen, wer sein Vater war?

Der Arzt spürte ihre Besorgnis und versuchte, sie zu beruhigen. »Miss Tyler, ich sehe Ihnen an, daß Sie Angst haben, aber dieser Test ist sehr sicher. Bei korrekt ausgeführtem Ultraschall ist das Risiko einer Fehlgeburt äußerst gering, und in Ihrem Alter sind die Vorteile der Amniozentese nicht von der Hand zu weisen. Entspannen Sie sich einfach.«

Und im Handumdrehen war es vorüber.

»Gehen Sie in den nächsten Tagen behutsam mit sich um. Heben Sie nichts Schweres, und bewegen Sie sich vorsichtig.«

»Wann bekomme ich das Ergebnis?«

»Es dauert ein wenig länger als sonst, da Sie es ja in ein anderes Labor geschickt haben wollen.« Er sagte dies in einem Ton, als wäre es eine schwere Beleidigung. »Zwei Wochen, vielleicht drei, um ganz sicher zu gehen. Die Schwester bringt Sie hinaus.«

Im Zug zurück nach Woodbury, konnte Fran nur noch das Foto umklammern und seine wundersamen, graugefärbten Geheimnisse betrachten. Wessen Gene hatten sich mit ihren vereinigt, um dies zu dem Menschen zu machen, der bereits programmiert war? Die von Jack oder die von Laurence?

»Du gibst dich ja sehr geheimnisvoll«, sagte Stevie am nächsten Tag, als Fran versuchte, sich ungesehen hineinzuschleichen. Fran war seit dem Morgengrauen aufgewesen und am Fluß spazierengegangen und hatte sich die ganze Zeit gefragt, ob das, was sie tat, gerechtfertigt war. Indiskrete Fragen von Stevie über ihre Erledigungen in London hatten ihr gerade noch gefehlt. »Deine Mutter sucht dich. Sie hat schon dreimal angerufen. Natürlich wollte sie sich nicht dazu herablassen, *mir* zu sagen, worum es geht.«

Fran kämpfte sich durch das Chaos, in dem Handwerker hämmerten, Schreibmaschinen klapperten und Mike Wooley Papierpfeile, die er aus Pressemitteilungen des Stadtrats gebastelt hatte, auf Sean McGee warf, bis sie endlich in einer abgelegenen Ecke des Sportressorts ein freies Telefon fand. Dazu mußte sie zwar frontal eine Frau mit einem Busen betrachten, der so groß war, daß sie ihn vermutlich gedüngt hatte, aber wenigstens war es hier ruhig.

Worüber konnte sich ihre Mutter dermaßen aufgeregt haben? Sie wählte die Nummer ihrer Eltern und versuchte ihre Phantasie darüber, was Ralph zugestoßen sein könnte, im Zaum zu halten.

»Gott sei Dank, daß du dich meldest«, sagte ihre Mutter ganz aufgeregt. »Ich versuche schon seit gestern dich zu erreichen.«

»Ist es wegen Dad? Was ist passiert?«

»Francesca, es war ja so schrecklich. Und das ausgerechnet beim Kricketmatch der Rotarier.«

»Was hat er denn gemacht?« Nach dem Ton ihrer Mutter zu urteilen, malte Fran sich schon aus, daß ihr Vater nackt über den Platz geflitzt oder den Gattinnen der Spieler seinen entblößten Po entgegengereckt hatte, während sie die Gurkensandwiches anrichteten.

»Er ist in seinem seidenen Morgenmantel und einem Panamahut erschienen.«

Fran mußte ein Kichern unterdrücken. »Klingt ganz vernünftig bei diesem Wetter. Hatte irgend jemand etwas dagegen einzuwenden?«

»Francesca, darum geht es doch nicht! Alle haben sich bemüht, ihn zu ignorieren. Aber sein Benehmen wird einfach immer merkwürdiger. Du kannst dich ja in deiner Zeitung verschanzen, aber mir wird es offen gestanden zuviel. Also habe ich Laurence angerufen, und er hat mir geholfen, deinen Vater in ›Tawny Beeches‹ unterzubringen.«

»Wie konntest du nur, Ma?« Francescas Knöchel wurden ganz weiß, als sie wutentbrannt den Telefonhörer umklammerte. »Wie konntest du ihn in dieses grauenhafte Heim stecken, ohne mich auch nur zu fragen? Er findet es garantiert schrecklich dort. Ich hätte doch selbst jemanden finden können, der auf ihn aufpaßt.«

»Du warst schließlich nicht hier, oder?« Ihre Mutter streute noch Salz in ihre Wunden. »Es war die einzige Möglichkeit, und wir können uns glücklich schätzen, daß wir einen Platz bekommen haben. Das haben wir nur Laurence zu verdanken.«

»Wie hat Dad es aufgenommen?« Fran konnte sich die Machtlosigkeit und Verwirrung ihres Vaters vorstellen.

»Er wird sich mit der Zeit schon daran gewöhnen.« Der abwehrende Unterton ihrer Mutter sagte Fran alles, was sie wissen mußte.

»Es war ihm zuwider, stimmt's? O Gott, mein armer Dad, es ist unerträglich.«

»Und wo ist dein Mitgefühl für mich? Ich bin diejenige, die ihn versorgen muß. Warum hast du nicht einen Gedanken für mich übrig?«

Fran konnte ihrer Mutter nicht erklären, daß sie mehr Mitgefühl bekommen hätte, wenn sie vor dem Eintreten der Tragödie nicht so mißgünstig und übellaunig gewesen wäre.

Nachdem sie sich gequält von ihrer Mutter verabschiedet hatte, wußte Fran, daß ihr nichts anderes übrigblieb, als ihren Vater auf der Stelle zu besuchen.

Als sie in »Tawny Beeches« eintraf, stellte sie entsetzt fest, daß bereits Essenszeit und der Aufenthaltsraum menschenleer war, obwohl es erst Viertel vor zwölf war. »Aber es ist doch noch so lächerlich früh. Um wieviel Uhr gibt es denn Abendessen?« fragte sie die gereizte Pflegeleiterin.

»Die letzte Mahlzeit ist um halb fünf, und um sieben gibt es noch Kakao und Kekse.«

»Aber mein Vater haßt es, so früh zu essen. Er ist daran gewöhnt, um neun zu Abend zu essen.«

»Ganz schlecht für die Verdauung. Gesundheitlich betrachtet sollte niemand nach sechs Uhr essen.«

Fran sah durch die offene Tür in den Speisesaal, wo die Bewohner schweigend in Reihen beim Essen saßen, an jedem Platz ein Glas Wasser. Ralph hatte so gern einen guten Wein getrunken. Sie entdeckte ihn am Tisch gegenüber, etwas abseits von den anderen, wo er nicht nur durch die räumliche Trennung, sondern auch durch die Jugendlichkeit seiner Gesichtszüge auffiel. Sie wußte, daß es zum Teil einer Laune des Schicksals zuzuschreiben war, daß Ralph sich trotz seines fortgeschrittenen Alters eine Art jungenhafter Dynamik bewahrt hatte, doch hier ließ ihn das wirken, als entstammte er einer total anderen Generation. Wie lange würde er wohl in dieser Umgebung seine Aufgewecktheit behalten?

»Kann ich hineingehen?«

»Während des Essens leider nicht. Sie können in seinem Zimmer warten, wenn Sie möchten. Ich mache diesmal eine Ausnahme. Normalerweise sind wir für ein bißchen Geselligkeit nach dem Mittagessen. Eine Runde Whist oder Bingo, sonst nicken sie uns allesamt ein.« Fran hätte die Frau am liebsten geschüttelt und ihr erklärt, daß ihrem Vater Zwangsbingo zuwider wäre, daß er zeit seines Lebens falsche Fröhlichkeit gehaßt hatte und mit sich allein ganz zufrieden war. Aber sie wußte, daß die Leiterin ihr nur unwillig und voller Ablehnung zuhören und nicht auf sie eingehen würde.

Ralphs Zimmer war eine weiße Schachtel, die genauso aussah wie ein Dutzend anderer – das Ergebnis »geschickter« Umbauten. Es war für alles gesorgt: Wandschrank, Toilette und Duschkabine waren auf engstem Raum untergebracht. Fran dachte an sein gemütliches Arbeitszimmer zu Hause, das trotz seines Ruhestands etwas von der Atmosphäre einer Zeitungsredaktion an sich hatte. Wo waren all seine persönlichen Gegenstände? Die Besitztümer, die wichtige Momente seines Lebens markiert hatten?

»Warum bringen Sie nicht morgen etwas vorbei?« Die Leiterin merkte genau, daß Fran zu jenen schwierigen Angehörigen zählte, die zwar ihr eigenes Leben nicht opfern wollten, aber die Art kritisierten, wie andere Leute die Scherben aufsammelten. »Natürlich nicht zuviel. Wir finden angesichts des begrenzten Raums sechs Stücke angemessen.«

Fran erwartete fast, sie sagen zu hören, daß das beim Abstauben Zeit sparte, aber die Frau schwieg klugerweise.

»Ich hole jetzt Ihren Vater«, erklärte sie schließlich.

Fran wartete und rang um Beherrschung. Ihr Vater brauchte ihren Verstand, nicht ihre Tränen.

»So, Mr. Tyler«, konnte sie die Pflegerin vom Treppenabsatz her hören. »Ich habe eine schöne Überraschung für Sie in Ihrem Zimmer. Kommen Sie.« Sie stieß die Tür auf.

Ralph Tyler sah sich im Zimmer um, und ein verwirrtes, aber seliges Lächeln erhellte seine Züge, die Fran so liebte.

»Hallo.« Mit warmherziger, aber seltsamer Förmlichkeit schüttelte er Fran die Hand und betrachtete sie, als wäre sie der Ehrengast bei einer Preisverleihung. »Ich kenne dein Gesicht. Wir kennen uns schon lang, stimmt's?«

Fran glaubte, ihr müsse das Herz brechen.

»Tut mir leid, meine Liebe.« Ausnahmsweise schwang im Tonfall der Leiterin echtes Mitgefühl mit. »Das passiert leider immer wieder. Es ist schwer nachzuvollziehen, aber immerhin weiß er noch, daß Sie ihm etwas bedeuten.«

Stevie wartete schon auf sie, als sie zur Zeitung zurückkam. »Wie geht es ihm?«

Da Fran wußte, daß sie nun endlich bei jemandem war, dem ihr Vater ebenso am Herzen lag wie ihr selbst, gab sie ihre Selbstkontrolle auf. »O Stevie, es war grauenhaft! Er saß da mitten unter all diesen Robotern, und es sah aus, als wäre er der einzige von ihnen, der noch am Leben war. Sein ganzes Leben wird reglementiert, es gibt nichts, das einem sagen würde, wer er ist oder ob er überhaupt noch mehr ist als ein alter Tattergreis. Und das allerschlimmste«, Fran schnürte es vor Beklemmung die Kehle zu, als sie an die verständnislose Miene ihres Vaters dachte, »war, daß er nicht mehr wußte, wer ich bin!«

Sie vergrub ihr Gesicht in Stevies abgetragener Kaschmirjacke.

»Er säße überhaupt nicht in diesem Heim, wenn ich mit ihm verheiratet wäre!« Stevies Bitterkeit hing in der Luft, fast beängstigend in ihrer Intensität. Abrupt riß sie sich los und tätschelte Fran die Schulter. »Komm schon, Franny, davon hat Ralph rein gar nichts. Wir sollten unsere Energie lieber dafür verwenden, uns einfallen zu lassen, wie wir ihn dort herauskriegen. Er würde nicht wollen, daß wir schniefend in der Ecke hocken wie zwei alte Waschweiber. Kannst du ihn nicht förmlich hören? ›Na los, Leute, wir müssen eine Zeitung herausgeben!‹«

In gewisser Weise war Fran dankbar dafür, daß ihr keine Sekunde blieb, um sich über irgend etwas anderes den Kopf zu zerbrechen, als darüber, daß *Fair Exchange* in nicht einmal einem Monat in jedem Zeitschriftenladen ausliegen sollte. Sie verbot sich, darüber nachzudenken, was passieren würde, wenn das Blatt ein Flop wurde und sie ihren Bankkredit nicht zurückzahlen konnte. Der Gedanke war einfach zu schrecklich.

»Was mich wundert«, bemerkte Stevie, als sie eine weitere Kostenrechnung durcharbeiteten, »ist, wie gelassen du deiner Hochzeit entgegensiehst. Du bist die einzige Braut, die mir je begegnet ist, die sich mehr für Betriebskosten als für Bettbezüge interessiert.«

Fran lachte. »Keine Sorge. Laurences Mutter behandelt die Hochzeit als die Berufung ihres Lebens. Ich weiß genau, daß ich eine schauderhafte Schwiegertochter bin, obwohl ich mich bemühe. Ich kann einfach nichts dagegen tun, daß ich *Fair Exchange* aufregender finde als aufeinander abgestimmte Handtücher oder Toaster.«

»Die arme Camilla.« Stevie musterte Fran mit einem ihrer durchdringenden, unnachgiebigen Blicke, einem von der Sorte, die Reporter aufs Klo flüchten ließ. Fran war für sie die Tochter, die sie nie gehabt hatte, und sie strahlte etwas aus, das die Ältere beunruhigte. »Aber findest du nicht, daß du dir Sorgen darüber machen solltest, daß du dir keine Sorgen machst?«

»Ich spare mir die Panik auf, bis der Termin näher rückt – wenn ich nicht mehr so beschäftigt bin. Im Moment genügt mir die Vorstellung, Laurence ständig zur Verfügung zu haben. Es wird herrlich werden.«

»Mmmm ...«, stimmte Stevie zu und schenkte ihnen beiden von den vier oder fünf Zentimetern Flüssigkeit, die noch in der Kanne waren, eine Tasse schlierigen Kaffee ein. Wie üblich hatte sich kein Mensch in der Redaktion die Mühe gemacht, sie auszuleeren und frischen Kaffee zu kochen. »Stell dir nur vor, du mußt dich nie wieder von der Sprechstundenhilfe deines Hausarztes beleidigen lassen, wenn du einen Termin haben willst. Du hast dein eigenes, sofort greifbares Behandlungszentrum.«

»Wenn man davon absieht, daß Fachärzte für Fruchtbarkeitsstörungen auch nicht mehr über Windpocken oder Pfeiffersches Drüsenfieber wissen als du und ich, aber in Sachen Muttermund bin ich versorgt.«

»Fran ...« Stevie hielt inne und sah sich um. Es war schon so spät, daß außer ihnen niemand mehr da war. »Du liebst Laurence, oder?«

»Stevie! Was für eine Frage. Natürlich. Ich bin nur zu beschäftigt, um romantische Gefühle zu verbreiten, und offen gestanden glaube ich, daß das uns beiden ganz recht ist. Es gefällt uns, daß der andere in seiner Arbeit aufgeht.«

Stevie bedachte die Folgen dieser deprimierenden Tatsache. Soweit sie es einschätzen konnte, lieferte ihnen das einen Vorwand dafür, sich so selten wie möglich zu sehen. Aber wären sie und Ralph wesentlich anders gewesen? Sie gingen auch beide in ihrer Arbeit auf, aber da sie zusammen arbeiteten, verschaffte ihnen dies das herrliche Gefühl, voller Leidenschaft gemeinsame Ziele zu verfolgen. Ihr fiel auf, daß das hier fehlte. Sie hörte keinerlei Leidenschaft heraus, wenn Fran von Laurence sprach. Aber andererseits, so dachte sie traurig, während sie auf die Wüste ihres eigenen Lebens zurückblickte, wohin hatte die Leidenschaft sie schließlich gebracht? Vermutlich hatte sie ihr jede Aussicht auf gewöhnliches Glück versperrt, die sie je gehabt hatte. Nachdem sie Ralph kennengelernt hatte, war es er oder keiner. Vielleicht ging man der Leidenschaft besser aus dem Weg. Stevie, sagte sie sich selbst, obwohl sie Fran gegenüber schwieg, du unehrliche, freche Heuchlerin. Du magst ja eine bodenständige alte Schachtel sein, die die Dinge beim Namen nennt, und du magst den größten Teil deiner Zeit damit verbringen, im Dreck zu wühlen, aber du weißt, daß Leidenschaft das einzige ist, was zählt.

Fran sah den Zweifel in Stevies Augen und kam zu ihr herüber. »Hör mal, ich himmle Laurence an, Stevie. Ehrlich. Er ist der wunderbarste Mann, der mir je begegnet ist. Er ist gutaussehend und fürsorglich und verbringt sein Leben damit, anderen Leuten zu helfen. Du erzählst mir doch die ganze Zeit, ich soll mir jemanden wie meinen Vater suchen. Zum ersten Mal in meinem Leben ist mir das gelungen.«

»Gut«, sagte Stevie und machte sich wieder an die Aufgabe, die Fran ihr zugeteilt hatte. Wenn sie noch einen Ton sagte, würde sie Fran womöglich zur Schnecke machen.

Doch das Gespräch über Laurence hatte Frans Gedächtnis auf die Sprünge geholfen.

»Ach du lieber Gott! Laurence! Ich bin doch heute abend bei seiner Mutter zum Essen eingeladen! Sehe ich vorzeigbar aus?«

Stevie betrachtete Frans leicht ungewöhnliche Kombination aus einer violetten, ärmellosen Tunika über dunkelgrünen Leggings. »Mir gefällt's, aber irgendwie«, meinte sie und wies auf ihren Tweedrock und die Strickjacke, die sie an 364 Tagen im Jahr trug, »ist an mir vorübergegangen, wie man sich zu welcher Gelegenheit anzieht. Vielleicht kannst du im Notfall immer noch sagen, du hättest dich als Robin Hood verkleidet.«

»Glutheißen Dank. Dann rede ich mich eben auf Understatement und Überarbeitung raus. Aber jetzt muß ich los. Bist du ein Schatz und heftest diese Zahlen in den Ordner, wenn du fertig bist?«

Wenn Stevie fand, daß Fran von den Hochzeitsvorbereitungen ein kleines bißchen zu unbeeindruckt war, so fand Camilla, Frans Schwiegermutter in spe, Frans Verhalten absolut empörend. Das letzte, was Camilla wollte, war, daß eine Schwiegertochter, die sich mehr für ihre heißgeliebte Zeitung interessierte als für den wichtigsten Tag ihres Lebens, zu ihr sagte: »Wunderbar, ist mir alles recht. Das klingt fabelhaft.«

Wonach Camilla sich sehnte, waren tiefschürfende und ausführliche Erörterungen, vorzugsweise bei ausgedehnten Mittagessen, bei denen gekichert und jede winzige Einzelheit der Vorbereitungen besprochen wurde, von den genauen Bestandteilen der Sträußchen der Brautjungfern bis zu der Frage, ob »Jesu Joy of Man's Desiring« als Hochzeitsmusik absolut unerläßlich war oder sich mittlerweile schon etwas abgenutzt hatte. Statt dessen wirkte Fran, obwohl nur noch ein Monat Zeit war, gelassen und desinteressiert und war vollkommen einverstanden damit, ihre Schwiegermutter sämtliche Entscheidungen treffen zu lassen. Fran begriff überhaupt nicht, daß die Diskussion ein essentieller Teil des Vorgangs war, genau wie die Hochzeit nicht existierte, solange sie nicht in einem ledergebundenen, mit Einlegefolien versehenen Fotoalbum eingefangen war.

Und um alles weiter zu erschweren, kam nun noch die Sache mit dem Vater der Braut hinzu. Es war einfach zuviel. Warum hatte sich Laurence keine nette, unkomplizierte Krankenschwester aussuchen können, die ihn zutiefst verehrte und die Camilla in aller Ruhe hätte unterbuttern können?

Doch Camilla erwähnte all das mit keinem Wort, als Fran atemlos und in einem merkwürdigen Hosenrollen-Kostüm eintraf und, anstatt Hochzeitsgeplauder anzustimmen, auf der Stelle begann, über ihren Vater und das Heim, in das er gebracht worden war, zu sprechen. Also wirklich.

Fran allerdings wurde ganz warm ums Herz, als sie Laurence erblickte, wie er in einem pastellfarbenen Wollpullover und einer Baumwollhose gutaussehend und entspannt am einen Ende des hübschen, chintzigen Sofas seiner Mutter im hübschen, chintzigen Wohnzimmer seiner Mutter saß. Fran war ziemlich überrascht gewesen, daß es so viele unterschiedliche Blumenmuster gab, als sie diesen Raum zum ersten Mal gesehen hatte. Zusammen mit den Sträußen von Rosen, Rittersporn und Pfingstrosen, die in Vasen auf jeder freien Fläche standen, hätte man fast glauben können, man habe eine falsche Abzweigung genommen und sei in einem Exemplar von *Der geheime Garten* gelandet.

Zu Laurences Erstaunen flog Fran in seine Arme, genoß seine kaschmirweiche Zärtlichkeit und merkte auf einmal, wie sehr er ihr in den letzten Tagen gefehlt hatte.

»Laurence, Liebling, ich freue mich ja so, dich zu sehen. Wir müssen dringend etwas besprechen.« Auch Laurence hatte gehofft, es werde sich um die Hochzeit drehen. Seine Mutter fragte ihn ständig Dinge, auf die er keine Antworten wußte, und mit einem Anflug von Verärgerung kam er zu dem Schluß, daß das doch alles Frauensache war. »Dieses schreckliche Heim, in dem mein Dad steckt. Ich bin gestern dort gewesen und fand es einfach unerträglich. Ich weiß, daß er verwirrt und krank ist, aber an einem solchen Ort sinkt er zu reinem Vegetieren herab. Wir *müssen* eine bessere Lösung finden.«

Ein genervter Blick senkte sich über Laurences Miene. »Francesca, Liebes, im Zustand deines Vaters ist es sehr schwer, überhaupt in ein Heim aufgenommen zu werden. Viele Häuser akzeptieren gar keine solchen Patienten. Und deine Mutter beharrt darauf, daß sie nicht mit ihm zurechtkommt. Was genau hast du dir denn vorgestellt?«

Fran wußte es nicht. Das war ja das Problem. »Ich könnte versuchen, sie dazu zu überreden, ihn mit einer Pflegekraft daheim zu behalten.«

»Ich dachte, das hättest du bereits versucht, und sie wollte nichts davon wissen.«

»Stimmt.«

»Na also.«

»Ich dachte …« Fran stockte einen Augenblick, da sie wußte, was sie da vorschlagen wollte, und beschloß, daß dies nicht der geeignete Moment dafür sei. Sie würde bis nach der Hochzeit warten, wenn sich alles beruhigt hatte. Es waren ja nur noch ein paar Wochen, da sie den Termin wegen Ralphs schlechtem Gesundheitszustand vorverlegt hatten. »Mach dir keine Sorgen. Vielleicht gewöhnt er sich ja noch ein.«

»Bestimmt«, sagte Laurence mit ruhiger Zuversicht. »Aber jetzt paß auf, Liebling, wir müssen noch ein paar Dinge klären.«

»Ja. Ja, natürlich. Womit sollen wir anfangen?«

Sie setzte sich aufrecht hin und seufzte fast unhörbar – aber nicht so unhörbar, daß es Camilla entgangen wäre. Dann wandte sie Laurence ihre ungeteilte Aufmerksamkeit zu.

Nach zwei vollen Stunden war Fran komplett erschöpft. Warum in aller Welt taten sich Leute diesen Streß an, anstatt in der Mittagspause auf einen Sprung zum Standesamt zu gehen? Hochzeiten, so hatte sie einmal gelesen, waren nicht einfach private Veranstaltungen, sondern Anlässe, die die ganze Gemeinde betrafen. Im übrigen machte es auch den Eindruck, als würde die gesamte Gemeinde zu Rate gezogen. Nun war es zehn Uhr, sie hatten Kaffee getrunken, und Fran sah Camilla an, daß sie zum zweiten Anlauf ausholte.

»Und wie steht es mit dem Zeremonienmeister und den Brautjungfern? Was wollt ihr ihnen als Geschenk überreichen?«

»Also, ehrlich gesagt, Camilla«, sagte Fran vorsichtig, »muß ich jetzt leider wieder zur Zeitung zurück.«

»Aber es ist schon zehn Uhr.«

»Tatsächlich?« fragte Fran ganz naiv. »So ist das eben bei einer Zeitung. Bis zum Erscheinungstag ist es nicht mehr lange hin.«

Und noch kürzer bis zur Hochzeit, und ich sehe dir an,

was bei dir an erster Stelle steht, hätte Camilla gern erwidert. Statt dessen brachte sie Fran unwirsch zur Tür. Wenn man sie fragte, war das vollkommen unnötig.

Zurück im Wohnzimmer, ließ sich Laurence wieder elegant auf das Sofa sinken. Es war sinnlos, ihm Entscheidungen abzwingen zu wollen. Aus dem Nichts erschien ein Bild von Francescas Vater, Ralph Tyler, vor Camillas geistigem Auge. Traurig, daß er so schnell dermaßen krank geworden war. Er war immer ein sehr attraktiver, wenn auch schwieriger Mann gewesen, aber irgendwie mochte sie diese engagierten Typen, die im Leben ein Ziel verfolgten. Ganz anders als der arme Harry, ihr Ehemann, den sie zwar geliebt, aber total unterdrückt hatte. Ein ernüchternder Gedanke kam ihr in den Sinn: Wenn sie so krank wäre, hätte Laurence sie dann auch beim ersten Anzeichen von nachlassender Geisteskraft mit so rücksichtsloser Eile in ein Heim gesteckt?

»Laurence«, begann sie und setzte sich neben ihn. »Diese Geschichte mit Francescas Vater hat mich nachdenklich gemacht. Ich möchte gern einen Teil meines Geldes für betreutes Wohnen beiseite legen. Würdest du mir eines versprechen?« Camillas hübsches, gekonnt geschminktes Gesicht verlor das Aussehen eines Püppchens aus besseren Kreisen und zeigte echte Angst. »Und zwar, daß du mich nicht nach ›Tawny Beeches‹ verfrachtest. Ich glaube, das könnte ich nicht ertragen.«

»Also ehrlich, Mutter«, entgegnete Laurence genervt. »Du darfst nicht auf Francesca hören. Man sollte meinen, ›Tawny Beeches‹ sei ein Gulag. Es ist der reine Fünf-Sterne-Luxus.«

»Oder ein Fünf-Sterne-Gefängnis. Du hast mir nie verziehen, oder, Laurence?«

»Mein Gott, Mutter, fang nicht wieder damit an. Ich hatte einen langen Tag.«

»Du glaubst, ich hätte dich belogen. Du findest, ich hätte dir die Wahrheit sagen sollen.« Bestürzung verzerrte ihre Stimme. »Aber das hielt man damals nicht für richtig. All diese schonungslose Ehrlichkeit und die Suche nach der leiblichen Mutter, das gibt es erst heute. Wir waren damals der Meinung, es sei besser, wenn du es nicht weißt.«

»Ja.« Laurence saß stocksteif da, und die Fältchen in seinem Gesicht, die normalerweise nur zart angedeutet waren, sahen auf einmal wie tiefe Furchen aus.

Schmerz verleiht seinem Gesicht Charakter, dachte Camilla beiläufig. Dadurch sieht er aus wie sein Vater in jungen Jahren. Der arme gutaussehende Harry. Er wäre vermutlich mit einem anderen Typ Frau auch glücklicher gewesen. Das Leben war schon schrecklich traurig.

»Laurence, eines habe ich mich schon immer gefragt: Warum hast du eigentlich beschlossen, dich auf Fortpflanzungsmedizin zu spezialisieren? Weil du adoptiert bist? Du schienst immer so absolut sicher zu sein, daß du genau diesen Beruf ausüben wolltest.«

Etwas an seinem Blick wußte sie nicht zu deuten, als er sich ihr zuwandte und dann rasch wieder wegsah. »Das stimmt wohl. Ich wußte einfach, daß ich Frauen helfen will, die wirklich Kinder haben wollen. Vielleicht um das Gleichgewicht gegenüber all jenen wiederherzustellen, die aus Leichtsinn schwanger werden und dann abtreiben oder ihre Kinder wegwerfen.«

»Laurence ...« Camilla brach angesichts der auf sie einstürmenden Erinnerung fast die Stimme. »Ich wollte dich unbedingt haben. Auch wenn ich nicht deine leibliche Mutter bin.«

Laurence berührte kurz ihre Schulter. »Ich weiß, Ma. Ich weiß.« Er sprach nicht aus, was sie beide dachten, nämlich daß ihre Tragödie darin begründet lag, daß diese Tatsache immer noch eine so große Rolle spielte und niemals – egal, was sie auch taten – in Vergessenheit geraten würde.

Fran liebte die Büroräume des *Citizen* in leerem Zustand fast so sehr wie in tosender Betriebsamkeit. Hier fand sie stets Frieden. Nicht einmal um zwei Uhr morgens, wenn es den Anschein hatte, als wäre sie meilenweit der einzige Mensch, fühlte sie sich hier einsam oder unbehaglich. Zum einen lag es am Geist ihres Vaters, der hier noch so stark herrschte. Was, so fragte sie sich, als sie sich gegen die Tür lehnte, hätte er davon gehalten, daß sein Büro, das anschließend zu Frans Büro geworden war, nun in einen Raum für sechs Telefonistinnen umgewandelt worden war? Die Erinnerungsstücke, die er an sie weitergegeben hatte, waren von der Wand genommen und in Kisten verpackt worden und würden erst wieder aufgestellt werden, wenn Fran schließlich wieder ein Büro ihr eigen nannte. Sie hatte das Gefühl, daß es ihm nichts ausgemacht hätte. Die Seele einer Zeitung, so sagte er immer, lag in ihren Reportern, in den Dingen, die sie antrieben und wütend machten, in den Verbesserungen, die sie in ihrer Umwelt bewirken wollten. Und nun war es ihre Verantwortung, dies aufrechtzuerhalten. Heute vielleicht mehr denn je, da das Licht in Ralph selbst erlosch.

Sie wischte sich eine Träne aus dem Auge und setzte sich. So ging es nicht. Damit war niemandem gedient. Aus einer Laune heraus klappte sie ihre Brieftasche auf, nahm das graue, unscharfe Foto vom Ultraschall heraus und stellte es vor sich auf den Schreibtisch. Sie brauchte etwas Freudiges und Lebensbejahendes. Inspiriert von einem neugewonnenen Energiestoß, machte sie sich an die Arbeit. Sie mußte *Fair Exchange* fertigstellen und in nicht einmal drei Wochen unter die Leute bringen. Dann konnte sie sich endlich entspannen und ihre Hochzeit genießen.

Am anderen Ende von Woodbury saß auch Jack Allen noch spät an der Arbeit, aber er war nicht der einzige im Haus. Auch Miriam Wolsey war noch da. Den ganzen Abend war sich Jack ihrer Gegenwart bewußt gewesen. Ständig erwartete er, daß sie sich verabschieden und gehen würde, doch das tat sie nicht. Daraus konnte er zwei verschiedene Schlüsse ziehen. Zum Beispiel, daß sie ein trauriges, einsames Leben führte und ihr einziger Lebensinhalt die Zeitung war. Aber wenn er sich dieses perfekte, herzförmige Gesicht und die riesengroßen dunklen Augen ansah, glaubte er das nicht. Dazu kam noch die kleine, aber lautstarke Episode vor einer Stunde, als ein Trupp schnatternder Jungreporter, von denen er einige verdächtigte, weniger aufgrund ihrer erdrückenden Arbeitslast, sondern wegen Miriam dageblieben zu sein, sich abmühte, Miriam zu überreden, mit ihnen ins Pub zu kommen. Es war natürlich möglich, daß sie an einer Geschichte arbeitete, die ihre Anwesenheit bis in nachtschlafende Zeit erforderlich machte. Es konnte aber auch sein, daß sie auf ihn wartete.

Er griff nach seiner Aktentasche und schaltete das Licht aus. »Gute Nacht, Miriam. Ihr Engagement ist beeindruckend, aber arbeiten Sie nicht zu lang.«

Anstelle einer Antwort sprang Miriam auf. »Oh, ich wollte auch gerade aufhören. Sonst bekomme ich vor Überanstrengung noch ein Rückenleiden.« In Rekordzeit packte sie ihre Tasche zusammen und ging zusammen mit ihm hinaus. Auf dem Parkplatz fiel ihm schlagartig ein, daß sein Auto in der Werkstatt war und er, da vorhin eine große Geschichte bekannt geworden war, vergessen hatte, es abzuholen. Mist. Jetzt stünde es hinter verschlossenen Türen.

»Ich nehme Sie mit«, bot Miriam eilig an. »So groß ist Woodbury ja nicht. Wo wohnen Sie denn?«

Abzulehnen wäre albern gewesen. Miriams Wagen war neuer, als er erwartet hatte, ein flottes, rotes Peugeot-Cabrio. Sie mußte Vermögen haben. »Hübscher Wagen«, bemerkte er. »Allerdings bezweifle ich, daß Sie ihn sich mit dem, was ich Ihnen zahle, leisten konnten. Wie leicht läßt sich denn das Dach runterfahren?«

»Kinderleicht.« Sie führte es vor.

Jack, der achtunddreißig war und sein Alter gelegentlich spürte, war mit einem Schlag wieder einundzwanzig. Im richtigen Alter war er viel zu knapp bei Kasse gewesen, und jetzt, wo er sich einen solchen Wagen hätte leisten können, fand er es unpassend. Alte Männer in Autos für junge Männer waren lächerlich. Da war ihm sein bequemer alter Saab lieber. Aber das hier, so mußte er sich eingestehen, machte Spaß.

»Sollen wir eine kleine Spritztour machen?« Miriam drehte die Stereoanlage auf, und Jack mußte lachen. Irgendwo in ihm regten sich leise Bedenken, aber Musik und Spontaneität überdeckten sie.

Zu ihrem Pech fuhr Miriam auf dem Weg zur Umgehungsstraße und der Strecke nach Woodedge Hill, wo sich eine der romantischsten Aussichten der ganzen Gegend bot, dummerweise durch die High Street und an den Büroräumen des *Citizen* vorbei. Ungünstig war außerdem, daß Fran zufällig gerade im hellerleuchteten Raum am Fenster stand und hinausstarrte.

»Entschuldigen Sie bitte, Miriam«, sagte Jack und legte eine Hand aufs Lenkrad, als sie an der nächsten roten Ampel hielten. »Es hätte sicher Spaß gemacht, aber mir ist gerade etwas eingefallen, das ich noch erledigen muß.«

»So spät nachts?« Miriam folgte Jacks Blick.

»Leider ja.« Er stieg rasch aus dem Wagen, bevor die Ampel umschalten konnte. »Bis morgen. Und danke fürs Mitnehmen.«

Miriam fegte um die Ecke und kam mit kreischenden Bremsen zum Stehen. Sie riß sich die Ohrringe heraus und streifte die hochhackigen Schuhe ab, die sie angezogen hatte, weil darin ihre Beine dünn wirkten, und schleuderte sie auf den Rücksitz. Dieser verdammte Jack Allen! Warum konnte er sich nicht dazu herablassen, das zu nehmen, wofür sich die meisten Männer auf die Knie werfen und betteln würden? Die verstörende Wahrheit war, daß sie, das normalerweise vernünftige und einsichtige Mädchen, ihn aufgrund seiner Gleichgültigkeit nur noch mehr begehrte.

Als Fran hörte, wie jemand die Tür aufmachte, sah sie erstaunt auf die Uhr – kurz vor zwölf. Es war ein bißchen früh für Flo, die Putzfrau, aber Flo hatte einen kranken Mann, und sie überließen es ihr, dann sauberzumachen, wann es ihr am besten paßte. Manchmal kam sie zu den merkwürdigsten Zeiten.

»Flo?« rief Fran.

Doch es war nicht Flo, die ihr antwortete.

»Ich habe gesehen, daß du so spät noch beim Arbeiten bist, und wollte dich fragen, ob du mit mir etwas trinken gehen würdest.«

»Um diese Zeit?«

Jack grinste. »Es gibt da durchaus Möglichkeiten.«

»Und du kennst sie garantiert alle.« Nachdem sie gerade die Aufgabe erledigt hatte, die sie seit Wochen vor sich herschob, war Fran in Hochstimmung. Schlafen könnte sie sowieso nicht. Und nach all dem Kopfzerbrechen um ihren Vater und die Gründung des neuen Blatts hatte sie Lust, etwas Leichtsinniges zu tun. »Also gut, einverstanden.« Sie sammelte ihre Sachen zusammen. Beider Blicke trafen sich exakt im selben Moment auf der Ultraschallaufnahme.

Fran riß das Foto an sich und hoffte inständig, daß Jack noch nicht dazu gekommen war, den Namen zu lesen, der in weißen Lettern am unteren Rand stand. »Hab' ich dir schon erzählt«, begann Fran nervös zu stottern, »daß meine Freundin Henrietta wieder schwanger ist? Das Dumme ist nur, daß ihr Mann absolut dagegen ist, deshalb fällt es ihr furchtbar schwer, sich zu entscheiden, was sie tun soll.«

Blöd. Sie hätte beherzigen sollen, was ihr Vater ihr geraten hatte. Lüge nie. Und wenn, dann so einfach wie möglich. Die Ausschmückung verrät dich.

»Ah«, sagte Jack und verkniff sich ein winziges Grinsen. »Richte ihr meine Glückwünsche aus. Aber vielleicht komme ich ja selbst dazu. Sie begegnet mir oft in der Stadt.«

»O nein«, widersprach Fran panisch. »Laß das lieber. Sie weiß ja noch gar nicht, ob sie es bekommen will.«

»Ah«, wiederholte Jack zu ihrem Ärger.

Das zu später Stunde noch geöffnete Lokal, in das er sie führte, war alles andere als die Lasterhöhle, die sie erwartet hatte. Es gab weder Roulette noch Whisky, noch anrüchige Frauen. »The Feathers« war ein winziges Pub in der Altstadt von Woodbury, das lediglich aus zwei kleinen Räumen bestand, jeder gerade so groß wie ein Wohnzimmer und in ansprechend heimeligem Stil eingerichtet. Der

Begriff Sperrstunde, so dachte Fran bei sich, war offenbar noch nicht bis hierher durchgedrungen.

»Die Polizei hat eine stillschweigende Vereinbarung getroffen. Sie lassen ein Pub im Viertel beliebig lange offen. Das nennen sie dann ›Austrinkzeit‹, obwohl nicht einmal Florence Nightingale drei Stunden bräuchte, um ein Guinness auszutrinken. Es ist eben eine spezielle lokale Tradition.«

Die Wirtin, eine großmütterliche Dame, kam herüber und nahm ihre Bestellung auf. »Zwei Pints Guinness bitte, Dorothy.«

Fran war empört. »Ich kann Guinness nicht ausstehen.«

»Hier kannst du kein schickes Schorle bestellen. Wahrscheinlich haben sie die einzige Weinflasche im Jahre 1934 aufgemacht. Wenn sie überhaupt eine da haben. Außerdem ist Guinness gut für dich.« Sie überlegte den Bruchteil einer Sekunde, ob er wohl hinzufügen würde »in deinem Zustand«, doch er tat es nicht. »Also, was habe ich da über dein neues Projekt gehört?«

»Hast du mich deshalb hierhergebracht? Um herauszufinden, was ich vorhabe, für den Fall, daß es dem mächtigen *Express* gefährlich werden könnte?«

»Paß auf, Francesca«, sagte Jack in plötzlich ganz ernstem Ton. »Vergiß mal einen Augenblick die Zeitung. Ich muß dich etwas fragen.« Er stellte sein Bierglas ab und sah ihr direkt in die Augen. »Bist du in Laurence Westcott verliebt?«

Wenn er nicht so todernst dreingesehen hätte, hätte Fran gelacht. Er erinnerte sie an den Vater einer Jungfrau, der den Verehrer seiner Tochter nach seinen Absichten ausfragt. »Aber natürlich. Warum sollte ich ihn sonst heiraten?«

Was zum Teufel tat er da? fragte sich Jack. Wenn Francesca Laurence Westcott wirklich liebte, dann hatte er nicht das Recht, sich einzumischen und zu versuchen, es ihr auszureden. Doch angesichts ihrer großen grünen Augen, die offen auf ihn gerichtet waren, mußte Jack mit seinem Gewissen ringen. Schließlich faßte er einen Entschluß.

»Es ist nur so, Francesca, daß ich Laurence Westcott vor sieben Jahren ziemlich gut kannte. Carrie und ich haben zwei Jahre lang eine Fruchtbarkeitsbehandlung bei ihm mitgemacht.«

»Aber ihr hattet doch schon Ben.«

»Ja, sicher. Aber man hat uns erklärt, daß es das trotzdem gibt. Ein Drittel der Patienten dort hat bereits ein Kind und muß feststellen, daß es kein zweites bekommen kann. Wer weiß, warum. Streß? Die Hormone? Jedenfalls war es Laurence, der –«

Jack hielt mitten im Satz inne.

Miriam Wolsey schwebte soeben an die Theke. Ihre roten Lippen glänzten, auch hatte sie Ohrringe und High Heels wieder angelegt. »Hallo, Jack, sind Sie also doch nicht so müde, wie Sie dachten. Kann ich Sie beide zu einem Drink einladen?«

Miriams Auftritt schien Fran zu wecken. Sie hatte das Gefühl, daß Jack ihr etwas anvertrauen wollte, und sie wußte wirklich nicht, ob ihr das recht war. »Ich muß gehen …«

»Fran, nicht …« In Jacks Stimme schwang ein unerwarteter, schmerzlicher Unterton mit, der Fran einen Augenblick lang aufhielt. Doch dann spürte sie Miriams erwartungsvollen Blick auf sich.

»Nein, wirklich. Ich muß gehen. Viel Spaß noch. Und danke für das Guinness, Jack. Es war bestimmt gut für mich.«

Miriam setzte sich. »Ich hoffe, ich habe nichts unterbrochen.«

Jack starrte in sein Glas. »Schon in Ordnung. Ich glaube, was es auch war, ist schon vor einiger Zeit unterbrochen worden.«

16. Kapitel

Weshalb brannte bei Ben noch Licht? fragte sich Jack besorgt, als er endlich gegen Mitternacht zu Hause eintraf.

Ben kam an sein Fenster, sah hinaus und winkte. Offensichtlich hatte er auf seinen Vater gewartet. Die altbekannten Gefühle fochten in Jack einen Wettstreit aus: Freude darüber, seinen Sohn zu sehen, und Schuldgefühle, weil er sich mehr Zeit für ihn nehmen sollte. Schließlich waren jetzt Sommerferien, eigentlich etwas Besonderes.

Außerdem empfand er leise Angst davor, daß Ben womöglich ein intensives Gespräch über ein Problem von welterschütternden Ausmaßen mit ihm führen wollte – zum Beispiel, was man zum Schutz der Ozonschicht unternehmen konnte.

Jack hoffte nur, daß ihm – egal, was es war – irgendeine Antwort einfiele, die Ben mit seinen anspruchsvollen Teenager-Maßstäben zufriedenstellte. Nichts kam diesen höhnischen Grinsen aus geschürzten Lippen gleich, zu dem der Satz ertönte: »Das sagst du doch nur, weil du jetzt ins Bett gehen/arbeiten/Zeitung lesen willst.« Alleinerziehende Mütter betrachteten ihre Aufgabe als harte Arbeit, und er hatte volles Verständnis für sie. Aber sie sollten sich einmal als alleinerziehende Väter versuchen ...

»Hi, Dad.« Ben kam die Treppe heruntergehopst und gesellte sich in dem unaufgeräumten Wohnzimmer zu ihm. Mit schwindendem Mut argwöhnte Jack, daß jetzt nicht das gewohnte Frage-und-Antwort-Spiel käme, sondern etwas wesentlich Komplizierteres.

»Na, Kumpel«, begann Jack und klopfte auf das weiche Sofapolster neben ihm. »Wie läuft's?«

Bens leuchtende dunkle Augen, die denen seiner Mutter so ähnlich waren, daß sie Jack oft einen Stich ins Herz versetzten, sahen ihn konzentriert an und wandten sich wieder ab. »Gut.«

»Willst du über etwas Bestimmtes reden?« Schon falsch. Zu direkt. Wann würde er wohl lernen, daß es in diesen Dingen ein Protokoll zu beachten gab? Aber er war eben so verdammt müde. Das hier würde zweifellos ein diplomatisches Unterfangen von Kissingerschen Ausmaßen werden. Er hoffte nur, daß er die Kraft dafür hatte.

»Du kriegst noch eine Glatze, wenn du Tag und Nacht dieses Ding trägst.« Jack wischte Ben die Baseballkappe vom Kopf und fuhr ihm durchs Haar.

»Wie du, meinst du?« erwiderte Ben und zeigte auf den zurückweichenden Haaransatz seines Vaters.

»Unsinn. Mein Urgroßvater hatte bis weit über achtzig eine Mähne wie Struwwelpeter. Das ist ein Familienmerkmal, zusammen mit enormer Intelligenz und einer Ausstrahlung wie Picasso.«

»Und was ist mit Mums Seite der Familie?«

Das war es also. Ben erwähnte seine Mutter nur selten. Jack fragte sich, was ihn dazu veranlaßt hatte.

Die Schuldgefühle, die stets auf Jack lauerten, wenn irgend etwas im Leben seines Sohnes schiefging, verließen ihre Deckung und stürmten auf ihn ein. Hätte er sich vor all diesen Jahren intensiver darum bemühen sollen, seine Ehe zu retten? Der Gedanke an die kleine Louise, die Tochter, die er kaum kannte und die am anderen Ende der Welt aufwuchs, bedeutete einen so unerträglichen Verlust für ihn, daß er versuchte, nicht an sie zu denken. Bestimmt haßte sie ihn, oder vielleicht kam er in ihrer emotionalen Landschaft überhaupt nicht vor.

Der grausamste Schlag von allen war gewesen, daß sich Carries Eltern nach der Scheidung auf die Seite ihrer Tochter gestellt und ihn aus ihrem Leben verbannt hatten. Als Ben sich dafür entschieden hatte, bei seinem Vater zu bleiben, wollten sie auch ihren Enkel nicht mehr sehen. Was Jack ihnen nie und nimmer verzeihen würde.

»Na los, Kleiner, erzähl deinem alten Dad, was dir auf der Seele liegt. Fehlt dir deine Mum? Sie hat dich lieb, weißt du.«

Ben schüttelte den Kopf. »Es ist wegen Ralph. Mrs. Tyler hat uns erzählt, daß er in ›Tawny Beeches‹ ist. Rover und ich haben heute versucht, ihn dort zu besuchen.«

»Das ist aber eine nette Idee. Es geht ihm nicht besonders gut, oder?« Auf einmal begriff Jack, wie verstörend Ralphs Verfall für Ben gewesen sein mußte. Vorher war ihm das noch nicht klar gewesen, aber vermutlich war Ralph irgendwie zu dem Großvater geworden, den Ben auf so hinterhältige Weise verloren hatte. Und jetzt verlor er Ralph auch noch. O Gott, der arme Junge.

»He. Komm mal rüber und laß dich drücken. Du hast immer noch mich, und ich bleibe dir auch, weißt du.« Er schwor sich, mehr Zeit mit seinem Sohn zu verbringen, Zeitung hin oder her. Murray Nelson konnte ihm den Buckel runterrutschen. Am besten auf alten Exemplaren des *Express*.

Aber Ben schniefte laut und wandte sich ab. Jack hätte schwören können, daß er weinte. »Es war gräßlich, Dad. Ralph und ich sind dicke Freunde, und sie haben mich und Rover nicht einmal hineingelassen.«

Jack betrachtete den abenteuerlichen Hund, der durch das Kutschertuch, das Ben ihm absichtlich immer um den Hals band, noch verwegener aussah. Die Weigerung konnte er sich lebhaft vorstellen. Vermutlich glaubten sie, der Hund werde sein Bein an einem Heimbewohner heben. Aber wenigstens Ben hätten sie einlassen müssen.

»Das schlimmste war, als ich durchs Fenster geschaut und ihn gesehen habe – und er mich auch. Er schien sich so zu freuen. Und dann haben sie mich nicht reingelassen. Sie haben behauptet, es sei keine Besuchszeit.«

Jack verfluchte »Tawny Beeches« und den dort herrschenden Snobismus. Begriffen sie denn nicht, daß es einem kranken alten Mann mehr nützen würde, Ben zu treffen, als ein Jahr lang fernzusehen? Diese Heime waren ein Skandal, jedenfalls viele von ihnen. Alte Menschen mußten die Häuser verkaufen, die sie ihr Leben lang abbezahlt hatten, nur um in einem dieser Dinger eine Wohn-Schuhschachtel zu ergattern und dafür eine horrende Summe hinzulegen. Jack hatte nicht viel für Leute übrig, die ständig der »guten alten Zeit« nachtrauerten, die meistens gar nicht so gut gewesen war, aber wie alte Menschen heutzutage von ihren Familien abgeschoben wurden, empörte ihn. Er wunderte sich, daß Fran damit einverstanden gewesen war.

»Sag mal, meinst du, es würde etwas nützen, wenn ich ihn selbst morgen besuche und einen Termin vereinbare, an dem du vorbeikommen kannst? Wild Rover kannst du bei mir lassen.«

»O Dad, würdest du das tun? Bald?«

»Keine Frage. Aber jetzt ins Bett. Ich weiß nicht, wie's dir geht, aber ich bin erledigt.«

Als Jack beim Einschlafen überlegte, wann in aller Welt er morgen, einem seiner hektischsten Tage, die Zeit dafür herausschinden konnte, in »Tawny Beeches« vorbeizuschauen, ging ihm auf, daß Bens Großvater ein bedauernswerter Mensch war. All die Zuneigung und Liebe, die Ben Ralph schenkte, hätte auch ihm gehören können.

»Können Sie mir mit hundertprozentiger Sicherheit versprechen, daß diese Telefone morgen funktionieren?« hatte Fran den Mann von British Telecom über das schon fast gesundheitsschädliche Getöse in der Redaktion hinweg anschreien müssen. Die Reporter brüllten sich gegenseitig an, um sich durch den Lärm der Bauarbeiter verständlich zu machen, was offenbar wiederum die Bauarbeiter dazu anhielt, noch lauter zu hämmern. Es erinnerte Fran an eines dieser italienischen Gemälde von der Hölle. Gott sei Dank sollte es im Gegensatz zur Hölle in den nächsten zwei Wochen wieder damit vorbei sein – so behaupteten sie zumindest.

»Fran«, bellte Stevie in ihrem lautesten Kasernenhofton, »dieses Zeitungspapier, das du bestellt hast. Es hängt in Schweden fest. Sie können erst in einem Monat liefern.«

Fran holte tief Luft und bemühte sich, eine Panik zu unterdrücken. Dann holte sie noch einmal Luft, weil es das erste Mal nicht geklappt hatte. Ohne das Papier gäbe es kein *Fair Exchange*. In einem Monat war es zu spät. Sie brauchten es sofort. »Gib mir das Telefon!«

Nach einem Vormittag hektischen Telefonierens hatte sie genug Zeitungspapier für die ersten vier Produktionswochen aufgetrieben. Jetzt wollte sie zur Belohnung ein großes Marmeladendonut.

Doch daraus wurde nichts. Jim Curry, der Handelsvertreter des *Citizen*, der damit betraut worden war, Zeitschriftenläden dazu zu überreden, *Fair Exchange* anzubieten, plazierte sein korpulentes Hinterteil, die Folge von zu vielen Fish and Chips, die er sich als mittäglichen Imbiß in seinem Leben einverleibt hatte, auf Frans Schreibtisch. Mit einer Miene, die fast schon schadenfroh wirkte, verkündete er, daß sich die größte Kette in der Umgegend glatt geweigert hatte, es auszulegen.

»Was?« schrie Fran. »Wie können sie nur? Wir haben in der ganzen Stadt Reklametafeln stehen, die das Blatt ankündigen, und Anzeigen, mit denen die Kunden angelockt und neugierig gemacht werden sollen. Außerdem fangen die Leute schon an, davon zu reden; ich habe es selbst gehört.«

»Ich habe Ihnen doch gesagt, daß wir es den Leuten ins Haus liefern sollten, so wie es der *Express* mit seinem Gratisblatt macht. Oder es wenigstens dem *Citizen* beilegen«, erklärte Jim ihr selbstzufrieden.

»Nein.« Fran war nicht zu erweichen. »*Fair Exchange* ist ein anderer Markt, ein potentiell größerer Markt. Es muß etwas sein, das die Menschen aktiv *haben* wollen, weil all ihre Bekannten es auch haben. Ich werde selbst mit dem Geschäftsführer sprechen.« Sie hatte nämlich gerade eine Idee gehabt. Sie sah sich im Raum nach der richtigen Person um, und ihr Blick blieb auf Sean McGee haften. Er wäre ideal. »Sean, ich brauche Sie für eine Stunde. Stevie entläßt Sie aus der heißen Story, an der Sie gerade sitzen.«

Sean sah begeistert drein. Er war diese Woche zur Berichterstattung über den Stadtrat von Woodbury und dessen faszinierende Debatte darüber abkommandiert worden, ob man den Rasen im Friedhof mähen sollte oder nicht.

Die größte Filiale von Morton's Newsagents lag nur ein paar Häuser neben dem *Citizen*, direkt am Platz neben der

Kathedrale. Fran und Sean bahnten sich den Weg durch die Touristen, von denen es dort wimmelte.

»Wir sollten Reiseführer für Urlauber herausbringen«, murmelte Sean, der noch immer keine Ahnung hatte, wohin Fran ihn abschleppte.

»Ach wo, die kommen doch nur sechs Wochen im Jahr hierher. Also, Sean, haben Sie Erfahrung mit Schauspielerei?«

»In der Schule war ich in der Theatergruppe«, antwortete Sean, der immer noch nichts begriff. »Und ich habe mir, seit ich hier bin, genug Aufführungen der Woodburyer Laienspieltruppe angesehen, daß es mir für den Rest meines Lebens reicht.«

»Gut. Sie sollen folgendes tun.« Sie zog ihn um die Ecke in eine Gasse hinter der Kathedrale.

»Ah, Mr. Morton«, grüßte Fran fünf Minuten später strahlend, als sie den großen Zeitschriftenladen betrat, dankbar dafür, daß der Besitzer anwesend war. »Was habe ich da gehört? Sie wollen unsere großartige neue Publikation nicht anbieten?«

»Hallo, Miss Tyler.« Terry Morton war unbehaglich zumute, als Fran sich so unvermittelt auf ihn stürzte. Ihr Vater hatte ihm regelmäßig das Gefühl gegeben, daß es eher eine Pflicht als eine freie Entscheidung sei, den *Citizen* anzubieten, und es sah ganz danach aus, als wäre seine Tochter genauso schlimm. »Die Antwort ist ganz einfach: Ihr neues Blatt ist gratis, also ist keine Gewinnspanne für mich drin. Warum soll ich mir damit wertvollen Regalplatz verstopfen, wenn ich nichts dabei verdiene? Erklären Sie mir das mal.«

Vor einem faszinierten Publikum aus alten Damen und Müttern mit Kinderwagen erläuterte Fran, warum *Fair*

Exchange etwas sein würde, das die Menschen nicht deshalb mitnahmen, weil sie ein Auto zu verkaufen hatten, sondern weil sie daraus erfahren würden, was genau in Woodbury vor sich ging. »Sehen Sie, Mr. Morton, die Leute interessieren sich nicht mehr für Blumenausstellungen und lokale Kricketmatches. Sie wollen über Wohltätigkeitsbasare und Sitzungen des Elternbeirats informiert werden und wissen, wann der nächste Flohmarkt stattfindet. Bald wollen alle *Fair Exchange* haben. Wenn Sie es nicht haben, lassen Sie sich eine phantastische Gelegenheit entgehen, Leute in den Laden zu locken, die dann andere Artikel kaufen.«

Wundersamerweise kam in diesem Moment ein junger Mann mit Pferdeschwanz und Fahrradklammern, die zu seinem Ohrring paßten, hinter dem Ständer mit Glückwunschkarten hervor. »Entschuldigen Sie bitte. Können Sie mir sagen, ab wann Sie diese neue Zeitung haben, für die jetzt überall Reklame gemacht wird? Die mit den vielen Kleinanzeigen?«

Mr. Morton sah ehrfürchtig zu, wie Sean schließlich zwei Päckchen Zigaretten, eine teure Computerzeitschrift und eine dieser riesengroßen, geschmacklosen Geburtstagskarten aus wattierter Seide für seine Mutter kaufte. Die Rechnung belief sich auf fast zwölf Pfund.

Mr. Morton betrachtete ihn nachdenklich, als er mit seiner Beute abzog.

»Hören Sie.« Fran ging aufs Ganze. »Nehmen Sie es nur den ersten Monat. Wenn Ihnen Exemplare übrigbleiben, kommen wir und holen sie persönlich am nächsten Tag ab. So sicher sind wir unserer Sache. Dann verstopfen die Hefte nicht Ihren wertvollen Regalplatz, oder?«

Mißmutig wie ein Kunde, der an einem Marktstand ein

spottbilliges Speiseservice erstanden hat und den Verdacht hegt, daß ein paar Teller fehlen, willigte Morton ein.

»Da, nehmen Sie das Zeug.« Sean McGee legte Fran seine Einkäufe in die Hände, sobald sie um die Ecke waren. »Mir ist da drinnen das Herz in die Hose gerutscht. Ich habe nur darauf gewartet, daß er sich daran erinnert, wie ich ihn beim Essen der Handelskammer interviewt habe, oder errät, wie ich das Rauchen hasse oder daß meine selige Mutter mittlerweile seit zehn Jahren tot ist.«

»Sie haben das prima hingekriegt, Sean. Toller Auftritt.«

Eilig gingen sie zur Zeitung zurück, während Fran vor ihrem geistigen Auge die Vorstellung abwehrte, daß sie womöglich kein Papier hätte, um das Blatt darauf zu drucken, oder daß meterhohe Stapel übriggebliebener Exemplare auf Terry Morton fielen und ihn damit erschlügen.

»Wie ist es denn gelaufen?« wollte Stevie wissen, sobald sie wieder in der Redaktion anlangten.

Fran grinste. »Er hat eingewilligt! Zumindest für einen Monat und unter der Voraussetzung, daß wir die Exemplare abholen, die am nächsten Tag noch übrig sind.«

»Am nächsten Tag?«

»Es bleiben keine übrig, Stevie, glaub mir.« Wenn ihr nur auch so optimistisch zumute wäre, wie sie sich gab. »Übrigens, Sean und ich überlegen, ob wir demnächst *Romeo und Julia* aufführen sollen.«

»Ich kann es gar nicht erwarten.« Stevie reichte ihr einen Zettel. »Deine Schwiegermutter in spe hat angerufen. Kannst du sie zurückrufen?«

Fran versuchte, die unmögliche Aufgabe zu lösen, eine ruhige Ecke zu finden, wo sie den Anruf erledigen konnte.

»Hallo, Camilla, Sie haben versucht, mich zu erreichen?«

»Ja. Ich dachte, Sie möchten vielleicht die aufregenden Neuigkeiten hören. Das erste Hochzeitsgeschenk ist heute eingetroffen. Wir haben es für besser gehalten, sie hierher schicken zu lassen, wissen Sie, weil doch Ihr Vater so krank ist. Und überhaupt«, plapperte sie weiter, »ist es nicht herrlich? Wie läuft es denn bei Ihnen?«

Wenn sie ehrlich war, so hatte das Eintreffen des ersten Geschenks Fran einen leichten Schock versetzt. »Oh, gut. Sehr gut sogar. Wir hatten ein Problem mit unserem Zeitungspapier, und ich dachte einen schrecklichen Moment lang schon, daß wir es nicht bekommen würden. Dann gab es noch eine kleine lokale Unstimmigkeit mit unserem Großhändler, aber jetzt ist alles bestens.«

»Eigentlich«, entgegnete Camilla mit einer Stimme, die durch einen Stahlträger hätte schneiden können, »habe ich die Hochzeit gemeint.«

Mist, murmelte Fran unhörbar, als Camilla am anderen Ende auflegte und ihr wieder einfiel, daß sie mit Laurence heute abend bei ihr eingeladen war. Sie müßte eben mit aller Macht den ganzen Abend über hochzeitliche Dinge schwatzen.

Ausgerechnet heute hatte Jack Redaktionsschluß, und so blieb ihm bis zum späten Nachmittag, als die Zeitung endlich in Druck gegangen war, keine Minute, um sich davonzuschleichen und Ralph zu besuchen. Daher war es fast fünf Uhr, als er seinen Saab auf dem ordentlich gekiesten Vorplatz von »Tawny Beeches« parkte. Mein Gott, wie er solche Orte haßte. Da taten sie so, als sorgten sie für alte Leute, wo die privatisierte Altenpflege doch nichts als reine Geldmacherei war, ein klassisches Nebenprodukt der Thatcher-Ära.

Als er ärgerlich auf die imposante Eingangstür zuging, zwang sich Jack dazu, darüber nachzudenken, warum er deswegen so empört war. Brachte es ihn deshalb so auf, weil das genau die Art von Skandal war, die er gern anprangerte, oder war es etwas viel Persönlicheres? Seine Mutter war ganz schnell an einem Schlaganfall gestorben, genau wie sie es sich immer gewünscht hatte. Sein Vater war gestorben, als Jack noch ein Kind war. Und die Eltern seiner Exfrau Carrie hatten ihn und Ben einfach aus ihrem Leben gestrichen. Infolgedessen mußte er sich selbst keinen schwierigen Entscheidungen stellen, was seine Sichtweise vielleicht etwas beeinflußte.

Trotzdem, so sagte er sich, als er fragte, ob er Ralph sprechen könne, hätte ich ihnen das nicht angetan. Das Heim war wie ein teures, von uralten Außerirdischen bevölkertes Hotel. Sie brauchten weder Fünf-Sterne-Luxus noch Limonade, die in Kristallgläsern serviert wurde. Was sie gebraucht hätten, war ein Gefühl der Zugehörigkeit zu etwas. Die Leute hier hatten keine Entscheidungen mehr zu treffen, ihnen wurde alles abgenommen, und Jack kam es so vor, als sei es ebendiese Entscheidungsfreiheit, die Menschen erst menschlich machte. Er dachte kurz an seine alten Tage und sah sich vor dem Kamin sitzen, wie er die Zeitung las und sich selbst kleine Rituale schuf, die seinen Tag strukturierten: das Kreuzworträtsel lösen, Gärtnern, in der Küche herumwerkeln, einen guten Whisky trinken und niemandem gegenüber Rechenschaft ablegen müssen. Aber nichts davon war den Bewohnern dieses Heims vergönnt; auch wenn der Lebensstil noch so luxuriös war, eines besaßen sie nicht: die Freiheit, etwas zu entscheiden.

»Mr. Allen? Würden Sie mir jetzt bitte folgen?«

Die Pflegerin redete munter auf ihn ein, während sie ihn die feudalen Flure entlang zum Aufenthaltsraum führte. »Mr. Tyler sitzt ganz hinten auf dem letzten Stuhl.«

Jack ging die lange Reihe hinab, bis zu dem großen Panoramafenster. Sämtliche Stühle waren auf den großen Fernsehbildschirm ausgerichtet – bis auf einen: den von Ralph. Als wäre es die einzige kleine Geste des Trotzes, die ihm gestattet war, hatte er seinen Stuhl der Außenwelt zugewandt. Jack empfand es als unerträglich symbolhaft.

»Hallo, Ralph, alter Junge«, begrüßte ihn Jack, ergriff seine Hand und schüttelte sie herzlich, während er in die leuchtenden, aufmerksamen Augen seines Mentors blickte. »Ben läßt dich herzlich grüßen. Er kommt dich morgen besuchen.«

Ein entfernter Funken des Erkennens, wie Perlmutt, das an einem matschigen Strand angespült wird, blitzte vorübergehend in Ralphs Augen auf. »Bringt er seinen Hund auch mit?«

»Rover werden sie wohl leider nicht hereinlassen. Gesindel wie er ist hier nicht erlaubt.«

Ralph lächelte und machte Anstalten, aufzustehen. Vielleicht wollte er spazierengehen. Jack sprang hinzu, um ihm zu helfen, und nahm dabei den intensiven, beißenden Geruch abgestandenen Urins wahr. »Tut mir leid, Jack.« Ralph sah ihn verängstigt an, als könnte Jack die Beherrschung verlieren.

Das war zuviel für Jack. Ralph war der einzige Mensch, zu dem er jemals wirklich aufgeblickt hatte, und er fand den Schmerz und das Bedauern, das sich nun auf dem Gesicht des alten Mannes abzeichnete, unerträglich. Die Wut loderte in ihm auf wie eine entzündete Lunte. »Schwester!« rief er, ohne sich darum zu scheren, ob das das richtige

Wort war. Die Pflegerin erschien wieder, den Mund zu einer mißbilligenden Rosette verkniffen.

»Mr. Tyler hatte ein kleines Mißgeschick, und man hat ihn darin sitzen lassen.«

»Böser Junge!« säuselte die Pflegerin, als wäre Ralph ein besonders störrischer Wellensittich. Jack hätte sie am liebsten gewürgt, und er war sich sicher, daß die anderen Heimbewohner ihm beigestanden und sie mit ihren Rollstühlen überfahren hätten. »Er lehnt eine Unterlage ab, das ist das Problem.«

»Es übersteigt doch sicher nicht die Fähigkeiten Ihrer Angestellten, ihn gelegentlich mal zur Toilette zu bringen? Die Gebühren decken das bestimmt ab.«

»Es ist nicht immer möglich. Die Heimbewohner müssen sich anpassen. Ihren Anteil leisten. Nicht wahr, Mr. Tyler?«

Anstelle einer Antwort erschien ein weiteres Rinnsal auf dem Fußboden unter Ralph.

Jack unterdrückte ein Lächeln. Ralph hatte es nie behagt, sich anzupassen. Seine gesamte Laufbahn war darauf gegründet, gegen die erdrückenden kleinstädtischen Konventionen aufzubegehren. Jack mußte an den Aufkleber denken, den Ralph an seinem Auto hatte: MISSTRAU DER OBRIGKEIT. Es brach Jack fast das Herz, wenn er sich vorstellte, daß Ralph nun nur noch diese eine Möglichkeit blieb.

Er mußte gegen den Impuls ankämpfen, Ralph in sein Auto zu packen und ihn auf der Stelle von hier wegzuholen. Statt dessen erzählte er ihm, daß Ben ihn morgen besuchen käme. Er wartete, bis Ralph wieder auf sein Zimmer gebracht wurde, und fuhr dann schnurstracks zur Redaktion des *Citizen.* Er wollte aus Frans eigenem Munde hören, was sie sich eigentlich dabei gedacht hatte, Ralph in dieses Heim zu stecken.

Es war schon nach sechs, und in der Redaktion wurde es langsam ruhiger, als Jack dort eintraf. Zum ersten Mal seit dem frühen Morgen konnte man verstehen, was ein anderer zu einem sagte. Und da Fran kein eigenes Büro mehr hatte, hörten Sean McGee und Stevie jedes Wort von dem, was Jack ihr lieber unter vier Augen gesagt hätte.

Die einzige Warnung, die Fran bekommen hatte, stammte von Elaine unten am Empfang, die Fran nur kurz mitgeteilt hatte, daß jemand sie sprechen wollte – allerdings in so bedeutungsschwangerem Ton, daß es nach Ärger klang.

»Jack, hallo.«

Doch Jack war zu wütend, um Zeit für Small talk zu vergeuden. »Wie konntest du ihm das antun?« fuhr er Fran an. Fran brauchte einen Augenblick, bis sie begriff, daß er von ihrem Vater sprach. »Ich komme gerade aus diesem höllischen Altenheim. Ralph saß da, während sich die anderen Zombies die Kinderstunde ansahen, und stell dir vor«, Jacks Stimme zitterte vor Erregung, »seine Hose war naß, und kein Mensch in diesem bonzigen Bunker hat es auch nur mitgekriegt! Wer ist eigentlich auf die Idee gekommen, ihn dort hineinzustecken?« Jetzt kannte Jack kein Halten mehr. »Der feine Doktor, nehme ich an. Er möchte sicher nicht, daß der Brautvater auf der Hochzeitsfeier eine peinliche Szene liefert, was?«

»Jack, das ist nicht fair. Laurence war unglaublich hilfsbereit.«

»Hilfsbereit wem gegenüber? Mein Gott, Fran, es muß doch eine bessere Methode geben, Ralph zu versorgen. Wenn er mein Vater wäre, fiele mir ein, wie ich ihn weiter in der Familie leben lassen könnte. Herrgott noch mal, wofür sind denn Familien *da*?«

Der Schmerz in Frans Augen hätte ihn diese Bemerkung am liebsten zurücknehmen lassen. Doch das konnte er nicht. Die Erinnerung an Ralphs Erniedrigung war zu quälend. Jack ging so schnell wieder, wie er gekommen war. Fran sah ihm schweigend nach, von Schuldgefühlen zerfressen. Das Bild, das er gezeichnet hatte, war brutal, und doch wußte Fran in ihrem tiefsten Innern, daß es zutraf.

Sie spürte, daß Stevie hinter ihr stand. »Jack ist ein Hitzkopf. Unfähig, ein Problem von mehr als nur einer Seite zu sehen.«

»Aber er hat nicht ganz unrecht, oder? Und weißt du, Stevie, ich glaube ihm sogar. Er würde das seinem Vater nicht antun.«

Als er wieder im Auto saß, wandelte sich Jacks Wut zu einer Art Depression. Er hatte leicht reden. Er hatte ja keinen Vater mit Alzheimer, der zwar ein wunderbarer Mensch war, aber an Inkontinenz litt. Vielleicht hatte er romantische Vorstellungen.

Fran saß da, starrte auf ihre Schreibmaschine herab und dachte über Jacks Worte nach. Die einzige Alternative, die sie zu »Tawny Beeches« sehen konnte, war, daß Ralph bei ihr einzog und dort mit einer Pflegerin lebte, bis sie und Laurence verheiratet wären. Dann müßte er – zumindest eine Zeitlang – bei ihnen wohnen.

»Ich dachte, wir könnten die Geschenke hier auf diesem Eichentisch im Flur arrangieren.« Durch die offene Haustür schien die Abendsonne und beleuchtete das kleine Schild mit der Aufschrift »Hochzeitsgeschenke«, das Camilla aufgestellt hatte. Ein riesiger Lilienstrauß beherrschte die Fläche, die abgesehen von dem bisher einzigen Geschenk, das strategisch am einen Ende plaziert worden war, leer war.

Fran fragte sich einen Moment lang, ob es ihrer Mutter wohl etwas ausmachte, daß Camilla klammheimlich sämtliche Vorbereitungen übernahm. Phyllis hatte zwar nichts gesagt, aber vielleicht fühlte sie sich durch Camillas Auftreten als Grande Dame eingeschüchtert. Oder vielleicht hatte die Geschichte mit Frans Vater sie härter getroffen, als sie zugeben wollte, so daß sie froh war, alles jemand anderem überlassen zu können.

»Ja.« Fran tat ihr Bestes, um die brave Schwiegertochter zu spielen. »Das sieht umwerfend aus, Camilla.«

Es würde wirklich geschehen! In drei Wochen wäre sie verheiratet. Die Erkenntnis traf sie mit plötzlicher Schockwirkung. Selbst ihr Brautkleid anzuprobieren war ihr vorgekommen wie ein Spiel oder ein Film, der in ihrem Kopf ablief. Das hier – in Goldpapier mit einem passenden Anhänger verpackte Töpfe – war real.

»Bist du schon aufgeregt?« Laurence drückte ihre Hand. »Ich schon. Nur noch drei Wochen, dann bist du Mrs. Westcott.«

Fran konnte nicht umhin, vom Stolz in Laurences Stimme gerührt zu sein. Verlobt zu sein bekam ihm gut. Er war irgendwie weicher geworden, und ein paar der feinen Streßfältchen waren aus seinem gut geschnittenen Gesicht verschwunden, wodurch er jünger und optimistischer wirkte. Sie dachte bei sich, daß er so ausgesehen haben mußte, als er gerade am Beginn seiner Laufbahn als Arzt stand, bevor ihm die Last der Traurigkeit so vieler Menschen auf die Schultern gebürdet wurde und er sich mit der unausweichlichen Erkenntnis abfinden mußte, daß er nicht jedem von ihnen zu einem Baby verhelfen konnte.

»Natürlich bin ich aufgeregt«, sagte Fran. Dabei wich sie Camillas Blick aus und hoffte, daß diese nichts von ihrem

Telefongespräch weitererzählt hatte. »Wenn ich nur nicht gar so viel zu tun hätte.«

»Unsinn«, neckte sie Laurence, der geradezu lächerlich jungenhaft und attraktiv aussah. »Du liebst das doch! Du würdest dich zu Tode langweilen, wenn du an nichts anderes denken müßtest als an Hochzeitslisten und Empfänge. Überlaß das den Expertinnen, die wirklich Spaß daran haben, was, Ma?«

»Camilla, ich möchte ja nicht taktlos sein, aber meinen Sie, daß Sie vielleicht meine Mutter miteinbeziehen könnten? Ich fürchte, die Krankheit meines Vaters macht ihr schwerer zu schaffen, als sie zugibt.«

»Aber natürlich, meine Liebe.« Camilla warf ihr geordnetes weißes Haar nach hinten, das so exakt geschnitten war, daß Fran sich ihrer eigenen Frisur schämte. »Allerdings scheint sie jedesmal, wenn ich bei ihr anrufe, gerade beim Bridge zu sein. Wie geht es Ihrem armen Vater eigentlich?« Ihr leicht angewiderter Tonfall ließ es klingen, als litte Frans Vater unter Lepra.

»Tja, darüber muß ich noch mit Laurence sprechen. ›Tawny Beeches‹ eignet sich nicht. Ich muß meinen Vater woanders unterbringen.«

Laurence hörte aufmerksam zu. »Francesca, Liebling, ich glaube, das wäre ein schwerer Fehler.« Er nahm ihre Hand und zog sie in die chintzigen Tiefen des Sofas. »Ich weiß, wie sehr du deinen Vater liebst. Daher habe ich dir nie erklärt, wie massiv sich sein Zustand verschlechtern kann. Aber du mußt begreifen, wie ernst es ist.« Sein Tonfall troff von Mitgefühl, fast wie bei einem Pfarrer, der liebevoll über die Gefahren der Sünde predigt. Fran verstand, warum seine Patientinnen alles taten, was er sagte. »Es geht ihm momentan nicht allzuschlecht. Manchmal erkennt er dich. Selbst wenn er sich merkwürdig benimmt, ist es gerade noch akzeptabel. Aber ich fürchte, daß es schlimmer werden wird. Viel schlimmer. Vielleicht wird er sogar aggressiv. Und wenn es erst einmal soweit ist, erkennt er dich gar nicht mehr. Dann verlierst du ihn völlig. Trotzdem braucht er die komplette Fürsorge. Er wird dein gesamtes Leben auf den Kopf stellen, Francesca. Auch wenn es nicht seine Schuld ist, gibt er dir nichts dafür zurück.«

»Laurence, ich weiß ja, daß du gerne helfen möchtest, aber Jack Allen hat ihn heute besucht, und da saß er im Aufenthaltsraum, und der Urin lief ihm die Beine entlang. Es hat nicht einmal jemand bemerkt. Laurence, er haßt dieses Heim! Natürlich wird es schwierig werden. Ich weiß genau, was du mir sagen willst, aber ich kenne eine wunderbare Frau, die sich um ihn kümmern wird.« Ihr Blick konzentrierte sich auf seinen, da sie wußte, wie schwer ihm ihre Bitte fallen würde. »Laurence, ich möchte, daß er bei uns lebt, wenn wir verheiratet sind.«

»Francesca!« Laurences Augen waren schmal geworden, als Jacks Name fiel. »Du weißt genau, daß das abwegig ist. Es wäre nicht einmal das Beste für ihn. Glaub mir, er ist bei den Fachleuten besser aufgehoben.«

»Bei den Fachleuten, die ihn in der Hose, die er eingenäßt hat, Kinderstunde gucken lassen?« fauchte Fran und merkte, daß sie in Jacks Worten sprach.

»Francesca, es ist nicht so einfach, wie du denkst. Wir können deinen Vater nicht ohne weiteres bei uns aufnehmen. Ich respektiere, daß du Ralph liebst, aber wir würden nicht damit zurechtkommen, wenn er bei uns lebte. Und außerdem«, die plötzliche Kälte in Laurences Stimme ließ Fran frösteln, »was hat denn Jack Allen mit alledem zu tun?«

»Es war sehr nett von ihm. Er macht sich eben Sorgen um Dad.«

»Und ich nicht?«

War es das, was sie wirklich meinte? Sie hatte gedacht, daß Laurence einen so guten Vater abgeben würde, weil er sein Leben dafür opferte, anderen Menschen zu helfen. Aber war es möglich, daß Laurence nur die Menschheit im großen Rahmen am Herzen lag und er außerstande war, sich mit wirklich problematischer, individueller Schwäche auseinanderzusetzen?

Sie erinnerte sich an etwas anderes, das Jack gesagt hatte, nämlich daß Familien dafür da seien, daß sich einer um den anderen kümmerte. Aber hatte Jack sich je richtig um seine eigene Familie gekümmert? Eine Affäre zu haben und sein Kind zu verlieren war ja wohl kein besonders fürsorgliches Verhaltensmuster.

»Es tut mir leid, Laurence, aber egal, was du denkst, ich lasse ihn nicht in ›Tawny Beeches‹. Sobald die Zeitung erschienen ist, suche ich eine Alternative.« Fran nahm ihre Tasche. »Ich gehe jetzt. Es tut mir leid, Camilla, aber ich habe momentan gar keinen Hunger.«

»Tja«, bemerkte Camilla, während sie ihrer Schwiegertochter in spe nachsah, »sie setzt auf jeden Fall gern ihren Kopf durch.«

Laurence hörte nicht hin. Statt dessen fragte er sich, wie es dazu gekommen war, daß Jack Allen sich plötzlich in Francescas Leben gedrängt hatte, und was er tun sollte, um ihn wieder daraus zu vertreiben.

Am nächsten Tag, eingehüllt in den Lärm und die Hektik der Redaktion, mußte Fran in einem der seltenen Momente, als gerade niemand schreiend eine Entscheidung von ihr verlangte, an den DNS-Test denken und daran, was er ergeben würde. Falls Jack der Vater ihres Babys sein sollte, würde sich Laurence auf der Stelle zurückziehen, daran hegte sie keinen Zweifel. Er hatte zu sehr mit seinem eigenen Selbstverständnis als Vater zu kämpfen, um das Kind eines anderen Mannes anzunehmen. Aber sie hatte das Gefühl, daß Jack, wenn er herausfände, daß sie mit einem Baby von Laurence schwanger war, ihr nicht das Etikett »beschädigte Ware« anheften, sondern sie trotzdem lieben würde.

Sie hielt die Spannung nicht mehr aus, und obwohl man ihr gesagt hatte, daß es drei Wochen dauern könnte, mußte sie jetzt einfach nachfragen, ob das Ergebnis vielleicht schon vorlag. Sie verdrückte sich mit ihrem Handy und wählte die Nummer des Labors. Dabei merkte sie, wie unruhig sie war. Vor ein paar Wochen war sie sich hundertprozentig sicher gewesen, daß sie wünschte, das Baby möge von Laurence sein. Nun hatten sich winzige Zweifel eingeschlichen.

Das Ergebnis war noch nicht im Computer, aber als er die Anspannung in ihrer Stimme hörte, versprach ihr der Laborant, in den Unterlagen nachzuschauen, die gerade heute eingetroffen waren. Es war ja möglich, daß es dabei war.

Fran wartete unerträgliche fünf Minuten, bis der Laborant sich schließlich wieder meldete.

»Miss Tyler? Ihre Ergebnisse sind da.«

Fran hielt den Atem an. Das war die Stunde der Wahrheit.

»Aber ich muß Ihnen leider sagen, daß die Kultur nicht angeschlagen hat. Wir müssen noch einmal von vorne anfangen.«

»Wie lange dauert das?«

»Etwa zehn bis vierzehn Tage. Es tut mir wirklich leid. Manchmal passiert das eben.«

Fran schaltete ihr Handy aus. Ihre Gedanken überschlugen sich. Vielleicht sollte sie die Hochzeit absagen, bis sie genau wußte, was los war. Sie sah Laurences verwirrte und zornige Miene vor sich, wenn er erfuhr, daß sie ihn betrogen hatte. Sie würde ihn für immer verlieren, und das konnte sie nicht riskieren.

Verflixt und zugenäht – sie würde erst kurz vor der Hochzeit ein Ergebnis erhalten. Sie versuchte nicht darüber nachzudenken, wie seltsam ihre Reaktion auf diese neue Entwicklung war. Anstelle der bitteren Enttäuschung, die sie eigentlich angesichts dessen erwartet hatte, daß sie um eine Antwort betrogen worden war, fühlte sie sich eher erleichtert.

17. Kapitel

IHR ALTER KREMPEL, verkündete das riesige Plakat auf der größten Reklametafel Woodburys, WIRD VIELLEICHT VON JEMAND ANDEREM HEISS BEGEHRT. TAUSCHEN SIE IHN GRATIS IN DER ERSTEN AUSGABE VON *FAIR EXCHANGE*, DER LOKALZEITUNG, MIT DER MAN GELD VERDIENEN KANN.

Fran saß aufgeregt und erschöpft an der Ampel im Auto und hoffte verzweifelt, daß sich das Risiko lohnen würde, das sie eingegangen war, indem sie diese Werbefläche gemietet hatte und darüber hinaus noch gegen den Rat von allen die Anzeigen in der ersten Ausgabe gratis anbot. Die Geldberater hatten es als Wahnsinn bezeichnet, aber Frans Instinkte, geschärft durch die jahrelangen Besuche im Wettbüro mit ihrem Vater, sagten ihr, daß das Risiko es wert war. *Fair Exchange* mußte von der ersten Ausgabe an bis zum letzten Exemplar weggehen, sonst würden es die Zeitschriftenläden nicht mehr anbieten. Ging es nicht restlos weg, müßte sie ihre Sonntagvormittage damit verbringen, ungewollte Exemplare abzuholen, und das ganze Projekt würde zusammenbrechen und vielleicht den *Citizen* mit in den Abgrund ziehen.

Es hatte keinen Sinn, sich den Kopf zu zerbrechen, sagte sie sich immer wieder ohne Erfolg, da das Blatt in zwei Tagen erscheinen würde und sie es dann wüßte. Am späteren Vormittag sollte ihr anderes großes Wagnis stattfinden:

der Werbegag, den sie auf dem Marktplatz organisiert hatte.

Drei Frauen, die ihre Brautkleider verkaufen wollten, würden zur Musik des Hochzeitsmarsches auf einen Pseudoaltar zuschreiten, jede mit einem riesigen Preisschild auf dem Kleid, um für das neue Blatt zu werben. Die lokale sowie die überregionale Presse waren informiert worden, und Eastwards Television hatte versprochen, ein Team zu schicken.

Aber zuerst mußte sie ihrem Vater einen Blitzbesuch abstatten, um ihm zu sagen, daß sie ihn, sobald *Fair Exchange* erschienen war, aus diesem schrecklichen Heim herausholen würde. Er würde eben fürs erste in ihrer Wohnung unterkommen müssen, und sie würde die Frau, von der Henrietta erzählt hatte, für tagsüber einstellen. Sie dachte erst gar nicht daran, was für ein Streß es werden würde, die Zeitungen zu leiten und anschließend zu ihrem Vater nach Hause zu kommen. Aber es wäre ja nur vorübergehend, bis sie eine bessere Lösung fand. Wie die allerdings aussehen sollte, war ihr völlig schleierhaft.

Es war noch zu früh für Besucher, und »Tawny Beeches« hatte sein schickes Make-up noch nicht aufgelegt. Zur Frühstückszeit herrschten eindeutig kriegsähnliche Zustände. Die Bewohner waren noch nicht von den Saunatemperaturen der Zentralheizung und den tödlichen Dosen Fernsehen eingeschläfert worden. Sie schienen sogar Reste ihrer alten Persönlichkeit bewahrt zu haben. Eine alte Dame im Morgenmantel weigerte sich strikt, Porridge zu essen. »Schaffen Sie diesen Fraß hier weg«, forderte sie herrisch. »Ich will ein Croissant. Mit Mandelfüllung, Puderzucker und gehackten Nüssen. Sofort.«

Fran war maßlos verblüfft, als sie in dem zeternden Drachen die nahezu völlig apathische alte Frau erkannte, die normalerweise etwa fünf Zentimeter vor dem Fernseher in ihrem Rollstuhl saß. Vielleicht haßte sie Fernsehen, und ein besonders sadistischer Pfleger schob sie absichtlich dorthin.

Fran nahm sich vor, bei ihrem nächsten Besuch eine Tüte Mandelcroissants mitzubringen, obwohl die alte Dame dann wahrscheinlich das Gebäck voller Erstaunen ansehen und sagen würde: »Was ist denn das für ein Fraß? Ich will Porridge.«

Fran machte sich auf die Suche nach ihrem Vater und entdeckte ihn schließlich in der anderen Ecke, mit aufsässiger Miene, sein Frühstück unangetastet. »Ich esse es, wenn meine Frau kommt«, beharrte er mit fester und unerschütterlicher Würde gegenüber einem Hilfspfleger.

»Tja, da werden Sie aber lange warten müssen, weil sie diese Woche noch gar nicht gekommen ist, oder?« sagte der Mann höhnisch.

Auf Ralphs Miene zeichneten sich Schmerz und nackte Angst ab. »Nicht?« fragte er. »Ich weiß es nicht mehr.«

Diese grundlose Bosheit gab Fran den Rest. Die Ungeduld mit einem bedauernswerten alten Mann, der zu verwirrt war, um sich zu verteidigen. Fran wußte, daß sie ihn keinen Moment länger hier lassen konnte, Pressekonferenz hin oder her.

»Okay, Dad«, begann sie forsch und ging auf ihn zu, »wir machen eine Spazierfahrt. Geh du schon raus zum Auto, ich packe solange.« Sie führte ihn nach draußen. »Es dauert nur einen Moment. Setz dich rein und warte auf mich.«

Ihr Gewissen schlug heftig, da es so wenig zu packen gab. Binnen zwei Minuten war der Raum von all seinen Besitztümern befreit, und Fran lief eilig die Treppe hinab, da sie so schnell wie möglich von »Tawny Beeches« und seiner noblen Fassade fortwollte.

»Die Leute werden sich um sein Zimmer reißen«, rief ihr die Leiterin nach, als sie das Haus verließ. »Wir haben eine ellenlange Warteliste. Und einen Monat Gebühren müssen Sie auch noch bezahlen. Ich hoffe, Sie wissen, was Sie tun, Miss Tyler.«

Das hoffte Fran auch.

Ihr Vater saß bereits im Wagen und wartete geduldig. Fran versuchte, sich nicht davon beirren zu lassen, daß er nach hinten blickte und den Beifahrersitz umklammert hielt, als säße er auf einem Sattel. »Wo fahren wir denn hin? Gehen wir zum Pferderennen? Wir könnten einen Picknickkorb mitnehmen.«

Einen Moment lang machte sich in Fran Panik breit. Was in aller Welt sollte sie denn jetzt tun? Ihre Bräute würden schon langsam auf dem Platz vor der Kathedrale eintreffen.

Ihr Vater sah sie an, lächelnd und glücklich, voller Vertrauen in ihre Fähigkeiten. Du bist jetzt der Elternteil, schärfte sie sich selbst ein und holte dreimal tief Luft.

Wie wäre es bei Henrietta? Sie versuchte sich vorzustellen, wie Henrietta ihren Vater in ihr makelloses Haus aufnahm, wo die Polstermöbel, obwohl zwei Kinder zur Familie gehörten, mit mattweißer Seide bezogen waren. Henrietta hatte sogar Untersetzer für ihre Untersetzer. Nein. Stevie wäre eine Möglichkeit, aber die wohnte in einer Zweizimmerwohnung. Dann kam ihr die Idee. Jack. Jack würde wissen, was zu tun war. Ihm lag Ralph genauso am Herzen wie ihr. Fieberhaft wählte sie die Nummer des *Express*. Jack, so wurde ihr erklärt, war in einer Besprechung. »Könnten Sie ihn bitte herausholen? Es ist ein Notfall. Sagen Sie ihm, mein Name ist Francesca Tyler, und es geht um meinen Vater. Vielen Dank.«

Binnen Sekunden kam Jack an den Apparat. »Fran? Was

ist los?« Sie hätte ihn für die Eindringlichkeit und Besorgnis in seiner Stimme am liebsten umarmt.

»Ich habe Dad gerade aus ›Tawny Beeches‹ herausgeholt.«

»Gut für dich. Dieser Schuppen stinkt zum Himmel. Buchstäblich und bildlich gesprochen.«

Der nächste Schritt war schon schwieriger. »Das Problem ist nur, daß ich nicht weiß, wohin ich ihn jetzt bringen soll. Ich habe in einer Stunde eine Pressekonferenz anläßlich des Erscheinens der neuen Zeitung.«

»Aha.« Während sie auf seine Antwort wartete, ging ihr auf, wie ungeheuerlich das war, was sie von ihm erwartete. Jack mußte ja auch eine Zeitung leiten.

Doch Jack schien die Aussicht, Ralph in seine Obhut zu nehmen, erstaunlich leicht zu nehmen. »Okay. Wir machen es folgendermaßen. Wir treffen uns bei mir zu Hause. Ben ist da. Er und Ralph sind alte Freunde. Er paßt auf Ralph auf, bis wir alles geklärt haben. Gott sei Dank sind Ferien.« Er machte eine kurze Pause. »Du hast die richtige Entscheidung getroffen, Fran. Dieses Heim war ein Höllenschlund mit Plüschmöbeln. Bis gleich bei mir.«

Fran entspannte sich, wie ihr schien zum ersten Mal seit Tagen. Ralph wäre überglücklich, wenn er bei Ben sein durfte.

Eine halbe Stunde später setzten sie Ralph in Jacks gemütlichem Wohnzimmer ab. »Was ist mit dem Sofa?« fragte Fran leise. »Er hat gelegentlich ein Mißgeschick.«

Jack lachte. »Wild Rover auch.« Er schnalzte dem Hund zu, woraufhin Rover aufsprang und es sich neben Ralph bequem machte. »Und jetzt schauen wir mal, ob wir im Fernsehen ein Pferderennen finden.«

Dummerweise war es noch zu früh für ein Rennen. Ralph bat um die Fernbedienung und zappte durch die Kanäle, bis er die »Wombles« gefunden hatte. »Da, schau mal, Ben«, meinte Ralph großmütig, als wäre Ben fünf statt fünfzehn. »Das gefällt dir bestimmt.«

Ben zwinkerte, und sie sahen beide zu, jeder mit der Entschuldigung, daß sie sich die Kindersendung dem anderen zuliebe ansahen.

Fran war so erleichtert, als sei ihr ein schwerer Felsblock von den Schultern genommen worden. Der verwirrte Blick war vom Gesicht ihres Vaters verschwunden, und er schien sich ganz wie zu Hause zu fühlen.

»Vielen Dank, Jack. Du weißt gar nicht, was mir das bedeutet.«

»O doch.« Jack machte ihr die Wohnzimmertür auf. »Ralph liegt mir auch am Herzen. Aber jetzt mußt du zu deiner Pressekonferenz, und ich sollte mich wieder um den *Express* kümmern.« Murray Nelson hatte Jacks Verschwinden mit geschärftem Interesse wahrgenommen. »Kommst du klar, Ben?«

»Aber sicher. Vielleicht bringe ich Ralph nachher Rollerbladefahren bei. War nur ein Witz«, fügte er hinzu, als er ihre Gesichter sah.

»Übrigens«, begann Jack, als sie zur Haustür hinausgingen, »wüßte ich jemanden, der ideal dafür sein könnte, sich um Ralph zu kümmern. Aber dazu wäre eventuell geschicktes Verhandeln erforderlich.«

»Danke, daß du das alles tust.« Ohne nachzudenken, legte sie ihm die Hand auf den Arm, einen winzigen Augenblick lang sah er in ihre Augen, und sie dachte schon, er werde etwas sagen.

Hinter ihnen ging die Tür auf. Sie zuckten auseinander.

Es war Ben. »Ich dachte, es würde euch vielleicht interessieren, daß Ralph gerade um eine Tasse Tee und die *Ra-*

cing Post gebeten hat«, berichtete er. »Also glaube ich, daß er sich langsam erholt.« Und dann verschwand er wieder, wobei er nicht zum ersten Mal den Eindruck hatte, daß sein Gefühl für den richtigen Zeitpunkt in bezug auf seinen Vater einiges zu wünschen übrigließ.

Auf dem Platz vor der Kathedrale herrschte das totale Chaos, als Fran eintraf. Zwei der Bräute hatten verschnupft darauf reagiert, daß sie sich in der öffentlichen Toilette umziehen sollten, obwohl es dort so sauber war wie in einem Operationssaal, und so sahen sie in ihren Shorts und T-Shirts nach wie vor äußerst unbräutlich aus. Stevie bemühte sich, einen Vertreter der Kathedrale zu beruhigen, der wissen wollte, wer für diese anstößige Veranstaltung auf Gottes heiligem Boden verantwortlich war, und ein Häuflein Marktverkäufer, die sonst geschmackvolle Briefbeschwerer mit der Kathedrale im Schneesturm verkauften, jammerten lautstark über diese Störung ihrer Geschäfte. Dieser fröhlichen Szenerie wohnten weitaus mehr Journalisten bei, als Fran sich hätte träumen lassen. Die meisten von ihnen hatten sich um die jüngste und hübscheste Braut geschart, die gerade mit einem Fotografen der Boulevardpresse verhandelte, der sie schon fast soweit hatte, daß sie mit einem Strumpfband posierte, das er aus seiner Jackentasche hervorgezaubert hatte, und dabei mehr Busen zeigte als Pamela Anderson.

Fran bemühte sich, die Nerven zu behalten, drängte sich durch die Menge und zerrte die beiden widerspenstigen Bräute zum Umziehen ins »Cathedral Arms«. Fünf Minuten später war alles ungefähr so, wie es sein sollte, und die Fotografen knipsten das Bräutetrio mit seinen überdimensionalen Preisschildern.

»Warum willste denn den Fummel verkaufen, Schätzchen«, fragte der Frechste von ihnen eine der Bräute. »Hat er deine Erwartungen nicht erfüllt?«

»Nein«, gab sie zurück, »aber er war immer noch besser als du.«

Die Journalistenmeute jaulte vor Lachen und knipste noch zwanzig Minuten weiter, bis einer von ihnen seine Uhr in die Höhe hielt. »Meine Herren«, verkündete er, »seit einer Minute und zwanzig Sekunden haben die Pubs geöffnet.«

Zu Frans massiver Erleichterung zogen nun alle in Richtung »Cathedral Arms« ab, die jüngste Braut im Schlepptau, nach wie vor im Brautkleid. Sie sah aus, als amüsierte sie sich besser als bei der letzten Gelegenheit, bei der sie es getragen hatte.

Durch die Menschenmenge hindurch sah Fran, wie sich Laurence in umgekehrter Richtung verärgert einen Weg auf sie zubahnte. »Francesca, kann ich dich kurz sprechen?«

Während Stevie sich darum kümmerte, daß der rote Teppich wieder eingerollt wurde, der ihnen als Weg zum Altar gedient hatte, und dafür sorgte, daß die beiden anderen Bräute und ihre Kleider nach Hause chauffiert wurden, führte Fran Laurence durch die heiße Sonne zu dem schattigen Bänkchen auf dem kleinen Friedhof hinter der Kathedrale. Wenn sie schon eine Szene haben mußten, war es ihr lieber, friedliche Tote als Zeugen zu haben statt zwanzig neugierige Schreiberlinge.

»Ich habe gerade einen Anruf von der Leiterin von ›Tawny Beeches‹ bekommen. Sie war außer sich vor Wut. Ich verstehe deine Sorge um deinen Vater, das ist normal. Aber er braucht fachgerechte Pflege.«

»Er braucht auch Liebe. Etwas, das er dort mit Sicherheit nicht bekam.«

Zu ihrem Erstaunen berührte er plötzlich ihr Gesicht, fast als gehörte sie einer seltenen und vom Aussterben bedrohten Art an. »Es muß wunderbar sein, jemanden so sehr zu lieben wie du deinen Vater.«

Diese Äußerung erschien ihr so merkwürdig, daß sie ganz gerührt war. Die arme Camilla. Es stand außer Frage, daß er nichts dergleichen für sie empfand. Zu erfahren, daß sie nicht seine leibliche Mutter war, schien sein Vertrauen abgetötet zu haben und seine Liebe dazu. »Könntest du mich jemals so lieben? Mit dieser leidenschaftlichen, kämpferischen Kraft?«

Eine Antwort auf diese Frage zu finden war fast schmerzvoll für sie. Statt dessen hielt sie sich seine Hand an die Wange.

»Du hältst mich wahrscheinlich für einen egozentrischen Mistkerl, weil ich nicht möchte, daß dein Vater bei uns wohnt.«

Sie wußte, daß er sich damit rechtfertigen wollte, und lächelte traurig angesichts dieser Erkenntnis. »Und vielleicht bin ich verrückt, weil ich es für machbar halte. Darüber hinaus noch verantwortungslos.«

In dem kurzen Schweigen, das folgte, spürte Fran, wie der warme Wind ihr Haar sanft anhob und ihren noch bleichen Hals entblößte. Laurence beugte sich hinab und küßte ihn, als könnte er ihr irgendwie die Fähigkeit entlocken, ihn so leidenschaftlich zu lieben.

Sie hatte bisher nicht gemerkt, daß trotz Laurences vieler Errungenschaften sie die Starke in dieser Beziehung war. Er wirkte so göttergleich und selbstsicher, wenn er in der Klinik war, daß es Fran regelrecht schockierte, wie bedeutungslos sich der eigentliche Mensch manchmal vorkam. Merkwürdigerweise fühlte sie sich ihm durch diese Erkenntnis näher als seit Wochen.

»Also, was habt ihr mit ihm gemacht? Ihn deiner Mutter wieder vor die Tür gesetzt?«

»Ehrlich gesagt«, begann Fran zögerlich, da sie nicht wußte, wie er es aufnehmen würde, »ist er bei Jack Allen.«

Laurences Kopf schoß in die Höhe, als hätte ihm jemand einen Knallfrosch in die Tasche gesteckt. »Was zum Teufel hat er denn dort zu suchen?« Jegliche Wärme und Zärtlichkeit in seiner Stimme waren klirrendem Eis gewichen.

»Er und Ben, Jacks Sohn, sind gut befreundet.« Sie sah ihn befremdet an. »Warum stört dich das so sehr?«

»Weil Jack nichts mit deinem Vater zu schaffen hat. Außerdem«, fuhr er fort und wich Frans forschendem Blick aus, »mag ich den Kerl nicht.«

»Tut mir leid, Laurence, aber mein Vater fühlt sich dort wohl, und dort bleibt er nun, bis ich eine dauerhafte Lösung finde.«

»Wie du willst.« Es war, als hätte sich etwas in Laurence verschlossen. »Jetzt muß ich wieder in die Klinik. Ich schicke der Leiterin von ›Tawny Beeches‹ einen Blumenstrauß. Sie hat mir einen Gefallen getan, als sie Ralph so kurzfristig aufgenommen hat.«

»Gut«, sagte Fran und fügte im stillen hinzu: »Aber nimm verwelkte.«

Als Fran am Erscheinungstag von *Fair Exchange* aufwachte, war ihr mulmig vor Aufregung, aber auch vor Angst. Was, wenn sie sich geirrt hatte und sich kein Mensch dafür interessierte? Sie dachte an all die Arbeit und den finanziellen Aufwand und vergrub das Gesicht im Kissen.

Dann fiel ihr wieder ein, daß ihr Vater den *Citizen* fast ganz allein und mit einem minimalen Budget gegründet hatte. Alles, was es wert war, getan zu werden, barg ein Risiko.

Sie zerrte ein rotes Kostüm aus dem Schrank, um heroischer auszusehen, als ihr zumute war, und lief zum Zeitschriftenladen an der Ecke. Mit angehaltenem Atem musterte sie die Auslagen, bis tiefe Enttäuschung sie befiel. Auf dem untersten Regalbrett, neben den Regionalzeitungen, wo sie erwartet hatte, *Fair Exchange* zu sehen, lag kein einziges Exemplar davon. Vielleicht hatten sie es überhaupt nicht ausgelegt. Sie faßte ihren ganzen Mut zusammen und fragte, ob sie noch ein Exemplar von *Fair Exchange* da hätten.

Als der Mann den Kopf schüttelte, rutschte Fran das Herz in die Hose.

»Zu spät.« Er drehte sich um und füllte weiter sein Zigarettenregal mit »Silk Cut« auf. »Die waren schon in der ersten Viertelstunde weg. Da hat mal jemand eine gute Idee gehabt.«

Fran biß sich auf die Lippen und mußte sich beherrschen, um ihn nicht abzuküssen.

»Jack, einen Augenblick von Ihrer kostbaren Zeit, bitte.« Murray Nelson stürzte sich auf Jack, als dieser an seinem Arbeitsplatz eintraf, und zog ihn in sein Büro. Der Ältere in seinem speckigen braunen Anzug erinnerte Jack an ein Eichhörnchen, das den Blick auf eine besonders glänzende Nuß geworfen hat. Ihn.

»Dieses neue Projekt von Francesca Tyler. Ich habe gerade meine Sekretärin losgeschickt, um ein Exemplar zu besorgen.«

»Gute Idee. Und wie ist es?« In Wirklichkeit hatte sich

Jack eines der ersten Exemplare besorgt und hielt das Blatt für eine kluge Idee, obwohl es in seinen Augen noch zu früh war, um über dessen Lebensfähigkeit zu befinden. Immerhin waren die Anzeigen darin gratis gewesen, und sie mußte eine Menge Geld in die erste Ausgabe investiert haben. In den nächsten Wochen ging es ums Überleben. Trotzdem war es eine unglaubliche Leistung, die Zeitschriftenhändler dazu bewegt zu haben, es auszulegen, ohne daß sie an einer Gewinnspanne beteiligt waren.

»Dummerweise hat meine Sekretärin keines mehr aufgetrieben. In ganz Woodbury nicht. Und wissen Sie, wie hoch die Auflage war? *Vierzigtausend!* Vierzigtausend, Jack. Und wie viele haben wir von unserer eigenen Gratiszeitung losgebracht, die wir unter enormem Kostenaufwand den Leuten ins Haus liefern?«

»Dreißigtausend.«

»Warum sind wir dann nicht auf die Idee gekommen, die sie hatte, anstatt all diese teuren Journalisten einzustellen?«

»Weil wir eine Zeitung sind, Murray. Und offen gestanden, wenn ich versucht hätte, Ihnen die Idee für ein Blatt aufzudrängen, in dem man dreiteilige Sitzgarnituren gegen überalterte Barbiepuppensammlungen tauschen kann, hätten Sie mich ausgelacht. Das beweist mal wieder, wie sehr wir uns alle irren können. Ist Ihnen schon mal aufgefallen, wie oft man sagt, daß irgend etwas eine gute Idee ist, nachdem jemand anders das Risiko auf sich genommen hat?«

»Tja, dann legen Sie sich mal lieber ins Zeug. Vermutlich werden jetzt über Nacht alle unsere Kleinanzeigen verschwinden – dank Miss Tyler.«

»Sie würden sich wundern. Was Francesca getan hat, hat einen völlig neuen Markt geschaffen. Wie die alte Redensart schon sagt: Gib den Leuten das, wovon sie noch nicht einmal wußten, daß sie es wollen. Vielleicht halten wir ja unser Anzeigenkontingent.«

»Das will ich schwer hoffen, Jack – in Ihrem Interesse. Sonst stellen nämlich unsere Aktionäre ein paar Fragen. Hoffen wir einfach, daß wir morgen bei der Verleihung des regionalen Pressepreises gut abschneiden. Wenn wir schon keine hohen Auflagen haben, brauchen wir verdammt noch mal Renommee.«

Zum ersten Mal in seinem Arbeitsleben hatte Jack die Preisverleihung ganz vergessen. Murray Nelson, das wußte er, betrachtete den Preis als Privatbesitz des *Woodbury Express*. Und es war ihm überhaupt kein Trost, daß ihr schärfster Rivale diesmal der *Woodbury Citizen* war.

Sobald die Bräute ordnungsgemäß verabschiedet waren, mußte sich Fran schon an die nächste Ausgabe machen. Diesmal waren die Anzeigen aber kostenpflichtig. Sie stellte sich vor, wie sie das *Citizen*-Gebäude betrat und die telefonische Anzeigenaufnahme so verwaist vorfand wie eine Schule in den Ferien, die Telefone so still wie bei einer alten Jungfer. Sie konnte es kaum glauben, als sie statt dessen von Lärm, Trubel und Chaos empfangen wurde und die Menschen Schlange standen, um die Anzeigengebühr für die zweite Nummer lockerzumachen. Die einzigen, die etwas zu meckern hatten, waren Sean McGee, der mit seinem Fahrrad nicht an den vielen Kinderwagen auf der Treppe vorbeikam, und Keith, der Sportredakteur, der sich darüber beklagte, daß die alten Schachteln in der Schlange ihn andauernd fragten, ob er irgendwelche heißen Tips für sie hätte.

Es war schon nach sechs Uhr, als Fran bei Jack vorbeifuhr, um sich zu erkundigen, ob mit Ralph alles in Ordnung war.

»Er ist in der Küche«, berichtete Ben, »und macht Abendessen für uns beide.«

»Sei um Gottes willen vorsichtig«, mahnte Fran voller Angst, da sie einerseits dankbar dafür war, daß man ihm soviel Selbständigkeit gestattete, und andererseits fürchtete, er könne dabei das Haus niederbrennen.

»Sie glauben also, ich hätte ihn nicht schon mit den Pommes anfangen lassen sollen?«

»Oh, mein Gott, Ben!«

»War nur ein Witz. Er macht Sandwiches mit Käse und Essiggemüse.«

Fran lachte. Es war herrlich zu spüren, daß Ralph wieder zu einer Familie gehörte, auch wenn es nur für kurze Zeit war. »Ben?«

»Mhm?«

»Schau lieber nach, ob er nicht Sandwiches mit Spülmittel und Kaffeesatz macht. Manchmal ist er ein bißchen durcheinander.«

»Kein Problem«, beruhigte Ben sie. »Solange es Fairy Ultra ist und nicht eines dieser billigen Mittel.«

»Kann er über Nacht bei euch bleiben? Ich erwarte morgen einen Anruf von einer Frau, die ihn wahrscheinlich bei mir zu Hause versorgen kann.«

»Klar. Dad hat ihm im Arbeitszimmer ein Bett aufgestellt. Er scheint sich dort wohl zu fühlen.«

Fran zögerte einen Augenblick. »Ist Jack zu Hause? Ich würde mich gern selbst bei ihm bedanken.«

Sie war feuerrot geworden, wie Ben erfreut feststellte, genau wie er selbst, wenn er ein Mädchen zum Tanzen aufforderte. Das mußte er unbedingt seinem Dad erzählen. »Er ist leider noch nicht zu Hause. Aber er hat vor zehn Minuten angerufen, um sich nach Ralph zu erkundigen.«

»Bist du sicher, daß du mit ihm klarkommst? Manchmal ist er unberechenbar. Läuft davon.«

»Mein Dad hat schon gesagt, daß ich die Türen zusperren soll.«

»Franny, mein Schatz, wie schön, dich zu sehen.«

Fran drehte sich ungläubig um. Ihr Vater stand mit einer blau-weiß gestreiften Metzgerschürze lächelnd in der Küchentür. Doch es war nicht der Vater der vergangenen Monate, der konfus und verängstigt war und dreinsah, als hätte er ein Ticket nach Victoria Station gekauft und sei dann auf dem Mars gelandet. Das hier war ihr richtiger Vater, der Vater, der ihre Kindheit zu etwas so Besonderem gemacht hatte. Sie wußte genug über seine Krankheit, um zu begreifen, daß es vermutlich eine Illusion war, ein kleiner Schritt in die richtige Richtung, der im Handumdrehen von raschem Verfall zunichte gemacht werden konnte. Aber daran wollte sie jetzt nicht denken.

Statt dessen umarmte sie ihn heftig. »Tut mir leid, daß ich so spät komme. Ich arbeite gerade an der zweiten Ausgabe von *Fair Exchange.*«

»Ach ja. Wie konnte ich das vergessen?« Er klang so normal, daß es schon unheimlich war, genau wie auf der Besprechung des Familientrusts. »Wie läuft's denn?«

»Prima. Die Auflage ist weggegangen wie warme Semmeln. Ich möchte ja das Schicksal nicht herausfordern, aber ich glaube, es könnte ein echter Erfolg werden.«

»Herzlichen Glückwunsch. Du hast es verdient.« Er blinzelte ihr schalkhaft zu. »Da wird deine Mutter aber schwer enttäuscht sein.«

»Danke, Dad.« Da fiel ihr etwas ein, das ihn in seine eigene ruhmreiche Zeit zurückversetzen würde. »Morgen werden die Pressepreise verliehen. Drück mir die Daumen.«

Und wiederum antwortete ihr echter Vater. »Mach ich. Diesmal hast du es verdient zu gewinnen. Wirklich. Bleibst du zum Abendessen? Bei uns gibt es einen leckeren Auflauf.«

Ben und Fran wechselten verblüffte Blicke und eilten im Gleichschritt auf die Küche zu.

Auf der Arbeitsfläche, so ordentlich aufgereiht, daß es einem Fernsehkoch Ehre gemacht hätte, lagen gelbe Rüben, Zwiebeln, zwei Kartoffeln, Knoblauch, Pfeffer und Salz und zwei frisch geöffnete Büchsen von Wild Rovers Hundefutter mit Kaninchen.

»Danke, Ralph«, sagte Ben höflich und zeigte auf den Kühlschrank, »aber ich hätte wirklich lieber ein Käsesandwich mit Essiggemüse.«

Das mittelalterliche Schnitzwerk des »Cathedral Court Hotel« war unter einem breiten Transparent verborgen, das die Verleihung der regionalen Pressepreise ankündigte. Alle prominenten und wichtigen Personen der Umgebung sowie ein großer Haufen Schmarotzer hatten sich in den für das Ereignis viel zu kleinen Raum gedrängt. Die Veranstalter waren offenbar Anhänger der Lehre, daß von einer richtig guten Party nur die Rede sein kann, wenn man mindestens eine halbe Stunde braucht, um sich zur Bar durchzuquetschen. Über etwa zweihundert Köpfe hinweg entdeckte Fran Jack Allen und winkte ihm zu, bevor sie die hinreißend knabenhafte Miriam an seinem Arm hängen sah. Warum hatten Frauen mit riesigen Augen und winzigen Knöchelchen immer einen Haarschnitt, der sie wirken ließ wie eine Mischung aus Demi Moore in *Ghost* und Jean Seberg als Heilige Johanna? Anziehende Opferlämmer – solange, bis sie eine andere verdächtigten, es auf ihren Mann abgesehen zu haben, dann aber reißende Tigerinnen.

Fran überkam ein unpassender Anflug von Freude, als Jack sich losmachte und sich den Weg zu ihr bahnte. »Wie geht's meinem Vater?« fragte sie, als er es endlich bis zu ihr geschafft hatte.

»Bestens. Allerdings habe ich beschlossen, auf seine Kochkünste zu verzichten. Heute morgen hat er mir Krautsalat in den Tee getan...«

Fran wollte sagen, wie gerührt sie gewesen war, als sie Ralph wieder in einem Familienverband gesehen hatte, und Jack für seine Großzügigkeit danken. Sie hätte hinzufügen können, wie sehr sie sich in Jack getäuscht hatte, als sie den vorschnellen Schluß gezogen hatte, daß er ein schlechter Vater sei, wo doch das genaue Gegenteil zutraf. In den letzten Tagen hatte sie Gelegenheit dazu gehabt, ihn und Ben zusammen zu sehen, und die beiden standen sich wirklich nahe. Sie vermutete sogar, daß die Gerüchte über Jacks zahlreiche Affären womöglich von Frauen in die Welt gesetzt worden waren, die er abgewiesen, nicht etwa ausgenutzt hatte. Ja, sie hatte Jack in einiger Hinsicht unrecht getan.

»Hast du schon irgendwelche heißen Tips von heute gehört?« fragte sie ihn, da ihr die Kehrtwendung bezüglich seiner vermeintlichen Charakterschwächen auf einmal peinlich war.

Jack wirkte allerdings etwas nervös, aber vielleicht bildete sie sich das auch nur ein.

Der Zeremonienmeister des Rathauses, ein Mann, der weitaus imposanter und eindrucksvoller wirkte als der Bürgermeister selbst, bat alle um Aufmerksamkeit für die Preisverleihung.

Fran nippte nur an ihrem Orangensaft, da sie wußte, daß es der letzte wäre, den sie bei diesem Gedränge ergattern würde, bis die Preise verliehen waren. Dem Programm zufolge waren sie die fünften auf der Liste.

Nach den ersten Ankündigungen wünschten alle, der Zeremonienmeister *wäre* der Bürgermeister, und als er die ersten vier Nominierungen vorgetragen hatte, jede mit einem speziellen schlechten Witz gewürzt, waren Frans Handflächen feucht und heiß vor Anspannung. Sie malte sich aus, wie sie ihrem Vater den Preis überreichte und den Stolz in seinen Augen leuchten sah.

Endlich waren sie an der Reihe. »Und nun haben wir für hervorragende regionale Reportagen zwei Bewerber, die zufällig beide aus Woodbury stammen. Den *Woodbury Express* ...«, hier ertönte lauter Jubel von Murray Nelson und den Mitarbeitern des *Express*, »... und den *Woodbury Citizen*. Das, so habe ich mir sagen lassen, war die schwierigste Kategorie von allen.«

Na komm, drängte ihn Fran in Gedanken, spuck's schon aus!

»Eine der Zeitungen brachte die vielleicht außergewöhnlichste und fundierteste Reportage des Jahres ... und zwar ...« Er machte eine dramatische Kunstpause. Fran erwartete schon fast, daß er sich die Hand ans Ohr hielt, als erwarte er Vorschläge aus dem Publikum. »... der *Woodbury Citizen* für seine Bloßstellung der Firma ›Wadey's Busse‹.« Der Applaus übertönte ihn, und Fran hätte vor Erleichterung fast laut gelacht. Genau das brauchten sie. Es würden ihren Vater im womöglich letzten Jahr, in dem er solche Dinge noch zu schätzen wußte, glücklich machen, und bestimmt würde es auch ihre Mutter davon überzeugen, daß der *Citizen* zu gut war, um verkauft zu werden.

Doch der schreckliche Mann quasselte immer noch weiter, wirkte aber jetzt zurückhaltender, als sei er sich eines unerwarteten Faux pas bewußt geworden. »Jedenfalls waren die Juroren der Ansicht, daß der endgültige Todesstoß bei dieser Recherche vom Rivalen des *Citizen*, dem *Woodbury Express*, geliefert wurde, und so haben sie letztlich beschlossen, dieser Zeitung den Preis zu verleihen.«

Fran mußte sich an sich selbst festhalten. Auf einmal war ihr schwindlig und übel, und der Raum begann sich zu drehen. Jemand, der hinter ihr stand, fing sie gerade noch rechtzeitig auf. Sie kämpfte sich durch die Menschenmenge zur Tür durch, ohne sich darum zu scheren, was irgend jemand dachte. Jack würde ja wohl nicht gelassen auf die Bühne treten und den Preis entgegennehmen, wo er doch wußte, wie viele mühsame Monate sie für diese Geschichte gebraucht hatten, nur um ihm die langweiligen Vorarbeiten für sein funkelndes Feuerwerk zu liefern.

Aber Gelassenheit war noch untertrieben. Jack sah drein, als würde er sich königlich amüsieren, wie ein Schuljunge mit einer heimlichen Leckerei in der Tasche.

Mittlerweile war Fran am Ausgang angelangt. Jack stand auf der Bühne und ließ sich vom Bürgermeister die Hand schütteln. Fran gab ihm noch eine Chance.

Jack sah weder beschämt noch reumütig drein. Ja, er grinste sogar verschmitzt, dieses Schwein, vor allem, als er den bewundernden Blick von Miriam auffing, die gerade dabei war, sich ihre zarten kleinen Handgelenke zu verstauchen, so wild klatschte sie. »Zuallererst möchte ich den Juroren dafür danken, daß sie diese sicher nicht leichte Entscheidung getroffen haben.«

Bestimmt würde er doch wenigstens sagen, daß der *Citizen* den Grundstein gelegt hatte? Aber wenn er das tat, würde sie es dann nicht entsetzlich herablassend finden? Wie einen Glückwunsch zum zweiten Platz, wenn jeder wußte, daß der zweite nicht zählte. Dabei hätte sie sich gar keine Sorgen zu machen brauchen, denn Jack erwähnte den *Citizen* überhaupt nicht. Er nahm einfach den Preis entgegen und gratulierte dem Reporter, der den Knüller perfekt gemacht hatte.

Fran konnte es nicht fassen. Anscheinend besaß sie ein unerschöpfliches Vermögen dafür, sich in Jack Allen zu irren. Sie stolperte hinaus, ohne sich um die Wirkung ihres plötzlichen Verschwindens zu kümmern. Künstlerpech, wenn sie es alle für schlechten Stil hielten. Sie mußte hier raus, bevor sie richtig in Ohnmacht fiel.

Und so war sie nicht im Raum, als Jack Allen unerwarteterweise auf der Bühne blieb und hinzufügte, daß er noch etwas sagen wollte, bevor er das Mikrophon weiterreichte.

»Ich weiß nicht, wie viele von Ihnen das Glück hatten, einen Mentor zu haben, jemanden, der älter war als Sie und der Versuchung widerstanden hat, Sie niederzumachen, weil Sie unerfahren und jung waren und sich eingebildet haben, alles zu wissen, wo Sie doch in Wirklichkeit keinen blassen Schimmer hatten. Einen Mann oder eine Frau, die Sie respektieren konnten, weil er oder sie Prinzipien hatte, anregend und klug war und vor allem, weil er oder sie an eine Vision des Journalismus glaubte, die die Welt verändern würde – wenn auch nur im kleinen. Meine Damen und Herren, ich hatte das Glück, für ein solches Talent zu arbeiten ...« Er ließ den Blick durch den Raum wandern, als suchte er nach einem Gesicht.

Hinten im Saal stand Murray Nelson mit einem Rémy Martin in der Hand auf seinen kleinen Füßen, machte sich groß und dachte sich, daß Jack Allen doch nicht so übel war, wie er ihn eingeschätzt hatte.

»Für mich war Ralph Tyler, der Gründer des *Woodbury*

Citizen, ein solcher Mann. Der *Citizen* hat in dieser Stadt journalistische Maßstäbe gesetzt, und der *Express* mußte die Beine in die Hand nehmen, um mit ihm Schritt zu halten. Ralph kann heute nicht bei uns sein, weil er unter einer Frühform von Alzheimer leidet.« Im Publikum ertönte ein Laut des Erstaunens unter denen, die es nicht gewußt hatten. Jacks Stimme wurde härter, als ränge er mit starken Gefühlen. »Aber es hätte ihm großen Spaß gemacht, hier dabeizusein. Ralph liebte Preise.« Jack hielt einen Moment inne. »Außer wenn er sie nicht gewann. Dann erklärte er, daß sie das Papier nicht wert waren, auf dem sie beurkundet wurden.« Ein wissendes Lachen von allen, die Ralph kannten, wogte durch den Saal. »Ralph Tyler ist ein Mann von Ehre und Inspiration, und ich vermute, wir werden keinen zweiten wie ihn mehr erleben, daher widme ich ihm diesen Eastern Counties Regional Press Award. Vielen Dank, meine Damen und Herren.«

Der Applaus hielt fast fünf Minuten lang an, während die Menschen an den Zeitungsmacher dachten, den sie gekannt und geliebt hatten. Sogar ein oder zwei hartgesottene Schreiberlinge mußten so tun, als seien sie in ihre Drinks vertieft, um sich nicht durch ein Schniefen oder eine Träne zu verraten.

Stevie, die in die gegenüberliegende Ecke – in praktischer Reichweite der Bar – gequetscht stand, rieb sich die Nase am Ärmel ihrer Strickjacke und wünschte, daß Francesca verteufelt noch mal dagewesen wäre und das gehört hätte.

Doch Fran raste gerade rücksichtslos aus dem Parkplatz, überzeugt davon, daß ihre ursprüngliche Meinung von Jack Allen als einem ehrgeizigen, egoistischen Frauenhelden doch richtig gewesen war.

Stevie stand immer noch in der Halle und schalt sich

selbst eine sentimentale alte Pute, die jedes Körnchen Anerkennung zugunsten ihres geliebten Ralph aufpickte. Die Ironie daran war, daß sogar, wenn der alte Ralph, ihr Ralph, hiergewesen wäre, ihm diese Ansprache zuwider gewesen wäre. Er hatte immer gesagt, daß jede Errungenschaft, die es wert war, gemacht zu werden, sich in der Zeitung zeigte. Doch er hätte Jacks massives Bedürfnis danach, es zu sagen, verstanden und seine Worte schließlich mit leicht verzogenem Mund akzeptiert.

Sie bahnte sich den Weg durch die Menge, um Jack das zu sagen und ihm auf jeden Fall in ihrem Namen dafür zu danken, daß er Ralphs Persönlichkeit so treffend beschrieben hatte, doch Murray Nelson langte zuerst bei ihm an.

Auf einmal ging Stevie die Großzügigkeit – um nicht zu sagen Verwegenheit – von Jacks Geste auf. Sie hatte sich gar nicht überlegt, wie seine Arbeitgeber von der *Express*-Gruppe seine spontane Lobrede auf ihren ärgsten Rivalen aufnehmen würden.

Doch Murray Nelson lächelte und erinnerte Stevie dabei an einen Giftzwerg, der so tat, als wäre er nett. »Herzlichen Glückwunsch, Jack, zu einem Haufen Mist. Als ich Ihnen da oben zugehört habe, wurde mir eines klar: Diese Art von Journalismus ist passé. Es ist nämlich Ralph Tylers Tochter, die die richtige Idee hatte, nicht der Alte. Kein Mensch interessiert sich für Zeitungen, die darüber jammern, wie korrupt der Stadtrat ist – oder auch nur das Busunternehmen. Sie mögen zwar heute den Preis gewonnen haben, aber nur weil er von genau solchen Dinosauriern wie Ihnen verliehen wird, und das alles im geheiligten Namen des Journalismus. Ich habe Francesca Tyler gebraucht, um zu kapieren, daß die Leser sich einen Dreck um Reportagen scheren. Sie wollen einkaufen und konsumieren. In Francesca Tylers neuem Blatt liegt die Zukunft, nicht in Zeitungen wie dem *Express*. Ich habe beschlossen, unser Angebot für den *Citizen* zurückzuziehen und zu versuchen, statt dessen ihr Gratisblatt zu kaufen.«

»Herrgott, Murray.« Jack war müde und genervt, und die Launenhaftigkeit seines Chefs widerte ihn an. »Sie geben viel zuviel darauf. *Fair Exchange* existiert erst seit fünf Minuten. Vielleicht hält es sich nur zehn.«

»Sie verkraften es nicht, was? Sich vorzustellen, daß so etwas sich besser verkauft als Ihre heilige Zeitung mit ihren Kreuzzügen und der gewissenhaften Berichterstattung?«

Jack hatte die Nase voll. Er lehnte Murrays Angebot, ihn mitzunehmen, ab und ging zu Fuß zur Zeitung zurück, um sich Zeit zum Nachdenken zu gönnen. Gegenüber dem Hotel beleuchtete die Nachmittagssonne die aufwendigen Steinmetzarbeiten der Kathedrale, und ihre Wasserspeier hoben sich wie Silhouetten vom tiefblauen Himmel ab. Der Zeitungsverkäufer, der vor dem Gebäude stand, rief ihm einen Gruß zu, aber an nichts von alledem konnte sich Jack so freuen wie sonst. Soviel Vergnügen es ihm auch machte, in dieser Stadt an einer Zeitung zu arbeiten – die außergewöhnliche Schönheit des Ortsbildes, die Tatsache, daß er fast jeden auf der Straße kannte und zu wissen glaubte, was den Menschen hier am Herzen lag, daß er eine Zeitung leitete, die ihnen eine Stimme verlieh –, nichts davon konnte Murrays Worte auslöschen. War er wirklich eifersüchtig auf Frans Weitblick, ihre Fähigkeit, eine Idee zu verwirklichen, die sich sehr wohl besser verkaufen konnte als die Lokalzeitungen und sie womöglich ersetzte?

Vor der Grundschule neben der Kathedrale stand lächelnd die Schülerlotsin und rief Jack einen Gruß zu. Jack riß sich zusammen. Selbst die Schülerlotsin stand da, weil der *Express* sich dafür stark gemacht hatte, nachdem ein Kind auf dem Heimweg von der Schule tödlich verunglückt war. Frans Blatt mochte zwar ein neues Bedürfnis befriedigt haben, aber in einer Stadt wie Woodbury würde stets Bedarf an dieser Art von Einsatzbereitschaft herrschen. Und er hatte das Gefühl, daß Fran das im Gegensatz zu Murray Nelson genau wußte.

Trotz der nachmittäglichen Hitze ging Jack eilig zurück und fühlte sich dabei wie ein Alkoholiker, der darauf wartet, daß das Pub aufmacht. Er brauchte einen Schuß von der Zeitungsatmosphäre, die er so liebte, um sich wieder auf Kurs zu bringen: zwei Teile Chaos, vermischt mit einem Teil Panik, gewürzt mit einem Spritzer heller Aufregung, verrührt mit Adrenalin und aromatisiert mit Befriedigung.

Er hielt den Preis hoch, als er durch den Lärmwall in der Redaktion schritt. »Herzlichen Glückwunsch, Leute. Wir haben gewonnen!«

Obwohl sie am Telefon hingen, gaben die Reporter des Sportressorts ihrer Begeisterung dadurch Ausdruck, daß sie mit »La Ola« begannen, die sich heftig durch Feuilleton und Nachrichtenredaktion bis hin zu den Korrektoren am anderen Ende fortsetzte. Jack lachte, und sein alter Optimismus war beinahe wieder hergestellt. Egal, was Murray Nelson auch dachte, es ging doch nichts über die Atmosphäre einer Redaktion.

»Also, Leute: Kommt alle um sechs Uhr mit, ich gebe einen aus.«

»Ich fürchte, das werden Sie auf morgen verschieben müssen.« Jack sah sich überrascht um und sah Miriam an seiner Tür lehnen. »Ihr Sohn hat vor einer halben Stunde in heller Aufregung angerufen. Er möchte, daß Sie so bald wie möglich nach Hause kommen.«

»Hat er einen Grund genannt?« Jack dachte natürlich sofort an Ralph. Es war vermutlich völlig blödsinnig von ihm gewesen, ihn in Bens Obhut zu lassen. Und unfair gegenüber Ben. Ralph mochte ja fünfundneunzig Prozent der Zeit bei Verstand sein, aber was, wenn seine Verwirrung ihn hatte schwieriger werden lassen?

»Nein. Nur daß unerwartet jemand aufgetaucht sei und er glaubte, daß Sie lieber vorbeikommen sollten.«

»Na gut. Dann fahre ich am besten gleich rüber.«

Jack überlegte, wer dieser Besuch sein könnte. Frans Mutter vielleicht, die endlich beschlossen hatte, daß sie eine bessere Ehefrau abgeben und sich um Ralph kümmern sollte? Fran selbst? Es war nutzlos zu spekulieren, da er in zehn Minuten dort sein würde.

Ben wartete vor dem Haus. Er steckte in einem Trainingsanzug, war barfuß und sah verschreckt drein. Statt wie ein reifer Fünfzehnjähriger kam er Jack auf einmal wie ein kleiner Junge in Erwachsenenklamotten vor, und ihm wurde schwer ums Herz. Er hätte dem Jungen niemals soviel Verantwortung aufbürden sollen. Was, wenn etwas Gravierendes schiefgegangen war?

»Dad. Gott sei Dank, daß du da bist.«

»Ben, du siehst ja schrecklich aus. Was ist denn passiert? Es ist wegen Ralph, oder? Falls ja, es ist nicht deine Schuld. Ich hätte euch nicht allein lassen dürfen. Ich bin wohl verrückt gewesen.«

»Es ist nicht wegen Ralph, Dad. Komm rein.«

Jack stieß die Haustür auf, die von Koffern fast blockiert war. Ingesamt waren es fünf, alles teuer aussehende dunkelgrüne Modelle mit braunen Lederverzierungen, von einem riesengroßen Schrankkoffer bis hin zu einem kleinen Kosmetikkoffer. Sie erinnerten Jack an eines dieser Förderbänder mit Gewinnen in Game Shows, nur daß die Sachen dort billig waren und diese Koffer eine Unsumme gekostet haben mußten. Wem zum Teufel gehörten sie?

»Wem gehört dieses Gepäck im Flur?« rief er Ben zu.

Doch bevor Ben dazu kam, ihm zu antworten, ließ eine Stimme hinter ihm Jack entsetzt herumwirbeln. Es war eine Stimme, die er seit sieben Jahren nicht mehr gehört hatte, doch selbst jetzt streute ihr Klang noch Salz in seine unverheilten Wunden.

18. Kapitel

»Hallo, Jack.«

Carrie lehnte an der Wohnzimmertür und musterte Jack mit ihren dunklen Augen. »Schön, dich zu sehen. Du hast dich kein bißchen verändert.«

Natürlich war sie es, die sich nicht verändert hatte. Sie war so exotisch schön wie immer, die Augen strahlend und weit in ihrem kleinen Gesicht, das der leicht jungenhafte Haarschnitt, den sie bevorzugte, noch betonte. Sie hatte schon immer das Aussehen einer italienischen Madonna besessen, einen blaß-olivfarbenen Teint, dunkelbraune Augen und eine trügerisch heitere Ausstrahlung. Doch dahinter erahnte man etwas ausgesprochen Unmadonnenhaftes, ein verstecktes Feuer, das Männer verrückt gemacht hatte, Jack eingeschlossen.

»Du bist aber nicht besonders braun.«

Gott weiß, warum er etwas so lächerlich Banales sagte.

Carrie setzte ein angedeutetes Lächeln auf und genoß sein Unbehagen. »Es ist ja jetzt Winter dort. Deshalb mußte ich auch weg.«

Er überging die Tatsache, daß sieben Winter vergangen waren, seit sie an jenem Tag verschwunden war. Noch heute ertrug er es kaum, daran zu denken. Carrie war garantiert aus einem bestimmten Grund hier, und wie es so ihre Art war, würde sie ihm nur dann davon erzählen, wenn sie wollte.

»Wie geht es dir, Jack?« Die süßliche Anteilnahme in ihrer Stimme brachte ihn auf. Was wollte sie denn nun hören? Ich habe unsäglich gelitten, doch die Zeit heilt alle Wunden? Carrie besaß seit jeher die Fähigkeit, alles Unangenehme zu übersehen, vor allem – oder vielleicht besonders dann –, wenn es sie selbst betraf. Zuerst hatte sie das zu einer hinreißenden Gefährtin gemacht. Immer fröhlich, immer positiv. Bis er erkannte, daß sie nur an das Streben nach ihrem eigenen Glück glaubte.

»Gut«, antwortete Jack knapp und wich ihrem Blick aus. Carries außergewöhnliche Schönheit und die Verletzlichkeit, die sie an- und abschalten konnte, waren selbst nach so langer Zeit noch wirksame Waffen. Bei Carrie konnte man leicht die Säure vergessen, die unter dem Marmor brodelte, sogar wenn man selbst schon einmal verätzt worden war.

Er versuchte, all den Zorn heraufzubeschwören, der ihn aufrechterhalten und bei Sinnen hatte bleiben lassen, doch er konnte ihn nicht greifen.

»Ich habe eine Überraschung für dich. Hier drinnen«, sagte Carrie und nickte zum Wohnzimmer hin, als wüßte sie instinktiv, welche Karte sie ausspielen mußte. Sie trat zur Seite, wodurch der Blick auf ein schönes Kind frei wurde, das seiner Mutter fast aufs Haar glich, bis hin zu der dunkelgrünen Samtbluse, die Carries Farben so schmeichelte.

Jack bekam Herzklopfen. »Louise?«

Einen Augenblick lang dachte er, seine Tochter werde ihn ignorieren oder nur höflich nicken, wie gegenüber einem x-beliebigen Fremden. Statt dessen raste sie quer durch den Raum. »Dad?« In ihren jungen Augen lag eine Traurigkeit, für die Jack Carrie am liebsten erwürgt hätte. Was für ein

Märchen von Grausamkeit und böswilligem Verlassen hatte Carrie im Lauf der Jahre, die sie ihm den Zugang zu seiner eigenen Tochter verwehrt hatte, Louise eingetrichtert? Louise hatte allen Grund, ihn zu hassen. Doch statt dessen schien sie ihm wundersamerweise zu vergeben.

Jack hob ihren kleinen Körper hoch und umarmte sie so fest, daß keiner von beiden atmen konnte. Es war das einzige, was gegen die aufsteigenden Tränen half. Das und der Anblick von Bens Gesicht.

Ben stand zusammengesunken am Rande des Geschehens. Hier war seine Mutter, Herrgott noch mal, und doch schien er ihre Anwesenheit kaum wahrgenommen zu haben. Es war, als stünde Ben außerhalb des Familienverbandes, wohl wissend, daß dieses Ereignis ihre traute Welt für immer verändern würde, und ohne die Gewißheit, daß dies eine Veränderung zum Besseren wäre. Wo Louise zur Vergebung bereit schien, war Ben, der Erwachsensein und Reife an Jahren soviel näher stand, dazu außerstande.

Jack streckte ihm eine Hand entgegen. »Das ist dein großer Bruder. Habt ihr euch schon bekannt gemacht?«

»Gerade erst.« Er hielt ihr in hilfloser Förmlichkeit die Hand hin. »Wie war der Flug?«

»Hallo, ich heiße Louise, aber nenn mich bloß nicht so. Das finde ich schrecklich. Alle, die ich mag, nennen mich Lou. Und der Flug war beschissen. Die haben mich die ganze Zeit wie ein Baby behandelt, dabei bin ich schon sieben.«

Ben lachte. Seine Schultern wurden lockerer und verloren etwas von ihrer feindseligen Ausstrahlung. »Muß hart gewesen sein.«

»Übrigens«, begann Carrie, drapierte sich, ganz als sei sie hier zu Hause, aufs Sofa und zog in jener kindlichen Manier, an die sich Jack nur allzugut erinnerte, die Beine unter sich, »wer ist denn dieser merkwürdige alte Mann im Morgenmantel, der in deinem Arbeitszimmer auf die Schreibmaschine einhackt? Erzähl mir bloß nicht, du hast ein Heim für in Not geratene Zeitungsfritzen aufgemacht. Das sähe dir ähnlich.« In ihrer Stimme schwang eine Liebkosung mit, die Jack reizvoll und gefährlich zugleich fand.

»Lach ihn nicht aus, Mum«, schimpfte Louise ernst. »Ben hat es doch schon erzählt. Er heißt Ralph und hat die Oldtimer-Krankheit.«

Jack lächelte seiner Tochter zu, wobei sich Liebe und Erleichterung vermengten. Von Carrie aufgezogen zu werden hatte Louise offensichtlich nicht verderben können. Sie schien ein angeborenes Taktgefühl zu haben und ihre Mutter an Sensibilität bei weitem zu übertreffen. Vielleicht, so dachte Jack, und der Schmerz überkam ihn erneut, war Louise bei Carries Hang zur Unreife gezwungen gewesen, der Elternteil zu sein und nicht das Kind.

»Möchtest du dir mit mir das Haus ansehen?« forderte Ben sie auf. »Die Erwachsenen haben bestimmt eine Menge zu besprechen.«

Jack fiel auf, daß er nicht »Mum und Dad« sagte.

»Also«, begann Jack, machte einen Bogen um das Sofa und setzte sich Carrie gegenüber in den Sessel. »Wie lange bleibst du in England?«

»Solange es mir gefällt. Ehrlich gesagt habe ich die Nase voll von Australien. Ich habe mir sogar überlegt«, fuhr Carrie fort und umfing ihn mit ihrem schokoladenbraunen Blick, »ob wir vielleicht hierbleiben könnten.« Sie sah, wie Jack leicht zusammenzuckte, und redete schnell weiter. »Natürlich nur ein paar Tage, bis wir etwas Dauerhaftes finden.«

Einen Moment lang fühlte sich Jack von einem Sturm widerstreitender Gefühle wie gelähmt. Ihn durchflutete lodernder Zorn, verzehrend und gefährlich, angesichts dessen, wie Carrie sich aus dem Staub gemacht und ihm die Tochter weggenommen hatte, ohne ihm auch nur mitzuteilen, wo sie war. Ständig hatte sie ihm versprochen, ihn Louise sehen zu lassen, nur um wieder zu verschwinden, bevor er Gelegenheit dazu hatte. Außerdem war da noch Ben. Wie konnte eine Mutter sich so offenbar völlig ungerührt von ihrem Kind lösen? Es war, als wollte sie ihn dafür bestrafen, daß er sich für Jack entschieden hatte, indem sie seine gesamte Existenz leugnete.

Carrie, die normalerweise kein Gefühl für die Empfindungen anderer Menschen hatte, tat so, als spüre sie momentan etwas davon. »Es tut mir leid, Jack. Ich muß wohl eine Zeitlang nicht ganz bei Verstand gewesen sein. Ich bin mit meiner eigenen Verletztheit nicht zurechtgekommen, geschweige denn mit der meiner Kinder. Ich war eine schlechte Mutter. Ich mußte weg, um wieder klar denken zu können.«

»Du solltest dich lieber bei Ben entschuldigen.«

Carrie spielte ihre Trumpfkarte aus. »Deshalb wollte ich ja hierbleiben. Damit ich ihn kennenlernen und versuchen kann, es irgendwie wiedergutzumachen.«

Jack gab sich geschlagen. Wie konnte er Ben um die Gelegenheit bringen, einige Zeit mit seiner Mutter zu verbringen? Aber er würde den Teufel tun und Carrie glauben lassen, daß sie sich so ohne weiteres wieder in sein Leben einschleichen konnte.

»In Ordnung«, willigte er schließlich ein. »Dann nehme ich mir ein Zimmer im ›Cathedral Arms‹.«

Er ignorierte die aufblitzende Enttäuschung in ihren Augen. »Das ist aber nicht nötig, Jack.«

Jack starrte vor sich hin. Er wußte genau, was für ein Inbild sanfter Verführung Carrie abgeben konnte, wenn sie etwas nur intensiv genug begehrte, und so traute er sich selbst nicht.

Doch dann fiel ihm Ralph wieder ein. Carrie würde sich mit ihm abfinden müssen. Das wäre ein interessanter Test für ihr Engagement. Carrie war es nicht gewohnt, sich für irgend jemanden zu verausgaben. »Ralph muß allerdings hierbleiben. Ich kann ihn nicht so kurzfristig vor die Tür setzen. Er ist schon verwirrt genug, und hier gefällt es ihm.«

»Du meinst, du willst mich mit diesem verrückten alten Mann hier sitzenlassen?«

»Ben kümmert sich um ihn. Es ist ohnehin nur vorübergehend. Er ist vollkommen harmlos. Das Schlimmste, was dir passieren kann, ist, daß er dir eine Tasse Tee mit Krautsalat statt Milch macht. Allerdings muß man ihn daran hindern, mitten in der Nacht durchzubrennen.«

Carries Miene war ein Bild für Götter. Der Anblick entschädigte Jack kurzfristig.

Sobald sie von der Preisverleihung zurückkam, griff Fran zum Telefon. Sie hatte einen Entschluß gefaßt. Sie war zu wütend auf Jack, weil er mit ihrem Preis davongezogen war, um ihren geliebten Vater bei ihm zu lassen. Sie mußte sich jemand Geeigneten suchen, der ihn versorgen konnte, und ihn in ihrer eigenen Wohnung unterbringen. Wenn sich Laurence nach der Hochzeit immer noch nicht ihrer Meinung anschließen wollte, müßte sie eben dann sehen, wie es weiterging.

Gott sei Dank war die Frau, die Henrietta empfohlen hatte, tatsächlich frei, und so konnte Fran ihr Vorhaben verwirklichen, Ralph am nächsten Tag bei sich einziehen zu lassen. Schade war es schon, da es ihm bei Jack gefallen hatte, aber diese Lösung war sowieso nur vorübergehend gewesen. Ben mußte sein eigenes Leben führen und konnte sich nicht ewig für Ralph aufopfern.

Sie war gerade dabei, einen Einkaufszettel zu schreiben und sich zu überlegen, was ihr Vater brauchen würde, als Stevie zurückkam.

»Du warst aber lange weg«, schimpfte Fran. »Ich dachte, du kämst mir gleich nach, als Jack Allen die Frechheit besaß, *unseren* Preis einzuheimsen. Oder hast du ihn noch in der Bar schlechtgemacht? Wenn ja, hoffe ich, daß deine Beleidigungen fies genug waren.«

»Ich konnte wohl kaum den Helden der Stunde schlechtmachen – jedenfalls nicht, nachdem er deinem Vater diese Huldigung dargebracht hat, oder?«

»Was für eine Huldigung?«

»Ach, Francesca, wenn du nur dabei gewesen wärst. Er hat Ralph den Preis gewidmet, dafür, daß er in dieser Stadt den wahren Journalismus begründet hat, und er hat gesagt, wie leid es ihm tut, daß Ralph aufgrund seiner Krankheit nicht dabeisein konnte. Ehrlich, Fran, es waren Schmierfinken da, die derart abgebrüht sind, daß sie ihre Großmütter oben ohne ablichten würden, aber Jack hat sie zu Tränen gerührt. Jeder in der Bar hatte seine eigene Ralph-Tyler-Geschichte. Es war verblüffend.« Stevie schnaubte in ihr Taschentuch, und ihre Nase war röter als ein Feuermelder. »Murray Nelson war stinksauer.«

Fran versuchte sich gerade mit dieser neuen Wendung der Ereignisse anzufreunden, als Elaine den Kopf zur Tür hereinsteckte. »Gerade hat Ihre Freundin Henrietta angerufen. Sie war fuchsteufelswild. Anscheinend sollten Sie jetzt mit ihr die Kleider für die Brautjungfern anprobieren, und sie läßt ausrichten, wenn Sie nicht bald kommen, kauft sie die weißledernen mit den Federverzierungen und dazu passende Overknee-Stiefel.«

»Mein Gott! Ich war vor einer halben Stunde mit Sophie und Lottie verabredet! Stevie, könntest du diese Kontaktanzeigen überprüfen? Ein paar davon sind so gewagt, daß wir uns lieber vergewissern sollten, ob sie legal sind. ›Partnerin für gegenseitiges Piercing und andere Vergnügungen gesucht‹ ... und das in Woodbury?!!«

Sie schnappte sich ihre Mappe und raste durch die Redaktion, wo sie mit Sean McGee zusammenstieß, der gerade sein Fahrrad die Treppe hochtrug. »Könnte ich mir das vielleicht mal ausleihen?« fragte sie. »Ich hätte vor einer halben Stunde schon eine Verabredung gehabt, und ich finde dort garantiert keinen Parkplatz.«

»In Ordnung. Aber es ist ein ganz schöner Flitzer. Und vergessen Sie nicht, das Vorderrad abzumontieren, wenn Sie es abstellen. Es ist mir schon zweimal geklaut worden.«

Radfahren mochte ja etwas sein, das man sein Leben lang beherrscht, aber Fran entpuppte sich als die Ausnahme, die die Regel bestätigte. Erst nach weiteren fünfzehn Minuten kam sie an dem exklusiven Brautmodengeschäft an, durchgeschüttelt und zerschlagen, das schmutzige Vorderrad von Seans geliebtem Mountainbike in der Hand.

»Fran! Was ist denn mit dir passiert?« kreischte Henrietta. »Dein herrliches Kleid ist fertig, und du kommst hier an und siehst aus, als wärst du unter einen Lastwagen geraten. Schau mal, ist es nicht traumhaft?« Sie zeigte auf ein raffiniertes Kleid aus elfenbeinfarbenem Satin, das neben dem hohen Spiegel auf einem parfümierten Kleiderbügel hing. Eine Verkäuferin hatte zur Vervollständigung des Arrangements aufmerksamerweise einen schlichten Stirnreif hinzugefügt.

Das einzige, was jetzt noch fehlt, dachte Fran, in deren Brustkorb sich Panik breitmachte, als hüpfte ein verrückt gewordener Shiatsu-Lehrer darauf herum, ist eine Braut. Ich.

Henrietta nahm ihr das Rad ab und reichte es einer perfekt gestylten Verkäuferin, die nicht schockierter hätte sein können, wenn man ihr das Aids-Virus in die Hand gedrückt hätte. Dann führte sie Fran auf die winzige Damentoilette, damit sie sich ihre schmutzigen Hände waschen konnte.

Schließlich hielt man ihr das Kleid vor den Körper.

»Ich nehme alles zurück«, hauchte Henrietta. »Du siehst überhaupt nicht wie eine Karmeliterin aus. Nicht einmal wie Maria in *Die Trapp-Familie*. Du siehst phantastisch aus. Laurence kann sich glücklich schätzen.«

Anstelle einer Antwort schluchzte Fran unüberhörbar auf.

»Francesca, um Gottes willen.« Die bodenständige Fran benahm sich doch sonst nicht so? Sie überließ die Szenen Henrietta. Es war Henrietta gewesen, die jedesmal, wenn ein Freund sie sitzenließ, in schwermütige Todessehnsucht verfiel, und Henrietta, die schwor, sich nie wieder zu verlieben – bis in fünf Minuten. Fran war es gewesen, die sie regelmäßig mit Tee und Mitgefühl wieder aufgerichtet oder mit einer Beruhigungstablette besänftigt hatte. Henrietta hatte ihre Freundin noch kein einziges Mal in Tränen ausbrechen sehen. Und schon gar nicht eines Mannes wegen. »Was ist denn nur los?«

»Nicht viel. Nur daß ich Jacks Blut geklaut habe und diesen Test habe machen lassen.«

Die beiden Verkäuferinnen wechselten Blicke. Sie erlebten hier ja alles mögliche. Bräute in heller Panik, die fürchteten, einen Fehler zu machen, dankbare Bräute, die wußten, wieviel Glück sie hatten, daß sie überhaupt jemand zum Traualtar führte, praktische Bräute, die lieber für eine Sitzgarnitur sparen wollten und jeden verpulverten Penny bereuten. Aber eine Braut mit ölverschmierten Fingern, die herumlief und Blut stahl, hatten sie noch nie gehabt.

»Mein Gott, Fran«, rief Henrietta aus und packte sie am Arm. »Jetzt weißt du also, wer der Vater ist!«

»Das ist ja das Problem. Die Kultur hat nicht angeschlagen und nun erfahre ich es wieder erst in einer Woche.«

»Aber da heiratest du doch schon.«

»Ich weiß. Und ich bin mir auf einmal gar nicht mehr sicher, ob ich es wirklich tun soll. Was, wenn Laurence gar nicht der Vater meines Babys ist? Womöglich trete ich mit dem falschen Mann vor den Traualtar!« In ihrer Verzweiflung wischte sich Fran die Wange und hinterließ trotz Händewaschens dabei einen Streifen Öl auf ihrer einen Gesichtshälfte. Eine der Verkäuferinnen erzitterte vor Angst davor, daß Fran womöglich das Kleid berührte. Es klang ganz danach, als sollte dieses perfekte Modell von Catherine Walker, in dem stundenlange, brillante Designerarbeit und mühsam von Hand gefertigte Nähte steckten, seinen Weg zum Altar schließlich doch nicht finden. Zumindest nicht an dieser Verrückten. Geschickt entwand sie Fran das kostbare Kleid und hängte es in Sicherheit.

»Ich meine«, fuhr Fran fort, als ihr die grausige Tragweite ihrer Lage bewußt wurde, »was, wenn doch Jack der Vater ist?«

»Hör mal, Franny, im Grunde ist es ganz einfach.« Henrietta verlor langsam die Geduld mit ihrer Freundin. »Welchen *möchtest* du denn als Vater haben?«

Das war genau die Frage, der sich Fran noch nie zu stellen gewagt hatte. Sie schloß die Augen und malte sich die Kirche aus, mit Camillas Blumen geschmückt, sie hörte die Musik und zwang sich dazu, sich vorzustellen, wen sie am Altar auf sich warten sehen wollte. Plötzlich merkte sie, daß man, wenn man erst einmal soweit gekommen war, nur noch eine einzige Möglichkeit hat: rückhaltlos ehrlich mit sich selbst zu sein. Also, welchen wollte sie nun?

19. Kapitel

»Ich glaube, wenn ich absolut ehrlich bin …« Fran konnte sich nur schwer zu dem Geständnis überwinden, obwohl dies die Stunde der Wahrheit war. »Auch wenn es vollkommen verrückt scheint … ich glaube, es wäre mir lieber, wenn es von Jack wäre.«

»Aber ich dachte, du findest den Mann gräßlich.« Henrietta war verblüfft, aber wie gewohnt nicht um Worte verlegen. »Du findest ihn anmaßend und eigensinnig und egoistisch … ganz zu schweigen von unaufrichtig und – was war es noch? – verantwortungslos. Ach, und da war doch noch die Geschichte, daß er ein so schlechter Vater sei …«

Fran wurde rot. »Ist er auch. Aber irgendwie liebe ich ihn trotzdem. Wenn ich nur daran denke, wie er mir die Handtasche hingehalten hat, als mir schlecht wurde … Irgendwie kriege ich dieses Bild nicht mehr aus dem Kopf.«

Henrietta seufzte herzhaft. »Dann mach nur. Obwohl ich sagen muß, daß dein Geschmack, was Verführungsmethoden angeht, ein bißchen abartig ist.« Sie schob ihre Freundin auf die Tür zu. »Geh und sag's ihm, Herrgott noch mal. Ist doch zwecklos, die Zeit aller Beteiligten zu vergeuden. Laurence bringt dich um. Deine Mutter bekommt einen Nervenzusammenbruch. Aber die erholen sich wieder. Da.« Sie gab Fran das Vorderrad zurück. »Auf dein Fahrrad.«

Als Fran aus dem Laden hetzte und dabei dem erbosten Blick der Verkäuferin auswich, hörte sie Henrietta düster murmeln: »Nur gut, daß wir etwas genommen haben, das man hinterher auch noch tragen kann.«

Vor dem Geschäft konnte Fran – wie ihr schien nach Monaten – endlich wieder frei atmen. Nun, da sie den Himmel von ihrem neuen, sicheren Standpunkt aus ansah, kam er ihr so blau vor wie noch nie. Das Gemäuer der Kathedrale leuchtete. Selbst die Tauben schienen fröhlich umherzuhüpfen. Gurrend gratulierten sie ihr und scharten sich um sie, als sie das Vorderrad wieder an Seans Fahrrad montierte. Selbst die Technik, sonst ihr geschworener Feind, war ihr heute wohlgesinnt, und die Schrauben ließen sich mühelos festdrehen. In zehn Minuten wäre sie in Jacks Büro. Was sie tun oder sagen würde, sobald sie dort ankam, darüber wollte sie gar nicht nachdenken. Aber hingehen mußte sie.

Hartnäckig erkämpfte sich Fran auf Pedalen der Liebe den Weg durch den Nachmittagsverkehr, wich Touristen aus, lächelte Lastwagenfahrer an und hielt vor Kindern an einem Zebrastreifen. Sie konnte sich gerade noch davon abhalten zu singen. Wenigstens blieben der Welt ihre unmelodischen Ergüsse erspart.

Beim *Express* angekommen, grinste Fran wie ein Honigkuchenpferd. Es war alles so einfach. Sie würde ihm sagen, daß sie ihn liebte, und er würde sie an seine tweedbedeckte Brust drücken, und gemeinsam würden sie im Licht der endlich entdeckten Wahrheit baden.

Als die Empfangsdame ihr mitteilte, daß Jack nicht im Haus sei, hielt sie das zunächst für einen Irrtum. Sie hatte doch das Drehbuch schon ausgearbeitet.

Die Empfangsdame behielt Fran und ihre merkwürdige

Aufmachung im Auge und erklärte sich bereit, in seinem Büro anzurufen. »Sie schicken jemanden herunter«, beruhigte sie sie.

Fran wartete und sagte sich, daß dies nichts als eine kleine Verzögerung war. Jack würde eben später kommen.

Als sie einen leichten Schritt auf der Treppe hörte, drehte sie sich um und legte das Exemplar des *Express* beiseite, in dem sie ohnehin nur zum Schein geblättert hatte.

»Hallo, Francesca. Jack kommt heute leider nicht mehr ins Büro.« Zu Frans großem Unbehagen stand statt Jacks Assistentin Miriam vor ihr.

Fran beschloß, sich großzügig zu geben. Schließlich mußte Miriam ziemlich wütend auf sie sein. »Oh. Na gut. Wann wird er denn wieder erwartet, wissen Sie das?«

»Ich habe keine Ahnung.« Miriam hielt inne, und ein kleiner, giftiger Funken Selbstzufriedenheit glomm in ihren Augen. »Seine Frau ist nämlich gerade aus Australien zu ihm zurückgekehrt. Vermutlich werden sie sich nach sieben Jahren eine Menge zu erzählen haben, oder?«

Fran hätte beinahe laut losgelacht. Miriam mußte etwas falsch verstanden haben. Es konnte gar nicht anders sein. Jack hatte nie auch nur die geringste Chance auf eine Versöhnung mit Carrie erwähnt, ja, im Grunde sprach er so gut wie nie von seiner Exfrau.

Fran wußte lediglich, daß ihn Carrie vor sieben Jahren verlassen hatte, weil sie wütend darüber war, daß er eine Affäre gehabt hatte. Sie war so verletzt gewesen, daß sie ihre gemeinsame Tochter mitgenommen hatte. Frans Hand tastete sich unbewußt zu ihrem wachsenden Bauch hinab. Sie konnte sich nicht einmal ansatzweise vorstellen, wie schrecklich es sein mußte, ein Kind zu verlieren.

Die Angst stach ihr wie ein Messer zwischen den Rippen. Wenn es so schrecklich war, ein Kind zu verlieren, wäre es dann nicht ein gewaltiger Anreiz für Jack und Carrie, dieses Kind wiederzugewinnen und sich erneut zusammenzutun? Bei genauerer Betrachtung barg Miriams Enthüllung einen erschreckenden Wahrscheinlichkeitsgehalt.

Als sie auf Seans Fahrrad zurückfuhr, sagte sie sich, daß sie die Wahrheit noch früh genug erfahren würde.

Sie radelte also zum *Citizen* zurück und lehnte einem verblüfften Sean das Fahrrad an den Schreibtisch, bevor sie sich ihre Autoschlüssel schnappte und zu Jack auf den Weg machte.

Ben mußte sie schon gesehen haben, da er vor dem Haus auf sie wartete. Er stand vor der Haustür, als wollte er sie davon abhalten, hineinzugehen wie ein Fernsehpolizist, der einen Tatort abschirmt. Vor wem, wußte sie nicht. »Hallo, Francesca. Mein Dad ist nicht da ...« Er wollte gerade hinzufügen, daß Jack ins »Cathedral Arms« gezogen war, als hinter ihm die Tür aufging.

Eine schlanke Frau mit kurzem, weichem, dunklem Haar stand in der Tür. Fran hatte Miriam schon immer außergewöhnlich hübsch gefunden, doch nun, wo sie das Original sah, verblaßte das Imitat wie eine Kerze gegenüber der Sonne. Carrie Allen war berückend. Arme Miriam, dachte sie, so restlos ausgestochen zu werden, bevor ihr mit einem Donnerschlag klar wurde, wer ihr noch leid tun mußte.

»Also, Ben«, sagte Carrie lächelnd, »möchtest du uns nicht vorstellen?«

»Francesca Tyler«, murmelte Ben, »meine Mutter.«

»Was können wir für Sie tun?« fragte Carrie so gelassen und ganz Dame des Hauses, als wäre sie nie weg gewesen.

Eine Sekunde lang fehlten Fran die Worte. *Ich bin gekommen, um Ihrem Mann zu sagen, daß ich in ihn verliebt bin* mochte zwar die Wahrheit sein, ließ aber in puncto gepflegte Umgangsformen zu wünschen übrig.

Da er Frans Not spürte, kam Ben ihr zu Hilfe. »Sie möchte Ralph besuchen. Ralph ist Frans Vater.«

Carrie musterte Fran mit jähem Interesse. Deshalb war der alte Mann also hier – wegen der Tochter. Natürlich. Das erklärte – neben der Wut und der Verletztheit, mit der sie gerechnet hatte und mit der sie sicher fertigwerden würde – Jacks seltsam reservierte Art, sich von ihr fernzuhalten, was sie weitaus mehr beunruhigt hatte. Carrie mußte ganz nah herankommen, damit ihr Charme zündete.

Jack dachte also, er wäre in Francesca Tyler verliebt. Über diesen kleinen Haken würde sie nachdenken müssen.

Plötzliche Geräusche hinter ihnen veranlaßten alle, sich umzudrehen. Ralph kam – immer noch im Morgenmantel – mit Wild Rover, der verspielt an seiner Leine zerrte, auf sie zu.

»Franny, Liebes«, dröhnte Ralph los, »wie schön, dich zu sehen. Was machst du denn hier? Komm doch rein. Kann ich dir eine Tasse Tee anbieten?«

»Aber natürlich«, fiel Carrie nur leicht unterkühlt mit ein, »kommen Sie doch herein.«

Auf dem Sofa saß ein Mädchen, das gleich aufsprang und ihnen entgegenkam. Eine Vorstellung wäre eigentlich überflüssig gewesen, da sie ihrer Mutter so ähnlich sah. »Das ist meine Tochter Louise. Francesca Tyler.«

»Sie sind bestimmt Ralphs Tochter.« Das spitzbübische Lächeln des Kindes war genau wie bei Jack. »Er erzählt oft von Ihnen.«

»Dann mußt du Louise sein.«

»Eigentlich Lou. Louise finde ich schrecklich.« Nun, wo sie Louise kennenlernte, fand Fran es noch schockierender, daß Jack überhaupt riskiert hatte, dieses hübsche Kind zu verlieren, ja, schlimmer noch, daß er Louise hatte gehen lassen, ohne ständig darum zu kämpfen, sie zurückzugewinnen. Wie sehr mußte er Carrie gedemütigt haben, daß sie so brutal handeln konnte. Schäumender, nicht zu bändigender Zorn auf Jack wallte in ihr auf. So durchschaubar zu sein. Sich auf so klischeehaft männliche Weise zu benehmen. Es war fast unvorstellbar. Doch hier war der Beweis.

»Ralph hat mir Pokern beigebracht«, prahlte Louise stolz.

»Der muß man kaum was beibringen«, warf Ralph ein. »Sie ist ein Naturtalent. Wie du damals.«

Fran lachte. »Es ist immer noch eine der nützlichsten Fertigkeiten, die ich je gelernt habe.«

»Meine Tochter Francesca«, verkündete Ralph mit unerwarteter Feierlichkeit in der plötzlichen Gesprächspause, »heiratet bald und hat mich gebeten, sie zum Traualtar zu führen.«

»Herzlichen Glückwunsch.« Carries Tonfall legte nahe, daß der Wahnsinn wohl in der Familie lag. »Wer ist denn der glückliche Gatte?«

»Er heißt...« Mit einem Blick, in dem auf einmal nur noch Angst und Verwirrung lagen, sah Ralph hilfeheischend Fran an. »Franny, mein Schatz, es tut mir ja so leid. Jetzt habe ich seinen Namen vergessen.«

»Schon in Ordnung, Dad.« Fran nahm ihn beim Arm und führte ihn zurück ins Arbeitszimmer.

»Soweit ich weiß«, schaltete Ben sich ein und ließ Carrie

zusammenzucken, da sie sich seiner Anwesenheit gar nicht mehr bewußt war, »heißt er Dr. Laurence Westcott.«

Und dann wartete er darauf, daß die Bombe unter seiner Mutter explodierte.

20. Kapitel

Nachdem sie ihren Vater ins Bett gebracht hatte, fuhr Fran unglücklich wieder davon. Sie hatte überhaupt keine Lust, wieder zur Zeitung zurückzugehen, und sämtliche Pläne, ihren Vater umzusiedeln, waren zumindest für heute gescheitert. Nachdem er Laurences Namen vergessen hatte, war er in tränenreiche Verwirrung versunken, und selbst Carrie hatte eingesehen, daß ein Umzug nicht in Frage kam.

Merkwürdigerweise schien Carrie die Bürde dieses Mannes nichts auszumachen. Sie hatte lediglich dagestanden und dreingesehen wie ein Roboter.

Der heutige Tag hatte Fran eines deutlich gemacht: Es wäre nur vernünftig, sich Jack aus dem Kopf zu schlagen. Als sie seine Tochter kennengelernt hatte, war ihr das klar geworden. Die tapfere kleine Lou hatte einen Sturm mit verblüffender Kraft überstanden, aber zwei würden ihr womöglich den Untergang bescheren.

Es war einer dieser Abende, an denen es selbst dem Papst schwergefallen wäre, an seinem Schreibtisch sitzen zu bleiben. Die ganze Stadt hatte sich auf Pubs, Cafés und Promenaden am Flußufer ergossen. Direkt hinter der Kathedrale versank langsam die Sonne und bekam einen rosigen Schimmer. Ein Wetter für Verliebte. Fran fragte sich, ob Laurence wie alle anderen dieser Verlockung erlegen war, oder ob er drinnen geblieben und die nächste Datei geladen hatte. Vermutlich letzteres. Laurence lagen seine Patientinnen zu sehr am Herzen, um sich von einem albernen Sonnenuntergang ablenken zu lassen.

Fran stieg aus dem Wagen und setzte sich allein ans Flußufer. Sie mußte sich einer unangenehmen Wahrheit stellen. Selbst wenn sie Jack liebte, war es nun zu spät. Sie hatte ihre Chancen gehabt und sie verschmäht, sie weggeworfen wie Brot vor diese vollgefressenen Enten. Außerdem hieße Jack zu lieben Laurence zu verraten, und Laurence war ein anständiger Mann, der etwas Besseres verdient hatte. Sie sollte sich mit dem zufriedengeben, was sie hatte, und dankbar sein, daß sie es rechtzeitig erkannt hatte.

Ein Paar Mitte Vierzig ging händchenhaltend an ihr vorüber, beide unscheinbar und durchschnittlich – abgesehen von dem Leuchten, das sie zu begleiten schien und das nichts mit der Schönheit des Abends zu tun hatte. Sie blieben ein paar Meter von Fran entfernt stehen und sahen eine Weile auf den Fluß hinaus. Dann verschmolzen sie zu einem leidenschaftlichen Kuß und dachten nicht mehr an den Sonnenuntergang oder sonst etwas um sie herum.

Könnte sie je solche Gefühle für Laurence entwickeln, jetzt oder in zehn Jahren? Schuldgefühle und Angst befielen sie und fraßen sich in ihre Empfindungen. Laurence liebte sie. Die Hochzeit sollte in nur einer Woche stattfinden. Er war ein Mensch, dem es etwas ausmachte, wenn er gedemütigt wurde, dem es schwerfiel, jemanden an sich heranzulassen, aber ihr hatte er sich geöffnet. Er war schon einmal von einer Frau verletzt worden, die ihn verlassen hatte: von seiner leiblichen Mutter. Fran hatte die Pflicht, ihm nicht das gleiche noch einmal anzutun.

Aber dennoch – konnte sie Laurence wirklich heiraten, nachdem sie soeben gemerkt hatte, daß sie in Jack verliebt war?

Die Klinik schloß gerade, als sie dort ankam, und Moira, Laurences Oberschwester, schloß die Tür ab. »Sie haben ihn gerade verpaßt«, teilte Moira Fran in ihrem gewohnt verehrungsvollen Ton mit. »Ich glaube, er ist zu seiner Mutter gefahren.«

»Die Blumen werden herrlich aussehen«, begeisterte sich Camilla. »Ich hatte wirklich Glück, daß ich Prentice & Proud für die Dekoration gewinnen konnte. Philip Prentice ist auf allen Hochzeiten der besseren Gesellschaft gefragt. Er war nur ein wenig besorgt, weil die Hochzeit Ende August stattfindet. Da sind die besten Blumen schon verwelkt, sagt er, aber dann hatte er diese phantastische Idee mit den Sonnenblumen.«

Laurence hörte nur mit halbem Ohr zu, aber mit dieser Hälfte wünschte er, daß Francesca sich die Mühe gemacht hätte, sich selbst um die Blumen zu kümmern. Natürlich war es schön für Camilla, miteinbezogen zu sein, aber nicht, wenn das bedeutete, daß er vor dem Altar stehen und dort von Sonnenblumen überragt würde wie von Glockentürmen. »Bist du dir sicher, daß Sonnenblumen eine so gute Idee sind?« fragte er.

»Aber sicher. Es wird eine so elegante Hochzeit werden, daß die Leute noch monatelang davon reden. Francesca gefallen sie bestimmt auch.«

Unterdessen stand Fran in Camillas Flur und starrte auf die Geschenke, die sich dort auf dem Tisch stapelten.

Eines davon, zweifellos eine Flasche, stand in seiner billigen Verpackung ein bißchen abseits von den anderen. »Für Dr. Westcott«, stand auf dem Anhänger, »den besten Menschen auf Gottes Erdboden. Ohne Sie hätten wir die Hoffnung aufgegeben. Mögen Ihre eigenen Babys so wundervoll werden wie unseres. Von June, Bill und Tracey (2 J.) Standish.«

Das war zuviel für Fran.

»Francesca, Liebes, was ist denn los?«

Sie spürte, wie Laurences Arme sie umfingen und schloß die Augen, während sie wünschte, sie nie wieder öffnen zu müssen.

»Nur das Lampenfieber vor der Hochzeit«, meinte Camilla, die hinter Laurence hergeeilt kam. »Ich hätte eine Woche vor meiner Hochzeit beinahe alles abgesagt.« Sie tätschelte Fran mit erstaunlicher Freundlichkeit die Schulter. »Ich habe mich schon gesorgt, ob Sie sich nicht zuviel zumuten, wenn Sie so kurz vor der Hochzeit eine neue Zeitung herausbringen.«

»Es hat nichts mit der Zeitung zu tun«, widersprach Fran und bereute ihren Ton auf der Stelle. Camilla wollte doch nur hilfsbereit sein und hatte wesentlich mehr von sich selbst preisgegeben als sonst. Es war gemein von Fran, nun so barsch zu reagieren.

»Entschuldigung. Ich wollte nicht so gehässig sein. Aber ich muß Laurence einen Moment unter vier Augen sprechen.« Danach würde Camilla sie garantiert für gehässig halten.

Camilla sah drein, als hätte sie etwas gestochen. »Gut. Wie Sie wollen«, zischte sie eisig. »Wenn ihr mich braucht, ich bin im Garten.«

»Beruhige dich doch«, sagte Laurence sanft, als wäre sie eine Patientin, die nach schwerem Streß getröstet werden mußte. »So schlimm kann es nun auch wieder nicht sein.«

»Doch. Es ist nämlich so, Laurence ...« Fran suchte verzweifelt einen Weg, wie sie es gut über die Bühne bringen könnte, doch es gab keinen. »Ich kann dich nicht heiraten.«

Laurence lachte. »Hatte meine Mutter ausnahmsweise doch einmal recht. Du hast dich überanstrengt.«

Die Wut rettete sie. »Damit hat es überhaupt nichts zu tun«, widersprach sie. »Ich überanstrenge mich *gern*. Ich wäre todunglücklich, wenn ich unterfordert wäre.« Sie holte tief Luft. »Ich kann dir gar nicht sagen, wie leid mir das alles tut, Laurence, aber es ist mein voller Ernst. Du bist ein großartiger Arzt und ein wundervoller Mensch – aber ich liebe dich nicht.«

Laurences Miene versteinerte sich. Einen kurzen Augenblick lang schien seine zärtliche Sorge um die Menschheit fast in etwas wesentlich weniger Menschliches umzuschlagen. Fran trat einen Schritt zurück und stand nun mit dem Rücken am kühlen Stein des Kaminsimses.

»Das hat doch etwas mit Jack Allen zu tun, oder nicht?« fauchte Laurence wütend. »Was hat er dir erzählt? Der Mann ist ein Schwein. Hör nicht auf ihn.«

»Ich weiß, daß er ein Schwein ist.« Das Gesicht der kleinen Louise tauchte vor ihrem geistigen Auge auf und erinnerte sie an Jacks Treuebruch. Hier log sie ein bißchen. »Aber es hat nichts mit Jack Allen zu tun. Außerdem ist seine Frau aus Australien zu ihm zurückgekommen, und sie haben beschlossen, es noch einmal miteinander zu versuchen.«

Sie streifte ihren Verlobungsring ab und legte ihn auf das prachtvollste Geschenk. Er rollte herunter, und sie mußte sich bücken, um ihn aufzuheben. Deshalb entging ihr Laurences Gesichtsausdruck, als ihn diese Neuigkeit wie ein Donnerschlag traf. Seine Miene war so ausdruckslos geworden wie eine Zaubertafel.

»Ich weiß, daß du im Moment ganz anderer Meinung bist, aber ich bin mir sicher, daß es das Richtige ist.« Fran war klar, daß das scheinheilig klang, aber ihr fiel keine andere Formulierung ein. »So verletze ich dich wenigstens nur einmal, aber wenn wir heiraten würden, hielte es womöglich jahrelang an. Jemanden nicht zu lieben, obwohl man es sich verzweifelt wünscht, ist auch eine Art von Verrat. Ich weiß es. Ich habe es bei meinen Eltern miterlebt. Es tut mir unendlich leid. Und ich weiß, daß es alles meine Schuld ist, Laurence, nicht deine. Leb wohl.«

Sie sah sich nicht mehr um, bevor sie auf dem Gartenweg von dem mit Hochzeitsgeschenken, Plänen und Blumen vollgestopften Haus davoneilte. Sonst hätte sie ihren Verlobten vor sich hin starren sehen, als wäre ihm soeben ein Geist erschienen. Er drehte sich um und ging zum nächsten Telefon.

»Verdammt«, fluchte Jack leise, als ihm klar wurde, daß schon wieder etwas, was er brauchte, zu Hause war. Das Vergnügen, im Hotel zu wohnen, selbst in einem so angenehmen und schlichten Haus wie dem »Cathedral Arms«, hatte sich nach einem Tag bereits verbraucht. Ihm fehlten Ben und Ralph, der sich auf etwas exzentrische Weise als Familienmitglied etabliert hatte. Ihm fehlte sogar Wild Rover, Herrgott noch mal. Allerdings nicht die hinterhältige Gewohnheit des Tiers, sich in den unpassendsten Augenblicken an seinem Schuh festzuklammern oder widerlich zu furzen und dann mit raschem und selbstzufriedenem Trott den Raum zu verlassen, so daß die zurückgebliebenen Personen einander argwöhnisch beäugten.

Außerdem mußte er herausfinden, wie lang genau Carrie bleiben wollte. In ihrer typischen Art hatte sie ihn heute abend zu einem Essen im Familienkreis eingeladen – ganz schön frech, wenn man bedachte, daß es sein Zuhause und seine Familie war. Er war sich nicht ganz sicher, wie es dazu gekommen war, aber sie war kaum fünf Minuten wieder dagewesen, da hatte sie es schon fertiggebracht, alles so erscheinen zu lassen, als sei er der abtrünnige Ehemann und sie das unschuldige, endlos leidende Opfer. Wirklich ein Kunststück.

Noch als er nach der Arbeit seine Aktentasche packte, gestand sich Jack ein, daß ihm der bevorstehende Abend Unbehagen verursachte. Carrie würde garantiert die perfekte Hausfrau mimen. Schaut mal, sind wir etwa keine glückliche Familie, würde der saftige Braten von seiner Platte herunterrufen, wie kannst du nur behaupten, daß bei uns irgend etwas nicht stimmt? Was sind schon sieben Jahre Haß und Erbitterung zwischen Mann und Frau? Das ist doch jetzt alles passé, ein dummer Irrtum, warum kannst du nicht reinen Tisch machen?

Er durfte auf nichts davon hereinfallen, schärfte Jack sich ein, als er die Haustür aufsperrte und ihm der Duft von knusprigem Schweinebraten entgegenwehte. Auch wenn Francesca Tyler nächste Woche einen anderen heiratete.

Vor sich sah er Louise gemütlich auf dem Sofa lümmeln, Wild Rover an ihre Seite gekuschelt, daneben Ralph und Ben, die versuchten, Monopoly zu spielen, was ganz schön anstrengend war, da Ralph immer wieder vergaß, was ihm alles gehörte. Der Anblick rührte Jack zutiefst.

»Ein Glas Wein?« bot Carrie an. Ihr zierlicher Körper war ganz in »Gap«-Schwarz gehüllt, völlig unpassend fürs Landleben, und doch trug sie es irgendwie mit solchem Selbstverständnis, daß alle anderen wirkten, als trügen *sie* die falsche Kleidung.

Der Wein war teuer, australisch und stammte nicht aus der wilden Mischung von Weinen aus dem Supermarkt, den Jack scherzhaft als seinen Weinkeller bezeichnete. In diesem Haushalt hatte es keinen Zweck, Wein lagern zu wollen. Die meisten Flaschen hielten sich nur kurz.

»Darf ich neben dir sitzen, Dad?« meldete sich Louise zu Wort und stürzte sich auf den Stuhl neben Jack. Carrie, so fiel ihm auf, hatte ihn nicht nur an der Stirnseite des Tisches plaziert, sondern erwartete auch, daß er den Braten aufschnitt. Obwohl ihm bei diesem so offensichtlichen Versuch, die glückliche Familie zu spielen, unwohl war, mußte Jack zugeben, daß das Essen phantastisch und die Atmosphäre verführerisch war. Zu Beginn ihrer Ehe hatte er begierig auf solche Szenen gehofft. Aber Carrie hatte andere Vorstellungen gehabt.

Nur Ben wirkte nervös und gereizt. Jack hätte ihn am liebsten umarmt und gesagt: »Wir beide sind noch beisammen, und wir bleiben auch immer zusammen.« Doch Ben wich seinem Blick hartnäckig aus.

Nach dem Essen wurde Louise ins Bett gebracht, und die Stimmung wandelte sich ein wenig. Carrie rückte näher an Jack heran und schenkte ihm Wein nach, obwohl er kaum von seinem Glas getrunken hatte.

Am gegenüberliegenden Ende des Tisches beugte Ralph sich vor und stieß Ben an. »Ich habe das Gefühl, wir beide sind an Bord nicht gefragt, alter Junge«, flüsterte er. »Höchste Zeit, daß wir uns schleichen.«

Ben stand verlegen auf. Seine Eltern wieder zueinanderfinden zu sehen war angeblich der Traum jedes Scheidungskinds, aber er hätte seinem Vater am liebsten »Tu's nicht, Dad« zugeflüstert, ohne zu wissen, wovon er ihn eigentlich abhalten wollte.

»Gute Nacht, Dad, gute Nacht... Mum.« Seine Pause sagte alles, aber Carrie, die nur noch Augen für Jack hatte und schon leicht beschwipst war, schien es nicht zu bemerken.

»Gute Nacht, Schätzchen«, sagte sie. »Ist es nicht herrlich, daß wir alle wieder zusammen sind?«

Ben murmelte irgend etwas Unverständliches, vermied weiterhin den Blickkontakt mit Jack und trug brav seinen Teller zur Spülmaschine, wie sein Vater es ihm beigebracht hatte. Plötzlich sah er auf und fixierte seine Mutter mit einem bohrenden und mißtrauischen Blick.

Sie hatte auf dem Block neben dem Telefon eine Telefonnummer mit den Initialen von jemandem notiert. Und Ben hatte zufällig herausgefunden, zu wem sie gehörten.

Fran tauchte den Kopf in das warme, duftende Badewasser und fragte sich, ob sie schon jemals unglücklicher gewesen war. Sie hatte das Richtige getan, doch brachte ihr dieses Wissen keinen Trost. Statt dessen war sie sich lediglich der Verletzungen bewußt, die sie anderen zugefügt hatte – daß sie Laurence schrecklich behandelt, ihre Mutter enttäuscht und Camilla gedemütigt hatte.

Und was war mit ihr selbst? Gute alte Fran, schon wieder eine Beziehung den Bach runter. Doch diesmal mußte sie die Verantwortung für ein anderes Leben mittragen.

Denk nicht so, sagte sie sich selbst, sonst zerbrichst du. »Ich werde stark sein«, wiederholte sie immer wieder, während sie ihr Haar zu einem Knoten wand und absichtlich nicht in den Spiegel blickte, falls ihr vor ihrem Ebenbild grauen sollte. »Und meine erste starke Tat wird sein, daß ich es meiner Mutter beichte.«

Es war erst neun, als sie dort ankam, aber Phyllis war schon seit sechs Uhr morgens auf den Beinen, eine lebenslange Gewohnheit. Fran fragte sich, was sie eigentlich mit ihrer ganzen Zeit anfing. Das Haus war stets so makellos sauber, daß es ein Ding der Unmöglichkeit gewesen wäre, auch nur ein Staubkörnchen zum Wegsaugen zu finden.

Als sie sich in dem vertrauten Haus umsah, merkte Fran, daß es ohne ihren Vater nicht mehr richtig wie zu Hause wirkte. Ralph hatte irgendwie allein durch seine Anwesenheit die zwanghaften Ordnungsmaßnahmen seiner Frau hintertrieben.

Als spürte sie das auch, gab Phyllis ihrer Tochter einen raschen Kuß und erkundigte sich, wie es Ralph ginge.

»Es geht ihm gut.«

»Wirklich?« Phyllis wandte sich um und rückte die bereits akkurat daliegenden Bücher auf dem Beistelltischchen zurecht, auf dem niemand seinen Kaffee abstellen durfte, da ja womöglich etwas auf den beigen Teppich tropfen könnte. »Du hältst mich sicher für sehr gefühllos, was deinen Vater betrifft«, sagte sie ganz unerwartet.

Fran horchte auf. Ihre Mutter redete sonst nie so.

»Es war die Abhängigkeit, die ich nicht verkraftet hätte. Wir sind zusammengeblieben, weil wir im Grunde jeder ein eigenes Leben führten. Er mit seiner Zeitung und ich mit meinem Bridge. Die Krankheit hätte all das geändert. Ich bin froh, daß er dich zum Altar führt. Das macht ihn sicher stolz. Ich war eifersüchtig, weißt du, auf ihn und dich. Erbärmlich, ich weiß, auf seinen eigenen Ehemann eifersüchtig zu sein. Aber er hat einen Draht zu dir gehabt, seit du noch ganz klein warst. Du bist immer zu ihm gegangen, nie zu mir.«

Zum ersten Mal seit ihrer Kindheit fühlte Fran sich imstande, die Jahre des Schweigens zu durchbrechen und die Hand ihrer Mutter zu nehmen. »Ich hatte dich auch lieb, Mum. Aber du bist mir ebenso unnahbar vorgekommen, so arbeitsam und hektisch und in deine häusliche Welt vergraben. Ich dachte, dir sei es nicht recht, daß ich arbeiten und Journalistin wie Dad sein wollte. Daß du der Meinung seist, ich würde deine Werte ablehnen.«

Phyllis drückte ihr einen kurzen Augenblick die Hand. »Dann bin ich sehr dumm gewesen.« Sie hielt inne und zögerte. »Ich bin nämlich stolz auf dich, weißt du.«

Die unerwartete Zärtlichkeit in der Stimme ihrer Mutter raubte Fran die Fassung. Sie riß sich los und versuchte, ihre Tränen in Richtung der pinkfarbenen Damastvorhänge wegzublinzeln. »Nicht. Ich habe etwas Schreckliches getan, Mum. Ich habe die Hochzeit abgesagt.«

Doch es kam nichts von der wütenden Ablehnung, mit der Fran gerechnet hatte, keine Vorwürfe, daß sie egoistisch sei, nicht an den Ruf ihrer Eltern oder das Getratsche bei den Bridge-Damen dachte. »Du hattest sicher deine Gründe.«

»Mir ist klar geworden, daß ich ihn nicht liebe.«

»Dann hast du dich richtig entschieden. Wenn dein Vater und ich uns etwas Ähnliches eingestanden hätten, wäre das Leben aller Beteiligten anders verlaufen.«

Die Reue in der Stimme ihrer Mutter war schwer zu verkraften. Ihre gewohnte nüchterne Tüchtigkeit zerfiel vor Frans Augen und veranlaßte Fran zu weiteren Geständnissen.

»Es ist nämlich folgendes, Mum: Ich bekomme ein Baby.«

Wiederum erstaunte sie die Reaktion ihrer Mutter. Die Andeutung eines Lächelns stahl sich auf Phyllis' Miene. »Ist das nicht normalerweise der Grund dafür, zu heiraten, anstatt die Hochzeit abzusagen?«

»Nicht, wenn man nicht weiß, wer der Vater ist.«

»Ah.« Sie sprach ohne jeden Anflug von Empörung oder Mißbilligung. »Du wirst bestimmt eine gute Mutter, Francesca. Nicht so, wie ich war. Vielleicht werde ich ja eine bessere Großmutter. Und jetzt soll ich wahrscheinlich versuchen, Camillas geknicktes Ego wieder aufzurichten?«

»Das wäre sehr nett von dir.«

»Hast du es deinem Vater schon erzählt?« Von ihrem unerwartet mitfühlenden Tonfall wurde Fran ganz warm ums Herz. »Ich glaube nicht, daß ihm diese Neuigkeit das Herz brechen wird. Er war zwar ganz begeistert, weil du wolltest, daß er dich zum Altar führt, aber ich glaube, er hatte doch Angst, womöglich etwas Dummes zu tun und dir in aller Öffentlichkeit eine Blamage zu bereiten.«

»Danke, Mum. Bist ein feiner Kerl.«

Phyllis lächelte gequält. »Besser als eine Landplage, oder?«

Als Fran endlich beim *Citizen* anlangte, ging dort gnädigerweise alles seinen gewohnten Gang. Reporter brüllten herum, Keith Wilson riß mit Mike Wooley Witze, und Sean McGee mit seinem Pferdeschwanz saß angestrengt da und kreiste einen bösen Schurken ein, der illegal Müll ablud, die Verbraucher betrog oder in Seans Augen die Erde ganz allgemein zu einem verseuchten Ort machte. Stevie stürzte sich auf Fran, noch bevor sie die Jacke ausgezogen hatte.

»Fran! Endlich! Arbeitest du zur Zeit nur halbtags? Ich brauche eine Antwort. Im Grunde brauche ich sie schon seit zwei Tagen. Möchtest du den Kontaktanzeigen mehr Platz einräumen, da sie offensichtlich das Beliebteste an *Fair Exchange* sind? Oder bist du zu sehr darin vertieft, von deiner Flitterwochen-Suite zu träumen, um dich damit zu befassen?«

Fran setzte sich neben sie und begann mit gesenkter Stimme zu sprechen.

»Es ist alles abgesagt«, stieß sie hervor.

»Die Kontaktanzeigen?« Stevie war baff. Seit der ersten Ausgabe strömten die Anzeigenaufträge nur so herein.

»Nein, die Hochzeit. Ich habe Laurence gesagt, daß ich ihn nicht heiraten kann.«

Stevie war nach Jubeln zumute, doch ausnahmsweise war sie sensibel genug, sich zu beherrschen. Es kam nie besonders gut an, wenn man sagte: »Gott sei Dank, ich konnte den Blödmann eh nie leiden.« Womöglich bestand die Verlobung zur Mittagszeit ja wieder.

»Weil du einen anderen liebst?« fragte Stevie hoffnungsvoll.

»Hör bloß auf. Weil ich Laurence nicht liebe.«

»Dann ist es sicher nicht von Interesse für dich, daß ein gewisses Londoner Labor angerufen und mitgeteilt hat, daß deine Testergebnisse vorliegen. Was könnte denn das für ein Test gewesen sein? Ein Schwangerschaftstest wohl nicht, denn daß du schwanger bist, weißt du ja schon.«

Fran wich Stevies scharfem Blick aus. Woher wußte Stevie nur immer alles, bevor sie selbst es wußte? Sie griff nach dem Telefon.

»M-m.« Stevie schüttelte den Kopf. »Sie teilen einem das Ergebnis nicht telefonisch mit. Da sind sie ganz heikel. Du mußt hinfahren und es selbst abholen. Ich habe gesagt, daß morgen ein günstiger Termin wäre, weil wir dann die Zeitung für diese Woche fertig haben, und sie meinten, das würde gut passen.«

»O Gott, Stevie.« Fran hätte am liebsten den Kopf in den Armen vergraben oder einfach losgeschrien. »Ich bin mir gar nicht mehr sicher, ob ich es überhaupt wissen will! Da ich keinen von beiden habe, spielt es doch keine Rolle mehr.«

Stevie lächelte wie ein weiser und etwas selbstgefälliger Affe. »Hattest du als Kind gern Überraschungen zum Geburtstag, oder wolltest du dir lieber aussuchen können, was du bekommst?«

»Ah, verstehe. Ich fand Überraschungen schrecklich. Hast du vielleicht schon den Zugfahrplan für mich studiert?«

»Elf Uhr zwei ab Woodbury. Ankunft Liverpool Street Station dreizehn Uhr acht. Rückfahrt fünfzehn Uhr vier. Ankunft Woodbury siebzehn Uhr. Er hat einen Speisewagen. Ich halte hier die Stellung.«

»Stevie. Was würde ich nur ohne dich tun?«

»Dich nicht betrinken und ohne Verhütung mit Männern schlafen vielleicht?« fragte Stevie ganz in ihrem Element, während sie davonfegte, um im Alleingang den Kontaktanzeigenteil umzustellen.

Der Zug nach London war voller Touristen, die Woodbury auf ihrer Liste mit englischen Kathedralen abgehakt, seine mittelalterlichen Gäßchen bewundert, sein weites industrielles Hinterland ignoriert und darüber gestaunt hatten, wie unberührt von den Jahrhunderten das Städtchen war. Fran hätte sie eines Besseren belehren und ihnen von Obdachlosen und Drogenproblemen erzählen können, doch dafür kamen die Touristen ja nicht. Das hatten sie auch zu Hause.

London ging mit unerwarteter Hitze dem Ende des Sommers entgegen. Die Stadt war schmutzig und voller Müll. Kein Wunder, daß Woodbury vergleichsweise gut abschnitt. Zum Labor konnte sie ohne umzusteigen mit der U-Bahn fahren, und so machte sich Fran auf den Weg zur nächsten Station, wobei sie sich für die Rückfahrt ein Taxi versprach. In der U-Bahn war es warm und heimelig, so daß sie beinahe eingeschlafen wäre und ihre Haltestelle verpaßt hätte.

Als sie das Labor endlich fand, das in einer winzigen Seitenstraße versteckt lag, winkte eine freundliche Empfangsdame sie in den ersten Stock hinauf, wo man ihr einen weißen Umschlag mit ihrem Namen darauf überreichte. Wußte der Laborant, was sich darin befand? fragte sie sich. Danach, wie er sie diskret beäugte, vermutete sie es. Sie schrieb einen Scheck aus und steckte den Umschlag in ihre Tasche.

Im Taxi auf dem Weg zum Bahnhof fragte sie sich, warum sie das Ergebnis überhaupt abgeholt hatte. Wie konnte ihr das Wissen weiterhelfen? Wenn das Kind von Laurence war, bekäme sie Schuldgefühle; war es von Jack, würde sie sich selbst dafür hassen, daß sie ihre Chancen nicht genutzt hatte. Vielleicht sollte sie den Umschlag einfach zerreißen? Womöglich war es besser, es nie zu erfahren. Das Baby würde ein eigenständiger Mensch werden. Wie zur Bestätigung spürte sie einen heftigen Tritt im Bauch.

Der Witz war nur, so machte sie sich schonungslos selbst klar, daß das genau das war, was sie von Anfang an gewollt hatte. Ein Baby ohne Vater.

Doch das war gewesen, bevor sie sich in Jack verliebt hatte.

Sie hatte den Umschlag immer noch nicht geöffnet, als der Zug in Woodbury hielt. Der Bahnhofsvorplatz wimmelte von Frauen, die auf ihre Männer im ersten der abendlichen Pendelzüge warteten. Unlogischerweise sehnte sich Fran danach, daß Jack dort stünde.

Statt dessen wartete Stevie auf sie.

»Ich dachte, du könntest ein bißchen moralische Unterstützung vertragen.« Trotz der Hitze trug Stevie eine uralte Barbour-Jacke, die aussah, als wäre sie der Prototyp für die erste Wachstuchjacke aller Zeiten gewesen, lange bevor diese zu einem Inbegriff der Gesellschaft der Gummistiefelträger geworden war. Stevie holte ein Päckchen extrastarkes Pfefferminz aus einer ihrer geräumigen Taschen. »Möchtest du eins?«

Fran schüttelte den Kopf.

»Also – wen dürfen wir jetzt Daddy nennen? Den einen oder den anderen?« Klar, daß Stevie wußte, wer in Frage kam.

»Ich habe den Umschlag noch nicht aufgemacht.«

»Aha.« Stevie bahnte ihnen den Weg zum Auto durch die Massen ermatteter Touristen und plärrender Kinder. »Du bist den ganzen Weg nach London gefahren, um das Ergebnis abzuholen und dann den Umschlag nicht zu öffnen.«

»Ich wußte erst, als ich ihn hatte, daß ich ihn nicht aufmachen will.« Sie wußte, wie verrückt sich das anhören mußte. »Jack hat nicht vielleicht angerufen? Ich meine, er hat noch nichts von meiner nicht mehr bevorstehenden Eheschließung gehört, oder?«

»Wenn du willst, daß Jack Allen erfährt, daß du deine Hochzeit abgesagt hast, solltest du es ihm lieber selbst sagen. Seine Exfrau hat sich wieder recht innig bei ihm eingenistet, soweit ich gehört habe. Fran?«

»Ja?«

»Ganz schön bescheuert von dir, daß du das zugelassen hast.«

Frans Kinn schoß in die Höhe. »Sie ist doch die Bescheuerte. Jack hat sie betrogen und sich so wenig um seine kleine Tochter gekümmert, daß er sie sieben Jahre nicht gesehen hat. Welche vernünftige Frau will schon einen solchen Mann?«

»Du. Aber womöglich bist du zu spät dran.«

»Stevie«, explodierte Fran, als sie vor dem *Citizen* parkten, »zu glauben, daß du es besser weißt als alle anderen, mag ja die ideale Voraussetzung für eine Journalistin sein, aber gelegentlich solltest du auch mal zugeben, daß du dich geirrt hast. Ich bin nicht in Jack Allen verliebt.«

»Einverstanden«, stimmte Stevie mit ärgerlich gelassenem Tonfall zu, als sie die Redaktion betraten. »Dann wird es dir ja auch nichts ausmachen, daß er da drüben sitzt und mit Keith Wilson die Kricketergebnisse bespricht.«

Fran konnte nichts dagegen tun, daß sie rot wurde wie ein albernes Schulmädchen. Erst recht, als Jack aufsprang, während sie näher kamen.

»Tut mir leid, Jack«, begann Fran, die verzweifelt überlegte, was sie sagen sollte, »ich kann dich leider nicht in mein Büro bitten, da ich keines mehr habe.«

Jack grinste. »Dann ist es ja gut, daß ich ohnehin Stevie sprechen wollte. Ich möchte ihr nämlich einen Vorschlag machen.«

Fran blieb wütend und gequält zurück, während Stevie mit Jack in das Café auf der anderen Straßenseite abzog. Herrgott, konnte er sie auf die Palme bringen. Hier hereinzuspazieren, als gehörte ihm der Laden, und dann Stevie zu entführen, ohne die abgesagte Hochzeit auch nur zu erwähnen.

Auf einmal durchzuckte sie wilde Angst. Was, wenn er Stevie einen Job anbot? Der *Citizen* ohne Stevie war undenkbar. Fran hatte sich darauf eingestellt, das Baby zu bekommen und die Zeitung weiterhin zu leiten, vielleicht auch weitere Regionalausgaben von *Fair Exchange* zu gründen – aber nur mit der verläßlichen Stevie an ihrer Seite. Bestimmt würde doch nicht einmal Jack Allen die Frechheit besitzen, ihr Stevie in aller Offenheit abzuwerben?

Nach einer halben Stunde kam Stevie selbstzufrieden in die Redaktion gesegelt und verkündete, daß Jack sie nur um Rat gefragt hatte.

»Hast du es ihm erzählt?« fragte Fran barsch und ohne zu überlegen.

»Ihm was erzählt?«

»Daß ich die Hochzeit abgesagt habe.«

Stevie gab sich pikiert. »Tut mir leid, Francesca. Daran habe ich gar nicht gedacht. Aber in einer Kleinstadt wie hier wird er es wohl mittlerweile gehört haben.«

Fran verließ der Mut. Stevie hatte recht. Klatsch kursierte in Woodbury schneller als das Licht.

»Aber natürlich gibt es nur einen Weg, um ganz sicher zu gehen. Und zwar, indem du es ihm selbst sagst.«

Fran wandte sich ab. Genau dazu konnte sie sich nicht überwinden.

21. Kapitel

»Du brauchst mir keine Miete zu bezahlen, Ralph«, erklärte Ben zum zehnten Mal und war kurz davor, das ganze Monopolybrett auf den Boden zu schleudern. »Die Parkstraße gehört mir nicht. Sie gehört dir.« Sie saßen draußen in dem großen Garten, im Schatten des alten Apfelbaums.

»So, bitte, sechsundsechzig Pfund«, sagte Ralph, ignorierte ihn einfach und freute sich darüber, daß er noch wußte, daß ihm die kleine silberne Spielfigur gehörte.

Ben gab nach und nahm das Geld. Heute hatte Ralph einen seiner schwierigen Tage, an dem die Leitungen in seinem Gehirn offenbar nicht die richtigen Verbindungen herstellten. Ben begriff zum ersten Mal, wie es sein mußte, schlaue, aber sture Kinder zu haben.

»Ben«, rief Carrie von der Küchentür her, »ich gehe jetzt. Ich bin um sechs wieder da.«

Ben musterte sie. Zufällig wußte er genau, wohin sie ging. Nur wußte er nicht, was er dagegen unternehmen sollte.

»Ralph«, begann er, obwohl er wußte, daß es sinnlos war. Aber er mußte mit jemandem reden. An guten Tagen fanden sich noch Reste des scharfen Verstandes, der einst Ralphs Wesen ausgemacht hatte. Heute war kein solcher Tag. »Könntest du mir vielleicht einen Rat geben?« Ralph sah auf einmal wacher drein, als spürte er irgendwie, wie wichtig die folgende Frage war. »Wenn du deinen Vater sehr lieb hättest und herausfinden würdest, daß deine Mutter ihn betrügt, würdest du es ihm sagen?«

»Heikle Frage.« Ralph legte bedächtig die Würfel hin. »Aber wenn du wirklich meine Meinung hören willst ...«

Ben beugte sich vor. Das klang ganz nach dem Ralph von früher. »Ich würde wahrscheinlich zu dem Schluß kommen, daß das nicht meine Aufgabe ist. Sich in die Angelegenheiten seiner Eltern einzumischen ist gefährlich.«

Ben ließ enttäuscht die Schultern sinken. Wenn das der Ralph von früher war, dann fiel ihm auch nichts anderes ein als Gemeinplätze.

»Aber auf jeden Fall«, fuhr Ralph fort und musterte Ben mit einem Blick, der so klar und blau war wie ein Winterhimmel, »würde ich dafür sorgen, daß er es von jemand anderem erfährt.«

Ben sprang auf und umarmte ihn. Ihm war gerade die ideale Person eingefallen, der er es anvertrauen mußte.

Fran versuchte, möglichst nicht daran zu denken, wie Camilla kleine Entschuldigungsschreiben an alle formulierte, die ein Geschenk geschickt hatten, sondern sich darauf zu konzentrieren, die Zeitung für diese Woche fertigzustellen. Die Blumen müßten vermutlich trotzdem bezahlt werden, und der Partyservice auch. Würde sie eben einen Scheck schicken. Allerdings hatte sie immer noch nicht den richtigen Moment dafür gefunden, ihrem Vater zu sagen, daß er sie nun doch nicht zum Altar führen würde.

Sie war gerade dabei, eine Überschrift zum Thema Einbauküchen zu verfassen, als Ben an der anderen Ecke nervös die Redaktion betrat. Inzwischen waren außer Stevie und ihr fast alle nach Hause gegangen, und da keiner von beiden jemanden hatte, der auf sie wartete, hatten sie sich darauf eingestellt, heute abend lange zu arbeiten.

»Ben! Schön, dich zu sehen!« rief Fran und winkte ihn herüber in die Ecke, wo sie arbeiteten. Er war mittlerweile so groß geworden, daß es einem schwerfiel, ihn als Jacks Sohn zu empfinden. Als er näher kam, erkannte Fran, daß er bleich und bekümmert aussah. Ein schrecklicher Gedanke keimte in ihr auf. »Es ist doch nichts mit Ralph, oder?«

»Nein, nein, er ist cool.«

Fran mußte laut lachen. Sie hatte schon viele Beschreibungen für Ralph gehört, aber die noch nie. »Du bist sicher überglücklich, daß du deine Mutter zurückhast.« Fran beäugte ihn scharf, da sie unbedingt mehr erfahren wollte.

»Es wäre mir ehrlich gesagt lieber, wenn sie in ihrem Scheißaustralien geblieben wäre«, stieß Ben hervor.

»Aber ist es denn nicht gut, daß sie deinem Vater nach so vielen Jahren verziehen hat?« Fran merkte, daß die Frage taktlos war, sowie sie sie ausgesprochen hatte. Vielleicht hatte Ben ja gar nicht gewußt, daß seine Eltern sich wegen des Treuebruchs seines Vaters getrennt hatten.

»*Ihm* verziehen?« Ben spuckte die Worte beinahe aus. »Sie kapieren wirklich überhaupt nichts, was?«

Fran war bestürzt. Ben hatte immer so sanftmütig gewirkt. »Nein, anscheinend nicht.«

»Es ist an Dad, *ihr* zu verzeihen. Sie ist es gewesen, die eine Affäre gehabt hat, nicht er. Die beiden haben sich eingebildet, weil ich erst acht war, bekäme ich nicht mit, was los ist. Aber ich habe es doch mitgekriegt. Ich habe die ganzen Streitereien darüber gehört, daß sie mit diesem Mann abhauen wollte. Aber Dad hat gesagt, er würde sie bloßstellen, und dann wäre der Mann beruflich ruiniert.

Also ist Mum statt dessen nach Australien verschwunden und hat Lou mitgenommen. Und um Dad zu bestrafen, hat sie ihn Lou geschlagene sieben Jahre nicht sehen lassen. Es hat Dad fast das Herz gebrochen.«

Fran lauschte mit rasendem Puls, während ihr Magen sich vor Schreck verkrampfte. Das konnte nicht wahr sein. All die Jahre hatte sie Vorbehalte gegen Jack gehegt und sich geweigert, ihn an sich heranzulassen, weil er vermeintlich seine Familie verstoßen hatte, wo es doch in Wirklichkeit umgekehrt gewesen war.

Fran sah die Verletztheit in Bens Miene. Seine Mutter hatte nicht nur Jack verlassen, sondern auch ihren eigenen Sohn. Wie konnte ein Mensch nur so gefühllos sein?

»O Gott, Ben!« Sie sprang auf und nahm ihn in die Arme. »Das wußte ich nicht!«

»Und jetzt ist sie wieder da, und sie tut das gleiche wieder, und ich mache mir solche Sorgen um Dad.« Verlegen hielt er inne, von seinem Wagemut ganz erstaunt. »Und Sie sind die einzige, die es aufhalten kann.«

»Ich?«

»Sie wissen doch garantiert, daß Dad in Sie verliebt ist. Seit Monaten schon. Er hört sich schmalzige Songs an, besäuft sich und starrt auf Ihre Zeitung. Wenn ich an diesem einen Tag nicht hereingeplatzt wäre, wäre zwischen Ihnen alles in Ordnung gewesen. Aber mir war die Situation peinlich, und deshalb habe ich versucht, cool zu sein.«

»Das ist dir phantastisch gelungen.«

»Ja. Und Sie haben gedacht, Dad würde jede Nacht eine andere abschleppen, wo er doch tatsächlich nie an irgendeiner Frau ernsthaft interessiert war – außer an Ihnen. Bitte, Francesca. Sie sind die einzige, die ihn davor bewahren kann, noch einmal verletzt zu werden.«

»Aber wie?«

»Indem Sie ihm verraten, daß Sie ihn auch gern haben und Ihre dämliche Hochzeit absagen.«

»Offen gestanden habe ich meine dämliche Hochzeit schon abgesagt. Weiß er das denn nicht?«

Ben grinste. »Vielleicht sollten Sie es ihm selbst sagen. Er hat eine Nachricht auf unserem Anrufbeantworter hinterlassen. Und zwar ist er mit einem Kunden auf einen Drink ins ›Cathedral Arms‹ gegangen. Er hat gesagt, er wäre noch eine halbe Stunde dort.«

Fran mußte nicht lange überlegen. Sie ließ sämtliche Papiere ausgebreitet auf dem Tisch liegen und griff nach ihrer Jacke. »Vielleicht sollte ich das tun. Aber wenn er mich abweist, mache ich dich für die öffentliche Demütigung verantwortlich.«

Sie hüpfte die Treppe hinunter, da sie zu aufgeregt war, um auch nur ein paar Minuten auf den Aufzug zu warten, und raste zur Tür hinaus. Die Straßen waren regennaß. Das heiße und schwüle Wetter der letzten Tage hatte plötzlich umgeschlagen, und der Regen prasselte nur so aufs Straßenpflaster herab. Ohne Regenmantel würde sie wie eine triefende, streunende Katze aussehen, bis sie im Pub ankam. Sie mußte eben darauf hoffen, daß Liebe wirklich blind macht.

An der Tür lagen ein paar alte Exemplare des *Citizen*, und sie schnappte sich eines, um es sich über den Kopf zu halten. So würde wenigstens die Wimperntusche nicht zerlaufen. Auf einmal kam eine Frau aus der Gasse nebenan. Fran brauchte einen Moment, um die tropfnasse und zerzauste Gestalt zu erkennen.

»Camilla! Was machen Sie denn in diesem Regenguß?« Camillas sonst stets makellos frisierte Haare hingen in zottigen Strähnen um ihren Kopf, ihr Leinenkostüm war voller Flecken und aus der Form geraten.

»Ich habe hier draußen auf Sie gewartet.«

Fran erfaßte eine böse Vorahnung. »Warum sind Sie nicht einfach hinaufgekommen?«

»Weil das, was ich Ihnen sagen will, unter vier Augen gesagt werden muß. Sie egoistisches Miststück!« Ohne Warnung holte sie mit ihrer behandschuhten Faust nach Fran aus. Fran war so schockiert, daß sie nicht einmal auswich und der Handschuh sie streifte. »Wie konnten Sie meinen Sohn dermaßen demütigen?« kreischte Camilla. »Ich glaube nämlich, daß Sie überhaupt nie heiraten wollten. Sie haben nicht das leiseste Interesse an der Hochzeit gezeigt. Sie interessieren sich nur für Ihre blöde Zeitung! Was glauben Sie eigentlich, wie das alles für Laurence gewesen ist?«

Fran schwankte, perplex von dem Hieb und Camillas Worten, in denen sie eine schmerzhafte Wahrheit erkannte. »Mir ist völlig klar, daß es ziemlich schrecklich gewesen sein muß, und ich kann Ihnen gar nicht sagen, wie leid es mir tut. Sie haben recht. Ich bin wirklich ein egoistisches Miststück gewesen.«

Doch Camilla überhörte Frans Entschuldigung. »Ich dachte, ich könnte ihm wenigstens eines recht machen – die perfekte Hochzeit planen!« Die heftige Gemütsbewegung in Camillas Stimme war peinigend für Fran. Camillas gewohnt sprode Art war einer Verzweiflung gewichen, die Fran sich vor sich selbst schämen ließ. Sie war wirklich alles andere als die ideale Braut in spe gewesen.

»Ich dachte«, fuhr Camilla heftig fort, »daß er mir dann vielleicht verzeihen würde, daß ich ihm nichts von seiner leiblichen Mutter erzählt habe.«

»Er hat es Ihnen sicher schon verziehen.« Fran hielt der

Älteren die Hand hin, doch Camilla fegte sie beiseite. »Bestimmt ist ihm klar, daß Sie nur sein Bestes wollten.«

»Sie kennen ihn nicht besonders gut, oder? Obwohl Sie ihn beinahe geheiratet hätten. Wissen Sie was? Ich finde, er ist gerade noch davongekommen.«

»Ganz meiner Meinung.« Frans frohe Zuversicht war völlig geschwunden.

Camilla stand nach wie vor im strömenden Regen, und ihr Gesicht glühte vor Hingabe wie das einer frühchristlichen Märtyrerin.

»Ich rufe Ihnen ein Taxi, Camilla.« Noch während sie sprach, wurde ihr klar, daß sie die aufgewühlte Frau nicht einfach in ein Taxi setzen konnte. Sie würde sie nach Hause bringen müssen. Wenigstens das war sie ihr schuldig.

Fran dachte daran, wie die Minuten verstrichen. Bald würde Jack das Pub verlassen, und sie saß hier mit einer hysterischen Camilla fest. Auf einmal schämte sie sich ihrer niedrigen Gedanken. Camilla hatte recht – sie war absolut egoistisch.

»Passen Sie auf«, hörte sie sich anbieten, »mein Auto steht gleich um die Ecke. Ich fahre Sie nach Hause.«

Von jeglichem Kampfgeist verlassen, schien Camilla geradezu im Sitz zu versinken, als Fran sie anschnallte und sie durch den gräßlichen Verkehr zu ihrem adretten Häuschen vor der Stadt brachte. Dort angekommen, mußte sie sogar in Camillas Tasche nach den Schlüsseln suchen. Nachdem sie Camilla vor den Kamin gesetzt hatte, versuchte Fran, Laurence zu erreichen und ihn um sein Kommen zu bitten, aber ganz gegen seine Gewohnheit war er schon weg.

Die Küchenuhr sagte ihr, daß fast eine Stunde vergangen war, seit sie beim *Citizen* das Haus verlassen hatte. Camilla schien es nicht einmal zu bemerken, als sie sich hinausschlich.

Der hektische Verkehr nahm langsam ab, als sie sich zum »Cathedral Arms« zurückkämpfte, da diejenigen, die nach der Arbeit noch einen zur Brust genommen hatten, inzwischen allesamt nach Hause fuhren, zu Mahlzeiten, die fertig für die Mikrowelle und Kindern, die fertig fürs Bett waren.

Fran bemühte sich, Camillas verzweifeltes Gesicht aus ihren Gedanken zu verbannen, als sie das Pub nach Jack absuchte.

Er war nicht da.

»Ist vor einer Viertelstunde gegangen«, erklärte der Schankkellner höflich auf ihre Frage. Fran verließ der Mut. Den richtigen Zeitpunkt zu verpassen wurde langsam zu einer ihrer Begabungen.

Draußen hörte es langsam auf zu regnen, und die Taxis leerten sich wieder. Eines hielt direkt hinter Fran, und eine faszinierende Frau in Schwarz mit kurzem, dunklem Haar stieg aus. Offensichtlich ließ sie den Mann, der im Fond des Wagens saß, nur ungern zurück, da sie sich hineinlehnte und ihn küßte. Frans Herz schlug wie wild gegen die Rippen, als sie die jungenhaften Züge von Carrie Allen erkannte.

Fran schlug zur Tarnung den Kragen ihrer Jacke hoch, während sie sich reckte, um zu erkennen, wer der Mann wohl sein mochte. Das Wagenfenster wurde heruntergedreht, und einen Augenblick lang war ein Gesicht zu sehen.

Der Mann im Taxi war Laurence.

22. *Kapitel*

Nun, wo sie den Beweis vor Augen hatte, war alles sonnenklar. Warum Jack Laurence verabscheute, und warum Laurence Jack haßte. Und Jacks Vertrautheit mit der Klinik.

Also hatte Carrie ihre Affäre vor so vielen Jahren mit Laurence gehabt. Und danach zu schließen, was sich gerade zwischen ihnen abgespielt hatte, ging sie nun weiter.

Wie hatte Laurence das tun können? Damit mußte er jeden Ehrenkodex gebrochen haben, der von Ärzten erwartet wurde. Wenige Minuten zuvor hatte Fran erst Camilla nach Hause gefahren, zerfressen von Schuldgefühlen darüber, daß sie deren gutem und ehrenwertem Sohn aus oberflächlichen und selbstsüchtigen Gründen wie der Liebe zu einem anderen Unrecht getan hatte. Fran war heilfroh, daß sie dieses Problem gerade noch rechtzeitig gelöst hatte. Hatte Laurence sie überhaupt je geliebt, oder hatte sie nur als nützlicher Dämpfer für einen uralten Skandal gedient, der wieder ausgegraben zu werden drohte? Als Ehemann der Herausgeberin der Lokalzeitung hätte er zumindest eine gewisse Immunität genossen.

Selbst wenn seine Affäre mit Carrie nur die Folge seiner persönlichen Schwäche war, mußte er gewußt haben, wie verletzlich sie nach jahrelanger Behandlung wegen Unfruchtbarkeit wäre, wie leicht es einer Patientin passierte, daß sie ihren Facharzt mit dem lieben Gott verwechselte.

In ihr loderte Wut über Laurences Heuchelei auf, darüber, daß er als der Schutzheilige der Fortpflanzungsmedizin aufgetreten war, als Arzt, dem nur das Wohl seiner Patientinnen am Herzen lag, während er allen Ernstes mit einer von ihnen ins Bett stieg.

Fran trat genau in dem Moment nach vorn ins Helle, als das Taxi anfuhr. Einen Sekundenbruchteil lang verschmolz ihr Blick mit dem von Laurence. Er sah als erster beiseite.

»Wir haben uns schon gewundert, daß Sie es nicht eher gemerkt haben«, sagte Carrie sanft, während sie ihren Wagen aufschloß, der nur wenige Meter weiter weg stand. Das Taxi, in dem Laurence saß, preschte davon. »Sie sind ja eine tolle Journalistin. Übrigens hat er Sie nicht nur an der Nase herumgeführt. Er hat sich wirklich eingebildet, Sie zu lieben, bis ich zurückkam. Ich verstehe ihn besser, wissen Sie.«

»Und was spielt Jack dabei für eine Rolle?«

»Er weiß es noch nicht.« Carries dunkle Augen sahen sie frech und herausfordernd an. »Wollen Sie ihm die frohe Botschaft überbringen?«

Fran stieg in ihren Wagen und wartete, bis Carrie weggefahren war. Und während sie sich dümmer und trübsinniger fühlte als je zuvor, trat sie ihren Heimweg an.

Nach dem Regen lag ein kühler Hauch in der Luft, der erste Vorgeschmack auf den Herbst. Fran schlüpfte aus ihrer Arbeitskluft und zog ihren geliebten weißen Seidenkimono an, den ihr Vater ihr von einer Reise nach Hongkong mitgebracht hatte. Inzwischen war er ein bißchen verschlissen, aber sie würde ihn tragen, bis er auseinanderfiel. Sie schaltete sämtliche Lichter in ihrer leeren Wohnung ein und ließ Badewasser einlaufen.

Sie stand gerade nackt da, einen Zeh bereits im Wasser, als das Telefon klingelte. Sie verfluchte sich selbst dafür, daß sie den Anrufbeantworter nicht eingeschaltet hatte. Mit immenser Charakterstärke ignorierte sie das Läuten, bis es endlich aufhörte. Sie ließ sich ganz ins Wasser sinken, als es erneut anfing, beharrlich und leicht drohend.

Diesmal konnte sie nicht widerstehen.

»Fran?« Es war Jack. Vielleicht hatte Carrie ihm erzählt, was geschehen war. Voller Hoffnung stand sie da und tropfte den Teppich im Flur naß.

Doch die Anspannung in Jacks Stimme erzählte eine andere Geschichte. »Ich rufe deines Vaters wegen an. Ich fürchte, er ist verschwunden. Ben kümmert sich ja normalerweise um ihn, aber heute nachmittag ist er irgendwohin abgeschwirrt und hat Ralph ganz vergessen. Der alte Halunke muß die Gelegenheit genutzt haben, um sich davonzuschleichen. Wir haben hier in der Gegend schon überall gesucht. Hast du eine Ahnung, wohin er gegangen sein könnte?«

Draußen wurde es langsam dunkel, und ihr war klar, daß Jack ihr zuliebe versuchte, das Verschwinden ihres Vaters mit Ruhe zu behandeln. Doch sie wußten beide, daß sonst etwas passieren konnte, wenn sie ihn nicht bald fanden. »Hast du die Polizei schon verständigt?«

»Ja. Sie halten die Augen offen.«

Fran griff nach ihrem Kimono und schlüpfte hinein. »Ich mache mich auch auf die Suche. Vielleicht ist er ja zu einem seiner alten Lieblingsplätze gegangen. Auf die Rennbahn zum Beispiel. Oder in den Kricketclub. Ich fahre gleich los.«

Sie versuchte eine Panik abzuwehren, als sie durch die dämmrigen Straßen fuhr und all die Orte ansteuerte, die Ralph aufgesucht haben mochte.

Nach fast zwei Stunden konnte sie nicht mehr. Sie hatte ihr Handy vergessen, und so beschloß sie, Jack von der Zeitung aus anzurufen. Vielleicht hatte er Ralph ja schon lange gefunden, wie er hinten im finsteren Garten das Mörderspiel spielte, und hatte Fran nicht erreichen können.

Der gesamte zweite Stock des *Citizen*-Gebäudes war hell erleuchtet. Fran raste mit klopfendem Herzen hinauf. Doch es war nur Flo, die Putzfrau, die gerade die Papierkörbe leerte und sich über den verwahrlosten Zustand empörte, in dem man die Kaffeemaschine zurückgelassen hatte.

»Ich möchte mal wissen«, schimpfte Flo und hielt ein bepelztes Stück Schweinepastete in die Höhe, das sie gerade hinter einem Aktenschrank gefunden hatte, »wer hier arbeitet: Journalisten oder eine Horde wilder Tiere?«

Fran überging diese heikle Frage. »Flo, Sie haben nicht zufällig meinen Vater irgendwo gesehen, oder?«

Sie huschte in ihr ehemaliges Büro, das nun der telefonischen Anzeigenaufnahme diente, um einen Augenblick in Ruhe nachdenken zu können. Drinnen war es dunkel, und Fran lehnte sich kurz gegen die Tür und kämpfte gegen die Verzweiflung an. Was, wenn Ralph beschlossen hatte, die Enten zu füttern und in den Teich gefallen war, oder wenn er ziellos irgendwo umherwanderte, ohne die Orientierungspunkte zu erkennen, die einst so vertraut und tröstlich für ihn gewesen waren?

Sie knipste das Licht an und schnappte nach Luft. In seinem seidenen Morgenmantel saß Ralph auf einem der zahlreichen Stühle, einen der Telefon-Kopfhörer über die Ohren gestülpt.

Er lächelte gütig, als wären seine Anwesenheit und sein Aufzug das Normalste der Welt. »Keine Sorge, Franny-

Schatz, ich habe die nächste Ausgabe druckreif gemacht. Aber sag mir nur eines: Wie kriegt man auf diesem verdammten Ding die Kricketergebnisse rein?«

»O Dad!« Fran lief durch den Raum und kniete sich neben ihn. »Wir hatten echt Angst, daß du uns diesmal verlorengegangen bist.«

»Dummerchen. Jetzt möchte ich aber wieder nach Hause.« Ralph lächelte nachsichtig. »Es sei denn, du kriegst diese wirren Dinger zum Funktionieren.«

»Tut mir leid, Dad«, erwiderte sie und hätte vor Erleichterung am liebsten gelacht, »aber in Technik war ich nie eine Leuchte. Ich habe eine bessere Idee. Komm mit zu mir. Ich habe Kabelfernsehen.«

»Nein danke, Francesca.« Ralph bekam einen störrischen Zug um den Mund. »Bei Jack gefällt es mir besser. Dort ist es wie zu Hause.« Er zwinkerte ihr verschwörerisch zu. »Nur ohne deine Mutter.«

»Na gut. Aber nur für heute nacht.«

Jack mußte gehört haben, wie sie in die Einfahrt bogen, und erwartete sie schon an der Haustür, den Arm um einen gequält dreinschauenden Ben gelegt, der eindeutig sich die Schuld an dem Theater gab.

»Ein Empfangskomitee«, gluckste Ralph selig, der von der ganzen Aufregung, die er verursacht hatte, nichts ahnte. »Wie aufmerksam.«

»Ralph, du alter Dussel«, begrüßte ihn Jack und half ihm aus dem Auto. »Könntest du uns nächstes Mal vielleicht Bescheid sagen, wenn du dich aus dem Staub machst?«

Anstelle einer Antwort musterte ihn Ralph mit einem besonders scharfen Blick. »Wir kennen uns von irgendwoher, stimmt's?« fragte er. »Ach, jetzt weiß ich es«, fuhr er fort, und man konnte ihm anhören, wie er sich darüber freute, daß es ihm nun wieder einfiel. »Sie kommen jeden Dienstag und holen den Müll ab.«

Ben fing hinter ihnen zu wiehern an.

»Sei bloß still, du da hinten«, zischte Jack. »Wahrscheinlich denkt er, du bist der Straßenkehrer.«

»Komm rein, Wanderer«, lud Jack Ralph ein, »dann suche ich dir etwas Spannendes im Fernsehen.«

Ralph folgte ihm lammfromm.

»Hat Carrie denn nichts dagegen?« Fran sah sich nach Jacks Exfrau um und versuchte, nicht daran zu denken, wie sie sie am frühen Nachmittag Laurence hatte küssen sehen.

»Nur wenn sie telepathische Fähigkeiten hat«, entgegnete Jack und legte Ralph eine Decke über die Knie. »Sie ist vor zwei Stunden nach London abgereist. Konnte die Enge Woodburys nicht mehr ertragen. Außerdem hat sich herausgestellt, daß ich hier gar nicht die Hauptattraktion für sie war.«

»Aber Laurence schon?«

»Das hast du also herausgefunden.«

»Sind sie zusammen gefahren?«

Jack zuckte die Achseln. »Ich glaube nicht. Laurence hatte zu große Angst vor einem Skandal. Er will sich einen Job in London suchen, da es dort offenbar eher akzeptiert wird, wenn ein Arzt eine Affäre mit einer Patientin hat.«

Fran mußte ein Lächeln unterdrücken. »Ich gehe jetzt lieber. Ich komme morgen vorbei und hole Dad mitsamt seinen Sachen ab. Du hast ihn schon viel zu lange verpflegt. Wenn Stevie die Stellung hält, kümmere ich mich selbst um ihn, bis wir eine dauerhafte Lösung finden.«

»Du mußt eventuell damit rechnen, daß Stevie kündigt.«

»Jack!« Fran war sich so sicher gewesen, daß er sie ihr nicht abwerben würde. »Du willst dir doch Stevie nicht für den *Express* an Land ziehen?«

»Nein, aber ich habe mir erlaubt, sie zu fragen, ob sie Ralph versorgen würde. Wenn ich sage, daß sie sofort angebissen hat, wäre das untertrieben. Sie hat eher gierig nach der Gelegenheit geschnappt. Sofern du einverstanden bist, heißt das. Ich dachte, es würde dir vielleicht gefallen, daß sie sich um Ralph kümmert, wenn wir verheiratet sind.«

Ben beschloß, sich diesmal die größte Mühe zu geben, seinen Vater und Francesca nicht zu stören, und schlich sich auf sein Zimmer.

Fran fühlte sich total überwältigt und mußte sich setzen.

»Sie kann auch immer mal mit dem Baby aushelfen«, fuhr Jack freundlich fort. »Sie sagt, sie fühlt sich ohnehin schon ganz wie seine Oma.«

Fran war sprachlos. »Seit wann weißt du das mit dem Baby?«

»Du glaubst doch wohl nicht, daß ich dir diesen Blödsinn von Henriettas Schwangerschaft abgenommen habe? Schließlich hast du mir erzählt, daß sie Laurence Westcott kennengelernt hat, als sie sich eine Spirale einsetzen ließ, weißt du noch?«

»Spiralen versagen manchmal«, entgegnete Fran wenig überzeugend. »Manchmal kommen Babys zur Welt, die sie in der Hand halten.«

»Aber nicht in diesem Fall. Außerdem müssen wir an Lou denken. Carrie hat sie Gott sei Dank bei mir gelassen. Sie braucht ein bißchen Stabilität.«

»Aber Jack, wir können Stevie nicht einfach so ihren Job hinwerfen lassen. Sie verlöre so viel von ihrer Rente.«

»Vermutlich macht dir Murray Nelson bald ein unschlagbares Angebot für *Fair Exchange*. Es hat meiner kleinen Neugründung ziemlich die Show gestohlen. Also könntest du Stevie vielleicht eine Abfindung bezahlen.«

»Jack!« Fran versuchte, sich empört zu geben, was ihr aber nicht gelang. »Wer hat überhaupt gesagt, daß wir heiraten?«

»Wir müssen nicht, wenn du nicht willst. Du kannst deine Wohnung und dein Leben behalten, aber ich hätte gern Kontakt zu meinem Baby.«

Fran schnaubte. »Wie zum Teufel willst du wissen, daß es dein Baby ist?« Sie dachte an den ungeöffneten Umschlag, der den unumstößlichen Beweis enthielt und ihr bleischwer in der Tasche lag.

Jack grinste. »Weil ich zufällig weiß, daß Laurence Westcott keine Kinder haben kann. Das hat er Carrie schon vor Jahren anvertraut. Ihr war es egal, weil sie ja schon zwei hatte. Ist er nicht dazu gekommen, das dir gegenüber zu erwähnen?«

Fran schnappte nach Luft. Laurence hatte es also die ganze Zeit gewußt und sie trotzdem glauben lassen, daß er mit ihr eine Familie gründen wolle. Er hatte sie ebenso betrogen wie sie ihn.

»Also.« Jack beugte sich zu ihr herüber, so daß ihre Augen auf gleicher Höhe waren. »Falls es nicht noch andere Mitbewerber gibt, muß es wohl von mir sein. Hör mal, Fran, ich mache dir nicht aus Pflichtgefühl einen Heiratsantrag. Du könntest das Baby ohne weiteres allein aufziehen. Aber Kinder zu haben ist das größte Abenteuer, das ich mir vorstellen kann, und ich würde es gern mit dir teilen. Ben ist das Beste, was mir je passiert ist. Ich habe zwar Lou verloren, aber jetzt habe ich sie wieder – zumindest fürs erste. Ich möchte dieses Kind nicht auch verlieren. Aber die Entscheidung liegt bei dir.«

Bevor sie antworten konnte, nahm er ihre Hand.

»Einer bitteren Wahrheit mußt du dich allerdings stellen: Ralphs Zustand wird sich in den kommenden Jahren massiv verschlechtern. Er hat dann vielleicht mit dem Vater, den du kennst, nur noch wenig gemein. Aber wir könnten es wenigstens gemeinsam angehen.«

Fran nahm Jacks Hand und drückte einen Kuß darauf. »Ich weiß, daß es immer schlimmer wird. Aber wenigstens geht es ihm noch gut genug, um sein erstes Enkelkind kennenzulernen.«

Ralph, der nach wie vor vergnügt in seinem gestreiften Morgenrock dasaß und das Pferderennen verfolgte, das Jack für ihn aufgezeichnet hatte, horchte auf. »Du bist eine sehr verwirrende junge Frau, Francesca. Ich dachte, du wolltest Laurence heiraten.«

Fran lachte. »Das dachte ich auch.«

»Macht ja nichts«, kicherte Ralph zufrieden. »Jack war mir sowieso schon immer lieber.«

»Dann ist es ja in Ordnung«, sagte Fran matt.

»Es gibt nur eines, das mir Sorgen macht, wenn ich in eure Familie einheiraten soll«, verkündete Jack und hockte sich auf Frans Armlehne.

»Es vererbt sich nicht alles, weißt du.«

Jack überhörte das. »Und zwar eure seltsame Angewohnheit, ständig im Nachtzeug rumzulaufen.«

»Keine Sorge«, prustete Fran, der erst jetzt bewußt wurde, daß sie immer noch ihren dünnen Seidenkimono anhatte. »Wenn wir erst verheiratet sind, verspreche ich, daß ich überhaupt kein Nachtzeug mehr anziehe.«

Endlich schloß Jack sie in die Arme. »Warum beruhigt

mich das nicht?« fragte er. »Aber bevor wir noch weitergehen, mußt du mir eines versprechen. Wenn wir das nächste Mal ein Kind produzieren«, fuhr er fort und küßte sie so fest, daß es ihr den Atem nahm, »möchte ich Zeugen dabeihaben. Einverstanden?«

ISBN 3-8289-6921-6